Peter Gostmann · Claudius Härpfer (Hrsg.)

Verlassene Stufen der Reflexion

AF153006

Peter Gostmann
Claudius Härpfer (Hrsg.)

Verlassene Stufen der Reflexion

Albert Salomon
und die Aufklärung der Soziologie

VS VERLAG

Bibliografische Information der Deutschen Nationalbibliothek
Die Deutsche Nationalbibliothek verzeichnet diese Publikation in der
Deutschen Nationalbibliografie; detaillierte bibliografische Daten sind im Internet über
<http://dnb.d-nb.de> abrufbar.

1. Auflage 2011

Alle Rechte vorbehalten
© VS Verlag für Sozialwissenschaften | Springer Fachmedien Wiesbaden GmbH 2011

Lektorat: Dorothee Koch

VS Verlag für Sozialwissenschaften ist eine Marke von Springer Fachmedien.
Springer Fachmedien ist Teil der Fachverlagsgruppe Springer Science+Business Media.
www.vs-verlag.de

Das Werk einschließlich aller seiner Teile ist urheberrechtlich geschützt. Jede
Verwertung außerhalb der engen Grenzen des Urheberrechtsgesetzes ist
ohne Zustimmung des Verlags unzulässig und strafbar. Das gilt insbesondere
für Vervielfältigungen, Übersetzungen, Mikroverfilmungen und die Einspei-
cherung und Verarbeitung in elektronischen Systemen.

Die Wiedergabe von Gebrauchsnamen, Handelsnamen, Warenbezeichnungen usw. in diesem
Werk berechtigt auch ohne besondere Kennzeichnung nicht zu der Annahme, dass solche
Namen im Sinne der Warenzeichen- und Markenschutz-Gesetzgebung als frei zu betrachten
wären und daher von jedermann benutzt werden dürften.

Umschlaggestaltung: KünkelLopka Medienentwicklung, Heidelberg
Gedruckt auf säurefreiem und chlorfrei gebleichtem Papier
Printed in Germany

ISBN 978-3-531-17770-0

Inhaltsverzeichnis

Vorwort der Herausgeber

„Ich unternehme den historisch gerichteten Versuch einer Rekonstruktion der Vorgeschichte des neueren Positivismus in der systematischen Absicht einer Analyse des Zusammenhangs von Erkenntnis und Interesse. Wer dem Auflösungsprozeß der Erkenntnistheorie, der an ihrer Stelle Wissenschaftstheorie zurückläßt, nachgeht, steigt über verlassene Stufen der Reflexion. Dieser Weg aus einer auf den Ausgangspunkt zurückgewendeten Perspektive wieder zu beschreiten, mag helfen, die vergessene Erfahrung der Reflexion zurückzubringen. Daß wir Reflexion verleugnen, *ist* der Positivismus". Mit diesen Zeilen beginnt Jürgen Habermas 1968 sein Buch *Erkenntnis und Interesse*;[1] mit ihnen könnte auch Albert Salomon, knapp vier Jahrzehnte vor Habermas geboren, sein Forschungsprogramm beschrieben haben.

Seinen Anspruch, eine zurückgewendete Perspektive zu gewinnen, bringt Salomon ausgangs seiner fragmentarisch überlieferten Lebenserinnerungen zum Ausdruck, wenn er seinen „Dank" an eine Reihe von „Toten" formuliert – u.a. nennt er Goethe und Erasmus, Montaigne, Burckhardt und Toqueville –, „deren strömendes Leben" ihn „seit [s]einer Jugend bildete".[2] Der positivistischen Leugnung der Reflexion begegnete er, indem er den „Hang, die Wissenschaft vom Menschen in eine Naturwissenschaft zu verwandeln und ihr die entsprechenden wissenschaftlichen Methoden bzw. Objektivitätskriterien zu verabreichen", als „Mythos des 19. Jahrhundert[s]" interpretierte.[3] Während sich allerdings Habermas mit seinem Buch der Position *des* öffentlichen Intellektuellen der Bundesrepublik Deutschland, als der er heute vielerseits anerkannt ist, einen weiteren Schritt annäherte, ist Salomon im Land seiner Geburt in Vergessenheit geraten. Sein Weg über verlassene Stufen der Reflexion, den er während der kurzen Weimarer Epoche als Dozent der Berliner *Hochschule für Politik* und Herausgeber der Zeitschrift *Die Gesellschaft* begonnen hatte, führte ihn 1935 über

---

1 Jürgen Habermas (1973), *Erkenntnis und Interesse.* Frankfurt am Main: Suhrkamp, S. 9.
2 Albert Salomon (1966), „Im Schatten einer endlosen großen Zeit". In: ders. (2008), *Werke 1: Biographische Materialien und Schriften 1921-1933*. Wiesbaden: VS Verlag für Sozialwissenschaften, S. 13-29, hier S. 29.
3 Albert Salomon (1938), „Soziologie und Soziologismus". In: ders. (2008), *Werke 2: Schriften 1934-1942*. Wiesbaden: VS Verlag für Sozialwissenschaften, S. 127-141, hier S. 132-133.

den Atlantik ins amerikanische Exil; nach Deutschland kehrten weder der Intellektuelle Salomon noch für lange Zeit sein Werk zurück.[4]

An der *New School for Social Research* wirkte Salomon neben anderen in Deutschland vergessenen und erst nach und nach, mitunter noch gar nicht wiederentdeckten wie Max Wertheimer, Alfred Schütz, Leo Strauss oder Carl Mayer. Immerhin prägten zwei seiner New Yorker Schüler[5] den Gehalt der Wissenschaft, die Salomon bis 1966 an der *New School* lehrte, auch im deutschen Sprachraum maßgeblich; Peter L. Bergers und Thomas Luckmanns Buch über *Die gesellschaftliche Konstruktion der Wirklichkeit*[6] kann heute als Grundlagenwerk der Soziologie gelten. Salomons Weg über verlassene Stufen der Reflexion, seine Analyse des Zusammenhangs von Erkenntnis und Interesse und sein Umgang mit der positivistischen Verleugnung der Reflexion, sind gleichwohl erst zu entdecken.

Tatsächlich bildet Salomons Werk mittlerweile selbst eine jener verlassenen Stufen der Reflexion, die zu beschreiten vergessene Erfahrungen der intellektuellen Kultur Alteuropas zurückzubringen vermag. Dieser Feststellung verdankt sich der Untertitel des vorliegenden Buches. Denn die Soziologie, die Salomon anvisiert, ist gleichermaßen eine Wissenschaft, die sich der Idee der Aufklärung verpflichtet weiß, wie eine Wissenschaft, die selbst der Aufklärung bedarf – und die auf diese Weise dem Auflösungsprozess der Erkenntnistheorie widerstehen soll. Pointiert formuliert: Salomon steht für eine Soziologie, die ihr Selbstver-

---

4   Salomon lehnte es ab, jemals wieder deutschen Boden zu betreten, nachdem er von der Shoa erfahren hatte, zu deren Opfern auch ein großer Teil seiner Familie gehörte (Benita Luckmann [1988], „New School. Varianten der Rückkehr aus Exil und Emigration". In: Ilja Srubar [Hg.], *Exil, Wissenschaft und Identität. Die Emigration deutscher Sozialwissenschaftler 1933-1945.* Frankfurt am Main: Suhrkamp, S. 353-378, hier S. 367). Gleichwohl begleitete er M. Rainer Lepsius' Übersetzung seiner Schrift *The Tyranny of Progress* (Albert Salomon [1955], *The Tyranny of Progress. Reflections on the Origins of Sociology.* New York: Noonday Press) mit großem Wohlwollen. Die 1957 im Ferdinand Enke Verlag erschienene Übersetzung *Fortschritt als Schicksal und Verhängnis* (erscheint in: Albert Salomon [2012], *Werke 5: Schriften 1955-1963 und Gesamtregister.* Wiesbaden: VS Verlag für Sozialwissenschaften) blieb allerdings die Ausnahme von der Regel; die übrigen im Exil entstandenen Schriften blieben in Deutschland weitgehend unbekannt. Immerhin brachte Salomons Student Richard Grathoff die Dissertation über den *Freundschaftskult des 18. Jahrhunderts in Deutschland* in Erinnerung, die er edierte und in der Bielefelder *Zeitschrift für Soziologie* veröffentlichte (Albert Salomon [1979], „Der Freundschaftskult in Deutschland im 18. Jahrhundert. Versuch zur Soziologie einer Lebensform". S. 279-308 in: *Zeitschrift für Soziologie* 8).

5   Peter L. Berger (1963), *Invitation to Sociology. A Humanistic Perspective.* New York: Anchor; Thomas Luckmann (2010), „‚Teilweise zufällig, teilweise, weil es doch Spaß macht'. Thomas Luckmann im Gespräch". In: Monika Wohlrab-Sahr (Hg.), *Kultursoziologie. Paradigmen – Methoden – Fragestellungen.* Wiesbaden: VS Verlag für Sozialwissenschaften, S. 73-98.

6   Peter L. Berger und Thomas Luckmann (1969), *Die gesellschaftliche Konstruktion der Wirklichkeit. Eine Theorie der Wissenssoziologie.* Frankfurt am Main: Fischer.

ständnis noch nicht den Ideen funktionaler Theoriebildung und hochspezialisierter Methodendesigns entnehmen kann, sondern es im Umgang mit dem Erbe des Humanismus und im Gespräch mit Größen der Geistesgeschichte gewinnen will.

Die Chance der Wiederentdeckung Salomons ist mit der von der Deutschen Forschungsgemeinschaft unterstützten Edition seiner Schriften größer geworden; seit 2008 erscheinen sie im Wiesbadener *Verlag für Sozialwissenschaften* in einer fünfbändigen Werkausgabe. Salomons weit verstreut und seit der Flucht aus Deutschland fast ausschließlich auf Englisch publizierte Texte werden, wenn alle fünf Bände erschienen sind, erstmals in chronologischer Abfolge vorliegen und den Werkzusammenhang sichtbar machen können. Bisher sind die ersten drei Bände erschienen,[7] Band 4 und 5 sollen bis 2012 folgen. Das vorliegende Buch versammelt Texte verschiedener Autoren, die auf Grundlage der bereits publizierten Bände und in Kenntnis der noch zu publizierenden Texte erste Schritte über diese verlassenen Stufen der Reflexion unternehmen.

Ein Teil der Texte des Bandes basiert auf Vorträgen, die am 11. Dezember 2009 im Alten Senatssaal der Goethe Universität Frankfurt am Main anlässlich eines Salomon-Symposiums präsentiert wurden, das ebenfalls unter dem Motto: *Verlassene Stufen der Reflexion* stand. Das Kriterium für die Auswahl der übrigen Beiträge war, dass sie Facetten von Salomons Oeuvre thematisieren sollen, die in den aus dem Symposium hervorgegangenen Texten nicht oder nur am Rande angesprochen werden. Somit findet der Leser dieses Buches im Gesamtspektrum der Beiträge zugleich den Radius der Denkbewegung Salomons nachgezeichnet. Ergänzt werden die der Wiederentdeckung Salomons gewidmeten Beiträge durch Arbeiten von Salomon selbst, deren Abdruck im Rahmen der Werkausgabe die editorischen Richtlinien nicht vorsahen,[8] die für das Verständnis von Person und Werk gleichwohl von maßgeblicher Bedeutung sind; überdies durch einen nicht weniger bedeutsamen Brief von Leo Strauss, mehr als ein Jahrzehnt sein Kollege an der *New School*, an Salomon.

Den Auftakt des Bandes macht *Gerhard Wagner*, ‚Altherausgeber' und neben Richard Grathoff Initiator der *Albert Salomon Werke*, der in das Thema des Bandes einleitet und dessen Gegenwartsrelevanz mit einem Seitenblick auf Salomons Goethe-Faszination herausarbeitet. Daran anschließend gibt *Peter Gostmann*, dessen Text zu den Beiträgen zählt, die im Frankfurter Symposium ihren Ursprung haben, einen Überblick über Leben und Werk Salomons. Er begleitet den Studenten Georg Simmels, Gesprächspartner Max Webers, Freund Georg

---

7   Albert Salomon (2008a), *Werke 1*; Albert Salomon (2008b), *Werke 2*; Albert Salomon (2010), *Werke 3: Schriften 1942-1949*. Wiesbaden: VS Verlag für Sozialwissenschaften.

8   Peter Gostmann, Claudius Härpfer, Karin Ikas und Gerhard Wagner (2008), „Zur Edition der Werke Albert Salomons". In: Albert Salomon, *Werke 1*, S. 7-12, hier S. 10-11.

Lukacs', Karl Mannheims und Walter Benjamins, Vertrauten Rudolf Hilferdings und Kollegen von Max Wertheimer, Leo Strauss und Alfred Schütz auf seinem Weg im intellektuellen Feld des 20. Jahrhunderts und zeigt, dass Salomon kennenzulernen heißt, zentralen Gedankenfiguren dieser Epoche im Prozess ihrer Entstehung zu begegnen. Der mit Salomon nicht vertraute Leser findet hier eine Orientierung, die ihm das Verständnis der übrigen Beiträge des Bandes erleichtern soll.

Unter der Rubrik *Humanismus und Soziologie* sind vier Texte zusammengefasst, die sich Salomons eigensinnigem Soziologieverständnis widmen; ist – wie angedeutet – die Frage nach einer zeitgemäßen Gestalt der Idee des Humanismus eines der großen Themen in Salomons Werk, so verdient dieser Aspekt im Zusammenhang seines Soziologieverständnisses besondere Beachtung.

Peter-Ulrich Merz-Benz, der seine Überlegungen zuerst anlässlich des Frankfurter Symposiums präsentierte, entdeckt bei Salomon geradezu eine humanistische Bestimmung der Soziologie. Merz-Benz rekonstruiert die Grundzüge dieser humanistischen Soziologie in Auseinandersetzung mit Autoren wie Wihelm Dilthey, Georg Simmel, Max Weber und nicht zuletzt Jacob Burckhardt, die für Salomon selbst maßgeblich waren. Dabei entdeckt Merz-Benz eine Systematik in der Denkbewegung Salomons, die dieser selbst in vergleichbarer Detailgenauigkeit nicht explizierte bzw. explizieren wollte. Diese Systematik, in deren Kern Merz-Benz ein Verständnis der Wirklichkeit des sozialen Lebens als Ausdrucksform des menschlichen Selbst, des schöpferischen Humanums vorfindet, bedeutet, wie er zeigt, für die Gegenwartssoziologie eine echte Herausforderung, denn anders als diese sieht Salomon als die eigentliche Aufgabe der Soziologie vor, die Wirklichkeit des sozialen Lebens in einer Weise fassbar zu machen, die das spezifisch Humane an ihr zur Darstellung gelangen lässt.

Die auf Merz-Benz' systematische Entfaltung des Themas Humanismus und Soziologie folgenden Texte rekonstruieren dieses Thema anhand spezifischerer Fragestellungen. So unterzieht *Hanna Haag* Salomons 1921 verteidigte Dissertation über den *Freundschaftskult im 18. Jahrhundert in Deutschland*[9] einer Revision. Hier hatte Salomon auf Grundlage einer Soziologie der Lebensformen unter anderem die humanistischen Freundschaften zum Gegenstand seiner Analyse gewählt, es allerdings bei einigen eher allgemeinen Bemerkungen belassen. Haag füllt diese Lücke, indem sie anhand einer Synopse des heutigen Forschungsstands über die humanistischen Freundschaften das Potenzial von Salomons Soziologie der Lebensformen überprüft.

---

9   Albert Salomon (1921), „Der Freundschaftskult des 18. Jahrhunderts in Deutschland". In: ders. (2008), *Werke 1*, S. 81-131.

Die Idee des Humanismus blieb für Salomon allerdings nicht der empirische Gegenstand, den sie im *Freundschaftskult* bildete, sondern wurde zum Maßstab für sein Verständnis der Soziologie und für seine Form der Annäherung an das Zeitgeschehen. Vor diesem Hintergrund rekonstruiert *Claudius Härpfer* – unter anderen Auspizien als Merz-Benz – den Einfluss des Baseler Historikers Burckhardt, mit dessen humanistisch imprägnierter Gedankenwelt Salomon bereits als Student des Burckhardt-Schülers Heinrich Wölfflin Bekanntschaft geschlossen hatte. Burckhardt, so Härpfers Argument, blieb ihm zeitlebens ein wichtiges Exemplum ebenso der Lebensführung des Gelehrten wie der Gedankenführung des Wissenschaftlers.

Jens Koolwaay, der seine Überlegungen ebenfalls bereits auf dem Frankfurter Symposium vorgestellt hatte, zeichnet in seinem Text die Linie von Salomon in Richtung Gegenwartssoziologie, indem er sich auf einen speziellen Aspekt konzentriert; er greift eine These Salomons auf, derzufolge die Soziologie in Deutschland eine durch die nationalstaatliche Entwicklung begründete Eigenart aufweise, die sie signifikant z.B. von der französischen oder der amerikanischen Soziologie unterscheide. Da diese These 1945 formuliert wurde,[10] gilt es zu überprüfen, ob und inwiefern sie auch noch für die deutsche Nachkriegssoziologie zutrifft. Diese Frage beantwortet Koolwaays Beitrag, indem er systematisch den Referenzrahmen der Nachkriegssoziologie nachzeichnet. Damit beschreibt er zugleich den Übergang zur heutigen Fachwissenschaft, in der die Praxis empirischer Sozialforschung mehr und mehr an Gewicht gewonnen hat – was Salomon möglicherweise begrüsst haben würde –, hingegen die philosophisch aufgeklärte Reflexion über die Grundlagen soziologischen Denkens mehr und mehr an Bedeutung verloren hat – was Salomon abgelehnt haben würde.

Unter der Rubrik *Idee und Ordnung* sind fünf Texte versammelt, die Salomons Reflexion über die vorsoziologischen Grundlagen des soziologischen Denkens fassbar machen. Für Salomon schloß die Beschäftigung mit der Soziologie die Beschäftigung mit der Philosophie, mit dem Politischen, mit der Natur des Rechts, mit Religion und Theologie mit ein; diese Aspekte spielen hier eine Rolle.

An den Anfang der Rubrik stellen wir einen bisher unveröffentlichten Brief, den *Leo Strauss*, seinerzeit Salomons Kollege an der *Graduate Faculty* der New Yorker *New School for Social Research*, am 01. Januar 1940 an Salomon richtete. Er vermittelt einen Einblick in die Inhalte des intellektuellen Austauschs beider zu einem Zeitpunkt, als sie angesichts der Situation des Exils den Zusammenhang von Idee und Ordnung neu zu durchdenken hatten.

---

10 Albert Salomon (1945), „Die deutsche Soziologie". In: ders. (2010), *Werke 3*, S. 103-135, hier S. 103-104.

Die Denkzusammenhänge, an denen Salomon ebenso wie Strauss teilhatte, sind mit unterschiedlicher Schwerpunktsetzung Gegenstand der folgenden beiden Beiträge. *Thomas Meyer* geht es in seinem Aufsatz, der seinen Ursprung im Frankfurter Symposium hat, um eine ideengeschichtliche Einordnung Salomons, wobei er auf zwei unterschiedliche Diskussionslagen eingeht. Meyer rekonstruiert zunächst Salomons Position in der Historismus-Debatte zu Zeiten der Weimarer Republik, um dann deren Fortschreibung unter den veränderten Voraussetzungen des amerikanischen Exils, genauer: im Kontext der *Study Group on Germany*, darzustellen. Die *Study Group*, deren bisher unveröffentlichte Gesprächsprotokolle Meyer zur Grundlage seiner Analyse nimmt, konstituierte sich am 18. November 1942 an der *New School for Social Research* mit dem Anspruch, Eigentümlichkeiten der deutschen Geschichte zu analysieren.[11] Ihr gehörten als ständige Mitglieder neben Salomon und Strauss Eduard Heimann, Erich Hula, Horace Kallen, Felix Kaufmann, Adolph Lowe, Carl Mayer und Kurt Riezler an.

Ein weiterer Beitrag von *Peter Gostmann* legt den Schwerpunkt auf das Wechselspiel der Entwicklungen im politischen Denken von Salomon und Strauss. Auf Grundlage einer Betrachtung zur Gesprächslage der beiden Kollegen, die Zusammenhänge von Philosophie und Wissenschaft, Theologie und Politk spiegelt, stellt Gostmann die Frage, inwiefern Strauss' erstmals in einem Vortrag vor dem *General Seminar* der *New School* präsentierte Überlegungen zur Kunst esoterischen Schreibens[12] in der Denkbewegung Salomons einen Niederschlag gefunden haben.

Die Fragen nach den Zusammenhängen zwischen Philosophie und Wissenschaft, Theologie und Politik sind auch Gegenstand der folgenden beiden Texte. Wer wie Salomon diesen Zusammenhang anvisiert, wird sich auch der Frage stellen müssen, wie er es mit der Religion hält – und wie er diese Haltung mit dem Anspruch des Wissenschaftlers, seine „intellektuelle Rechtschaffenheitspflicht"[13] zu erfüllen, verbindet. *Tom Kaden* stellt diese Frage, indem er Salomons Selbstbeschreibung als *Baal Teshuvah* in einem in den frühen 1950er Jahren gehaltenen Vortrag[14] zum Ausgangspunkt nimmt, seine Haltung zwischen Szientismus und Säkularismus zu verorten, womit er zugleich einer weiteren Facette von Salomons Soziologieverständnis Kontur verleiht.

---

11 Peter M. Rutkoff und William B. Scott (1986), *New School. A History of The New School for Social Research.* New York: The Free Press, S. 137-143.
12 Leo Strauss (1941), „Persecution and the Art of Writing". In: *Social Research* 8, S. 488-504.
13 Max Weber (1968), „Wissenschaft als Beruf". In: ders., *Gesammelte Aufsätze zur Wissenschaftslehre.*Tübingen: Mohr (Siebeck), S. 582-613, hier S. 613.
14 Albert Salomon (1951), „Franz Rosenzweig. Eine Philosophie des jüdischen Daseins". Erscheint in: ders. (2011), *Werke 4: Schriften 1949-1955.* Wiesbaden: VSVerlag für Sozialwissenschaften.

Carsten Kirchberger beleuchtet den Zusammenhang von Idee und Ordnung im Denkens Salomons, indem er dessen Auseinandersetzung mit der Naturrechtslehre Hugo Grotius' systematisch und detailgenau rekonstruiert. Dafür bringt er Salomon ins Gespräch mit der Grotius-Rezeption seiner Epoche, um die Eigenart seiner eigenen Grotius-Lektüre herauzuarbeiten. Diese wird kenntlich als Resultat der vergleichbaren Situiertheit Salomons und Grotius' als Intellektuelle in unterschiedlichen Epochen. Entsprechende Parallelen stellt Kirchberger dann auch in der Anlage der Naturrechtslehre Grotius' und der Soziologie Salomons fest.

Den Band beschließen unter der Rubrik *Salomonia* drei Originaltexte Salomons, die wir jeweils durch eine knappe editorische Notiz einleiten. Beim ersten Text handelt es sich um eine längere Rezension zum zweiten Band des von Gottfried Salomon(-Delatour) herausgegebenen *Jahrbuch für Soziologie*,[15] die er 1926 für *Die Gesellschaft* verfasste. Dieser Text ist für das Verständnis seines Autors von besonderem Interesse, da sich in ihm Salomons eigenes Verständnis des Faches, das er später in Lehre und Forschung vertrat, an einem maßgeblichen Punkt seiner intellektuellen Biographie zeigt; es handelt sich um Salomons erste systematische Annäherung an die Soziologie, die überliefert ist.

Der zweite Text Salomons ist im Endstadium der Weimarer Epoche entstanden und zeigt ihn in der Rolle des Bildungsreformers. Der Bericht, den er verfasste, um den Stellenwert der Soziologie im Rahmen der Ausbildung von Berufsschullehrern zu beschreiben, verschwand vor dem Hintergrund der Machtübergabe in Deutschland an die Nationalsozialisten erst in der Schublade, später im Archiv, und blieb unveröffentlicht. Der heutige Leser, selbst konfrontiert mit einer seit Jahrzehnten anhängigen, mal mehr, meist weniger inspirierten Diskussion über die Bildung und ihre Reform, mag hier gleichermaßen Anregung aus fernen Zeiten finden wie den Eindruck einer unvertraut lebensnahen Soziologie.

Der dritte Text Salomons gibt einen Einblick in ein außergewöhnliches Unternehmen, das Salomons Weg über verlassene Stufen der Reflexion zeitigte, die wiederholt an der *New School* vorgetragenen Einführung in die Soziologie anhand zentraler Motive aus Honoré de Balzacs *Comedie Humaine*. Eine kommentierte Edition der handschriftlich, häufig lediglich in Form von Stichworten auf Karteikarten überlieferten Balzac-Vorlesungen bleibt allerdings bis auf Weiteres ein Desiderat; hier wird immerhin das Präludium dieser Vorlesungen abgedruckt, um einen ersten Eindruck der Idee zu vermitteln, die Salomon mit ihnen verfolgte.

---

15   Gottfried Salomon [Hg.] (1926), *Jahrbuch für Soziologie. 2. Band: Eine internationale Sammlung*. Karlsruhe: Braun.

Wir bedanken uns bei den Beitragenden des Bandes, die sich auf den Weg über verlassene Stufen der Reflexion begeben und dabei profunde Einsichten hervorgebracht haben. Für die Zustimmung zum Abdruck des Briefs von Strauss an Salomon danken wir dem Leo Baeck Institute in New York, insbesondere Michael Simonson, sowie dem Leo Strauss Center in Chicago, insbesondere Nathan Tarcov; Thomas Meyer danken wir dafür, dass er die mühevolle Aufgabe übernommen hat, die kaum leserliche Schrift Strauss' zu entziffern und den Brief zu transkribieren. Unser Dank gilt zudem dem Frankfurter *Institut für Grundlagen der Gesellschaftswissenschaften*, das das Symposium *Verlassene Stufen der Reflexion* ebenso wie die Publikation dieses Bandes unterstützt hat; insbesondere danken wir Dieter Mans und Thomas Lemke, dem seinerzeitigen und dem amtierenden Direktor des Instituts. Beim Lektorat des *VS Verlag für Sozialwissenschaften* bedanken wir uns für die gewohnt gute und verlässliche Zusammenarbeit. Einmal mehr ist schließlich der verstorbenen Hannah Salomon-Janovski zu danken, die uns den Nachlass ihres Vaters anvertraut hat.

im Frühjahr 2011,
Peter Gostmann und Claudius Härpfer

Einleitung: Im Geiste Goethes
Eine Notiz zur Wiederentdeckung Albert Salomons

Gerhard Wagner

Ein Symposium zur Wiederentdeckung Albert Salomons, das die Basis für dieses Buch war, ausgerechnet in Frankfurt am Main durchzuführen, scheint nicht eben nahe liegend. Salomon hatte mit dieser Stadt so gut wie nichts zu tun, auch wenn er losen Kontakt zur intellektuellen Szene Frankfurts unterhielt.

So steuerte er für die von Max Horkheimer herausgegebene *Zeitschrift für Sozialforschung* 1932 drei Rezensionen bei: zunächst eine über Heinz O. Zieglers *Die moderne Nation*,[1] die ihm zur Vorbereitung einer eigenen Studie diente;[2] dann besprach er Alfred von Martins *Soziologie der Renaissance*,[3] ein Thema, das ihn als begeisterten Leser Jacob Burckhardts Zeit seines Lebens begleiten sollte;[4] schließlich rezensierte er noch Walter Heinrichs Studie über das Ständewesen.[5]

Mit Adolph Lowe war später im amerikanischen Exil ein Mitarbeiter der *Wirtschafts- und Sozialwissenschaftlichen Fakultät* sein Kollege an der *Graduate Faculty* der New Yorker *New School for Social Research*, ebenso wie Kurt Riezler, Vorsitzender des Kuratoriums der Frankfurter Universität, Max Wertheimer, in Frankfurt Dozent für Psychologie, Carl Mayer von der *Akademie der Arbeit*

---

1   Albert Salomon (1932a), „Besprechung: Heinz O. Ziegler, Die moderne Nation". In: *Zeitschrift für Sozialforschung* 1, S. 206-207. Vgl. Heinz O. Ziegler (1931), *Die moderne Nation*. Tübingen: Mohr (Siebeck).
2   Albert Salomon (1933), „Zur Idee der Nation". In: ders. (2008), *Werke 1: Biographische Materialien und Schriften 1921-1933*. Wiesbaden: VS Verlag für Sozialwissenschaften, S. 243-252.
3   Albert Salomon (1932b), „Besprechung: Alfred von Martin, Soziologie der Renaissance". In: *Zeitschrift für Sozialforschung* 1, S. 213-214. Vgl. Alfred von Martin (1932), *Soziologie der Renaissance. Zur Physiognomik und Rhythmik bürgerlicher Kultur*. Stuttgart: Enke.
4   Albert Salomon (1940), „Krise – Geschichte – Menschenbild". In: ders. (2008), *Werke 2: Schriften 1934-1942*. Wiesbaden: VS Verlag für Sozialwissenschaften, S. 225-248. Albert Salomon (1945), „Jenseits der Geschichte: Jacob Burckhardt". In: ". In: ders. (2010), *Werke 3: Schriften 1942-1949*. Wiesbaden: VS Verlag für Sozialwissenschaften, S. 137-190.
5   Albert Salomon (1932c), „Besprechung: Walter Heinrich, Das Ständewesen mit besonderer Berücksichtigung der Selbstverwaltung der Wirtschaft". In: *Zeitschrift für Sozialforschung* 1, S. 454. Vgl. Walter Heinrich (1932), *Das Ständewesen mit besonderer Berücksichtigung der Selbstverwaltung der Wirtschaft*. Jena: Gustav Fischer.

und Arthur Feiler, der ein Redakteur der *Frankfurter Zeitung* gewesen war.[6] Den engsten Kontakt nach Frankfurt hatte er mit seinem Studienfreund Karl Mannheim,[7] der 1930 zum Ordinarius der Wirtschafts- und Sozialwissenschaftlichen Fakultät und Direktor des neu eingerichteten Soziologischen Seminars der Universität berufen worden war.

Jenseits dieser konkreten Kontakte gibt es freilich noch den abstrakten Kontakt mit Johann Wolfgang Goethe, dem Namenspatron der Frankfurter Universität. Es ist dieser Kontakt, der es rechtfertigt, ein Symposion zur Wiederentdeckung Salomons in der Mainmetropole durchzuführen. Denn Goethe war *der* Fixstern seines Lebens, der auch sein Werk erhellt.

Salomon war ein typischer Vertreter der im 19. und beginnenden 20. Jahrhundert um Assimilierung durch Bildung bemühten deutschen Juden, deren Bildungsbegriff sich an der deutschen Klassik orientierte.[8] Als Beispiel wahrer Bildung und Anwalt eines neuen Humanismus war Goethe die Identifikationsfigur schlechthin. Die jüdische Goethe-Verehrung der damaligen Zeit ist bekannt.[9] Es waren jüdische Deutsche, die die meisten Goethe-Biographien verfassten; Juden waren an der Herausgabe des Goethe-Jahrbuchs beteiligt; und Juden machten Mitte der 1920er Jahre sogar die Mehrheit in der Berliner Goethe-Gesellschaft aus. Dass Salomons Kohorte so prominente Goethe-Interpreten wie Walter Benjamin, Ernst Bloch, Georg Lukács und Hans Mayer hervorbrachte, ist also kein Zufall.

Salomon selbst sah sein Leben und Werk ganz im Zeichen Goethes. So stellte er seinen Lebenserinnerungen einen Vers aus *Dichtung und Wahrheit* als Motto voran: „Der nicht geschundene Mensch wird nicht erzogen."[10] Und er beendete sie, indem er seinen ersten Dank an die Klassiker, deren – wie er sich

---

6   Peter M. Rutkoff und William B. Scott (1986), *New School. A History of the New School for Social Research*. New York: Free Press, S. 101-102.

7   Albert Salomon (1966), „Im Schatten einer endlosen großen Zeit. Erinnerungen aus einem langen Leben für meine Kinder, jungen Freunde und Studenten". In: ders. (2008), *Werke 1*, S. 13-29, hier S. 21. Vgl. Albert Salomon (1947), „Karl Mannheim (1893-1947)". In: ders. (2010), *Werke 3*, S. 217-231.

8   George L. Mosse (1990), „Das deutsch-jüdische Bildungsbürgertum". In: Reinhart Koselleck (Hg.), *Bildungsbürgertum im 19. Jahrhundert*. Teil 2: *Bildungsgüter und Bildungswissen*. Stuttgart: Klett-Cotta, S. 168-180; Karl Robert Mandelkow (1990), Die bürgerliche Bildung in der Rezeptionsgeschichte der deutschen Klassik. In: Reinhart Koselleck (Hg.), *Bildungsbürgertum im 19. Jahrhundert*. Teil 2: *Bildungsgüter und Bildungswissen*. Stuttgart: Klett-Cotta, S. 181-196.

9   Klaus L. Berghahn und Jost Hermand (2001), *Goethe in German-Jewish Culture*. Rochester: Camden House.

10   Albert Salomon (1966), „Im Schatten einer endlosen großen Zeit", S. 13. Vgl. Johann Wolfgang von Goethe (1998), „Aus meinem Leben. Dichtung und Wahrheit. Erster Teil". In: ders., *Werke. Hamburger Ausgabe, Band 9: Autobiographische Schriften I*. München: C.H. Beck, S. 7-216, hier S. 7.

ausdrückte – „strömendes Leben" ihn „seit seiner Jugend bildete", Goethe zu-
kommen ließ.[11] Der Straßburger Goethe-Kreis ebenso wie Goethes Freundschaft
mit Schiller waren Teil seiner Dissertation über den Freundschaftskult des 18.
Jahrhunderts.[12] Goethes 100. Todestag im Jahr 1932 war ihm Anlass, den an der
deutschen Klassik orientierten Bildungsbegriff wie einen Schild gegen die Nazi-
horden hochzuhalten: Goethe als „Beispiel und Maß" menschlicher Größe![13]
Thomas Mann zollte ihm dafür Bewunderung.[14] Als Salomon auf der Flucht vor
den Nazis im Januar 1935 nach New York einschiffte, verteidigte er die deut-
schen Klassiker im Gespräch mit einem Reporter der *New York Times* zu dessen
Verblüffung gegen ihre Identifikation mit Nazi-Deutschland.[15] 1949, zum 200.
Jahrestag des Geburtstags Goethes, publizierte er gleich zwei Aufsätze über ihn.
In dem einen erörterte er dessen Konzept der Weltliteratur.[16] Der andere ist dem
Andenken Walter Benjamins gewidmet. Er trägt den Titel „Goethes Idee der
Gesellschaft" und erinnert daran, dass Salomons Beruf die Soziologie war.[17]

Tatsächlich war es eine eigenartige, untypische Soziologie, die er an der
New School for Social Research betrieb. Mit empirischer Sozialforschung hatte
Salomons Soziologie nichts zu tun. Und an die herrschenden Großtheorien war
sie auch nicht anschließbar. Die meisten seiner Texte lassen sich der Ideen- bzw.
Geistesgeschichte zuordnen, die Salomon interdisziplinär ausrichtete – in stetem
Kontakt mit der Philosophie, der Ökonomie, der Politikwissenschaft und dem,
was man heute *Jewish Studies* nennt. Diese Texte kreisen um die Begriffe Bildung und Humanismus. Sie sind Suchbewegungen, die den totalitaristischen
Regimen des 20. Jahrhunderts, für die Salomon nicht zuletzt die geschichtsphilosophischen Spekulationen der Aufklärung verantwortlich machte, den Spiegel
vorhalten.[18] Diese Suchbewegungen fanden kein Ende. Salomon hat keine *Summa* hinterlassen.

---

11   Albert Salomon (1966), „Im Schatten einer endlosen großen Zeit", S. 29.
12   Albert Salomon (1921), „Der Freundschaftskult des 18. Jahrhunderts in Deutschland. Versuch
      zur Soziologie einer Lebensform". In: ders. (2008), *Werke 1*, S. 81-135, hier S. 121 und
      S. 124-126.
13   Albert Salomon (1932), „Goethe". In: ders., *Werke 1*, S. 215-242, hier S. 219.
14   Thomas Mann (1980), *Tagebücher 1937-1939*. Frankfurt am Main: S. Fischer, S. 57.
15   Hannah Salomon-Janovski (2008), „Das Leben mit meinem Vater". In: Albert Salomon (2008),
      Werke 1, S. 31-58, hier S. 38.
16   Albert Salomon (1949a), „Goethe (1949)". In: *Social Research* 16, S. 289-319. Eine deutsche
      Übersetzung des Textes wird im vierten Band der *Albert Salomon Werke* abgedruckt.
17   Albert Salomon (1949b), „Goethe's View of Society". In: *Jewish Frontier* 16, 1949/12,
      S. 20-25 u. S. 30. Eine deutsche Übersetzung des Textes wird im vierten Band der *Albert Sa-
      lomon Werke* abgedruckt.
18   Vgl. insbesondere Albert Salomon (1957), *Fortschritt als Schicksal und Verhängnis. Betrach-
      tungen über den Ursprung der Soziologie*. Stuttgart: Enke. Der Text wird im fünften Band der
      Albert Salomon Werke abgedruckt.

Nach seinem Tod 1966 sind seine weit verstreut publizierten Texte in Vergessenheit geraten. Insofern kann man sie in der Tat – wie der Titel dieses Bandes und des ihm vorangegangenen Symposiums – mit einer Jürgen Habermas entlehnten Formulierung als *verlassene* Stufen der Reflexion charakterisieren.[19] Ob Salomon die Vorstellung geteilt hätte, dass die Ideen- bzw. Geistesgeschichte über *Stufen* hinweg fortschreitet, muss freilich diskutiert werden. Wer seine Texte liest, gewinnt eher den Eindruck, dass er sich auch hier Goethe verpflichtet fühlte. Salomon schrieb Goethe ein „*antihistorisches Weltbild*" zu, „das nicht nachdrücklich genug unterstrichen werden kann in einer Zeit, in der, sei es von Marx, sei es von Hegel her, Weltgeschichte und Weltgeist miteinander identifiziert werden und der Mensch Funktion in diesem Prozess ist. Er [Goethe] hatte dem Weltgetriebe aus allzu großer Nähe zugeschaut, um nicht die Willkür, den Zufall und das Dämonische richtig einzuschätzen in der Wahl zwischen den möglichen Entscheidungen der Politik. [...] [So] sah er in dieser Sphäre wie in der Natur und in der empirisch-sittlichen Welt notwendige und ewig wiederkehrende Typen menschlichen Handelns, Leidens, Sich-Verhaltens. Und da er mit unvergleichlicher Genauigkeit und den nüchternsten Augen dem Handeln der Welt zusah, so sind seine Beobachtungen von der tiefsten Wahrheit. [...] Herrschaft und Autorität, Freiheit und Protestation, Missbrauch der Macht und Auflehnung dagegen, notwendiges Verblassen der inneren Legitimität einer Staatsform und Entstehen neuer Gehalte: Alle möglichen typischen Formen der politischen Welt sah er in klarsten Umrissen als ewig unabwendbare Verstrickungen menschlicher Ordnungen."[20]

Wer den Soziologen Albert Salomon wiederentdecken möchte, wird sein Geschichtsbild ebenso zu klären haben wie sein Humanismusverständnis,[21] seinen Bildungsbegriff, sein Verhältnis zu Philosophie, Religion und Politik. Wenn es eines besonderen Anlasses bedurft hätte, seinen verlassenen Stufen der Reflexion nachzuspüren, so ist dieser Anlass mit der derzeitigen Bildungsmisere,[22] die letztlich Ausdruck einer umfassenden Reduktion des Menschen auf seine an ökonomischen Rentabilitätskriterien gemessenen Funktionalität ist – mit Salomon: Ausdruck davon, wie „die Gebieter und Götter der industriell-technologischen Schöpfung zu Sklaven ihres eigenen Werks" werden[23] – zweifellos gegeben. Was soll Bildung in der globalisierten massendemokratischen Postmo-

---

19   Jürgen Habermas (1973), *Erkenntnis und Interesse*. Frankfurt am Main: Suhrkamp, S. 9.
20   Salomon, „Goethe", S. 230.
21   Claudius Härpfer (2009), *Humanismus als Lebensform. Albert Salomons Verklärung der Realität*. Wiesbaden: VS Verlag für Sozialwissenschaften.
22   Konrad Paul Liessmann (2006), *Theorie der Unbildung. Die Irrtümer der Wissensgesellschaft*. Wien: Zolnay.
23   Albert Salomon (1946), „Die Religion des Fortschritts". In: ders. (2010), *Werke 3*, S. 191-210, hier S. 209.

derne heißen?[24] Wie viel Bürgerlichkeit – nunmehr mithin „Weltbürgerlichkeit"[25] – als Medium einer zeitgemäßen Bildungsidee gibt es nach dem Niedergang des Bürgertums überhaupt noch?[26] An der Beantwortung dieser Fragen muss die Frankfurter Goethe-Universität auf ihrem Umweg über Bologna hin zur Weltbürgeruniversität nachhaltig interessiert sein. Vielleicht haben wir es hier mit einem jener notwendigen und ewig wiederkehrenden Typen menschlichen Handelns, Leidens, Sich-Verhaltens zu tun, die Salomon bei Goethe beobachtet fand.

---

24   Panajotis Kondylis (1991), *Der Niedergang der bürgerlichen Denk- und Lebensform. Die liberale Moderne und die massendemokratische Postmoderne.* Weinheim: VCH Acta Humaniora.

25   Rüdiger Görner (2004), „Goethe's Cosmopolitanism". In: Suzanne Kirkbright (Hg.), *Cosmopolitans in the Modern World. Studies on a Theme in German and Austrian Literary Culture.* München: Iudicum 2000, S. 33-40; Otfried Höffe (2004), *Wirtschaftsbürger, Staatsbürger, Weltbürger. Politische Ethik im Zeitalter der Globalisierung.* München: C. H. Beck.

26   Friedrich H. Tenbruck (1986), „Bürgerliche Kultur". In: Friedhelm Neidhardt, M. Rainer Lepsius und Johannes Weiß (Hg.), *Kultur und Gesellschaft.* Opladen: Westdeutscher Verlag, S. 263-285; M. Rainer Lepsius (1987), „Zur Soziologie des Bürgertums und der Bürgerlichkeit". In: Jürgen Kocka (Hg.), *Bürger und Bürgerlichkeit im 19. Jahrhundert.* Göttingen: Vandenhoeck & Ruprecht, S. 79-100; Hans-Ulrich Wehler (2001), „Deutsches Bürgertum nach 1945: Exitus oder Phönix aus der Asche?" In: *Geschichte und Gesellschaft* 27, S. 617-634.

Von Berlin nach New York

Albert Salomons Weg im intellektuellen Feld des 20. Jahrhunderts

Peter Gostmann

Die folgenden Seiten sollen eine Übersicht über Leben und Werk Albert Salomons geben. Die Darstellung ist, so weit sich nicht Vor- oder Rückgriffe anbieten, chronologisch, wobei die Städte, die in unterschiedlichen Phasen des Wegs Salomons im intellektuellen Feld[1] seinen Lebensmittelpunkt bildeten, die Darstellung strukturieren. Am Anfang ist dies Salomons Geburtsstadt *Berlin*, Ort ebenso seiner Primärsozialisation wie des Beginns seines Studiums. Im engeren Sinne akademisch sozialisiert wird Salomon in den Jahren vor dem Ersten Weltkrieg insbesondere in *Heidelberg*. Die Weimarer Epoche und damit zugleich die im engeren Sinne politische Sozialisation Salomons spielt wieder in *Berlin*, wo er zunehmende Reputation als sozialdemokratischer Intellektueller gewinnt. Unter anderen Umständen wäre der nächste maßgebliche Ort wohl Köln gewesen, wo Salomon am Berufspädagogischen Institut kurzfristig eine Professur für Soziologie wahrnam; der Beginn des nationalsozialistischen Regimes sorgte jedoch dafür, dass es stattdessen *New York* wurde, wohin er bald darauf emigrierte. Hier lehrte Salomon über drei Jahrzehnte an der *New School for Social Research*; seine Stadt blieb also bis zuletzt *New York*, wobei sich das intellektuelle Feld, in dem er sich bewegte, im Laufe der Jahre nicht zuletzt um das *Jewish Theological Seminary* erweiterte.

---

[1] Ich verwende den Begriff ‚intellektuelles Feld' hier, ohne ihn theoretisch zu konturieren. Den weiteren Rahmen bildet der Feld-Begriff Pierre Bourdieus, wie er ihn z.B. mit Blick auf das literarische Feld entwickelt hat (ders. [1999], *Die Regeln der Kunst. Genese und Struktur des literarischen Feldes.* Frankfurt am Main: Suhrkamp). Im engeren Sinne bedarf Bourdieus Feld-Begriff einiger Korrekturen bzw. Ergänzungen, will man ihn für die Analyse des intellektuellen Feldes verwenden. Dies ist allerdings für das Thema dieses Aufsatzes von nachrangiger Bedeutung; daher führe ich die Auseinandersetzung mit Bourdieu an anderer Stelle (Peter Gostmann [2011], „Grundlagen einer Intellektuellensoziologie. Theorie und Methodologie". Erscheint in: ders., *‚Beyond the Pale'. Albert Salomon und das intellektuelle Feld des 20. Jahrhunderts.* Wiesbaden: VS Verlag für Sozialwissenschaften).

1. Berlin: Eine neuhumanistische Bildungsidee

Der väterliche Zweig von Salomons Familie war, wie er in seinen Memoiren berichtet, seit 1765, nach Erhalt eines Schutzbriefes Friedrichs des Großen, in Preußen ansässig; sein Urgroßvater war nach Berlin gegangen, wo Albert 1891 geboren wurde.[2] Der Schutzbrief wird der Familie Salomon auf Grundlage des 1750 erlassenen *Revidierten General-Privilegiums und Reglements vor die Judenschaft im Königreiche Preußen*[3] erteilt worden sein. Muss der Umzug von Alberts Urgroßvater nach Berlin in die Zeit unmittelbar nach Erlass des *Edikts betreffend die bürgerlichen Verhältnisse der Juden in dem Preußischen Staate*[4] am 11. März 1812 gefallen sein, so legt dies die Vermutung nahe, dass der Schutzbrief von 1765 der Familie Salomon den Status von Schutzjuden zweiter Klasse (unter insgesamt sechs Klassen) verlieh. Deren Aufenthaltsrecht beschränkte sich auf den ihnen zugewiesenen Ort. Das Edikt von 1812 unterstellte alle preußischen Juden dem *Allgemeinen Preußischen Landrecht* und gestattete ihnen dadurch Freizügigkeit, woraufhin viele nach Berlin übersiedelten; Alberts Urgroßvater könnte demnach Teil dieser Siedlungsbewegung gewesen sein. Sein Großvater mütterlicherseits war der Hamburger Kaffeeimporteur Leopold Bunzel, dessen Vorfahren aus Prag stammten. Bunzels Frau entstammte der Prager Familie Frankl.[5] Sein Vater und dessen Vater waren in der dritten und vierten Generation im Lederhandel tätig.[6] Alberts Großmutter väterlicherseits entstammte der Breslauer Bankiersfamilie Potocky-Nelken, die ihre besten Zeiten allerdings hinter sich hatte.[7]

Die Familiengeschichte fügt sich in das Bild der Berliner Unternehmerschaft, die sich seinerzeit zu fast 80 Prozent aus der „Schicht der Unternehmer

---

2   Albert Salomon (1966), „Im Schatten einer endlosen großen Zeit. Erinnerungen aus einem langen Leben für meine Kinder, jungen Freunde und Studenten". In: ders., *Werke 1: Biographische Materialien und Schriften 1921-1933*. Wiesbaden: VS Verlag für Sozialwissenschaften, S. 13-29, S. 15

3   „Revidiertes General-Privilegium und Reglement vor die Judenschaft im Königreiche Preußen". In: Ludwig von Rönne und Heinrich Simon (1843), *Die früheren und gegenwärtigen Verhältnisse der Juden in den sämmtlichen Landestheilen des Preußischen Staates*. Breslau: Aderholz, S. 240-264.

4   „Edikt betreffend die bürgerlichen Verhältnisse der Juden in dem Preußischen Staate". In: Ludwig von Rönne und Heinrich Simon (1843), *Die früheren und gegenwärtigen Verhältnisse der Juden in den sämmtlichen Landestheilen des Preußischen Staates*. Breslau: Aderholz, S. 264-266

5   Salomon (1966), „Im Schatten einer endlosen großen Zeit", S. 15.

6   Ebd.; vgl. Alice Salomon (1983), *Charakter ist Schicksal. Lebenserinnerungen*. Weinheim, Basel: Beltz, S. 12.

7   Ebd.

selbst" rekrutierte;[8] zugleich fügt sie sich in das Bild vom „Wandel des Berliner Judentums von einer traditionellen zu einer sich modern definierenden Gemeinschaft",[9] für deren Mitglieder „besonders signifikant" war, dass sie „in konsumnahen Bereichen, insbesondere in der Textil- und Bekleidungsindustrie Fuß fassten".[10] Alberts Tante, die Frauenrechtlerin Alice Salomon, schreibt in ihren Erinnerungen, ihr Vater und seine Brüder seien „Produkte einer Familie" gewesen, „die sich im frühen Stadium erweiterter Bildung und materiellen Wohlstands befand. Sie waren ziemlich ungeschult; jedoch an gewissen geistigen Dingen oder öffentlichem Dienst interessiert".[11] Auch dies ist schichttypisch, gilt doch die „neuhumanistische Bildungsidee", die in diesen Interessen zum Ausdruck kommt, als in dieser Zeit „[m]it ungebrochener Stärke" wirksame „Integrationsideologie" für „Bürger der unterschiedlichsten Herkunft und Lebenslage".[12] Diese Ideologie gründete auf der Überzeugung, dass die „Bildung einer ästhetisch wohlgefälligen, ‚kultivierten' Persönlichkeit" eine angemessene „Quelle gesellschaftlichen Prestiges" darstelle:[13] „Als ‚gebildeter Mensch' anerkannt zu werden, bedeutete für einen welterfahrenen Bankier ganz so wie für den Handwerker in einem liberalen ‚Bildungsverein' ein begehrtes, unbezweifelbar bürgerliches Qualitätssiegel".[14] Offensichtlich waren sich die Salomons mit dem übrigen Bürgertum einig, die Entfaltung einer kultivierten Persönlichkeit als Zunahme von „Status" und „Selbstachtung" erleben zu wollen.[15]

Albert wurde in eine Familie hineingeboren, die ihr Selbstverständnis wie viele der in den seinerzeitigen „Modernisierungsprozess"[16] eingebundenen jüdischen Familien weniger auf ihre Religionszugehörigkeit gründete als darauf, „integraler Bestandteil des Berliner Bürgertums"[17] zu sein. Alice schreibt, dass im Haus ihrer Eltern – Alberts Großeltern – „weder jüdische Tradition noch Religion gepflegt [wurden]. Mein Vater machte sich möglicherweise überhaupt

---

8   Hans-Ulrich Wehler (1995), *Deutsche Gesellschaftsgeschichte. Dritter Band. Von der ‚Deutschen Doppelrevolution' bis zum Beginn des Ersten Weltkriegs: 1849-1914.* München: C.H. Beck, S. 116.

9   Julius H. Schoeps (2002), „Der Anpassungsprozess (1790-1870)". In: Andreas Nachama, Julius H. Schoeps und Hermann Simon (Hg.), *Juden in Berlin.* Berlin: Henschel, S. 53-88, hier S. 64.

10   Ebd., S. 68.

11   Salomon, *Charakter ist Schicksal*, S. 12.

12   Wehler, *Deutsche Gesellschaftsgeschichte. Dritter Band*, S. 138.

13   Fritz K. Ringer (1987), *Die Gelehrten. Der Niedergang der deutschen Mandarine 1890-1933.* München: DTV, S. 27.

14   Wehler, *Deutsche Gesellschaftsgeschichte. Dritter Band*, S. 138.

15   Ringer, *Die Gelehrten*, S. 27.

16   Schoeps (2002), „Der Anpassungsprozess", S. 68.

17   Chana C. Schütz (2002), „Die Kaiserzeit (1871-1918)". In: Andreas Nachama, Julius H. Schoeps und Hermann Simon (Hg.), *Juden in Berlin.* Berlin: Henschel, S. 89-136, hier S. 97.

keine Gedanken über Religion; er war einfach nicht berührt. Dies war eine ,aufgeklärte', liberale Zeit und viele Menschen glaubten, über die Rätsel des Lebens hinausgewachsen zu sein. Meine Mutter war in ihren Gefühlen so beherrscht, daß religiöse Regungen bei ihr selten Ausdruck fanden und aus Mangel an Nahrung verkümmerten".[18]

Weitere Prägung erhielt Salomons intellektueller Habitus durch seinen Schulbesuch. In den Memoiren 1966 nennt er das „Reformgymnasium Charlottenburg am Savignyplatz".[19] Damit meint er die „reformierte Kaiser-Friedrich-Schule"[20] in der Bleibtreustraße (die auf den Savignyplatz zuläuft), heute Sitz der Joan-Miró-Grundschule. Seit 1902 besuchte die gleiche Schule mit Unterbrechung auch der ein halbes Jahr jüngere Walter Benjamin, der sagte, er habe sie buchstäblich „durchgemacht".[21] Salomon seinerseits gibt die schulische Atmosphäre mit der Bemerkung wieder, „[u]nter den Lehrern" habe „die Rolle des Reserveoffiziers mit der gelehrten Bildung" konkurriert.[22] Letzterer hat Salomon sich später im Zuge seiner publizistischen Tätigkeit ausgiebig gewidmet. Als sozialdemokratischer Parteigänger in den 1920er Jahren beschäftigte er sich mit der Frage der Arbeiterbildung;[23] als die Weimarer Republik in die Krise geriet, arbeitete er über den Zusammenhang von Bildung und Demokratie.[24] Auch als es im amerikanischen Exil darum ging, Bewusstsein dafür zu wecken, dass die nationalsozialistische Weltanschauuung eine Bedrohung für die Kultur der gesamten westlichen Welt darstellte, war die gelehrte Bildung für ihn der Schlüssel für das Verständnis dieses Zusammenhangs.[25] Mit der Frage des Verhältnisses von Militärerziehung und zivilem Leben, die zu Salomons Schulzeiten im unterrichtenden Reserveoffizier eine Rolle spielte, hat er sich später ebenfalls systematisch auseinandergesetzt.[26]

---

18   Salomon, *Charakter ist Schicksal*, S. 13.
19   Salomon, „Im Schatten einer endlosen großen Zeit", S. 15.
20   Werner Fuld (1990), *Walter Benjamin. Eine Biographie.* Reinbek: Rowohlt, S. 17.
21   Walter Benjamin (1985), „Autobiographische Schriften". S. 213-542 in: ders., *Gesammelte Schriften* 6, S. 213-542, hier S. 217-218.
22   Salomon (1966), „Im Schatten einer endlosen großen Zeit", S. 15.
23   Albert Salomon (1928), „Die geistige Gestalt des marxistischen Arbeiters". In: ders. (2008), *Werke 1*, S. 183-189.
24   Albert Salomon (1931), „Innenpolitische Bildung". In: ders. (2008), *Werke 1*, S. 191-203; Albert Salomon (1932), „Problematik der deutschen Bildung". In: ders. (2008), *Werke* 1, S. 205-213.
25   Albert Salomon (1938a), „Hochschulbildung und Humanismus". In: ders. (2008), *Werke 2: Schriften 1934-1942.* Wiesbaden: VS Verlag für Sozialwissenschaften, S. 153-171; Albert Salomon (1940a), „Krise – Geschichte – Menschenbild". In: ders. (2008), *Werke 2*, S. 225-248.
26   Albert Salomon (1942a), „Soldatischer Geist und Nazi-Militarismus". In: ders. (2010), *Werke 3: Schriften 1942-1949.* Wiesbaden: VS Verlag für Sozialwissenschaften, S. 17-36.

Unabhängig davon, wie Salomon die Atmosphäre an der Kaiser-Friedrich-Schule erlebt haben mag, belegt der Besuch eines Gymnasiums, dass er in Kindheit und Jugend auf der „privilegierten" Seite der „Barrieren" stand, die das Schulwesen in Deutschland durchzogen, seitdem 1834 die Zulassungsprüfungen an den Universitäten generell abgeschafft worden waren und der gymnasiale Abschluss zur Voraussetzung für die Zulassung zum Universitätsstudium geworden war.[27] Der Habitus der Abiturienten sollte, so die Idee, nicht von „Nützlichkeit im gemeinen Sinn", sondern von „Idealismus" geprägt[28] und sie sollten vorbereitet sein für die „reine Wissenschaft, die [...] um ihrer selbst willen getrieben wird"[29] – mit einem bekannten Wort: für das „ununterbrochene, sich immer selbst wieder belebende, aber ungezwungene und absichtslose Zusammenwirken" von Universitätsgelehrten.[30]

Als Salomon sein Studium an der Berliner Universität aufnahm, nachdem er 1910 das Abitur bestanden hatte,[31] war die „Monopolstellung des Gymnasiums"[32] allerdings juristisch durch „Allerhöchsten Erlaß" Wilhelms II. bereits aufgehoben;[33] zu diesem Zeitpunkt verfügten auch die Absolventen von Realgymnasien und Oberrealschulen über das Recht, ein Studium aufzunehmen.[34] Erhalten geblieben war die überlieferte *Idee*, dass „das akademische Bürgerrecht" an „die Erwerbung des Abiturientenzeugnisses" geknüpft sei;[35] dass nur den durch den Abschluss eines ‚klassischen' Curriculums Ausgewiesenen eine bevorzugte „Berechtigung" zustehe,[36] zur „geistige[n] Aristokratie" Deutschlands Zugang zu finden.[37] Dieser Idee zum Trotz stieg die Zahl der Immatrikulationen an deutschen Universitäten 1911 auf 56.000, nachdem sie 1880 noch bei 21.000 gelegen hatte.[38] Der Anstieg der Studierendenzahlen bestätigte „viele deutsche Professoren" in ihrem Eindruck, einem mit dem „Heraufkommen des

---

27 Ringer, *Die Gelehrten*, S. 33.
28 Friedrich Paulsen (1921), *Geschichte des gelehrten Unterrichts auf den deutschen Schulen und Universitäten vom Ausgang des Mittelalters bis zur Gegenwart. 2. Band.* Berlin und Leipzig: Vereinigung wissenschaftlicher Verleger, S. 558. Vgl. Ringer (1987), *Die Gelehrten*, S. 36.
29 Ebd., S. 31.
30 Wilhelm von Humboldt (1980), „Ueber die innere und äussere Organisation der höheren wissenschaftlichen Anstalten in Berlin". In: ders., *Werke* 4. Darmstadt: Wissenschaftliche Buchgesellschaft, S. 255-265, hier S. 257.
31 Salomon, „Im Schatten einer endlosen großen Zeit", S. 15.
32 Ringer, *Die Gelehrten*, S. 35.
33 Wilhelm Lexis [Hg.] (1902), *Die Reform des höheren Schulwesens in Preußen.* Halle an der Saale: Buchhandlung des Waisenhauses, S. VII-X.
34 Ringer, *Die Gelehrten*, S. 54.
35 Friedrich Paulsen (1902), *Die deutschen Universitäten und das Universitätsstudium.* Berlin: Asher, S. 150.
36 Riner, *Die Gelehrten*, S. 38.
37 Paulsen, *Die deutschen Universitäten und das Universitätsstudium*, S. 149.
38 Ringer, *Die Gelehrten*, S. 55.

Maschinenzeitalters" einhergehenden „Prozeß der Entmenschlichung", einer entstehenden Welt der „Massen" beizuwohnen: „Es wurde zu einer Art Dogma, daß die Schwierigkeiten der Universitäten in erster Linie auf das Vorrücken des Modernismus im höheren Schulwesen, auf eine Senkung des Anspruchsniveaus auf den nichtklassischen Schulen, auf den Angriff praktisch-technischer Fähigkeiten auf das Gebiet der reinen Wissenschaft, und auf das Auftreten neuer und ungebildeter Gruppen an den Universitäten zurückzuführen seien".[39]

Als Salomon Teil des akademischen Milieus wurde, war er allerdings allem Anschein nach weit entfernt von der „„orthodoxe[n] Position", die sich die Mehrheit der Bildungselite zu eigen machte.[40] Er neigte offensichtlich stattdessen der Position zu, die eine „relativ fortschrittliche Minderheit" einnahm, die man als „Modernisten" bezeichen kann;[41] sie wollten zwar „das Gute und Lebensfähige des alten Zustands" erhalten, diagnostizierten aber „nicht mehr passende Staats- und Kultureinrichtungen" und antizipierten das Scheitern aller Versuche, „das neue Leben gewaltsam" zurückzudrängen, setzten vielmehr darauf, dass ohnehin „[a]llerwegen [...] sich neue Aristokratie" bilde, mithin der „Typus des ‚leitenden Kopfes' [...], der die Sache macht", gefragt bleibe. Über Friedrich Meinecke, auf den dieser Umriss der modernistischen Position zurückgeht,[42] schrieb Salomon später wohlwollend, sein Denken habe der „Harmonisierung der deutschen Bildungstradition mit den politischen Prestigeinteressen der geistigen und seelischen Situation des Vorkriegsdeutschlands" entsprochen.[43] Diese Bemerkung lässt darauf schließen, dass er dem Bemühen der akademischen Modernisten, „die Alternative von Stagnation und Revolution zu vermeiden", schon als Student mit Sympathie begegnete; ihre Idee, „die Massen zu einem minimalen Respekt vor den kulturellen Traditionen [...] zu veranlassen",[44] machte er sich in den 20er Jahren zu eigen, als er den Anspruch „sozialistische[r] Bildungsarbeit", der er sich inzwischen widmete, mit dem „große[n] Sinn des Wortes: Bildung" konnotierte, „in dem Goethe immer dieses Wort gebraucht, als eines Handelns, Formens, Gestaltens" – nicht ohne allerdings anzufügen, der Sinn des Wortes sei derweil „in den der spezialistischen Fach- und Berufsausbildung gewidmeten Schulen fast verloren gegangen".[45]

---

39   Ebd., S. 59.
40   Ebd., S. 120-121.
41   Ebd., S. 122.
42   Friedrich Meinecke (1958), „Der Sinn unseres Wahlkampfes". In: ders., *Werke 2: Politische Schriften und Reden*. Darmstadt: Toeche-Mittler, S. 49-52, hier S. 50.
43   Albert Salomon (1933a), „Zur Idee der Nation". In: ders. (2008), *Werke 1*, S. 242-252, hier S. 243.
44   Ringer, *Die Gelehrten*, S. 123.
45   Salomon, „Die geistige Gestalt des marxistischen Arbeiters", S. 183.

2. Heidelberg: Zentrische Interaktionen

Nach einem kurzen Zwischenspiel in Freiburg setzte Salomon sein in Berlin begonnenes Studium in Heidelberg fort.[46] Die Stadt im liberalen Baden hatte sich in den vorangegangenen 20 Jahren durch gezielte Hochschulförderung und eine findige Berufungspolitik zu einem intellektuellen Zentrum entwickelt,[47] das eine große Zahl ausländischer Studierender anzog und das ganz eigene Flair eines „Weltdorfes" ausbildete,[48] geprägt durch ein Zusammenspiel von Weltoffenheit und nachbarschaftlicher Kleinstadtatmosphäre. Zugleich entstand die Idee eines spezifischen „Geist Heidelbergs", dessen Entfaltung sich mit „bestimmte[n] Geselligkeitsformen" verband.[49] Deren Entstehen verdankte sich nicht zuletzt der Tatsache, dass sich „das Universitätsleben" zur Zeit der Jahrhundertwende „auf wenige überschaubare Straßenzüge der Voralt- und Kernaltstadt" beschränkte, so dass sich unweigerlich „auf der Straße und im Hörsaal zahlreiche Chancen der ‚zentrischen Interaktion'" ergaben. Damit ist „eine durch Blickkontakte gesteuerte Aufforderung zur Kommunikation" gemeint, „die bei wiederholter Begegnung mit dem eingeräumten ‚Recht' auf Abgang Bekanntschaften stiften kann, die sich zu dauerhaften Freundschaften entwickeln können".[50]

Die fortgesetzte zentrische Interaktion führte zur Gründung einer Reihe intellektueller Zirkel, die als Produzenten des Heidelberger Geistes galten. Den einen Pol des Kontinuums, das diese Zirkel darstellten, bildete die „Geheimratsgeselligkeit" des *Eranos*-Kreises,[51] einer ständisch geprägten Professorenzusammenkunft „mit vereinsmäßiger Satzung" und definiertem Versammlungszweck,[52] bei der die Anwesenheit von Jüngeren und Frauen unerwünscht war. Das Gegenbild am anderen Pol des Kontinuums war die von Max und Marianne Weber initiierte „Verkehrsform" des sonntäglichen *jour fixe*, zu dem „neben

---

46 Salomon, „Im Schatten einer endlosen großen Zeit", S. 16.
47 Karol Sauerland (1995), „Heidelberg als intellektuelles Zentrum". In: Hubert Treiber und ders. (Hg.), *Heidelberg im Schnittpunkt intellektueller Kreise. Zur Topographie der ‚geistigen Geselligkeit' eines ‚Weltdorfes': 1850-1950*. Opladen: Westdeutscher Verlag, S. 12-30, hier S. 13-16.
48 Camilla Jellinek (1970), „Georg Jellinek. Ein Lebensbild, entworfen von seiner Witwe". In: Georg Jellinek, *Ausgewählte Schriften und Reden* 1. Aalen: Scientia, S. 7-140, hier S. 85. Vgl Sauerland, „Heidelberg als intellektuelles Zentrum", S. 12.
49 Ebd., S. 16.
50 Hubert Treiber (2005), „Der ‚Eranos' – Das Glanzstück im Heidelberger Mythenkranz?".In: Wolfgang Schluchter und Friedrich W. Graf (Hg.), *Asketischer Protestantismus und der ‚Geist' des modernen Kapitalismus. Max Weber und Ernst Troeltsch*. Tübingen: Mohr (Siebeck), S. 75-153, hier S. 75-76. Vgl. Erving Goffman (1971), *Verhalten in sozialen Situationen. Strukturen und Regeln der Interaktion im öffentlichen Raum*. Gütersloh: Bertelsmann, S. 35 und 84ff.
51 Treiber (2005), „Der Eranos", S. 77.
52 Ebd., S. 80-85.

anerkannten Gelehrten auch wissenschaftlicher Nachwuchs und Studenten, die sich irgendeiner Empfehlung erfreuen konnten", geladen waren,[53] während das „Ideal eines ‚freien Spiels der Gedanken und Empfindungen, wodurch alle Mitglieder einander gegenseitig aufregen und belehren'", angestrebt wurde.[54] Auch Salomon erfreute sich irgendeiner Empfehlung, die ihm Zugang zum *jour fixe* in der Ziegelhäuser Landstraße 17 gestattete.[55] Überdies sorgten seine zentrischen Interaktionen auf den Straßen und in den Hörsälen Heidelbergs dafür, dass er in Kontakt mit einem anderen der intellektuellen Zirkel Heidelbergs kam, dem Kreis um den Dichter Stefan George.

Insbesondere Friedrich Gundolf, der damals unter der Ägide Georges gemeinsam mit Friedrich Wolters das *Jahrbuch für die geistige Bewegung* herausgab und die herausgehobene Stellung eines „Propeten des Kreises" einnahm,[56] galt Salomons „große persönliche Verehrung"; allerdings, so Salomon, „gab er mich auf als sterilen und unfruchtbaren Geist, der nur negativer Kritik fähig sei", nachdem „ich ihm erklärte, warum ich Stefan George nicht folgen konnte".[57] Mit dem Abstand von mehr als einem Jahrzehnt zu den eigenen Berührungen mit dem George-Kreis begründete Salomon seine Ablehnung Georges damit, dass er und seine Anhänger, „den Sternen näher als der Erde, eine zeitlose Norm in der Zeit trotzig verwirklichen" wollten: „[D]a der George-Kreis die Verachtung der Masse, eine tiefe Unbrüderlichkeit und Unbekümmertheit um das soziale Ringen der Gegenwart zur Schau trägt, so wird sein Lebensideal zu dem Gespenst eines schönen Renaissance-Jünglings mit falscher Aristokratengebärde, die typische Ideologie einer Rentner- und Beamtenschicht".[58]

Die Terminologie, durch die Salomon 1926 sein Urteil über den George-Kreis zum Ausdruck brachte, war freilich nicht sein eigenes Produkt. Die Idee der Hingabe an eine Sache ebenso wie die Formel von der typischen Ideologie einer Rentner- und Beamtenschicht verweisen auf den Hausherrn des zweiten intellektuellen Zirkels, in dem sich der Student Salomon seinerzeit bewegte. Max Weber sprach im Wintersemester 1918/19 in seinem Münchner Vortrag über

---

53 Gesa von Essen (1995), „Max Weber und die Kunst der Geselligkeit". In: Hubert Treiber und Karol Sauerland (Hg.), *Heidelberg im Schnittpunkt intellektueller Kreise. Zur Topographie der ‚geistigen Geselligkeit' eines ‚Weltdorfes': 1850-1950*. Opladen: Westdeutscher Verlag, S. 462-484, hier S. 471. Vgl. Friedrich D.E. Schleiermacher (1967), „Versuch einer Theorie des geselligen Betragens". In: ders., *Werke* 2. Aalen: Scientia, S. 3-31, hier S. 10.

54 von Essen (1995), „Max Weber und die Kunst der Geselligkeit", S. 470.

55 Salomon, „Im Schatten einer endlosen großen Zeit", S. 17.

56 Thomas Karlauf (2007), *Stefan George. Die Entdeckung des Charisma*. München: Karl Blessing, S. 355.

57 Salomon (1966), „Im Schatten einer endlosen großen Zeit", S. 16-17.

58 Albert Salomon (1926a), „Zur Soziologie des Geniebegriffs". In: ders. (2008), *Werke 1*, S. 157-166, hier S. 158.

Wissenschaft als Beruf von der „Leidenschaft" des Wissenschaftlers, die „rein der Sache" zu gelten habe;[59] im zweiten Vortrag der Vortragsreihe über *Geistige Arbeit als Beruf* sprach er analog dazu von der „Leidenschaft" des Politikers, die sich erst erfülle, wenn er sich „rein sachlich" bemühe, „der Welt, so wie sie wirklich ist, und ihrem Alltag [gewachsen]" zu sein.[60] Im Rahmen seiner Überlegungen über „charismatische Herrschaft" brachte Weber zum Ausdruck, „„Rentnertum' als Form der Wirtschafts*enthobenheit*" könne „die wirtschaftliche Grundlage charismatischer Existenzen" sein. Insbesondere im Fall „einer primär künstlerischen charismatischen Jüngerschaft", so Weber weiter, könne eine „Begrenzung der im eigentlichen Sinn Berufenen auf ‚wirtschaftlich Unabhängige' (also: Rentner)" als „das Normale" gelten, woraufhin er anfügte: „so im Kreise Stefan Georges, wenigstens der primären Absicht nach".[61]

Salomons Perspektive Mitte der 1920er Jahre steht erkennbar in der Fluchtlinie Webers. Es ist nicht unwahrscheinlich, dass Webers Sicht der Dinge schon 15 Jahre zuvor, als Salomon Gundolf seine Vorbehalte gegen den George-Kreis mitteilte, eine Rolle spielte. Tatsächlich entwickelte Weber gerade zu der Zeit, als Salomon ihn in Heidelberg im *jour fixe* kennenlernte, wo der aus Krankheitsgründen Emeritierte mitunter „zweistündige Monologe [...] über seine jeweiligen Arbeitsschwerpunkte" hielt,[62] mit Hilfe seiner Beobachtungen des George-Kreises seinen Begriff des Charisma.[63] Wenn auch Weber seinerzeit betonte, dass er von „der Sekte Stefan Georges [...] *gänzlich wertfrei*" spreche,[64] „empörte man sich" dennoch im George-Kreis über derlei Beschreibungen.[65] Ebenso ist es denkbar, dass umgekehrt Salomon durch Webers Überlegungen Klarheit darüber gewann, sich keinesfalls, Wertfreiheit hin oder her, mit einer charismatischen Geselligkeitsform arrangieren zu wollen. Nicht zuletzt vor dem Hintergrund eigener Erfahrungen mit antisemitischen Umtrieben, möglicherweise auch aufgrund einer Sympathie für das Gleichberechtigungsstreben der arbeitenden Massen, hat er kaum Gefallen an einer Gruppierung finden können, in der nicht gesatztes Recht gilt, sondern die „genuine Form" der „Rechtsweisung und Streit-

---

59   Max Weber (1968a), „Wissenschaft als Beruf". In: ders., *Gesammelte Aufsätze zur Wissenschaftslehre*. Tübingen: Mohr (Siebeck), S. 582-613, hier S. 589 und S. 591.

60   Max Weber (1921), „Politik als Beruf". In: ders., *Gesammelte Politische Schriften*. Tübingen: Mohr (Siebeck), S. 505-560, hier S. 560.

61   Max Weber (1976), *Wirtschaft und Gesellschaft. Grundriss der verstehenden Soziologie*. Tübingen: Mohr (Siebeck), S. 142.

62   von Essen, „Max Weber und die Kunst der Geselligkeit", S. 473.

63   Karlauf, *Stefan George*, S. 410-418.

64   Max Weber (1988), „Rede auf dem ersten Deutschen Soziologentage in Frankfurt 1910". In: ders., *Gesammelte Aufsätze zur Soziologie und Sozialpolitik*. Tübingen: Mohr (Siebeck), S. 431-449, hier S. 446.

65   Karlauf, *Stefan George*, S. 417.

schlichtung [...] die Verkündigung des Spruches durch den Herrn oder ‚Weisen' und seine [pflichtmäßige] Anerkennung durch die (Wehr- oder Glaubens-)Gemeinde" ist.[66]

Leichter als mit der charismatischen Herrschaft Georges tat Salomon sich mit der freieren Verkehrsform des *jour fixe* im Hause Weber, ungetrübt dadurch, dass wohl letztlich doch die Neigung des Hausherrn zum umfassenden Monolog die Möglichkeit limitierte, dass sich die Wirklichkeit in der Ziegelhäuser Landstraße dem Ideal eines freien Wechselspiels der Gedanken annäherte.[67] Die Offenheit Webers ging einher mit der Produktion eigenen Außenseitertums, das er in der Opposition „gegen Kaiser, Kaiserreich und wilhelminisches Bürgertum" bewährte, während er sich zugleich „diesem Bürgertum zugehörig fühlte und in ihm durch Herkunft und akademische Karriere etabliert war".[68] Paul Honigsheim hat im Rückblick die Produktion von Außenseitertum geradezu als typisches Kennzeichen des Kreises um Weber beschrieben; es habe sich hier, vermerkte er, um Menschen gehandelt, „deren Bestes, ihnen selbst vielleicht unbewußt, darin lag, daß sie alle irgendwie zum mindesten Outsiders waren".[69] Soziologisch gesprochen ist ihr Selbstverständnis das des *marginal man*, der zu einem „kulturellen Bastard" wird, insofern er einerseits „an seinen alten kulturellen Mustern fest[hält]", andererseits „versucht [...], sich neue Muster anzueignen".[70]

Unter den jungen *outsiders* in der Ziegelhäuser Landstraße 17 pflegte Salomon „intimen Umgang" insbesondere mit Georg Lukács,[71] der – wohl neben Gundolf und Karl Jaspers[72] – einen der „selbständigen Kristallisationspunkte"[73] des Kreises bildete, die sich dadurch auszeichneten, im Gedankenaustausch „eine besondere Rolle als Antagonisten von Weber" einzunehmen.[74] Als Carl Mayer

---

66 Max Weber (1968b), „Die drei reinen Typen der legitimen Herrschaft". In: ders., *Gesammelte Aufsätze zur Wissenschaftslehre.* Tübingen: Mohr (Siebeck), S. 475-488, hier S. 482.

67 von Essen (1995), „Max Weber und die Kunst der Geselligkeit", S. 474-475.

68 Ebd., S. 480. Vgl. Wolfgang J. Mommsen (1993), „Ein politischer Intellektueller im Deutschen Kaiserreich". In: Gangolf Hübinger und ders. (Hg.), *Intellektuelle im Deutschen Kaiserreich.* Frankfurt am Main: Fischer, S. 33-61.

69 Paul Honigsheim (1926), „Der Max Weber-Kreis in Heidelberg". In: *Kölner Vierteljahresschrift für Soziologie*, S. 270-287, hier S. 272.

70 Peter-Ulrich Merz-Benz und Gerhard Wagner (2002), „Der Fremde als sozialer Typus. Zur Rekonstruktion eines soziologischen Diskurses". In: dies. (Hg.), *Der Fremde als sozialer Typus. Klassische soziologische Texte zu einem aktuellen Phänomen.* Konstanz: UVK, S. 9-37, hier S. 30. Vgl. Everett V. Stonequist (1935), "The problem of the marginal man". In: *American Journal of Sociology* 41, S. 1-12; Everett V. Stonequist (1937), *The Marginal Man. A Study in Personality and Culture Conflict.* New York: Russell & Russell.

71 Salomon, „Im Schatten einer endlosen großen Zeit", S. 17.

72 von Essen, „Max Weber und die Kunst der Geselligkeit", S. 475.

73 Marianne Weber (1989), *Max Weber. Ein Lebensbild.* München: Piper, S. 476.

74 von Essen, „Max Weber und die Kunst der Geselligkeit", S. 475. Vgl. Karl Loewenstein (1966), „Persönliche Erinnerungen an Max Weber". In: Karl Engisch, Bernhard Pfister und Jo-

mehr als fünf Jahrzehnte, nachdem Salomon sich im *jour fixe* im Hause Weber bewegte, seine Gedenkrede auf ihn hielt, nannte er Lukács geradezu als einen von zwei Intellektuellen – neben Weber –, die von Heidelberg aus „sein Denken tief greifend prägen sollten".[75] Ein weiterer Besucher der *jours*, den Salomon in seinen Erinnerungen besonders hervorhebt, ist Emil Lederer,[76] der sich seinerzeit in Heidelberg im Fach Nationalökonomie habilitierte.[77] Als Salomon nach dem Krieg promovierte, wirkte Lederer am Rigorosum mit.[78] Dass, wie es später, in einem von Salomon gemeinsam mit Bruno Lasker und Hans Staudinger verfassten Nekrolog heißt, „im Mittelpunkt" von Lederers Werk „[i]m Gegensatz zu Simmel und Max Weber [...] keineswegs die Erfahrung von Isolation und Einsamkeit" stand, sondern der „Glaube an die Entwicklung der Gesellschaft durch Aufklärung",[79] dürfte Salomon schon vor 1914 aufgefallen sein; auch Honigsheim und Weber vermerkten damals bei Lederer eine Kombination aus „Arbeitswilligkeit" und „Lebensmut", der es „Bewunderung" zu zollen gelte.[80]

Nach dem Ausbruch des Ersten Weltkriegs meldete Salomon sich als Kriegsfreiwilliger bei der Train-Ersatzabteilung 3 in Spandau.[81] In seinen Erinnerungen schildert er den Schritt in den Krieg als Bruch mit der Heidelberger Welt intellektueller Zirkel. Er habe, berichtet er, zu diesem Zeitpunkt „keine Illusionen" mehr hinsichtlich der „akademischen Welt" gehabt, „die sich als Elite und Nabel der deutschen Welt fühlte, die sich todernst nahm" und doch nur von „Eitelkeit, Selbstbespiegelung, Prestige und Geist der Konkurrenz" geprägt gewesen sei: „Als ich in den Krieg ging, war ich entschlossen, nicht in diese Welt zurückzugehen".[82]

---

hannes Winckelmann (Hg*.), Max Weber. Gedächtnisschrift der Ludwig-Maximilians-Universität München zur 100. Wiederkehr seines Geburtstages 1964.* Berlin: Duncker & Humblot, S. 27-38, hier S. 30.

75 Carl Mayer (2008), „In memoriam Albert Salomon (1891-1966)". In: Albert Salomon, *Werke 1*, S. 59-73, hier S. 61.

76 Salomon, „Im Schatten einer endlosen großen Zeit", S. 17.

77 Hans Ulrich Eßlinger (1995), „Emil Lederer: Ein Plädoyer für die politische Verwertung der Wissenschaftlichen Erkenntnis". In: Hubert Treiber und Karol Sauerland (Hg.), *Heidelberg im Schnittpunkt intellektueller Kreise. Zur Topographie der ,geistigen Geselligkeit' eines ,Weltdorfes': 1850-1950.* Opladen: Westdeutscher Verlag, S. 422-444, hier S. 423.

78 Salomon, „Im Schatten einer endlosen großen Zeit", S. 21.

79 Albert Salomon (1940b), "Emil Lederer 1882-1939". In: ders. (2008), *Werke 2*, S. 217-224, hier S. 217 und S. 219.

80 Paul Honigsheim (1985), „Erinnerungen an Max Weber". In: René König und Johannes Winckelmann (Hg.), *Max Weber zum Gedächtnis. Materialien und Dokumente zur Bewertung von Werk und Persönlichkeit (Kölner Zeitschrift für Soziologie und Sozialpsychologie. Sonderheft 7).* Opladen: Westdeutscher Verlag, S. 161-271, hier S. 226.

81 Albert Salomon (1933b), „Brief an das Reichswehrministerium. Köln, am 25. April 1933" (Fundstelle: Albert Salomon Collection des Leo-Baeck-Institut, New York).

82 Salomon, „Im Schatten einer endlosen großen Zeit", S. 20.

An die Stelle der elitären intellektuellen Zirkel setzte Salomon nun die Figur der egalitären „Leidensgemeinschaft", von der man „sich nicht ausschließen
[kann]".[83] Eine Hingabe an die „Epiphanie des ,Geistes von 1914'", der sich
viele Angehörige des Bildungsbürgertums anders als die übrigen „großen Sozial-
formationen" Deutschlands nach der Mobilmachung befleißigten,[84] ist darin
nicht ablesbar. Es gibt keinen Hinweis, dass Salomon Sympathien für die gängi-
gen „Kriegsideologien"[85] gehabt hätte. Allerdings antizipierte er, wenn er mit der
Figur der Leidensgemeinschaft hantierte, von der auch der Intellektuelle sich
nicht auschließen könne, einen bestimmten weltanschaulichen Typus, den im
Jahr nach Kriegsbeginn Werner Sombart beschrieb. Salomon verhielt sich wie
Sombarts Typus des „Helden", dem als Kontrastfall der „Händler" gegenübersteht: „Der Händler [...] tritt an das Leben heran mit der Frage: was kannst du
Leben mir geben. [...] [D]er Held tritt ins Leben mit der Frage: was kann ich dir
Leben geben? Er will schenken, will sich verschwenden, will sich opfern – ohne
Gegengabe".[86] Den Erinnerungen seiner Tochter lässt sich allerdings entnehmen,
dass Salomon keineswegs anstrebte, den Typus des Helden in reinster Form zu
verkörpern; er habe sich, vermerkt sie, wohl auch freiwillig gemeldet, „um nicht
im Falle einer Zwangsrekrutierung zur Infanterie zu kommen".[87]

Während Sombart in seinem Pamphlet „deutsches Heldentum" als nationale
Spezifik „englische[m] Händlertum" gegenübergestellte,[88] verhielt sich Salomon,
der einer Kaufmannsfamilie entstammte und wegen seiner jüdischen Herkunft
bereits am eigene Leib Erfahrungen mit deutschnationalen Distinktionsanmutun-
gen gesammelt hatte, nicht ,heldisch', weil er in der eigenen Bereitschaft zum
Opfer ein Bekenntnis zu Deutschland gesehen hätte. Tatsächlich war sein Bruch
mit einer akademischen Welt, die sich als Elite und Nabel der Nation fühlte und
sich todernst nahm, gerade ein Bruch mit den Spitzen des Bildungsbürgertums,
die sich wie Sombart der Epiphanie des Geistes von 1914 hingaben.[89]

Nach dem Krieg brachte Salomon sein Studium angesichts der „Verarmung
durch Krieg und Inflation [...] zu einem raschen Ende";[90] danach sicherte zu-

---

83   Ebd.
84   Hans-Ulrich Wehler (2003), *Deutsche Gesellschaftsgeschichte. Vierter Band. Vom Beginn des
     Ersten Weltkriegs bis zur Gründung der beiden deutschen Staaten: 1914-1949.* München: C.H.
     Beck, S. 16.
85   Ebd., S. 14-38.
86   Werner Sombart (1915), *Händler und Helden. Patriotische Besinnungen.* München: Duncker
     & Humblot, S. 64.
87   Hannah Salomon-Janovski (2008), „Das Leben mit meinem Vater". In: Albert Salomon (2008),
     Werke 1, S. 31-58, hier S. 33.
88   Sombart, *Händler und Helden*, S. 19.
89   Ringer, *Die Gelehrten*, S. 169-185.
90   Die Dissertation ist im abgedruckt im ersten Band der *Albert Salomon Werke*: Albert Salomon
     (1921), „Der Freundschaftskult im 18. Jahrhundert. Versuch zur Soziologie einer Lebensform".

nächst eine Tätigkeit als „einfacher Buchhalter bei Lipmann Wulf [...], einer der feinsten Privatbanken" sein Auskommen; anschließend arbeitet er – „widerwillig" – als Lammfellimporteur im Geschäft seines Vaters.[91]

3. Wieder Berlin: Politische Bildung als intime Kunst

Salomon scheint Weimarer Republikaner der ersten Stunde und bereit gewesen zu sein, die Republik wehrhaft zu verteidigen. Unmittelbar nach der Demobilisierung im Dezember 1918 trat er seiner Heimatstadt Berlin als Freiwilliger der Garde-Kavallerie-Schützen-Division bei und beteiligte sich – so schreibt er am 26. Mai 1933 an das *Zentralnachweiseamt für Kriegerverluste und Kriegergräber* – an der „Niederwerfung des Kommunismus".[92]

Vom 16. bis 21. Dezember hatte in der Hauptstadt der *Erste Allgemeine Kongress der Arbeiter- und Soldatenräte Deutschlands* getagt, wo die Mehrheitssozialdemokraten (*MSPD*) sich mit ihrem Plan durchsetzten, schnellstmöglich, am 19. Januar, die Wahl einer Verfassungsgebenden Nationalversammlung abzuhalten, während der Vorschlag der Unabhängigen Sozialdemokraten (*USPD*), einen neuen Rätekongress einzuberufen, abgelehnt wurde. Die Unabhängigen beteiligten sich anschließend nicht mehr an der Wahl zum *Zentralrat der Arbeiter- und Soldatenräte*; im Zuge weiterer Konflikte verließen die USPD-Vertreter auch die Exekutive, den *Rat der Volksbeauftagten*. Mitglieder der Parteilinken, des Spartakusbundes, gründeten gemeinsam mit den Internationalen Kommunisten Deutschlands in den letzten Tages des Jahres 1918 die Kommunistische Partei (*KPD*) und reihten sich in die Massendemonstration gegen die Übergangsregierung Friedrich Eberts (*MSPD*) ein. Welche konkreten Pläne auch immer mit der Idee einer „Errichtung der Diktatur des Proletariats" anstelle der Wahl einer Nationalversamlung verbunden gewesen sein mögen, der Rat der Volksbeauftragten verstand die „Kampfansage der radikalen Minderheit des Berliner Proletariats" als „Aufstand gegen die Demokratie". Die Regierung reagierte, indem sie den Aufstand mit Militärgewalt beenden ließ; wenn Salomon 1933 von der Niederwerfung des Kommunismus spricht, spielt er auf diese Er-

---

In: ders. (2008), *Werke 1*, S. 81-133. Vgl. Hanna Haag, „Freundschaft. Ein neuer Blick auf Albert Salomons Soziologie einer Lebensform". In diesem Band, S. 97-119.

91   Salomon, „Im Schatten einer endlosen großen Zeit", S. 21-23.

92   Albert Salomon (1933c), „Brief an das Zentralnachweisamt für Kriegerverluste und Kriegergräber. Köln, am 26. Mai 1933" (Fundstelle: Albert Salomon Collection des Leo-Baeck-Institut, New York).

eignisse an. Daran beteiligt waren sowohl „sozialdemokratisch orientierte Verbände" als auch „rechtsstehende Freikorps".[93]

Salomons Garde-Kavallerie-Schützen-Division setzte sich aus Freiwilligen-Verbänden vormaliger Kavallerie-Regimenter zusammen, denen verschiedene Freikorps angegliedert waren. Im Gesamtbild kämpfte die Division, während sie den Arbeiteraufstand niederschlug, gegen die ‚linken' Feinde der Republik, aber nicht auf Seiten der Republik. Salomon persönlich dagegen wird es um die Verteidigung der Republik gegangen sein. Das Personal der Freikorps beschrieb er mit dem Abstand von einigen 20 Jahren, indem er ihr „Unvermögen, die Niederlage zu akzeptieren" als Ausdruck des „Verlust[s] soldatischen Geistes" auslegte, gespeist aus der Gefährdung „erworbene[r] Rechte in der zivilen und militärischen Verwaltung" und der Sorge, den eigenen „Besitz riesiger Landflächen" zu verlieren: „Diese Haltung kann man als catilinisch bezeichnen, weil es eine Haltung Deklassierter ist. Die dieser Gruppierung eigenen revolutionären Grundsätze sind äußerst schlicht. Sie zielen auf einen militärischen Despotismus, um die Wohlhabenden auszubeuten. Die selbstgewählte gesellschaftliche Isolation zusammen mit dem verschwörerischen und dem catilinischen Element schufen ein Ethos, das um die Idee beruflicher Ehre kreiste und dem des Berufskriegers vom Typus des Söldners sehr ähnlich ist".[94]

Als Salomon 1922 Mitglied der SPD wurde, dokumentierte dieser Schritt seine Republiktreue; in seinen Memoiren nennt er die „Ermordung Walter Rathenaus" als zeitgeschichtlichen Hintergrund seines Parteibeitritts.[95] Rathenau war seinerzeit für die Deutsche Demokratische Partei (DDP) Außenminister im Kabinett des Zentrum-Politikers Josef Wirth; er fiel einem Attentat der rechtsterroristischen Organisation Consul zum Opfer.[96] Wenn Salomon dies Ereignis zum Anlass nahm, Flagge für den neuen Staat zu zeigen, mag auch der Umstand eine Rolle gespielt haben, dass „[m]it Rathenau [...] zum erstenmal in Deutschland ein Jude in hervorragender Stellung ermordet worden [war], eben weil er ein Jude in hervorragender Stellung war".[97] Im Großen und Ganzen war dies eine individuelle Entscheidung vor dem Hintergrund eines allgemeinen, größere Teile der Bevölkerung umfassenden „moralischen Schock[s]".[98]

---

93 Heinrich A. Winkler (2000a), *Der lange Weg nach Westen. Erster Band. Deutsche Geschichte vom Ende des Alten reiches bis zum Untergang der Weimarer Republik.* München: Beck, S. 389.

94 Salomon, „Soldatischer Geist und Nazi-Militarismus", S. 23 und S. 19.

95 Salomon, „Im Schatten einer endlosen großen Zeit", S. 25.

96 Winkler, *Der lange Weg nach Westen. Erster Band,* S. 425.

97 Arnold Brecht (1966), *Aus nächster Nähe. Lebenserinnerungen 1884-1927.* Stuttgart: Deutsche Verlags-Anstalt, S. 386.

98 Ebd., S. 390.

In Salomons Schritt in die SPD kam nicht die Suche nach einer geistigen Heimat zum Tragen. Will man die Entscheidung für das parteipolitische Engagement – im Sinne Max Webers[99] – als „wertrational" bestimmt verstehen, dann aufgrund von Salomons „bewußte[m] Glauben" an den „unbedingten *Eigen*wert" des Engagements für die Idee einer egalitären Gemeinschaft freier Individuen. Sie war zugleich „zweckrational" bestimmt, insofern der „Erfolg" dieser Idee für Salomon im Rahmen der Republik von Weimar am Ehesten zu erwarten und die SPD eine der wesentlichen Stützen der Republik war.[100] Im Sinne Emil Lederers, mit dem Salomon seinerzeit schon aufgrund der Vorbereitung seines Rigororums regelmäßig Umgang pflegte, zog Salomon mit dem Parteieintritt die Konsequenz aus der Feststellung, dass es des „Rückhalt[s]" einer „breite[n] kulturproduktive[n] Schicht sozialistisch gesinnter und wirkender Intellektueller" bedürfe, „an die sich die zu Führern aufsteigenden Träger der Bewegung" anschließen möchten.[101]

Zum Zeitpunkt seines SPD-Beitritts war Salomon dem intellektuellen Milieu im engeren Sinne nurmehr mittelbar verbunden; als Buchhalter in der Bank und später als Lammfellimporteur im Geschäft des Vaters hatte er sein Auskommen abseits des akademischen und abseits der politischen Geschäfts. Als einer unter einer Minderheit akademisch Gebildeter in der Partei hatte er dennoch eine nicht ungewichtige Position im intellektuellen Feld des neuen Staates, auch ohne politisches Amt oder eine berufliche Stellung im akademischen Betrieb. Vermutlich über Lederer[102] lernte Salomon Rudolf Hilferding kennen. Hilferding hatte seit 1906 an der Berliner Parteischule der SPD gelehrt, für den *Vorwärts* und die *Neue Zeit* geschrieben und maßgeblich zur Wiedereingliederung der USPD in die Partei beigetragen; 1923 war er Finanzminister im Kabinett Stresemann geworden.[103] Salomon wurde von Hilferding gefördert, der ihm die Möglichkeit gab, in der Zeitschrift *Die Gesellschaft*, die er 1924 gegründet hatte, zu publizieren. Zunächst veröffentlichte Salomon einen Aufsatz zu Werk und Person Max Webers, den er hier einen „bürgerliche[n] Marxist[en]" nannte und zum Exemplum eines „heroische[n] Bürger[s] im Zeitalter der *Bourgeoisie*" stilisierte, insofern er „sein Leben als Erfüllung einer Idee [gestaltet], als Diener

99   Max Weber (1968c), „Soziologische Grundbegriffe". In: ders., *Gesammelte Aufsätze zur Wissenschaftslehre*. Tübingen: Mohr (Siebeck), S. 541-581, hier S. 565.
100   „Programm der Sozialdemokratischen Partei Deutschlands, Görlitz 1921". In: Heinrich Potthoff und Susanne Miller (2002), *Kleine Geschichte der SPD. 1848-2002*. Bonn: Dietz, S. 469-473, hier S. 470.
101   Emil Lederer (1918), *Einige Gedanken zur Idee der Revolution*. Leipzig: Der Neue Geist-Verlag, S. 9-10.
102   Salomon, „Im Schatten einer endlosen großen Zeit", S. 17 und S. 21.
103   Walter Euchner (1991), „Rudolf Hilferding (1877-1941)". In: ders. (Hg.), *Klassiker des Sozialismus. Zweiter Band: Von Jaurès bis Marcuse*. München: Beck, S. 99-111, hier S. 99-100.

eines höheren Seins im Gegensatz zum dämonischen, getriebenen, losgelassenen Menschen" gewirkt habe.[104] Die emphatisch vorgetragene Schilderung der nüchternen Sachlichkeit Webers ist Salomons Spielart von Modernismus, *seine* Art, „das Gute und Lebensfähige des alten Zustands"[105] unter veränderten Bedingungen zu erhalten: „Das Wort des Lukrez: ‚vitai lampada tradunt‘", schrieb er 1928, „lastet mit ungeheurer Verantwortung auf der sozialistischen Kulturbewegung".[106]

Salomons gesellschaftspädagogischer Anspruch trug dazu bei, dass ihn Ministerialrat Hans Simons, den er durch Hilferding kennen gelernt hatte,[107] als Dozenten an die *Deutsche Hochschule für Politik* holte. Die Hochschule war 1920 im Zuge der Volksbildungsbewegung eingerichtet worden mit dem Ziel, „Kristallisationspunkt zu werden für den geistigen und seelischen Wiederaufbau Deutschlands".[108] Salomon arbeitete nun in einer Institution an der Schnittstelle von Politik und Wissenschaft. Man zielte hier auf „die alte und echte Politeia: den gesamten Komplex der menschlichen Gemeinschaftsprobleme, von der Metaphysik der Völkerpsychologie bis zur ‚Physik von Steuern und Löhnen‘", mithin auf die „Lebensordnung in allen ihren Spannungen, staatsbildnerisch und menschenbildnerisch".[109] Salomons Beruf war nun die Erziehung von Demokraten.

Neben Salomons akademischer Tätigkeit blieb er auch in Kontakt mit dem politischen Feld; er publizierte weiter regelmäßig in der *Gesellschaft* und übernahm, als Hilferding 1928 wieder Finanzminister wurde und in das „Kabinett der Persönlichkeiten" unter Hermann Müller eintrat,[110] von ihm die redaktionelle Verantwortung für die Zeitschrift.[111] Während des größeren Teils der Weimarer Jahre wirkten die Prestigegewinne Salomons im politischen und im wissenschaftlichen Feld wechselweise aufeinander ein. Für die Nummern der *Gesellschaft*, für die er verantwortlich zeichnet, versammelte er eine „Elite von Radikalen", „radikale Denker außerhalb der Partei" wie Herbert Marcuse, Eckart Kehr, Walter Benjamin, Hans Speier, Hajo Holborn oder Hannah Arendt, „die allen Parteien zeigen konnten, dass der Geist von Marx nicht mit den Marxisten

104   Albert Salomon (1926b), „Max Weber". In: ders. (2008), *Werke 1*, S. 135-156, hier S. 154.
105   Ringer, *Die Gelehrten*, S. 122.
106   Salomon, „Die geistige Gestalt des marxistischen Arbeiters", S. 184.
107   Salomon, „Im Schatten einer endlosen großen Zeit", S. 25.
108   Ernst Jäckh und Otto Suhr (1952), *Geschichte der Deutschen Hochschule für Politik*. Berlin: Weiss, S. 5.
109   Ebd., S. 13.
110   Winkler, *Der lange Weg nach Westen. Erster Band*, S. 476.
111   Salomon, „Im Schatten einer endlosen großen Zeit", S. 26.

war".[112] Tatsächlich stand er selbst kraft seines intellektuellen Habitus in gewisser Weise *außerhalb* der Partei, obwohl er deren Mitglied war. Trotz des Kriegserlebnisses, Teil einer egalitären Leidensgemeinschaft zu sein, trotz des Schritts in die Reihen der Sozialdemokratie pflegte Salomon im neuen Staat das Selbstverständnis des *marginal man*, das er in der Heidelberger Vorkriegszeit im Kreis um Max Weber eingeübt hatte. Im Mittelpunkt stand für ihn denn auch nicht eigentlich die SPD und nicht die marxistische Lehre. Er sei, schreibt er im Rückblick, als er die *Gesellschaft* übernahm bereits „völlig desillusioniert" gewesen „wegen der inneren Schwäche einer saturierten Parteibürokratie, die von Marx' *Kapital* lebte".[113]

Man kann Salomons Bemühen, für die *Gesellschaft* eine Elite radikaler Denker außerhalb der Partei zu rekrutieren, als Versuch verstehen, eine außerparlamentarische, gleichwohl staatstragende Gegenöffentlichkeit zu initiieren, deren Radikalität sich nicht zuletzt ihrem elitären Selbstverständnis verdankt. Wenn er diese Gegenöffentlichkeit auf die Idee verpflichten wollte, die Bürger Weimars zu intellektueller Rechtschaffenheit zu erziehen und sie dadurch zu politischen Menschen zu machen, knüpft er eine Verbindung zwischem wissenschaftlichem und politischem Ethos. Max Weber hatte intellektuelle Rechtschaffenheit zu einer „Tugend" für Zeiten erklärt, in denen „unsere höchste Kunst eine intime und keine monumentale ist" und „nur innerhalb der kleinsten Gemeinschaftskreise, von Mensch zu Mensch, [...] jenes Etwas pulsiert, das dem entspricht, was früher als prophetisches Pneuma im stürmischen Feuer durch die großen Gemeinden ging und sie zusammenschweißte".[114] Salomons außerparlamentarische Gegenöffentlichkeit sollte staatstragend sein im Sinne dieser intimen Kunst. Sie sollte ein kleiner Gemeinschaftskreis Intellektueller innerhalb der großen Gemeinden im Weimarer Staat sein, welcher der „Forderung des Tages"[115] gerecht wird, indem er sich kraft des Austauschs von Gedanken – von Mensch zu Mensch – versichert, was man wollen muss und wollen kann, damit der Staat von Weimar fortexistiert. Auf dieser Grundlage soll er, bildend und erziehend, parteipolitisch motivierter „schwächlicher Relativierung"[116] der Idee der demokratischen Republik vorbeugen.

Tatsächlich hatte Salomons während des letzten Jahrfünfts von Weimar recht einflußreiche Position im intellektuellen Feld allerdings im engeren politischen Feld kaum mehr Resonanz. Der Staat wurde seit 1930 wesentlich durch

---

112 Ebd.; vgl. Ernst Fraenkel (1968), *Zur Soziologie der Klassenjustiz und Aufsätze zur Verfassungskrise 1931-32*; Darmstadt: Wissenschaftliche Buchgesellschaft, S. VIII.
113 Salomon, „Im Schatten einer endlosen großen Zeit", S. 26.
114 Weber, „Wissenschaft als Beruf", S. 612-613.
115 Ebd., S. 613.
116 Ebd.

Notverordnungen des Reichspräsidenten, als „Präsidialsystem", regiert.[117] Wenn
Salomon vermerkte, die „Idee der Formung eines politischen Menschen durch
politische Bildung" sei „in der gegenwärtigen Situation der deutschen Demokratie [...] eine der wenigen Möglichkeiten [...] in denen noch die Gesamtkonzeption
eines Menschen geformt werden kann",[118] war dies weniger ein politisches Programm als ein hilfloses intellektuelles Manifest in unentschiedenen Zeiten, das
seine Hilflosigkeit ebenso dem unzeitgemäßen Standesbewusstsein der alten
Bildungselite wie dem ins Leere laufenden Engagement für den auch 1931 immer noch neuen, zugleich bereits bedrückend alten Staat entnahm.

Gerade der eigenartige Mischung von *vita activa* und *vita contemplativa* –
in seinen eigenen Worten: einerseits der „Intuition einer vollkommenen Welt",
der er „seine Distanz und sein Pathos zum Leben" entnimmt, die jedoch andererseits „verankert" ist in „der Hingabe und dem Dienst" an „Forschung" und
„Wahrheit der Erkenntnis"[119] – verdankte Salomon jedoch sein zunehmendes
Prestige im intellektuellen Feld der Weimarer Republik. 1931 erhielt er auf
Betreiben Hans Staudingers, eines weiteren Freundes aus Heidelberger Zeiten,
der eine Karriere als politischer Beamter gemacht hatte,[120] seinen Ruf als Honorarprofessor für Soziologie an das 1928 gegründete *Berufspädagogische Institut*
in Köln: „Solche Berufspädagogischen Institute sollten den technisch spezialisierten Lehrern einen weiteren Blick vermitteln für die universalen und historischen Probleme der Welt und ihnen damit implizit kritische Werkzeuge gegen
den Nationalsozialismus geben".[121] Tatsächlich hatten die Nationalsozialisten
kurz zuvor begonnen, sich systematisch Kontrolle über die deutschen Studenten-
verbände zu verschaffen,[122] „[d]as Dritte Reich feierte [...] unter den Studenten
seine Triumphe schon zwei Jahre bevor es die übrige Nation unter seine Gewalt
brachte".[123]

Im *Berufspädagogischen Institut* arbeitete Salomon wie bei der *Gesellschaft*
an einer Schnittstelle zwischen Wissenschaft und Politik, anders als im Fall der
Theoriezeitschrift der SPD allerdings an einer Schnittstelle, die den Schwerpunkt
seiner Tätigkeit auf das wissenschaftliche Feld verlagerte. Hier versuchte er, sein
Bild der Republik von Weimar als einer pädagogischen Anstalt in die Wirklich-

---

117 Winkler, *Der lange Weg nach Westen. Erster Band*, S. 488.
118 Salomon, „Innenpolitische Bildung", S. 196.
119 Albert Salomon (1921), „Der Freundschaftskult des 18. Jahrhunderts in Deutschland. Versuch
     zur Soziologie einer Lebensform". In: ders. (2008), *Werke 1*, S. 81-133, hier S. 107-108.
120 Hans Staudinger (1982), *Wirtschaftspolitik im Weimarer Staat. Lebenserinnerungen eines
     politischen Beamten im Reich und in Preußen 1889 bis 1934*. Bonn: Verlag Neue Gesellschaft.
121 Salomon, „Im Schatten einer endlosen großen Zeit", S. 26-27.
122 Karl Dietrich Bracher (1971), *Die Auflösung der Weimarer Republik. Eine Studie zum Problem
     des Machtverfalls in der Demokratie*. Villingen: Ring-Verlag, S. 146-149.
123 Ringer, *Die Gelehrten*, S. 227.

keit zu übersetzen. Der Beruf des Soziologen sollte es sein, kraft der intellektuellen Rechtschaffenheit, die ihm seine wissenschaftliche Haltung verleiht, im steten Gedankenaustausch mit anderen Intellektuellen gleichsam den verfassungsmäßigen Rahmen für die pädagogische Republik zu erarbeiten. Die Berufsschullehrer sollten ihr verlängerter Arm in die Gesellschaft sein, umfasste doch „die Jugend, welche sie zu betreuen haben werden, [...] heute ungefähr 80 % der deutschen Jugend". In deren „Gemüter" gelte es, „geistige Anregung", „Erweiterung des Horizontes" sowie „soziale[s] und nationale[s] Verantwortungsbewusstsein [...] zu legen".[124] So elitär dieser Anspruch erscheinen mag, sollte es indes keinesfalls der Beruf des Soziologen sein, Bildungsinhalte zu *dekretieren*. Im Gegenteil sollten alle an der pädagogischen Republik Teilhabenden „durch Diskussion [...] zum Sprechen verführt werden", so dass sie veranlasst wären, „scharf und selbst zu denken", sollten lernen, „aus ihrer eigenen Lebenserfahrung im Betrieb, auf dem Bau, aus der Werkstatt ihre menschliche Aufgeschlossenheit, ihre geistliche Beweglichkeit und ihren Horizont zu zeigen". Der Beruf des Soziologen sollte es vor allem sein, währenddessen einer „Nachprüfung der Sprachkonventionen und der üblichen Schlagworte unseres Lebens auf ihren konkreten Gehalt hin" Vorschub zu leisten.[125]

Mochte es für die „*Intelligenz*" auf der Ebene der angewandten Gesellschaftspädagogik darum gehen, mit pluralistischem Verve „die divergenten sozialen Gruppen in dem Bewusstsein ihrer eigenen Situation zu erhellen, ihrem Handeln Sinn und Bedeutung zu verleihen",[126] so stellte sich ihr andersherum angesichts der staatspolitischen Krise Weimars die Frage, wie sie „als Verkörperung der Existenz und währenden Dauer des Geistes" zur „Integration [...] jenseits aller partikularen geistigen Haltungen" beitragen könnte. Es ging auch darum, so Salomon, „wieweit [...] ‚Geist' repräsentativ werden" kann.[127] Er setzte sich seinerzeit verstärkt mit den Schriften Carl Schmitts auseinander, den er als Professor der Berliner Handelshochschule kennengelernt hatte.

Im Rahmen einer Vortragsreihe der *Deutschen Hochschule für Politik*, an deren Publikation 1931 Salomon beteiligt war,[128] argumentierte Schmitt, „[d]ie Methode der Koalitionsregierung" sorge für die „Besonderheit und Schwierigkeit des heutigen innenpolitischen Zustandes", „daß die Regierung selbst neutra-

---

124 Albert Salomon (1933d), „Soziologie am Berufspädagogischen Institut. Ein Bericht aus dem Januar 1933". In diesem Band, S. 245-252, hier S. 246.
125 Ebd.
126 Salomon, „Problematik der deutschen Bildung", S. 211.
127 Ebd.
128 Albert Salomon (1931b), „Nachwort". In: *Probleme der Demokratie. Zweite Reihe*. Berlin-Grunewald: Rothschild, S. 69-72.

lisiert" und mithin ihre Souveränität untergraben wird.[129] Salomon, der das Scheitern der regierenden Sozialdemokraten zwischen Koalitions- und Parteidisziplin erlebt hatte, konstatierte mit Schmitt, dass allein das „bürgerliche Leben" mit seinem Streben „zur Mannigfaltigkeit und Entfaltung, zur Individualität und zum Privaten" eine „Repräsentation im Geistigen" nicht gewährleisten könne.[130] „Echte Repräsentation" gebe es „nur im Politischen, weil nur hier aus einer gesellschaftlichen Ordnung sich die Idee einer die Einheit verkörpernden sozialen Form ergibt".[131] Ernst Fraenkel, der bereits 1929 als Gegenentwurf zur individualistischen bürgerlichen Demokratie die Idee einer „kollektive[n] Demokratie" konzipiert hatte[132] und von Salomon gefördert wurde,[133] hatte in einem Aufsatz für die *Gesellschaft* mit Bezug auf Schmitt das Präsidialsystem als legitime politische Repräsentation des Weimarer Staates gekennzeichnet.[134] Es gibt allerdings keinen Hinweis darauf, dass Salomon selbst Sympathien dafür gehegt hätte, angesichts der aktuellen Krise der bürgerlichen Demokratie ein autoritäres Präsidialsystem zu errichten;[135] hinter der Idee der alleinseligmachenden „Souveränität der Exekutive" erkannte er vielmehr den „Mythos des Beamtentums".[136]

Am 30. Januar 1933 wurde Adolf Hitler zum Reichskanzler bestallt. Am 23. März ermächtigte der Reichstag durch das *Gesetz zur Behebung der Not von Volk und Reich* die Regierung „für die Dauer von vier Jahren pauschal" dazu, „Gesetze zu beschließen, die von der Reichsverfassung abwichen".[137] Eines dieser Gesetze war das *Gesetz zur Wiederherstellung des Berufsbeamtentums in Deutschland*, verfügt am 7. April, auf dessen Grundlage alle Juden aus dem öffentlichen Dienst verdrängt wurden. Salomon, der inzwischen die Kölner Ärztin Anna Lobbenberg geheiratet hatte und an Polio erkrankt war, verlor dadurch seine Stellung am Kölner *Berufspädagogischen Institut* und wurde in den Ruhestand versetzt.[138] Mit dem Ermächtigungsgesetz war der Ausschnitt des politi-

---

129 Carl Schmitt (1931), „Die neutralen Größen im heutigen Verfassungsstaat". In: *Probleme der Demokratie. Zweite Reihe.* Berlin-Grunewald: Rothschild, S. 48-56, hier S. 52. Vgl. Carl Schmitt (1996a), *Politische Theologie. Vier Kapitel zur Lehre von der Souveränität.* Berlin: Duncker & Humblot.
130 Salomon, „Problematik der deutschen Bildung", S. 212.
131 Ebd.
132 Ernst Fraenkel (1929), „Kollektive Demokratie". In: *Die Gesellschaft. Internationale Revue für Sozialismus und Politik* 6/II, S. 103-118.
133 Fraenkel, *Zur Soziologie der Klassenjustiz und Aufsätze zur Verfassungskrise 1931-32*, S. VIII.
134 Ernst Fraenkel (1932), „Verfassungsreform und Sozialdemokratie". In: *Die Gesellschaft. Internationale Revue für Sozialismus und Politik* 9/II, S. 486-500.
135 Carl Schmitt (1996b), *Der Hüter der Verfassung.* Berlin: Duncker & Humblot.
136 Salomon, „Zur Idee der Nation", S. 250.
137 Heinrich A. Winkler (2000b), *Der lange Weg nach Westen. Zweiter Band: Deutsche Geschichte vom 'Dritten Reich' bis zur Wiedervereinigung.* München: Beck, S. 12.
138 Salomon, „Im Schatten einer endlosen großen Zeit", S. 28.

schen Feldes, in dem er Reputation besaß, von den Staatsgeschäften ausgeschlossen worden; mit dem Gesetz über das Berufsbeamtentum war Salomon nun auch aus dem wissenschaftlichen Feld des Weimarer Staates ausgeschlossen. In dieser Zeit begann er, die „während Dauer des Geistes",[139] da sie sich weder in Politik noch Wissenschaft zeigte, in der Religion zu suchen.[140] Als er, wohl auf Empfehlung von Lederer und Karl Mannheim,[141] das Angebot erhielt, an der *Graduate Faculty* der *New School for Social Research* in New York zu lehren, verließ er Deutschland. Am 18. Januar 1935 ging er mit seiner Frau und der kurz zuvor geborenen Tochter Hannah – in den USA wurde später noch der Sohn Frank geboren – an Bord des Überseedampfers *Europa*. Es war der Anfang vom Ende einer Geschichte, die 1765 mit dem Schutzbrief Friedrichs des Großen begonnen hatte; Jahre später in New York wird Salomon die Nachricht erhalten, dass von seinen zurückgebliebenen Familienangehörigen niemand die *Shoa* überlebt hat.

4. New York: Intellektuelle Gegenelite im Wartestand

Die ersten amerikanischen Veröffentlichungen Salomons zeugen von seiner fortgesetzten Beschäftigung mit der geisteswissenschaftlichen Tradition der alten Heimat; unter den ersten sechs Publikationen in *Social Research*, der Hauszeitschrift der *Graduate Faculty*, finden sich drei zu Max Weber, eine zu dessen Bruder Alfred und eine zu Ferdinand Tönnies.[142] Die sechste Publikation symbolisiert die intellektuelle Haltung, die Salomon gleichsam *zwischen* Deutschland und den USA entwickelt. Er beschäftigt sich hier mit Alexis de Tocqueville; dabei greift er Motive auf, die er noch in seiner letzten Arbeit vor der Emigration entwickelt hatte.[143] Unter der Überschrift *Autorität und Freiheit* – zwei Begriffen, mit deren Zusammenhang er sich als politischer Intellektueller der Weimarer Republik fortwährend beschäftigt hatte – hatte er für ein deutsches Publikum

---

139 Salomon, „Problematik der deutschen Bildung", S. 211.

140 Albert Salomon (1963), *In Praise of Enlightenment.* Cleveland: Meridian Books, S. 373-374.

141 Salomon, „Im Schatten einer endlosen großen Zeit", S. 28.

142 Albert Salomon (1934), „Max Webers Methodologie". In: ders. (2008), *Werke 2*, S. 15-34; Albert Salomon (1935a), „Max Webers Soziologie". In: ders. (2008), *Werke 2*, S. 51-63; Albert Salomon (1935b), „Max Webers politische Ideen". In: ders., (2008), *Werke 2*, S. 65-80; Albert Salomon (1936a), „In memoriam Ferdinand Tönnies". In: ders. (2008), *Werke 2*, S. 103-117; Albert Salomon (1936b), „Zur Stellung von Alfred Webers Kultursoziologie im sozialen Denken". In: ders., (2008), *Werke 2*, S. 119-126.

143 Albert Salomon (1935c), „Tocqueville: Moralist und Soziologe". In: ders. (2008), *Werke 2*, S. 81-102.

eine Auswahl der Schriften Tocquevilles herausgegeben.[144] Mit der Wirklichkeit der Demokratie in Amerika setzte Salomon sich hier noch nicht konkret auseinander. Zum Zeitpunkt des Tocqueville-Aufsatzes in *Social Research* hat er diese Auseinandersetzung begonnen; er beschäftigt sich mit der Bedeutung der „föderalistische[n] Verfassung" des Staatenbundes und des „politische[n] System[s] des Bundesstaates", mit den Kommunen als dem „Spross [...], aus dem der Baum der amerikanischen Demokratie hervorging", mit dem *Supreme Court* als dem „Hüter der Verfassung".[145] Salomons Annäherung an die Demokratie in Amerika wird in den folgenden 30 Jahren geprägt sein von einem Bemühen, dass er Tocqueville bescheinigt, nämlich „die positiven Qualitäten [seiner] Schicht" – des nun endgültig übernational gewordenen Restbestands neuhumanistischen Bildungsbürgertums des 19. Jahrhunderts – zu bewahren, indem er fortgesetzt darauf hinweist, dass der „Prozess" der Demokratie „in seiner Entwicklung durch die Kräfte des menschlichen Willens und der menschlichen Gesittung noch zu meistern" sei, dass „man das kostbare Erbgut der Vergangenheit, die Existenz freier und verantwortungsbewusster Personen", unter allen Umständen schützen müsse.[146]

Die Vereinigten Staaten von Amerika bildeten, als Salomon 1935 einreiste, eine Gesellschaft im „Übergang", insofern sich „[v]on Franklin D. Roosevelts Amtszeit an", die 1933 begonnen hatte, „die Einsicht endgültig durch[setzte], daß die moderne, sich immer stärker organisierende und verflechtende Gesellschaft der Planung und des regulierenden Engagements bedürfe".[147] Roosevelts unmittelbare Vorgänger, allesamt Republikaner, standen stellvertretend für eine „Öffentlichkeit", die sich nach dem Ersten Weltkrieg zunächst mehrheitlich gegen die Mittel des Zentralismus und dirigistisches Denken entschieden hatte, keine „grundsätzliche[n] Zweifel an der Richtigkeit des Laissez-faire [...] dulden" wollte und sich bemühte, den Vorkriegszustand zu imitieren.[148] Nachdem aber zwischen 1929 und 1932 die Börsenkurse des *Big Business* drei Viertel ihres Wertes verloren hatten, das Kreditsystem der USA zusammengebrochen war und „das Elend [wuchs]", während Präsident Herbert C. Hoover seine Aktivität kraft Glaubens an die *Laissez-faire*-Wirtschaft auf „[o]ptimistische Konferenzen und Kommuniqués" beschränkte,[149] entschied man sich mit der Wahl Roosevelts, Gouverneur des Staats New York, für einen *New Deal*, der „handfes-

---

144 Alexis de Tocqueville (1935), *Autorität und Freiheit. Schriften, Reden und Briefe*. Zürich, Leipzig, Stuttgart: Rascher.
145 Salomon, „Tocqueville: Moralist und Soziologe", S. 88-89.
146 Albert Salomon (1935d), „Toqueville". In: ders. (2008), *Werke 2*, S. 35-49, hier S. 42-43.
147 Udo Sautter (2006), *Geschichte der Vereinigten Staaten*. Stuttgart: Kröner, S. 386.
148 Ebd., S. 367.
149 Ebd., S. 381.

te Eingriffe in das Wirtschaftsgeschehen" seitens der Bundesregierung, mithin einen „gewissen Dirigismus" beinhaltete.[150] Zur „engeren Umgebung" des Präsidenten zählte darum auch ein *Brain Trust*, eine Reihe intellektueller „Experten", rekrutiert von der *Columbia Law School* und später von der *Harvard Law School*.[151] In diesen Zusammenhang fällt auch die Gründung der *Graduate Faculty* an der New Yorker *New School*, zu dessen Gründungspersonal Salomon – obschon er seine Stelle aufgrund seiner Polioerkrankung erst mit zwei Jahren Verspätung antreten konnte – zählte.

Alvin Johnson, der Gründer der *Graduate Faculty*, begrüßte zwar, dass mit Roosevelts Wahl die Idee einer „forceful governmental intervention to restore the economy" Auftrieb bekommen hatte; „yet he doubted that Roosevelt was up to the task",[152] hatte der doch „[w]as unter dem New Deal konkreterweise zu verstehen sei [...] im Wahlkampf nicht eindeutig" beschrieben.[153] Das Personal der *Graduate Faculty* verpflichtete Johnson *auch* als eine intellektuelle Gegenelite im Wartestand, die er aufgrund ihren Erfahrungen mit der Krise Nachkriegsdeutschlands für unbedingt *up to the task* hielt und dafür schätzte, dass sie „were more akin to the activist intellectuals who lectured and taught at the New School than to mainstream American social scientists. Although these German social scientists all adopted empirical methods, they also raised ethical questions about the nature of politics and society".[154]

Lederer wurde der erste Dekan der *Graduate Faculty* und blieb es bis zu seinem Tod 1939. Neben Salomon gehörten zu den Gründungsmitgliedern der Fakultät die folgenden Wissenschaftler: Karl Brandt, vormals Leiter des *Instituts für Marktforschung* an der Landwirtschaftlichen Hochschule in Berlin; Arnold Brecht, in der Weimarer Zeit zunächst Ministerialbeamter im Reichsinnenministerium und dann im Preußischen Staatsministerium; Gerhard Colm vom Kieler *Institut für Weltwirtschaft*; Eduard Heimann, der in Hamburg Sozialökonomie gelehrt hatte; Erich von Hornbostel, Musikwissenschaftler und Mitbegründer des *Berliner Phonogramm-Archivs*, der allerdings verstarb, bevor er seine Lehrtätigkeit aufnehmen konnte; Carl Mayer, Soziologe von der Frankfurter *Akademie der Arbeit*; Hans Speier, Lederers Berliner Assistent; Max Wertheimer, der zuletzt in Frankfurt Psychologie unterrichtet hatte; Frieda Wunderlich, die als Professorin für Soziologie am Berufspädagogischen Institut in Berlin das gleiche Tätigkeitsfeld hatte wie Salomon in Köln. Dazu kamen die Rockefeller-

---

150 Ebd., S. 389.
151 Ebd., S. 389-390.
152 Peter M. Rutkoff und William B. Scott (1986), *New School. A History of the New School for Social Research*. New York: Free Press, S. 90.
153 Sautter, *Geschichte der Vereinigten Staaten*, S. 387.
154 Rutkoff und Scott, *New School*, S. 89.

Stipendiaten Max Ascoli, vormals Rechtsphilosoph an der Universität von Rom, sowie Hans Simons, der Salomon seinerzeit an die *Hochschule für Politik* geholt hatte und zuletzt als Regierungspräsident in Liegnitz amtiert hatte. In den darauffolgenden Jahren ergänzten das Kollegium: 1934 Arthur Feiler, langjähriger Redakteur der *Frankfurter Zeitung*; Alfred Kähler, vormals Leiter der Arbeitervolkshochschule in Harrisee; Fritz Lehmann, Wirtschaftswissenschaftler von der Universität Köln; Hans Staudinger, Salomons Heidelberger Bekannter, der zuletzt für die SPD im Reichstag gesessen hatte.

1938, nach dem ‚Anschluss' Österreichs an das Dritte Reich, kamen hinzu: Erich Hula, Rechtswissenschaftler, Schüler Hans Kelsens, der zuletzt in der Wiener Arbeiterkammer tätig gewesen war; Felix Kaufmann, der als Rechtsphilosoph an der Universität Wien unterrichtet hatte; Ernst Karl Winter, Herausgeber der *Wiener politischen Blätter* und zeitweilig Wiens Vizebürgermeister. Auch der Finanzjurist und Privatgelehrte Alfred Schütz kam 1938 von Wien nach New York und in Kontakt mit dem Kollegium der *Graduate Faculty*; aus Deutschland kam Kurt Riezler, der während der Weimarer Epoche unter anderem als Vorsitzender des Kuratoriums der Frankfurter Universität und dort zudem als Honorarprofessor für Philosophie amtiert hatte; weiterhin stieß Leo Strauss zur *Graduate Faculty*, der zuletzt als Rockefeller-Stipendiat in Paris und Cambridge geforscht hatte. 1939 ersetzte Jakob Marschak, verbunden mit dem Kieler *Institut für Weltwirtschaft* und zuletzt Direktor des *Oxford Institute of Statistics*, Colm, der als Finanzreferent ins Weiße Haus wechselte. 1940 kam Adolph Lowe dazu, der in den Jahren zuvor in Manchester gelehrt hatte und davor an der Frankfurter *Wirtschafts- und Sozialwissenschaftlichen Fakultät* tätig gewesen war. 1943 wechselte Marschak an die Universität von Chicago; für ihn kam Hans Neisser, zu Weimarer Zeiten lange Jahre am *Institut für Weltwirtschaft*, anschließend Professor an der *University of Pennsylvania* in Philadelphia.[155] Salomon vermerkt in seinen Memoiren, es sei „gewiss wahr", dass es „bessere und kompetentere Gelehrte" für die Stelle gegeben hätte, die er in der *Graduate Faculty* einnahm, hätte er doch „Abstimmungen und Beratungen beigewohnt, in denen wir europäische Gelehrte auswählen und in die USA bringen sollten. Es waren doch für jede Stelle eine Mehrzahl von guten Kandidaten verfügbar, und *summum ius* war immer *summa inuria*".[156]

Salomons Zusammenwirken mit den Kollegen der *Graduate Faculty* spielt nicht zuletzt im *General Seminar* der Fakultätsmitglieder, an dem auch Studenten und Gastlektoren teilnehmen konnten. Jedes Jahr wurde gemeinsam ein Themenschwerpunkt beschlossen; während der wöchentlichen Versammlungen

---

155   Rutkoff und Scott, *New School*, S. 101-102.
156   Salomon, „Im Schatten einer endlosen großen Zeit", S. 28.

hielt, hörte und diskutierte man Referate dazu.[157] Eine der Arbeiten Salomons, die aus dem *General Seminar* hervorgingen, ist die über *Leadership in Democracy*, in der er in der Linie Webers eine „,idealtypische' Interpretation der Demokratie" vorlegte,[158] derzufolge hier „das Monopol der Herrschaft nicht bei einer bestimmten Schicht liegt", sondern das „Regime den Willen des Volkes verkörper[t], indem es ihn in Regierungshandeln übersetzt", dabei „der Gewalt [entsagt]" und im Gegenteil führt, indem es „Überzeugungsarbeit leiste[t]" und „kraft [...] persönliche[r] Fähigkeiten Einfluss [auf die politische Meinungsbildung] nimmt": „Das Volk kann zwar durch seine Wahlentscheidung und verschiedene andere Kanäle der öffentlichen Meinung die allgemeine Richtung der Politik vorgeben. Doch die konkreten politischen Herausforderungen stellen sich nach wie vor den regierenden Personen, die in der Lage sein müssen, von ihrer eingeschränkten Befugnis Gebrauch zu machen, indem sie freie Entscheidungen treffen".[159]

Salomon ist in diesem Text ersichtlich bemüht, sich – präziser als im Tocqueville-Aufsatz für *Social Research* zwei Jahre zuvor – mit der Wirklichkeit der Demokratie in Amerika auseinanderzusetzen, auf deren „Ausnahme unter den großen Demokratien"[160] er den Schwerpunkt seiner Analyse legt. Die Idee der *New School*-Gründer, dass wissenschaftliche Analyse und politisches Engagement einander nicht ausschließen, sondern im Gegenteil einen Zusammenhang bilden – mithin die amerikanische Variante des Intellektuellen mit gesellschaftspädagogischem Anspruch, den Salomon selbst in der Weimarer Epoche zu verkörpern versuchte –, hebt er im letzten Absatz von *Leadership in Democracy* hervor. Die Demokratie, schreibt er, „bedarf" der „radikale[n] Kritik" ihrer „Institutionen", „um überleben zu können". Der Standort dieser Kritik soll zwar außerhalb der *Institutionen* der Demokratie sein, aber keinesfalls in einem *absoluten* Außen; sie müsse vielmehr „erw[a]chs[en]" aus den „höchsten Werte[n] des demokratischen Lebens", damit sie trage.[161]

Das erkenntnistheoretische Pendant der Fakultät zum *General Seminar* bildete ein „seminar on the methodology of the social sciences", das von Wertheimer initiiert wurde. Zwischen 1933 und 1943 – als Wertheimer starb – „the entire Graduate Faculty participated in it"; die „epistemological ideas" des Gestaltpsychologen, so Rutkoff und Scott, bildeten eine Brücke zwischen den unterschiedlichen Konzeptionen, welche die einzelnen Fakultätsmitglieder aus Deutschland

---

157 Rutkoff und Scott, *New School*, S. 103-104.
158 Albert Salomon (1937), „Führerschaft in der Demokratie". In: ders., *Werke 2*, S. 143-152, hier
      S. 145. Vgl. Weber, „Die drei reinen Typen der legitimen Herrschaft".
159 Salomon (1937), „Führerschaft in der Demokratie", S. 144.
160 Ebd., S. 147.
161 Ebd., S. 152.

mitgebracht hatten.[162] In Salomons Publikationen während dieses Zeitraums taucht der Name Wertheimers nur ein Mal auf.[163] Aber auch in seiner epistemologisch ambitioniertesten Arbeit dieser Jahre, einem Aufsatz über den Unterschied von *Sociology and Sociologism*,[164] wird die Bedeutung von Wertheimers Gestalttheorie sichtbar, basierend auf dem Gedanken, dass es „Zusammenhänge" gibt, „bei denen nicht, was im Ganzen geschieht, sich daraus herleitet, wie die einzelnen Stücke sind und sich zusammensetzen, sondern umgekehrt, wo – im prägnanten Fall – sich das, was an einem Teil dieses Ganzen geschieht, bestimmt von inneren Strukturgesetzen dieses seines Ganzen".[165] Die Bedeutung der Gestalttheorie für Salomons soziologisches Programm während der folgenden Jahre ist kaum hoch genug einzuschätzen.[166]

Ein dritter Arbeitskreis an der *Graduate Faculty*, neben dem *General Seminar* und Wertheimers Methodologie-Seminar, prägte Salomons intellektuellen Habitus grundlegend. Gemeinsam mit Heimann, Hula, dem Philosophen Horace Kallen, deutschstämmiger *New School*-Professor der ersten Stunde, Kaufmann, Mayer, Riezler und Strauss konstituierte er 1941, als Reaktion auf den Kriegsausbruch in Europa und die gemeinsame Diagnose einer „crisis of European liberalism", eine *Study Group on Germany*,[167] die im folgenden Jahr im *Institute of World Affairs* aufging.[168] Die Mitarbeit in der Studiengruppe, die im Zuge der Verbindung mit dem *Institute* unter der Ägide von Ascoli arbeitete, der bis 1942, und von Lowe, der anschließend die Forschungskoordination besorgte,[169] schlug sich sowohl in einigen seinerzeitigen Veröffentlichungen Salomons nieder wie auch in der langfristigen – im Grunde bis zum Lebensende fortdauernden – Ausrichtung seiner Forschungstätigkeit.

Die Veröffentlichungen, die unmittelbar aus der *Study Group on Germany* hervorgegangen sind, sind die Untersuchung über *The Spirit of the Soldier and Nazi Militarism* und zwei kleinere Artikel für die 1934 als *Labor Zionist Journal*

---

162   Rutkoff und Scott, *New School*, S. 123.
163   Albert Salomon (1942b), „Einige Schriften über den Humanismus". In: ders. (2008), *Werke 2*, S. 249-255, hier S. 253-254.
164   Albert Salomon (1938b), „Soziologie und Soziologismus". In: ders. (2008), *Werke 2*, S. 127-141.
165   Max Wertheimer (1925), „Über Gestalttheorie". In: *Philosophische Zeitschrift für Forschung und Aussprache* 1, S. 39-60, hier S. 43.
166   Eine systematische Darstellung dazu ist enthalten in: Peter Gostmann (2011), *,Beyond the Pale'. Albert Salomon und das intellektuelle Feld im 20. Jahrhundert*. Wiesbaden: VS Verlag für Sozialwissenschaften.
167   Vgl. dazu auch: Thomas Meyer, „Die Macht der Ideen. Albert Salomon im Kontext zweier ideengeschichtlicher Debatten: Weimar und Exil". In diesem Band, S. 157-177.
168   Rutkoff und Scott, *New School*, S. 137.
169   Ebd., S. 138-139.

gegründete Zeitschrift *Jewish Frontier*.[170] In *Spirit of the Soldier* argumentierte Salomon, der „Aufstieg der totalitären Parteien" könne nicht allein mittels einer Analyse der „ökonomischen Klassenverhältnisse" und entsprechend entlang von Topoi wie „verzweifelte Kapitalisten" oder „Kleinbürgertum" erklärt werden; es gelte, „den politischen Rahmen" angemessen zu berücksichtigen, „in dem erst ökonomische Konflikte ihre revolutionäre Kraft entfalten". In diesem Zusammenhang beschäftigte ihn das Militär, das, so Salomon, „unter den politischen Gruppierungen, die einen maßgeblichen Anteil an der Zerstörung von Rechtsstaatlichkeit hatten", eine „beträchtliche Rolle" spielte.[171]

Bildete das Meinungsbild des *Institute of World Affairs* ein Kontinuum, an dessen einem Ende Heimann und Lowe die These vertraten, dass „German society was fundamentally antagonistic to liberal doctrines", während an seinem anderen Ende Kallen und Rietzler meinten, dass „the spirit of German liberalism" durchaus existiere, mithin der Nationalsozialismus nicht „something intrinsic to the German national character" sei, sondern „crushed by historical events",[172] so nahm Salomon einen mittleren Standpunkt ein. Zwar nannte er die Verdrängung von Staat und Gesellschaft durch eine „militärische Körperschaft" ein „der deutschen Welt eigenes Phänomen"; zugleich wies er aber darauf hin, dass dieses deutsche Phänomen nicht etwa *wesenhaft* deutsch, sondern als „Ergebnis einer langen Geschichte, in der die preußische Militärmonarchie die Vorherrschaft über die Zivilgesellschaft hatte, sie kontrollierte und erniedrigte", erklärbar sei.[173]

5. Es bleibt New York: Dienst an dauerhaften Werten

Den unmittelbaren Anlass für Salomons Arbeiten, mit denen er in der Folge über das deutsche Phänomen hinaus die Krise des europäischen Liberalismus anvisierte, bildete die Überzeugung, dass die USA in den Krieg gegen die Achsenmächte eintreten müssten, wozu es faktisch erst im Dezember 1941 kam, nachdem der amerikanische Marinestützpunkt Pearl Harbour von der japanischen Flotte angegriffen worden war. Bis hierher herrschte im Land die Tendenz zum Isolationismus vor, entstanden aus der Desillusionierung über das Engagement im Ersten Weltkrieg und verkörpert in den Neutralitätsgesetzen der Jahre 1935

---

170 Salomon, „Soldatischer Geist und Nazi-Militarismus"; Albert Salomon (1943a), „Der Deutsche in der Geschichte und der ewige Nazi". In: ders. (2010), *Werke 3*, S. 37-47; Albert Salomon (1944), „Die Deutschen unter Waffen". In: ders. (2010), *Werke 3*, S. 63-67.

171 Salomon, „Soldatischer Geist und Nazi-Militarismus", S. 17.

172 Rutkoff und Scott, *New School*, S. 137.

173 Salomon, „Soldatischer Geist und Nazi-Militarismus", S. 30.

bis 1939; noch den Präsidentschaftswahlkampf 1940 hatte Roosevelt mit dem Versprechen bestritten, „daß die Söhne der Nation in keinen Krieg in der Fremde geschickt würden".[174]

Salomon seinerseits kommentierte 1940 in einem Aufsatz für *The Review of Politics* die amerikanische Haltung zum Kriegsgeschehen in Europa, indem er mit ihm die Frage des „Schicksal[s] der Menschheit" verband, da „es im gegenwärtigen Konflikt nicht allein um das Machtspiel unterschiedlicher politischer Institutionen" gehe, sondern um „ein Menschenbild": „Dem alten, ewigen Bild des Menschen als eines endlichen und geistigen Wesens steht das Bild des Menschen als eines räuberischen Tieres gegenüber".[175] Das „Ethos", das die USA „groß machte", so Salomon, sei dem „kämpferische[n] Geist der Aufklärung" entsprungen, fordere mithin dazu auf, im in Deutschland herrschenden Regime einen Aggressor gegen das eigene Menschenbild zu erkennen und angesichts des Kriegs in Europa der Bedeutung des „kämpferische[n] Ideal[s] des freien Bürgers, dessen Einsatz den Werten seines Staates gilt", gewahr zu werden. Vor diesem Hintergrund, so die Schlussfolgerung, gelte es Amerika, seine „Größe" einmal mehr „zu entfalten".[176]

Den „Niedergang Europas", der im Aufstieg Nazideutschlands virulent wird, stellte Salomon in den Zusammenhang eines über die Zeiten hinweg fortdauernden, letztlich nur anthropologisch erklärbaren „Mit- und Gegeneinander[s] der materiellen und geistigen Kräfte im Menschen in wechselnden Konstellationen".[177] Geschichte, noch für den SPD-Theoretiker der Weimarer Epoche vor allem eine Option auf den Fortschritt der Aufklärung, nannte Salomon nun eine „Passion des Menschen" der Moderne, „der sein Leben in einer Welt ohne die schützende Obhut göttlicher Gnade führt". Nicht Geschichte zeige sich in der Krise des europäischen Liberalismus, sondern die menschliche Begabung „zum Niedersten". Umfasst das Kontinuum der „menschlichen Möglichkeiten" jedoch jederzeit auch die Begabung „zum Höchsten", so enthält diese Krise zugleich für die Menschen Amerikas die Chance, ihre Größe zu entfalten – „in der Selbsttranszendenz, zu welcher der Mensch fähig ist, in Akten der Hingabe an Freunde, an eine Sache oder an Werte".[178]

Salomons Überlegungen in *Crisis, History, and the Image of Man* zeigen, dass ihm aus dem Kreis der *Study Group on Germany* am nächsten Strauss

---

174   Sautter, *Geschichte der Vereinigten Staaten von Amerika*, S. 421.
175   Salomon, „Krise – Geschichte – Menschenbild", S. 226 und S. 247.
176   Ebd., S. 225 und S. 248.
177   Ebd., S. 247.
178   Ebd., S. 245-247.

stand.[179] Salomon entschied sich wie Strauss „für ein kontemplatives Leben", das politisch ist, insofern es zugleich als „praktische, aktive Arbeit am Fortleben von Freiheit und menschlicher Spontaneität" begriffen wird.[180] Wie für Strauss sind auch für Salomon die Dinge der Gegenwart ebenso notwendig unvollkommen wie die Dinge der Vergangenheit; wie der Lehrer Strauss steuert auch der Lehrer Salomon daher die natürliche Welt, zu der es zurückzugehen gilt, durch das Studium der Ideen von Lehrern vergangener Zeiten an, „who were not merely exponents [...] of any society", vielmehr „lovers of the truth about ‚the whole' and not merely about ‚the whole historical process'":[181] „Aufgabe und Funktion dieser nachdenklichen Intellektuellen ist es, sich der widerstreitenden Einstellungen der Konfliktparteien zu enthalten, stattdessen der Verpflichtung des Gelehrten, dauerhaften Werten zu dienen, treu zu bleiben und das zeitlos Bedeutsame gegen die denkerischen Moden des Augenblicks zu schützen"[182] – und nur *darin* agiert er politisch.

Nicht nur die Gelehrten, die dauerhaften Werten gedient hatten, auch die, deren Hingabe eher der Frage der Einheit des historischen Prozesses gegolten hatte, beschäftigten Salomon in der Folgezeit. In *Social Research* publiziert er 1946 einen programmatischen Aufsatz zu diesem Thema. Da „der Mensch seine materiellen Interessen anhand der Bedeutungssysteme bemisst", die seinen „geistige[n] Horizont" bilden, schreibt Salomon, „vermag er seine materiellen, seine ökonomischen Bedürfnisse mit der explosiven Kraft radikalen Handelns zu sättigen. Menschen leben nicht vom Brot allein; ihr Handeln und Behandeltwerden bedarf eines Sinns, an dem sie ihr Leiden und Hoffen orientieren können".[183] In diesem Sinne seien auch das 19. und das 20. Jahrhundert „zutiefst religiöse Epochen", geprägt von einem „romantische[n] Messianismus", der so unterschiedliche Gelehrte wie Schlegel und Saint-Simon, Novalis und Comte miteinander verbände.[184] Mit Saint-Simon und Comte, so Salomon, zeigen auch die „ersten Soziologen" diese Tendenz. Ihre Soziologie „übertrug die christliche Idee der Heilsgeschichte auf die Gesellschaftsgeschichte. So machten sie aus dem gesellschaftlich-politischen Fortschritt ein spirituelles Anliegen. Dies beinhaltete, dass ihre Idee der Ordnung ihrem Wesen nach auf Endgültigkeit und Absolutheit

---

179   Vgl. zum Verhältnis von Salomon und Strauss auch Peter Gostmann, „Albert Salomon, Leo Strauss und das politische Denken". In diesem Band, S. 179-206.
180   Salomon, „Krise – Geschichte – Menschenbild", S. 240.
181   Leo Strauss (1941), "Persecution and the Art of Writing". In: *Social Research* 8, S. 488-504, hier S. 503.
182   Salomon, „Krise – Geschichte – Menschenbild", S. 241.
183   Albert Salomon (1946), „Die Religion des Fortschritts". In: ders. (2010), *Werke 3*, S. 191-210, hier S. 191.
184   Ebd., S. 192-193.

gerichtet war.[185] Auch Marx und die alte Sozialdemokokratie, gegen deren soziologisch gewappneten Dogmatismus Salomon schon zu Zeiten Weimars als Redakteur der *Gesellschaft* opponiert hatte, stellte Salomon in diese Reihe.[186]

Im Aufsatz über *The Religion of Progress* brachte Salomon die ungewollte
Selbstversklavung, die er den Fortschrittsenthusiasten des 19. und 20. Jahrhunderts attestierte,[187] nicht mit konkreten Ereignissen oder gar mit den politischen
Umständen der 1940er Jahre in Verbindung. Man darf aber davon ausgehen, dass
er auch schon 1946, wenn er von der „Verschmelzung von totaler Revolution
und Religion" sprach,[188] den „Totalitarismus bolschewistischer und nationalsozi-
alistischer Prägung" vor Augen hatte, den er ein gutes Jahrzehnt später als Wi-
derpart der „großen Tradition von der Freiheit unter dem Gesetz" kennzeichnen
sollte.[189] Tatsächlich enthält das kleine *opus magnum* über *The Tyranny of Progress* – Webers Rede vom „Schicksal der Zeit"[190] wird er im Titel der deutschen
Übersetzung, *Fortschritt als Schicksal und Verhängnis*, aufgreifen – als viertes
Kapitel eine überarbeitete Fassung von *The Religion of Progress*.[191]

Tyranny of Progress ist das Resultat von Salomons seit der Initiierung der
Study Group on Germany andauernder Auseinandersetzung mit dem Totalitarismus des 20. Jahrhunderts. Insofern der „totale Staat" des 20. Jahrhunderts, den
Salomon dadurch gekennzeichnet sah, dass in ihm „die drei Formen der politischen Entartung des Aristoteles" – Despotismus, Oligarchie, Demokratie[192] –
„vereinigt" sind,[193] die Konsequenz einer „Epoche der endlosen Revolution" ist,
gab es für Salomon eine eindeutige Verbindung zwischen Totalitarismus und
eschatologischer Soziologie. Denn die „Gründer der Soziologie waren überzeugt,
dass ihre philosophische Elite, die ein Monopol der geschichtlichen und künftigen Wahrheit hatte, die größte Wohlfahrt der Menschheit durch ihre totale Len-
kung und Verwaltung der Welt schaffen werde".[194] In *Tyranny of Progress* flie-
ßen gleichsam die an Wertheimers Gestalttheorie geschulte Kritik des Soziolo-

---

185   Ebd., S. 203.
186   Ebd., S. 204-205.
187   Ebd., S. 209.
188   Ebd., S. 210.
189   Albert Salomon (1957), *Fortschritt als Schicksal und Verhängnis. Betrachtungen über den
      Ursprung der Soziologie*. Stuttgart: Enke, S. 80. Der Text wird im fünften Band der *Albert Sa-
      lomon Werke* abgedruckt.
190   Weber, „Wissenschaft als Beruf", S. 605.
191   Salomon, *Fortschritt als Schicksal und Verhängnis*. Auch die 1952 für *Cross Currents* verfass-
      te Arbeit über *Socioloy and the total State* ist eine Vorarbeit zu *Tyranny of Progress*: Albert
      Salomon (1952), „Die Soziologie und der totale Staat". Erscheint in: ders. (2011), *Werke 4:
      Schriften 1949-1955*. Wiesbaden: VS Verlag für Sozialwissenschaften.
192   Vgl. Aristoteles (1973), *Politik*. München: DTV, S. 103-201 (Drittes bis Fünftes Buch).
193   Salomon, *Fortschritt als Schicksal und Verhängnis*, S. 5.
194   Ebd., S. VII.

gismus und die in der *Study Group*, insbesondere in Auseinandersetzung mit Strauss, begonnene Kritik des neuzeitlichen Geschichtsdenkens zusammen, um das Exemplum eines Intellektuellen zu evozieren, der darum weiß, dass „[s]eit den Philosophen der Stoa [...] das Abendland stets die Idee der Freiheit und der Selbsterlösung durch die Philosophie gekannt [hat]", und der in dieser Tradition „[a]lle politischen und sozialen Werte [...] nach ihrem Einfluss auf die geistigen und seelischen Möglichkeiten des Menschen beurteilt".[195]

Der intellektuelle Habitus, der in *Tyranny of Progress* zum Ausdruck kommt, hat eine weitere Facette. Salomons 1933 mit den Reisen durch die jüdischen Gemeinden des Rheinlands begonnenes Bemühen, die „lasting messages of the prophets to men who lived under the clouds of forthcoming catastrophes" vor dem Hintergrund der begonnenen Katastrophe in Deutschland neu zu bedenken,[196] fand in New York eine Fortsetzung. Als Mitglied der *Park Avenue Synagogue* gewann Salomon in der jüdischen *Community* Manhattans Anerkennung als Intellektueller, der öffentlich Antwort auf die Frage zu geben versuchte, die „keinem Juden seiner Generation erspart blieb": „wohin [er] gehört".[197] Seit 1943 publizierte er eine Reihe kleinerer und größerer Texte für den *Jewish Frontier*, den damals neben Marie Syrkin Shlomo Grodzensky herausgab.

Den größeren Rahmen der Arbeit für den *Jewish Frontier* bildete das *Jewish Theological Seminary*, dem seit 1940 Louis Finkelstein vorstand. Die Bekanntschaft mit einigen der dort versammelten Gelehrten ebenso wie die mit Martin Buber oder Gershom Scholem, schreibt Tochter Hannah, vertieften Salomons „Interesse am jüdischen Denken und jüdischer Philosophiegeschichte" und weckten „in ihm den Wunsch [...], mit eigenen Beiträgen an diese Traditionen anzuknüpfen".[198] Das *Seminary* gilt als eine der wichtigsten Institutionen des sogenannten *Conservative Judaism*, der das Ziel verfolgte, so Solomon Schechter, „[to] unite what is desirable in modern life with the precious heritage of our faith [...] that has come down to us from ancient times".[199] Diese Idee, eine Verbindung von Tradition und Moderne herzustellen, zielte zwar auf die Bewahrung überkommener Rituale, Bräuche und Rechtsregeln des Judentums, wollte aber zugleich die Möglichkeiten der Wissenschaft nutzen „to probe, challenge, and uncover that past".[200]

---

195   Ebd., S. 79.
196   Salomon, *In Praise of Enlightenment*, S. 374.
197   Mayer, „In memoriam Albert Salomon (1891-1966)", S. 60.
198   Salomon-Janovski, „Leben mit meinem Vater", S. 47-48.
199   Vgl. Marc Lee Raphael (1984), *Profiles in American Judaism. The Reform, Conservative, Orthodox, and Reconstructionist Traditions in Historical Perspective.* San Francisco: Harper & Row, S. 89.
200   Ebd., S. 90.

Obwohl Salomon offensichtlich seit Beginn seiner Zugehörigkeit zur Synagoge an der Park Avenue und zum Milieu des *Jewish Theological Seminary* die Rolle des Lehrers einnahm, die er auch an der *New School* kultivierte, scheint er sich in diesem Umfeld nicht zuletzt *auch* als Lernender verstanden zu haben. Hannah nennt Milton Steinberg, zwölf Jahre jünger als Salomon, seit 1933 Rabbiner der Synagoge und dem *Seminary* durch seinen Mentor Mordecai Kaplan verbunden, seinen „Freund und Lehrer": „Jeden Freitagmorgen hielten sie ein Arbeitstreffen ab und tauschten mit dankbarer Freude ihr breites Wissen auf jeweils unterschiedlichen philosophischen Gebieten aus".[201]

Steinbergs Mentor Kaplan hatte 1916 im *Menorah Journal* eine Art Manifest für einen *Reconstructionist Judaism* vorgestellt, demzufolge „[r]eligion is not essentially a means of salvation"; vielmehr müsse man „every existing religion" zunächst als Ausdruck der „collective consciousness of its adherents" verstehen.[202] Die Prinzipien, die er selbst dann 1934 auf Grundlage seiner Kritik am *Conservative Judaism* vorlegte, um einen Weg zur „reconstruction of American Jewish Life" aufzuzeigen,[203] kreisten um das Konzept des Judentums als einer „organic community"; „customs, ceremonies, rituals, holidays, and festivals from the rich storehouse of Jewish tradition" verstand er als „elements that constitute the civilization" und darum als unverzichtbare Bestandteile für die antizipierte *organische* Gemeinschaft.[204]

Auch die Synagoge an der Park Avenue orientierte sich unter der Ägide Steinbergs an der Idee, eine organische Gemeinschaft zu bilden,[205] die neben dem religiösen Aspekt auch „cultural, charitable, social, and athletic activities" umfasste.[206] In der Zeit, als die Beziehung zwischen Salomon und Steinberg ihr intensivstes Stadium erreichte – seit 1948 und bis zu seinem Tod[207] – entwickelte der die Überzeugung, dass „at the core of [...] belief something ontological"

---

201 Salomon-Janovski, „Leben mit meinem Vater", S. 47.

202 Richard Libowitz (1983), *Mordecai Kaplan and the Development of Reconstructionism*. New York: Edwin Mellen Press, S. 69.

203 Mordecai Kaplan (1934), *Judaism as a Civilization. Toward a Reconstuction of American Jewish Life*. New York: Macmillan.

204 Marc Lee Raphael (1984), *Profiles in American Judaism. The Reform, Conservative, Orthodox, and Reconstructionist Traditions in Historical Perspective*. San Francisco: Haper & Row, S. 181-182. Vgl. Gilbert S. Rosenthal (1978), *The Many Faces of Judaism. Orthodox, Conservative, Reconstructionist & Reform*. New York: Behrman House, S. 155-156; Jacob Neusner [Hg.] (1993), *Conserving Conservative Judaism: Reconstructionist Judaism*. New York und London: Garland Publishing.

205 Raphael, *Profils in American Judaism*, S. 190.

206 Rosenthal, *The Many Faces of Judaism*, S. 138.

207 Jonathan Steinberg (2005), „Milton Steinberg, American Rabbi – Thoughts on his Centenary". In: *The Jewish Quarterly Review* 95 , S. 579-600, hier S. 597-598.

existieren müsse;[208] anlässlich seines letzten öffentlichen Auftritts, im Rahmen einer Vortragsreihe über *New Currents of Religious Thought*, bezeichnete er dieses ontologische Etwas als „spirit of hope": „We are indeed all of us imprisoned by hope. But, and we should not forget this, hope may be of two kinds: hope may be delusive, narrowing, unrealistic; and hope may also release and redeem us".[209]

Salomon hatte im Grunde bereits 1943 im Péguy-Aufsatz ein vergleichbares Prinzip Hoffnung zum Ausdruck gebracht, wenn er eine Gemeinschaft ansprach, die sich bewusst werden sollte, seit je „über die Würde gottgefälligen Leidens [zu] verfüg[en]" und „zu jeder Zeit darauf vorbereitet" zu sein, „ihre Zelte abzubauen und einen neuen 40-jährigen Aufenthalt in der Wüste zu beginnen".[210] Dass ihn die freitagmorgentlichen Arbeitstreffen mit Steinberg auf jenes ontologische Etwas zusteuern ließen, lässt sich bereits dem Rezensionsessay entnehmen, das er 1948 im *Jewish Frontier* zu Steinbergs im Jahr zuvor erschienenen Büchlein *Basic Judaism*[211] publizierte. Allerdings scheint Salomon sich zu diesem Zeitpunkt lediglich der Fragen versichert zu haben, die es zu beantworten galt; über eine Antwort verfügte er ersichtlich nicht. Das Judentum „gewährt" dem Menschen, fasste er Steinbergs Darstellung zustimmend zusammen, „ein wahrhaftes Wissen um die Paradoxien, die das Leben konstituieren: das Paradox von Gott als verborgen und klar, Vorsehung und undurchsichtig zugleich; das Paradox des Menschen, der Elend und Größe in sich vereint; das Paradox Israels, das gesegnet ist und zugleich leidet.".[212] An die Möglichkeit, diese Paradoxien aufzulösen, ist vorerst nicht zu denken.

Als Salomon zum Gedenken Steinbergs 1951 einen Vortrag im Umfeld der *Park Avenue Synagogue* hält,[213] bildet Franz Rosenzweigs erstmals 1921 publizierte Schrift über den *Stern der Erlösung*[214] seinen Orientierungspunkt. Für Rosenzweig, so führt er aus, sei es die Spezifik des Judentums, immerzu „Über-

---

208   Simon Noveck (1978), *Milton Steinberg. Portrait of a Rabbi*. New York: Ktav, S. 182.

209   Milton Steinberg (1960a), „New Currents in Religious Thought". In: ders., *Anatomy of Faith*. New York: Harcourt, Brace, S. 214-300, hier S. 300.

210   Albert Salomon (1943b), „Charles Peguy und die Berufung Israels". In: ders. (2010), *Werke 3*, S. 49-61, hier S. 57.

211   Milton Steinberg (1947), *Basic Judaism*. New York: Harcourt Brace.

212   Albert Salomon (1948), „Natürliches Judentum". In: ders. (2010), *Werke 3*, S. 253-262, hier S. 260.

213   Albert Salomon (1951), „Franz Rosenzweig: A Philosophy of Jewish Existence". Manuskript, Nachlass Salomon, Sozialwissenschaftliches Archiv der Universität Konstanz, MS 1-17. Der Text wird in deutscher Übersetzung im vierten Band der *Albert Salomon Werke* abgedruckt: „Franz Rosenzweig: Eine Philosophie jüdischen Daseins". In: Albert Salomon (2011), *Werke 4*.

214   Franz Rosenzweig (1988), *Der Stern der Erlösung*. Frankfurt am Main: Suhrkamp.

rest" zu sein.[215] „[D]ie Stammessage des ewigen Volkes" beginne, hatte Rosenzweig vermerkt, „anders als die der Völker der Welt nicht mit der Autochtho-
nie"; sein „Stammvater" sei „zugewandert", und erst „in einem Exil" werde
„zum Volke [...] das Volk".[216] Eingedenk dessen solle sich ein Jude, folgert Salomon, bis zum Ende der Zeiten als „Hüter des Ewigen" begreifen, „während
sich das Leben ständig wandelt".[217] Als ein solcher Wächter des Ewigen und
dennoch Protagonist ständigen Wandels agiert demnach auch Salomon selbst in
den Vereinigten Staaten, zwar womöglich voll der Sehnsucht nach *irgendeiner*
Heimat, zugleich jedoch an *seinem* Platz. Rosenzweig bildet ihm ein Exemplum
jüdischen Daseins, das im steten Hin-und-Her zwischen *vita activa* und *vita
contemplativa* „klaren Blickes" jedwede Gegenwart zu bewältigen vermag, da es
gewiß ist, dass alles zeitliche Geschehen gegenüber der Ewigkeit kaum ins Gewicht fallen kann. Angesichts einer solchen Dimension kann Salomons exempla-
rischen Juden selbst die *Shoa*, überhaupt in Gänze die „neue Phase technologi-
scher Barbarei", nichts anderes bedeuten, als die Aufforderung, sich auf das –
transhistorische – „*Schma Jisrael*" der *Torah* zu besinnen, darauf, „Seinem Namen" und mithin dem Erhalt „menschlichen Daseins" verpflichtet zu sein: „Auch
in einer Welt der totalen Revolution bleiben die Juden Gottes Überrest".[218]

Salomon verband die Frage nach einem Glauben, der stark genug wäre, dem
Elend der Welt zu begegnen, und die seit seinem Eintritt ins intellektuelle Feld
Weimars gehegte Frage nach der Bewährung des kämpferischen Ideals des freien
Bürgers, indem er kraft des Exemplums Rosenzweigs einen *modus vivendi* ent-
warf, der es ihm – und anderen – gestatten sollte, so gut als möglich das Leben
vor in ein Leben nach der *Shoa* hinüberzuretten. Er verstand weiterhin, wie
schon zu Zeiten Weimars, die Erziehung von Demokraten als seine Aufgabe, nur
wurde ihm dies jetzt ein Unternehmen, das er in die Fluchtlinie der Gedankenfiguren: Schöpfung – Offenbarung – Erlösung, stellen wollte.[219] Man mag dies –
in Analogie zur Idee Kierkegaards[220] – einen „Sprung in den Glauben" nennen,
dessen Salomon augenscheinlich bedurfte, um „allen Katastrophen zum Trotz Ja

---

215   Salomon, „Franz Rosenzweig: A Philosophy of Jewish Existence", S. 10.
216   Rosenzweig, *Der Stern der Erlösung*, S. 333.
217   Salomon, „Franz Rosenzweig: A Philosophy of Jewish Existence", S. 10.
218   Ebd., S. 17.
219   Ebd, S. 16.
220   Søren Kierkegaard (1994), *Abschließende unwissenschaftliche Nachschrift zu den Philosophischen Brocken. Erster Teil. Gesammelte Werke, 16. Abteilung.* Gütersloh: Gütersloher Ver-
lagshaus, S. 91. Vgl. Milton Steinberg (1960b), „Kierkegaard and Judaism". In: ders., *Anatomy
of Faith.* New York: Harcourt, Brace, S. 130-152.

zum Leben zu sagen"[221] und seine Rolle im intellektuellen Feld auch in den Vereinigten Staaten auszufüllen.[222]

Anfang 1956 starb Anna, mit der Salomon zweieinhalb Jahrzehnte lang das *ganze* Leben im Beruf des Intellektuellen geteilt hatte; mit ihrem Verlust begann sein langsamer Rückzug vom intellektuellen Geschäft. Er publizierte danach vorerst nur noch drei Aufsätze und wenige Rezensionen. Als eine Art Vermächtnis steht die 1963 erschienene Aufsatzsammlung *In Praise of Enlightenment*. Im Epilog nennt er drei Motive, die die Texte des Bandes durchzögen: „First, the methodological trend: to consider all human phenomena as total situations in their historical settings. Second, the conviction that sociology is a required condition for philosophical anthropology. Third, the thesis that freedom is obedience to the goods of mind and spirit".[223] Wenn man so will, ist darin zusammengefasst Salomons Versuch, dem Postulat: *Vitai lampada tradunt* nachzukommen[224] – mittels einer Wissenschaft als Beruf, die getragen ist von einer Idee des Verstehens, welche ihrerseits sich bewährt, sofern sie von Freiheit weiß und Freiheit als eine Aufgabe annimmt. Albert Salomon starb am 18. Dezember 1966 in New York.

---

221 Salomon, „Im Schatten einer endlosen großen Zeit", S. 13.
222 Vgl. zum Zusammenhang von Wissenschaft und Religion bei Albert Salomon auch Tom Kaden, „Die Soziologie des Heimkehrenden. Religion und Säkularisierung bei Albert Salomon". In diesem Band, S. 207-218.
223 Salomon, *In Praise of Enlightenment*, S. 399.
224 Salomon, „Die geistige Gestalt des marxistischen Arbeiters", S. 184. Vgl. Lukrez (1924), *Von der Natur*. Berlin: Weidmannsche Buchhandlung, S. 47.

Die humanistische Bestimmung der Soziologie – oder warum soziologische Bildung noch immer unabdingbar ist

Peter-Ulrich Merz-Benz

Albert Salomons Soziologie ist ein Rätsel. Wovon sie handelt, welches ihr Gegenstand ist, welchen Begriff von Wissenschaft sie verkörpert – das alles erscheint reichlich undurchsichtig. Zwar hebt Salomon die von ihm propagierte Soziologie ab von der positivistischen Soziologie Saint-Simons und Comtes; pseudo-historische Gesetze zu suchen, d.h. Gesetze jenseits der „Wirklichkeit wirkender Menschen", ist seine Sache nicht. Und mit einer Fachwissenschaft im heutigen Sinne hat seine Soziologie ohnehin nichts gemein. Aber ebenso wenig ist seine Soziologie Geschichtsphilosophie oder Geschichtstheorie – und auch die Charakterisierung, wonach Salomon eine spezifisch deutsche Soziologie vertritt, die sich mit der Geschichtsphilosophie überschneidet,[1] erweist sich als zu unbestimmt. Der Blick auf die Themen von Salomons Arbeiten bringt ebenfalls keine Klarheit, bleibt doch festzustellen, dass seine Aufmerksamkeit zwar zum überwiegenden Teil ausgewählten Klassikern der Geschichte und Geschichtsphilosophie, der Sozialphilosophie und Soziologie gilt, er aber weder Ideengeschichte, noch Soziologiegeschichtsschreibung, Klassiker-Interpretation oder gar Text-Exegese betreibt. Nichtsdestotrotz nimmt Salomon eindeutige Klassifizierungen vor, indem er z.B. bei Jacob Burckhardt und Max Weber jeweils von historischer Soziologie spricht,[2] ja sogar Qualitätsurteile fällt, etwa betreffend Hans Freyer, den er unbesehen von dessen politisch-weltanschaulichen Überzeugungen als „guten Soziologen"[3] bezeichnet.

Ich bin der Auffassung, dass dieses Rätsel sich lösen lässt – und indem wir dies schaffen, eine Tür aufgeht. Aber nicht wie im Märchen – zumindest nicht

---

1   Guy Oakes (2008), „Vorwort: Geschichtlichkeit und Menschlichkeit". In: Albert Salomon (2008), *Werke 2: Schriften 1934-1942*. Wiesbaden: VS Verlag für Sozialwissenschaften, S. 7-14, hier S. 7.

2   Albert Salomon (1945a), „Jenseits der Geschichte: Jacob Burckhardt". In: ders. (2010), *Werke 3: Schriften 1942-1949*. Wiesbaden: VS Verlag für Sozialwissenschaften, S. 137-190, hier S. 152; Albert Salomon (1945b), „Die deutsche Soziologie". In: ders. (2010), *Werke 3*, S. 103-136, hier S. 119.

3   Salomon, „Die deutsche Soziologie", S. 111.

ganz. Dort erfolgt jeweils der Eintritt ins Unbekannte – dorthin, wo noch niemand war. Wir indes betreten die intellektuelle Welt Salomons, lassen uns von ihr faszinieren – und gleichzeitig kommt uns Vieles bekannt vor. Es ist, als wären wir – in Anlehnung an das bekannte Wort Stefan Georges – zum Schauen im „totgesagten Park" der Soziologie. Doch ist hier – erst einmal – des Bleibens noch nicht. Gar zu betörend wirkt die Kultiviertheit von Salomons Denken, etwas Unwirkliches scheint an ihr zu sein, und unversehens finden wir uns im Bekannten wieder, in der kargen Landschaft der Gegenwartssoziologie.

1. Das Motiv der Soziologie

Werfen wir als erstes einen Blick auf Salomons Aufsatz über die *Die deutsche Soziologie* von 1945. Dieser Aufsatz besteht in nichts Geringerem als einer Variation des Grundmotivs seines soziologischen Denkens. Indem Salomon die Werke einer Reihe von Klassikern der Soziologie, aber auch der Philosophie und näherhin der Geschichtsphilosophie durchgeht, verleiht er einer Denkfigur, einer kategorialen Bestimmung nach und nach Gestalt. Anfangs noch vage, weil im angezeigten Problemhorizont beinahe restlos aufgehend, gewinnt diese Denkfigur im weiteren Verlauf des Argumentationsgangs nach und nach an Kontur. Vollends ausgebildet wird sie nie, das durch sie Angezeigte bleibt eine „Ahnung", als solche aber vermittelt, ja erteilt sie eine „Weisung" – eine Weisung auf das, was Salomon sich und uns zu vergegenwärtigen sucht. Mit „Ahnung" und durch sie erteilte „Weisung" – verstanden im Sinne Kants und Jacobis – wird die Intention, die Salomons soziologisches Denken beherrscht, treffend bezeichnet. Ein soziologisches System entwickeln zu wollen – und sei es auch nur in Grundzügen –, lag Salomon vollkommen fern, denn dies hätte geheißen, das, worum es ihm geht, im Begriff buchstäblich vorweg zu bestimmen. Mitnichten aber sind seine Arbeiten bloß oder in erster Linie gelehrte Abhandlungen – auch wenn dies auf den ersten Blick vielleicht so scheinen mag. Richtig verstanden eröffnet sich mit ihnen und durch sie ein Kaleidoskop an Möglichkeiten, etwas denkbar und darstellbar zu machen, sich in etwas hinzudenken, von dem man – unbegründet und gleichwohl sicher – weiß, dass es da ist und sich seiner Bestimmung doch entzieht.

Im Abschnitt über Wilhelm Dilthey, welcher von Salomon kommentarlos in die Reihe der Soziologen gestellt wird – als ob der Rekurs auf das Soziologische in seinem Denken das Selbstverständlichste der Welt wäre –, findet sich die Bestimmung „Humanismus als Philosophie"[4]. Und man kann – nunmehr auf Salo-

---

4   Ebd., S. 108.

mon bezogen – diese Bestimmung ohne Weiteres umformulieren in ‚Humanismus als Soziologie'. Welchen Begriff von Humanismus Salomon vertritt, wird noch zu klären sein. Sicher aber ist, und darin stimmt er mit Jacob Burckhardt überein: Es handelt sich nicht um einen autoritären Humanismus – wie etwa den Humanismus der Renaissance –, bei dem „die Wahrheit der religiösen Überlieferung durch die Autorität der Klassiker ersetzt" wird; und ebenso wenig begegnen wir einem „romantischen, ästhetischen Humanismus [à la] Winckelmann", der in „den Kunstwerken der Hellenen eine Harmonie von edler Unschuld und heiterer Größe, den Ausdruck einer vollkommenen Welt" erblickte.[5] Der Gedanke, dass es jemals eine Epoche gäbe, die „einen Anspruch auf absolute Autorität und Vollkommenheit erheben könnte",[6] ist Salomon ebenso wie Burckhardt völlig fremd. Salomons Humanismus ist vielmehr bezogen auf die Geschichte und das soziale Leben als *spezifisch menschliche Erscheinungsformen*, wobei letztere Ergebnis ebenso wie Ausdruck und Kunde des in ihnen erst zum Vorschein kommenden und zum Vorschein gebrachten Menschlichen sind. Der denkende und handelnde Mensch, wie er im sozialen Leben, im Strukturgerüst der Gesellschaft, in der Welt rationaler Institutionen sowohl zu sich selbst kommt, als auch – und doch – für sich bleibt, in seiner Eigenheit, ja Einsamkeit als schöpferische Person, und frei – das ist das Grundmotiv von Salomons soziologischem Denken.

Wo nimmt der Gedankengang von Salomon seinen Ausgang? Dort, wo dieses Grundmotiv erstmals Gestalt gewinnt und gleichzeitig seine weitreichendste Fassung erhält. Und das ist bei demjenigen Gelehrten, der sich – wie Salomon anerkennend festhält – des „Privilegs von Intellektuellen, die in Krisenzeiten leben", am würdigsten erwiesen hat: nämlich „einen Blick auf die brüchige Struktur von sozialen Beziehungen, von menschlichen Normen, von geistigem Werte zu gewinnen und sich so aller Aspekte des Lebens und des Lebens in seiner Ganzheit bewusst zu werden".[7] Dieser Gelehrte ist Burckhardt, dessen Einfluss auf das Denken Salomons wohl nur schwer zu überschätzen ist.

An der Wahrnehmung des genannten Privilegs trennt sich für Salomon buchstäblich die Spreu vom Weizen, und zwar sowohl hinsichtlich der wissenschaftlichen Grundhaltung als auch hinsichtlich des Verständnisses des wissenschaftlichen Gegenstandsbereichs. Denn wie Salomon an anderer Stelle festhält, beschäftigte sich auch Max Weber in seiner historischen Soziologie mit einer Zeit des Übergangs, der Heraufkunft des Kapitalismus, um doch schlussendlich in „den defätistischen Szientismus eines Gelehrten" zu verfallen, „der den Wandel des sozialen Ethos ignorierte und damit die Möglichkeit, Kontrolle über den

---

5   Albert Salomon (1940), „Krise – Geschichte – Menschenbild". In: ders., *Werke 2*, S. 225-248, hier S. 242f.
6   Ebd., S. 243.
7   Ebd., S. 226.

verhängnisvollen Rationalismus zu gewinnen und ihn stattdessen für das Gemeinwohl zu nutzen".[8] Nach Einschätzung von Salomon übersieht Weber nichts Geringeres als den „Nukleus der Geschichte": „das fortgesetzte Zusammenspiel von Charismatischem und Institutionellem"[9], oder, präziser, das fortgesetzte Zusammenspiel der irrationalen Kräfte, die in der Geschichte wirken, „überkommene Einrichtungen [zerstörend]" ebenso wie „neue hervor[bringend]",[10] und der „Bürokratie" als des Inbegriffs „des fortschreitenden technischen Rationalismus".[11] In seiner resignativen Haltung wird Weber vielmehr geradezu eingenommen vom Befund, mit dem Faktum des Kapitalismus und der mithin eingeleiteten technisch-rationalen Gestaltung des sozialen Lebens sei auch das letzte Wort über den weiteren Verlauf der Geschichte gesprochen. Das diesem Faktum Entgegenstehende, das, was in Zeiten des Übergangs die „Freiheit [als] Teil der Geschichte"[12] ausmacht und wiederum nichts anderes ist als das Erneuerungspotential, welches in dem von Weber selbst beschriebenen Charismatischen steckt, bleibt indes unberücksichtigt. Und unberücksichtigt, weil von Weber schlicht nicht „erkannt", bleibt folglich auch das, „was das Verständnis des historischen Prozesses als Ganzes, als Einheit, impliziert".[13] So gesehen findet Weber vor den Augen Salomons tatsächlich keine Gnade.

---

8   Salomon, „Die deutsche Soziologie", S. 117.
9   Ebd., S. 118.
10   Salomon, ebd., S. 116. Webers Charisma-Begriff systematisch zu rezipieren, gleichsam als Beitrag zur Interpretation des Weberschen Werks, liegt nicht in Salomons Absicht, wenngleich in dem von ihm mit „Charisma" gemeinten Tun deutlich die Grundzüge eines wertrationalen Handelns nach Weberschem Vorbild zu erkennen sind. Charisma ist für Salomon das „erste dynamische Element der Geschichte" („die zweite dynamische, ja revolutionäre Kraft in der Geschichte ist der Rationalismus"), der Inbegriff der in die erstarrten Institutionen hineinwirkenden, diese auflösenden und „der Geschichte [dadurch möglicherweise] eine andere Richtung geben[den]" „Gegenkräfte" (Ebd., S. 116 u. S. 117). Dass es sich beim „Dualismus von Rationalismus und charismatischem Irrationalismus" um ein „Zusammenspiel", ja – wie Salomon „Webers These" verstanden wissen will – um „den Kern der geschichtlichen Dialektik" handelt, ist gerade daran abzulesen, dass Institutionen es umgekehrt auch vermögen, das Charisma zu ‚beseitigen'; dies geschieht gerade dann, „wenn charismatische Herrschaft veralltäglicht, in Institutionen überführt wird" (S. 116 u. S. 118). – Edward Shils hat in seiner Kritik und Weiterentwicklung von Webers Theorem der charismatischen Herrschaft den Begriff des „institutional charisma" geprägt (Edward Shils [1965], „Charisma, Order, and Status". In: *American Sociological Review* 30, S. 199-213, hier S. 206). Ein solcher Begriff ist für Salomon schlicht undenkbar.
11   Salomon, „Die deutsche Soziologie", S. 117f.
12   Ebd., S. 115.
13   Ebd., S. 120. Was Salomon hier unerwähnt lässt, an anderer Stelle aber herausstreicht, ist die Ambivalenz, welche das Phänomen des Szientismus prägt. Demnach eignet dem Szientismus fraglos etwas Defätistisches, doch ist er gleichzeitig auch ein Ausdruck von „Optimismus". Ihm liegt der „Glaube" zugrunde, „dass mit Hilfe wissenschaftlicher Analyse die Welt der Institutionen umfassend konstruiert und geplant werden könne, gemäß wissenschaftlicher Grund-

Burckhardt richtet seinen Blick dagegen von vornherein auf die existenzielle Verfasstheit geschichtlicher Epochen, doch gilt sein Interesse erklärtermaßen nicht dem Bestehenden, dem Material der geschichtlichen Wirklichkeit, sondern dem, was gewisse Phänomene überhaupt erst zu geschichtlichen macht und uns diese als solche auffassen lässt – eine für Salomon äußerst folgenreiche Bestimmung. Hat uns nach Einschätzung von Salomon Weber mit seiner historischen Soziologie „neue Wege zu einer historischen Anthropologie [eröffnet]",[14] so können diese Wege mit Burckhardt tatsächlich begangen werden.[15] Burckhardts Thema sind, wie Salomon herausstreicht, Zeiten des Verfalls und des Übergangs – Zeiten, in denen Einheitlichkeit und Bedeutsamkeit sozialer Zusammenhänge *per se* verloren gegangen sind und nurmehr eines als selbstverständlich gelten kann: die „Wirklichkeit wirkender Menschen".[16] Ganz im Sinne Salomons heißt es bei Burckhardt: „*Unser* Ausgangspunkt ist der vom einzigen bleibenden und für uns möglichen Zentrum, vom duldenden, strebenden und handelnden Menschen, wie er ist und immer war und sein wird; daher unsere Betrachtung gewissermaßen pathologisch ist".[17] In Zeiten des Verfalls und des Übergangs herrscht folgerichtig eine Vielfalt unterschiedlicher Geisteshaltungen und dementsprechend unterschiedlicher politischer, moralischer und religiöser Handlungsmuster, welche allesamt zu verstehen sind als Phänomene menschlicher Selbstverwirklichung.

Einer solchen Betrachtungsweise liegt – so Salomon – die „humanistische Annahme" zugrunde, dass „in Zeiten radikaler Umbrüche [Menschen] eher spontan und unabhängig" handeln als „aufgrund überkommener, sozial vorgeprägter Wertvorstellungen".[18] Und mithin erscheint die gesellschaftlich-geschichtliche Wirklichkeit als Wirklichkeit, in der der Welt ,ihr' Sinn fortwährend verliehen wird, geschaffen und wieder verändert, weit davon entfernt, eine objektive, das Geschehen gleichsam von sich aus bestimmende Fassung zu besitzen. Sinn ist selbst geschichtlich, gebildet durch die kreative Kraft der Menschen und abzusehen gerade dort, wo die möglichen Richtungen des weiteren Gangs der Ereignis-

---

sätze, kraft derer sich die für den Menschen günstigsten Lebensbedingungen enthüllen lassen" (Salomon, „Krise – Geschichte – Menschenbild", S. 226). Und vielleicht – so ist daher zu vermuten – steckt ja auch in der Haltung Webers etwas von diesem Glauben und ist daher sein Urteil über den Kapitalismus und dessen geschichtliche Bedeutung nicht nur durch Mutlosigkeit bestimmt.

14   Salomon, „Die deutsche Soziologie", S. 120.
15   Burckardt – so schreibt Salomon an anderer Stelle, die Verbindung, ja das teilweise Zusammenfallen von Geschichtswissenschaft und Soziologie einmal mehr konstatierend – habe „mit seinem Ansatz [...] eine neue Wissenschaft entdeckt: die historische Anthropologie, eine empirische Sparte der soziologischen Theorie" (Ebd., S. 106).
16   Ebd.
17   Jacob Burckhardt (1935), *Weltgeschichtliche Betrachtungen*. Leipzig: Kröner, S. 5f.
18   Salomon, „Die deutsche Soziologie", S. 106.

se gleichsam offen daliegen: in Krisenzeiten als den produktivsten Phasen der Geschichte.[19] Wie Burckhardt die Auffassung Hegels, die Weltgeschichte sei der vernünftige, notwendige Gang des Weltgeistes, abweist als ‚nicht-geschichtlich‘, weil dem tatsächlichen Geschehen einen „Weltplan" unterstellend und daher für das „Studium" des „Dagewesenen" nicht voraussetzungslos;[20] und wie Burckhardt auch die Marxsche Vorstellung, Geschichte bestehe in einer sich aus der Realdialektik der gesellschaftlich-geschichtlichen Wirklichkeit notwendig ergebenden Abfolge von Revolutionen als mit seinem Krisenbegriff unvereinbar erachtet hätte – so sieht Salomon die deutschen Soziologen allesamt in einer Frontstellung gegen die intellektuelle Hybris Hegels[21] und den „absoluten" geschichtlichen „Determinismus" von Marx.[22] Mit einem Wort: Burckhardt hat gemäß Salomon den Problemhorizont eröffnet, innerhalb dessen auch die Frage der Soziologie ihren Platz hat. Dieser Horizont reicht von der menschlichen Selbstverwirklichung auf der einen Seite bis zu den sich im Umbruch befindlichen, sich bewegenden, zeitweise auch erstarrten sozialen Verhältnissen, Strukturen sozialer Beziehungen, Normen und Wertsystemen auf der anderen Seite – wobei aber die sozialen Verhältnisse es sind, innerhalb derer die Selbstverwirklichung des Menschen einzig stattfinden kann. Gerade darauf kommt es für die Soziologie – naheliegenderweise – entscheidend an.[23]

---

19   Stimmt Burckhardt immerhin ein Loblied auf die Krisen an („zum *Lobe der Krisen* ...") (Burckhardt, *Weltgeschichtliche Betrachtungen*, S. 188), sieht Salomon in den durch Krisen ermöglichten Einsichten ins Geschichtsgeschehen geradezu die Maxime der Geschichtsbetrachtung schlechthin. „Denn es sind" – wie es an anderer Stelle heißt – „diese Epochen, in denen sich das Vermögen und die Kraft der menschlichen Persönlichkeit in all ihren Höhen und Tiefen zeigen" (Salomon, „Krise – Geschichte – Menschenbild", S. 228).

20   Burckhardt, *Weltgeschichtliche Betrachtungen*, S. 4f.

21   Salomon, „Die deutsche Soziologie", S. 105. Dieser Befund muss indes – nunmehr ausschließlich mit Blick auf Salomon – noch ergänzt werden: Denn was die deutschen Soziologen von Hegel trennt, trennt sie auch von Comte. So trugen – wie Salomon im zweiten seiner Aufsätze über Tocqueville schreibt – beide „dazu bei, jene Denkungsart auf den Weg zu bringen, die von der Existenz eines autonomen Bewegungsgesetzes ausgeht, das sich [...] im Fortschritt zur Geltung bringt und der Geschichte einen Sinn verleiht." Bei diesem Gesetz handelt es sich im Fall von Hegel um ein „geistiges", im Falle von Comte um ein „natürliches Prinzip". Eine „Individualität des Menschen", die sich „an den Gegebenheiten von Freiheit, Spontaneität und Verantwortung orientiert", existiert nicht mehr, da die „menschlichen Handlungen und Einstellungen durch [das jeweilige] Prinzip vorherbestimmt" sind. Folgerichtig spricht Salomon denn auch von der „*Hybris von Hegel und Comte*" – der Hybris, „die dynamischen Institutionen zu ‚konkreten Universalien‘ zu machen und das Konkrete der Individuen zu unterdrücken" (Albert Salomon [1939], „Tocquevilles Philosophie der Freiheit. Ein Weg zur konkreten Soziologie". In: ders, *Werke 2*, S. 173-205, hier S. 173f. [Hervorhebung von mir/ PUMB]).

22   Salomon, „Die deutsche Soziologie", S. 111.

23   Wie Salomon im weiteren betont, gehört Burckhardts wissenschaftliche Betrachtungsweise zu denjenigen „Richtungen im soziologischen Denken, [...] die hin zu einer konkreten Soziologie führen". Entsprechende Bemühungen finden sich – so Salomon – „zum Beispiel in den Arbei-

2. Der Gegenstand der Soziologie

Mit welcher Wirklichkeit aber hat die Soziologie es zu tun und worin besteht ihr Erkenntnisinteresse? Wie Salomon – nunmehr mit Dilthey – festhält, muss auch in Zeiten des Übergangs von der „totalen Immanenz des Menschen", d.h. seiner „umfassenden Historizität"[24] und – wie gleich hinzuzufügen ist – Sozialität ausgegangen werden. Sozialität gibt es einzig in den Bewegungen der Geschichte und durch diese, und dasselbe gilt für die Erkenntnis des Sozialen, die Wissenschaft Soziologie. „Historizität" besitzt allerdings noch eine ganz besondere Be-

---

ten von Pestalozzi, Humboldt, Tocqueville, Lord Acton, Kierkegaard, Nietzsche, [...] Dilthey, [...] Maurice Blondel" und eben „J. Burckhardt". Diese Bemühungen könnten unterschiedlicher kaum sein, um doch in einem übereinzustimmen: „nämlich dass das menschliche Leben nicht durch die abstrakten und verallgemeinernden Methoden der Naturwissenschaften zu erschließen ist (Salomon, „Tocquevilles Philosophie der Freiheit", S. 174). Das „menschliche Leben" – oder einzelne seiner Aspekte – als Exemplar(e) allgemeiner Gesetze begreifen zu wollen, kommt der Verkennung der „menschlichen Existenz" gleich. In Wahrheit ist die menschliche Existenz gleichermaßen „Subjekt *und* Objekt des Handelns", sind mithin „persönliche und soziale Existenz untrennbar". „Unterschiedliche Einstellungen und Handlungen" der Individuen gehen gleichsam in „die wiederkehrenden und dauerhaften Verhaltensmuster" ein, diese gestaltend und sich von ihnen wiederum befreiend. Aus der menschlichen Existenz dasjenige herauslösen zu wollen, das in Gesetzen objektivierbar ist, heißt daher für Salomon – in letzter Konsequenz –, die menschliche Existenz im Erkennen zu zerstören. Dabei muss allerdings eines klar sein: Die Erörterung methodologischer Fragen, etwa des Verhältnisses von generalisierender und individualisierender Begriffsbildung, ist für Salomon von nachgeordneter Bedeutung. Wonach er strebt, ist die Denkbar- und Darstellbarmachung des sozialen Lebens von seiner existenziellen Verfasstheit her: als spezifisch menschliche Erscheinungsform. Und dementsprechend geht es für ihn einzig darum, „die Wirklichkeit des Menschen als einen Prozess der Selbstverwirklichung dar[zustellen]. Letztlich wird eine konkrete Interpretation des menschlichen Verhaltens und des sozialen Handelns dazu beitragen, das Bewusstsein für das weite Spektrum menschlicher Möglichkeiten und das *Wissen um die Wechselwirkungen, Spannungen und Konflikte, wie sie zwischen menschlichen Beziehungen und sozialen Institutionen existieren*, zu erhöhen." Und wie Salomon betont, wurde die Entwicklung zu einer solchen Soziologie „zunächst als eine christliche und dann als eine humanistische Reaktion auf die Herausforderung des Materialismus des 18. Jahrhunderts angestoßen" (Salomon, „Tocquevilles Philosophie der Freiheit", S. 175 [Hervorhebung von mir/ PUMB]).
Salomon zufolge „gebührt" unter den Wegbereitern dieser „konkreten Wissenschaft vom Menschen [...] [Alexis de] Tocqueville besondere Aufmerksamkeit und Wertschätzung", ist doch zweierlei durch sein Werk hervorragend belegt: Die „konkrete Analyse historischer und gesellschaftlicher Veränderungen in den menschlichen Verhaltensmustern [...] erzwingt und impliziert [...] eine philosophische Betrachtung, die auf den fundamentalen Elementen der menschlichen Natur aufbaut", mithin eine „pathologische" Betrachtung im Sinne Burckhardts. Und zudem kommen solche Analysen mitsamt den dazugehörigen „Methoden und Ansätze[n] immer wieder [und gerade] in den Situationen bewusst wahrgenommener Krisen" auf, in Situationen, in denen bekanntlich nur eines noch als selbstverständlich gelten kann: die „Wirklichkeit wirkender Menschen" (Ebd., S. 175f.; Salomon, „Die deutsche Soziologie", S. 106).

24 Ebd., S. 107.

deutung, auf die wir später kommen werden. Mit der folgenden Bestimmung wird aber zumindest angezeigt, worum es geht: In den Gestalten des historischen und sozialen Lebens liegt dem Soziologen eine Übersetzung vor: eine „Übersetzung des menschlichen Selbst"[25] – wobei der Soziologe, eingedenk des geschichtlichen Vermitteltseins der soziologischen Erkenntnis, selbst auch Übersetzer ist. Gegenstand der Soziologie – der ‚Soziologie‘ Diltheys, aber auch, wie von ihr aus zu erahnen, der Soziologie schlechthin – ist dementsprechend das menschliche Selbst, wie es sich im sozialen Leben zeigt, bestimmt durch die mannigfachen „soziologischen Determinanten", denen die menschlichen Gesinnungen unterliegen. Die Soziologie sucht näherhin nach „wiederkehrenden typischen Handlungsmustern im Rahmen sozialer Prozesse",[26] dem, was durch alle Wandlungen, alle „Verschiedenartigkeiten menschlichen Tätigseins" hindurch konstant bleibt, wobei dieses sich Wiederholende doch immer ein sich Wiederholendes in der Geschichte ist. Und nur kraft der „Beachtung" der Wandlungen, wie sie das menschliche Tätigsein, die auf es einwirkenden Strukturgegebenheiten, Normen und Werte immerzu real werden lassend, durchläuft, vermag das menschliche Selbst, das als solches der Erfahrung sich entzieht, entziffert zu werden. Diese Intention hat Salomon wiederum von Burckhardt übernommen – „wir betrachten das *sich Wiederholende, Konstante, Typische* als ein in uns Anklingendes und Verständliches"[27] –, um ihr mit den Begriffen und Denkfiguren von Dilthey, vor allem aber von Freyer, Max Weber und Georg Simmel gleichsam eine soziologische Fassung zu verleihen. Was er für die Soziologie selbst vorsieht, ist etwas ganz und gar eigenes. Sein Weg ist – wie könnte es auch anders sein – nicht der Weg der Soziologie als (Fach-)Wissenschaft. Was die Soziologie gemäß Salomon vielmehr kann – und muss –, ist sich mittels der Erschließung der gesellschaftlich-geschichtlichen Wirklichkeit immer näher an das Zu-sich-selbst-Kommen des Menschen im sozialen Leben heran und in dieses gleichsam hinein zu arbeiten. Es geht ihm keineswegs allein – oder auch nur primär – um die kategoriale Vermittlung von Mensch und Gesellschaft, wie wir sie in allen Varianten aus der Entwicklung der soziologischen Theorie – von Tönnies über Durkheim, Weber, Simmel, Parsons bis hin zu Luhmann und Bourdieu – kennen. Worauf es Salomon entscheidend ankommt – und wozu er im Sinne Burckhardts die notwendigen ‚Winke‘ geben will –, die Vermittlung von Mensch und Gesellschaft in einer Weise fassbar zu machen und zu bestimmen, dass das Humane in ihr hervortritt. Die Gesellschaft, das soziale Leben denkbar und darstellbar zu machen bedeutet für Salomon immer auch, es zu hu-

---

25   Ebd., S. 108.
26   Ebd., S. 107.
27   Burckhardt, *Weltgeschichtliche Betrachtungen*, S. 6.

manisieren. Dies ist der Zielpunkt und ebenso der Maßstab seines soziologischen Denkens.

2.1 Max Weber: Rationalismus und Charisma

In seinem Bemühen, sich und uns den Gegenstand der Soziologie nach und nach zu vergegenwärtigen, wendet sich Salomon zunächst – gewissermaßen zum Auftakt – Freyer zu. Bezeichnenderweise hebt er bei Freyer dessen Strukturbegriff hervor, da dieser „spezifische psychologische Konnotationen" aufweist und dadurch dem Betrachter gleichsam den Übergang von den verselbständigten, stabilen Handlungsmustern zu den menschlichen Gesinnungen ermöglicht. Diese „psychologischen Konnotationen" sind „gleichermaßen historisch und transhistorisch",[28] „beruhen" doch die Strukturen auf den Beziehungen konkreter Personen, werden von diesen ebenso *gelebt* wie *belebt*, wogegen der Übergang zu den menschlichen Gesinnungen über das geschichtlich Wandelbare hinaus oder, besser, über dieses hinweg führt; doch stets handelt es sich um einen Übergang *in* der Geschichte.[29] Die hier angelegte Problematik wird von Salomon anschließend mit Weber weiter ausgefaltet sowie erläutert – gleichsam dem soziologischen Systematiker Weber zum Durchbruch verhelfend und den Defätisten Weber hinter sich lassend. Der Auffassung von Marx, wonach der Kapitalismus das Ergebnis unausweichlicher historischer Notwendigkeiten darstellt, setzt Salomon „die potenzielle Freiheit sozialen Handelns" entgegen, eine Freiheit, deren Realisierung ihrerseits im Horizont religiöser Orientierungen geschieht, worauf von

---

28   Salomon, „Die deutsche Soziologie", S. 110.
29   In demselben Sinne „transhistorischen Charakters" sind Salomon zufolge auch die „allgemeinen soziologischen Begriffe" von Ferdinand Tönnies, zuvorderst „Gemeinschaft" und „Gesellschaft", doch nur – wie gleich hinzuzufügen ist –, insoweit sie „soziologisch" und nicht „historisch bedingt" sind. Geht es darum sichtbar zu machen, dass und in welcher Weise Gemeinschaftliches und Gesellschaftliches sich in der Realität „manifestiert", in „einer einzigen sozialen Ordnung" oder gar im kleinsten, in „der Familie", handelt es sich bei „soziologischen Begriffen dieser Art" dagegen gleichzeitig um „historische" *und* „transhistorische" Begriffe – analog dem Strukturbegriff von Freyer bzw., präziser, den darin enthaltenen „psychologischen Konnotationen". Überhaupt sieht Salomon in Tönnies einen Soziologen in seinem Sinne: einen Soziologen, der aus dem menschlichen Tätigsein, wie es in der geschichtlichen Entwicklung in seiner ganzen Mannigfaltigkeit, in vielfältigster Weise sozial geordnet, zutage tritt, das als solches dem Blick des Betrachters entzogene menschliche Selbst zu entziffern sucht. „Wenn man, wie Tönnies, der Meinung ist, dass das Leben in jedem Augenblick und in jeder seiner Schichten historischen Bedingungen unterliegt, dabei aber soziologische Begriffe einführt, welche die Grenzen der Historie überschreiten, so setzt dies die Idee von der Kontinuität der menschlichen Natur voraus, die selbst nicht mehr empirisch erfasst werden kann. In diesem Sinne basieren Tönnies' soziologische Begriffe auf einer philosophischen Idee" (Albert Salomon [1936], „In memoriam Ferdinand Tönnies [1855-1936]". In: ders., *Werke 2*, S. 103-117, hier S. 114).

ihm als Kern der geschichtlichen Dialektik das Verhältnis von Rationalismus und charismatischem Irrationalismus bestimmt wird: von rationalen, ihren eigenen Gesetzen gehorchenden Institutionen auf der einen und Handlungsorientierungen, die durch einen wie auch immer gearteten Bezug zu überwirklichen, transzendentalen Werten begründet sind, auf der anderen Seite.

Diese Dialektik ist ihrerseits Teil einer umfassenderen, von Salomon bei Weber diagnostizierten Konstellation von Kräften in der Geschichte. Die „Grundpfeiler von Webers Soziologie bilden demnach die Kategorie der „Gewohnheit" und die Kategorie des „Charisma": „Sämtliche Kräfte, die zu Dauerhaftigkeit, Stabilität und Kontinuität sozialer Institutionen beitragen, sind Kräfte der Gewohnheit. Aus ihnen folgen die Elemente des Bewahrens, der Tradition, der Gesetzmäßigkeit".[30] Diesen Kräften der Gewohnheit stehen zwei „dynamische", ja bisweilen sogar „revolutionäre" Kräfte gegenüber: Charisma und Rationalismus. Und mit der Hinzunahme des Rationalismus wird die Konstellation der Kräfte in der Geschichte nunmehr effektiv ausgefaltet.

Charisma, das bekanntermaßen sowohl konstruktiv als auch destruktiv wirkt und dem es aufgegeben ist, die gestalterischen Freiheiten zu nutzen, wie sie sich in Krisensituationen eröffnen – Charisma bildet die eigentliche Gegenkraft zur Gewohnheit. Charisma und Gewohnheit schließen sich aus; eine Vermittlung gibt es nicht.

Anders verhält es sich mit dem Verhältnis von Rationalismus und Gewohnheit; von einem Entweder-Oder kann hier keine Rede sein. Vielmehr knüpft der Rationalismus an die Gewohnheit an, indem er überkommene Einrichtungen, soziale Institutionen, die mittlerweile erstarrt sind, in Bewegung versetzt; dabei wird freigelegt, ja aus der Gewohnheit richtiggehend herauspräpariert, was im Folgenden Gegenstand von bewusst angewandten Regeln sowie rationalen Übereinkünften ist. Herrschaft, die auf „von jeher vorhandenen Ordnungen und Herrengewalten gründe[t]" und aus ihnen ihre Kraft bezieht, geht über an die Geltung von Satzungen, und „als die typische Form des Regierens in der Moderne tritt die legale Herrschaft als rationale Amtsführung auf", als „Bürokratie".[31] Analoges lässt sich auch für die anderen sozialen Sphären und Lebensbereiche konstatieren. Bürokratie, und mit ihr jede andere moderne Institution, ist Ergebnis ebenso wie Manifestation der „pragmatisch-wissenschaftlichen Verstandeskraft",[32] für die Salomon zufolge bei Weber der Begriff des Rationalismus steht.[33] In einem allerdings sind sich sämtliche Institutionen nach wie vor gleich:

---

30 Salomon, „Die deutsche Soziologie", S. 116.
31 Ebd., S. 117.
32 Ebd., S. 116.
33 Wenn Salomon davon spricht, Weber habe den Begriff des Rationalismus dazu „gebraucht", „um die pragmatisch-wissenschaftliche Verstandeskraft, die der Errichtung der Herrschaft des

ob sie nun auf der Kraft der Gewohnheit oder der Kraft des pragmatisch-wissenschaftlichen Verstandes beruhen – ihnen entgegen steht die Kraft des Charisma. Beide gehorchen überdies ihren eigenen Gesetzen, insofern ein Objektivum bildend, um im Falle der Gewohnheit die soziale Gesetzmäßigkeit sogar unmittelbar zu verkörpern. Es ist, als schafften sich die Institutionen kraft dieser Gesetze eine eigene Realität innerhalb des sozialen und kulturellen Lebens.

Rationalismus und Charisma schließlich, in ihrem „Zusammenspiel" den „Kern der geschichtlichen Dialektik" bildend, sind ebenso ein Gegensatzpaar wie ohne einander nicht denkbar. Charisma, indem es den Glauben, die Motive einer Gruppe von Menschen oder einer Einzelperson bestimmt, dringt in die rationalen Institutionen ein, um sie aufzulösen, zu gestalten und umzugestalten, bleibt in seinem Zur-Wirkung-Kommen jedoch auf die Institutionen angewiesen. Nur in ihnen, unter den durch sie gesetzten sozialen Bedingungen, vermag Charisma sich zu entfalten. Umgekehrt drohen rationale Institutionen zu erstarren, werden sie nicht durch Charisma (neu) belebt und mithin zur Disposition gestellt – was etwa im Falle legaler Herrschaft dadurch geschieht, dass deren Grundlage, der rationale Konsens der Mitglieder, wieder als solcher zum Thema wird, als geschlossen von Menschen, deren Motive und Interessen auf Wertideen zurückgehen. Erstarren rationale Institutionen und erscheinen sie in ihrem Funktionieren – einem Funktionieren buchstäblich um ihrer selbst willen – als Inbegriff sozialer Wirklichkeit, tritt ein, was Salomon bekanntlich als Folge des Weberschen Defätismus beklagt: Der Verlust der „Möglichkeit, Kontrolle über den verhängnisvollen Rationalismus zu gewinnen und ihn stattdessen für das Gemein-

---

Menschen über die Welt gilt, herauszustellen", dann bezieht er sich fraglos – wie von den Editoren angemerkt – auf den Rationalismusbegriff, welcher Webers Argumentation in der „Vorbemerkung" zu den „Gesammelten Aufsätzen zur Religionssoziologie" zugrundeliegt (Max Weber [1988], „Vorbemerkung". In: ders., *Gesammelte Aufsätze zur Religionssoziologie I.* Tübingen: Mohr [Siebeck], S. 1-16). Etwas gilt es allerdings hinzuzufügen: Dieser Webersche Rationalismus, der Gewohnheiten, Institutionen, traditionelle Lebensformen schlechthin auflöst und deren Zusammenhalt zu einem Gegenstand rationaler, am Vorbild wissenschaftlichen Denkens orientierter Übereinkünfte macht, entspricht offenkundig auch dem „radikalen Rationalismus", welcher Salomon zufolge charakteristisch ist für die Soziologie und insbesondere das Geschichtsverständnis von Ferdinand Tönnies. Es darf sogar vermutet werden, dass – zumindest was das Verhältnis des Rationalismus zu den traditionellen Lebensformen angeht – Salomon sich in seinem Verständnis des Weberschen Rationalismus von Tönnies etwas hat leiten lassen. „Die Kraft eines aufgeklärten, wissenschaftlichen Bewusstseins" – so fasst Salomon Tönnies' Vorstellung der geschichtlichen Entwicklung zusammen – „werde eine auf Wissenschaft gründende Ethik anstelle organischer, transrationaler Formen der Hingabe und des Glaubensbekenntnisses zur geistigen Grundlage des sozialen Lebens machen; darin komme es zur Synthese zwischen Gemeinschaft und Gesellschaft" (Salomon, „In memoriam Ferdinand Tönnies", S. 115). Bemerkenswert ist, dass Salomon damit auch allen Einstufungen von Tönnies als „Romantiker" und Gemeinschaftsapologet eine Absage erteilt, ja diese – wie es an anderer Stelle heißt – geradezu als „absurd" erachtet (Ebd., S. 113).

wohl zu nutzen.“[34] Indes treten die rationalen Institutionen dem Charisma durchaus auch aktiv entgegen: als Instanzen, innerhalb derer Charisma zwar zur Geltung kommt, innerhalb derer Charisma aber auch in funktionale Prozesse und vorgegebene Handlungsmuster gleichsam eingeht und auf diese Weise „veralltäglicht“,[35] sprich: zum Scheitern gebracht wird. Je mehr die Gefolgsleute eines charismatischen Führers, Jünger und Parteigänger, „mit den sozialen Einrichtungen, der Bereitstellung eines regelmäßigen Einkommens, einer Stellung, einer Belohnung“, „abgeglichen“ werden und ihre Tätigkeiten insbesondere unter ökonomischen Gesichtspunkten zu Routinetätigkeiten geraten, desto mehr erweist sich eine „charismatische Bewegung“ als Konstituens derjenigen Wirklichkeit, die sie doch gerade außer Kraft setzen und in eine neue Gestalt überführen sollte.[36]

Nichtsdestotrotz, wie sehr die Webersche historische Soziologie die Soziologie als Wissenschaft auch weitergebracht hat – nach dem Urteil Salomons „erkannte Weber nicht, was alles die Idee des Referenzrahmens, was das Verständnis des historischen Prozesses als Ganzes, als Einheit, impliziert“.[37] Offenkundig ist es Weber nicht gelungen, Rationalismus und Charisma in der von Salomon vorgesehenen Weise zu vermitteln. Rationalismus und Charisma greifen zwar ineinander, das menschliche Handeln erhält im Zusammenspiel der „Kräfte in der Geschichte“ seinen Platz; seine Möglichkeiten, auf den Gang des Geschehens Einfluss zu nehmen, sind gerade in Krisenzeiten immens, doch eines lassen die sozialen Verhältnisse, zuvorderst die Institutionen, nicht erkennen: dass es sich bei ihnen um eine Verkörperung des menschlichen Selbst handelt. Sehr bezeichnend ist Salomons Bezugnahme auf Webers „Typologie des sozialen Handelns“, bei der er eine Nähe zur formalen Soziologie und allgemein eine Tendenz zum Formalismus konstatiert. „Weber“ – so heißt es – „klassifizierte die Typen

---

34 Salomon, „Die deutsche Soziologie“, S. 117.
35 Ebd., S. 118.
36 Ebd. „Spezifisch *wirtschaftsfremd*“ zu sein, ist – wie es bei Weber, in *Wirtschaft und Gesellschaft*, heißt – eine, wenn nicht die zentrale Bestandsvoraussetzung des „reinen Charisma“. „Charismatische Bedarfsdeckung [ist], von einer *rationalen* Wirtschaft her gesehen, eine typische Macht der ‚Unwirtschaftlichkeit‘. Denn sie lehnt jede Verflechtung in den *Alltag* ab.“ (Max Weber [2005], *Wirtschaft und Gesellschaft. Die Wirtschaft und die gesellschaftlichen Ordnungen und Mächte. Nachlaß. Teilband 4: Herrschaft. Max Weber Gesamtausgabe, Abteilung I: Schriften und Reden,* Band 22-4. Tübingen: Mohr [Siebeck], S. 142). Dies ist der Sachverhalt, auf den sich auch Salomon bezieht. Aufschlussreich sind in diesem Zusammenhang auch die von Weber in seinem Brief an Arthur Salz vom Februar 1912 gegebenen Erläuterungen zum Thema „Hausgemeinschaft“ als „produktive Gemeinschaft‘“ (Max Weber [1998], „Brief an Arthur Salz, 15. oder 22. Februar 1912, Heidelberg“. In: ders., *Briefe 1911-1912, Max Weber Gesamtausgabe, Abteilung II: Briefe, Band 7, 1. Halbband.* Tübingen: Mohr [Siebeck], S. 428-430).
37 Salomon, „Die deutsche Soziologie“, S. 120.

gemäß ihres abnehmenden Rationalitätsgrads bzw. nach der Zunahme ihrer Irrationalität",[38] was wiederum nichts anderes bedeutet, als dass Rationalismus und Charisma im sozialen Handeln zwar präsent sind, sich daselbst aber gegenseitig ausschließen; das Verhältnis, in welchem sie zueinander stehen, ist ein reines Gewichtungsverhältnis, die Zunahme der Bestimmungsmacht des einen geht mit der Abnahme der Bestimmungsmacht des anderen einher. Damit vermag Weber der von Salomon – mit Dilthey – gesetzten Vorgabe nicht zu genügen: „[bedeutet] Lebensphilosophie [...] die Übersetzung des menschlichen Selbst, wie es sich in den verschiedenen Schichten und den unterschiedlichen Sphären des historischen Daseins zeigt" – und gerade „dies ist Humanismus als Philosophie"[39] – so lässt die Soziologie Webers das Entsprechende vermissen, kann bei ihr von einem ‚Humanismus als Soziologie' (noch) nicht die Rede sein.

2.2 Georg Simmel: Formale Soziologie und negative Soziologie als „soziologischer Humanismus"

Einstweiliger Endpunkt in der Ausfaltung der soziologischen Problematik ist Simmel, dem Salomon das Verdienst zuschreibt, Marx' Begriff der Vergegenständlichung des Geistes sowie dessen Theorie der Selbstentfremdung des Menschen als solche „humanisiert" zu haben.[40] Als systematische Grundlage der Simmelschen Soziologie nimmt Salomon die im Aufsatz *Der Begriff und die Tragödie der Kultur* entwickelte „These, die menschliche Existenz sei ihrem Wesen nach dialektisch".[41] Bei dieser Dialektik soll es sich keineswegs bloß um

---

38 Ebd., S. 119.
39 Ebd., S. 108.
40 Ebd., S. 125. Hinter dieser Vorgabe bleiben Max Scheler und Alfred Schütz, deren soziologisches Werk Salomon im Anschluss an Simmel behandelt, insofern zurück, als bei ihnen die Selbstentfremdung des Menschen in Institutionen oder, präziser, die Vereinnahmung des Menschen *durch* die Institutionen, nicht mehr unmittelbar Thema ist. Was Salomon an Scheler und Schütz interessiert, ist der „Einfluss der Phänomenologie", sind die „neuen Wege", wie sie Edmund Husserl mit seiner „phänomenologischen Methode" der „soziologischen Analyse" eröffnet hat. Nichtsdestotrotz kommt mit Scheler und Schütz, vorab mit Scheler, während Schütz' phänomenologische Methode von Salomon in erster Linie als Korrektiv zu Webers Theorie sozialen Handelns angesehen wird, auch ein neuer Betrachtungsgesichtspunkt ins Spiel – ein Betrachtungsgesichtspunkt, mittels dessen es möglich sein soll, dem Humanen, wie es selbst noch in den erstarrten sozialen Gebilden enthalten ist, in einer bestimmten Richtung weiter nachzuspüren: Gemeint ist der emotionale Gehalt sozialer Strukturen, insbesondere die „integrative Kraft sozialer Gefühle". Worum es geht, ist die Erschließung einer neuen Schicht sozialen Zusammenhalts (Ebd., S. 127ff., S. 131f., S. 128).
41 Ebd., S. 124. Offenkundig begreift Salomon auch die Soziologie Simmels ausschließlich unter systematischen Gesichtspunkten, die er selbst gesetzt hat, auch wenn er sich – mehr noch als bei Weber – für bestimmte Fragestellungen und Argumente dementsprechend auf einzelne,

eine „dem Kapitalismus eigentümliche historische Erscheinung", sondern um nichts Geringeres als „das Schicksal aller überreifen Zivilisationen" handeln.[42] Bei Simmel steht: „Der Geist erzeugt unzählige Gebilde, die in einer eigentümlichen Selbständigkeit fortexistieren". Kunst, Recht, Religion, Technik, Wissenschaft, Sitte – in ihnen hat der Geist eine „beharrende Existenz gewonnen", ist „zum Objekt geworden", welches sich dem Subjekt, dem „rastlosen", in jedem Moment wirksamen „subjektiven Leben", entgegenstellt.[43] Als ein solches Objekt aber „verliert" – wie es bei Salomon heißt – dieses „Menschenwerk [...] seinen menschlichen Faktor", um fortan „einen eigenständigen Zusammenhang [zu bilden]". Es entstehen eigentliche „Zwischenschichten der Zivilisation", welche „die echte, naturhafte Einheit des Menschen mit seinen Werten", den Werten, wie sie die „sachliche Ordnung" der geistigen Gebilde ausmachen, „bedrohen".[44]

Ausdrücklich ist hier die Rede von „Krise". Salomon ist indes weit davon entfernt, den Gegensatz von Subjekt und Objekt mit demjenigen von ‚menschlich' und ‚nicht-menschlich' zu konfundieren oder gar zu identifizieren. Dass „die Produkte des subjektiven Lebens *zugleich* einer nicht verfließenden, sachlichen Ordnung von Werten angehören", durch diese ihrer „Isoliertheit" enthoben sind und ihr auf diese Weise, quasi im Gegenzug, gleichzeitig einen „Wertakzent" verleihen, „der zwar im subjektiven Bewusstsein entspringt, mit dem dieses Bewusstsein aber etwas meint, das jenseits seiner liegt"[45] – darin stimmt Salomon fraglos mit Simmel überein. Was Salomon im Blick hat, ist der Zustand, in dem die Verbindung von Subjekt und Objekt im Begriff ist sich aufzulösen oder sich bereits aufgelöst hat, in dem die Werte, weil ausschließlich bestimmt durch die immanente Systematik der Ordnung, in der sie zueinander stehen, nichts Menschliches mehr an sich haben und der Mensch mithin „Gefahr läuft, von seiner eigenen Schöpfung erschlagen zu werden".[46] Die ‚Überreife' einer Zivilisation zeigt sich Salomon zufolge gerade daran, dass bei ihren geistigen Gebilden „Zweck und Mittel verwechselt werden",[47] es unklar geworden ist, ob

---

ausgesuchte Arbeiten Simmels bezieht; diese Arbeiten sind für Salomon lediglich insofern von Interesse, als sie den zu behandelnden Sachverhalt gleichsam repräsentieren sollen. Tatsächlich gehorcht die Auswahl dieser Arbeiten einzig der Darstellungsabsicht Salomons, unbesehen aller inhaltlichen, ja sogar systematischen Zusammenhänge, wie sie dem Rezipienten durch den Aufbau und die Entwicklung der Simmelschen Gedankenwelt selbst – oder auch „bloß" durch die Chronologie in der Entstehung der Simmelschen Werke – nahe gelegt werden.

42   Ebd., S. 125.
43   Georg Simmel (2001), „Der Begriff und die Tragödie der Kultur". In: ders., *Aufsätze und Abhandlungen 1909-1918, Band 1. Georg Simmel Gesamtausgabe*, Band 12. Frankfurt am Main: Suhrkamp, S.194-223, hier S. 194.
44   Salomon, „Die deutsche Soziologie", S. 125.
45   Simmel, „Der Begriff und die Tragödie der Kultur", S. 200 [Hervorhebung von mir/ PUMB].
46   Salomon, „Die deutsche Soziologie", S. 125.
47   Ebd.

diese Gebilde noch immer Entäußerungen des subjektiven Lebens darstellen oder nurmehr sich selbst, der eigenen Produktion und Reproduktion verpflichtet sind. Was Salomon beschreibt, und worin seine Bezugnahme auf Simmel allerdings eine gewisse Unklarheit aufweist, ist weniger die „Dialektik des menschlichen Lebens" *per se*, als den Zustand, in dem Subjekt und Objekt, die „Elemente" dieser Dialektik, in äußerstem Gegensatz zueinander stehen, sprich: in einem Verhältnis, das kurz davor ist, auseinanderzubrechen. Simmels „Vergegenständlichung des Geistes" ist für Salomon daher – richtig verstanden – nicht bloß ein Analogon der Marxschen „Selbstentfremdung"; vielmehr wird – umgekehrt – Selbstentfremdung von ihm begriffen als in und mit den Gebilden des „objektivierten Geistes" sich vollziehende De-Humanisierung.

Am Leitfaden der „methodischen Absicht", wie sie Simmel seiner *Philosophie des Geldes* zugrunde gelegt hat, sucht Salomon daraufhin sichtbar zu machen, wodurch das Schicksal überreifer Zivilisationen bestimmt ist und wie es zur Herausbildung der Dialektik des menschlichen Lebens kommen konnte; und dies wiederum bedingt nichts weniger als eine „Revision des historischen Materialismus". Demnach kommt Marx unbestritten das Verdienst zu, „dem ökonomischen Prozess die ihm gebührende Bedeutung für den Zivilisationsprozess beigemessen zu haben"[48] – was jedoch fehlt, ist die Begreifbarmachung der ökonomischen Prozesse selbst. Dazu bedarf es der Berücksichtigung der „psychologischen, geistigen, sittlichen, seelischen Kräfte [...], welche die *Verhaltensmuster* einer Wirtschaftsgesellschaft prägen"[49]; mit einem Wort: statt einer ökonomistischen gilt es eine soziologische Betrachtungsweise zu verfolgen.[50] Salomon spricht hier von Simmels „Methode der Soziologie" als „der Analyse des Wechselwirkens und Zusammenwirkens aller erdenklichen Umstände", und er bezieht sich damit offenkundig auf die einschlägige Stelle zu Beginn von Simmels *So-*

---

48 Ebd.
49 Ebd. [Hervorhebung von mir/ PUMB].
50 Dieser Wechsel der Betrachtungsweise ist in der Tat äußerst aufschlussreich, insofern er spezifisch ist für Salomon, für die von ihm verfolgte soziologische Argumentation, nicht aber für das Vorgehen Simmels. In der Vorrede zur *Philosophie des Geldes*, und zwar an der Stelle, auf die sich offenkundig auch Salomon bezieht, bezeichnet es Simmel als seine „Grundabsicht", „dem historischen Materialismus ein Stockwerk unterzubauen, derart, daß der Einbeziehung des wirtschaftlichen Lebens in die Ursachen der geistigen Kultur ihr Erklärungswert gewahrt wird, aber eben jene wirtschaftlichen Formen selbst als das Ergebnis tieferer Wertungen und Strömungen, psychologischer, ja, metaphysischer Voraussetzungen erkannt werden." Die „Praxis des Erkennens" gehorcht mithin dem Prinzip „endloser Gegenseitigkeit": Jedes ideelle Gebilde muss durch ein ökonomisches gedeutet werden, und dieses wiederum durch ein tieferliegendes ideelles usw. (Georg Simmel [1989], *Philosophie des Geldes. Georg Simmel Gesamtausgabe*, Band 6. Frankfurt am Main: Suhrkamp, S. 13).

ziologie.[51] Dort heißt es: „Vielmehr glauben wir [...] die historischen Erscheinungen aus dem Wechselwirken und dem Zusammenwirken der Einzelnen zu verstehen, aus der Summierung und Sublimierung unzähliger Einzelbeiträge, aus der Verkörperung der sozialen Energien in Gebilden, die jenseits des Individualismus stehen und sich entwickeln."[52] Es ist dies die Denkfigur, welche bereits das Verhältnis von subjektivem Leben und selbständigen geistigen Gebilden bestimmt, doch besitzt sie nunmehr eine soziologische Fassung und der Akzent liegt klar auf Vermittlung. Die „These, die menschliche Existenz sei ihrem Wesen nach dialektisch", wird auf diese Weise soziologisch erläutert. Bezeichnenderweise bezieht sich Salomon ausschließlich auf – wie es bei Simmel heißt – „die Soziologie [als] eine neue *Methode*, ein Hilfsmittel der Forschung, um den Erscheinungen" in den verschiedensten Wissensgebieten, den „Inhalten der Kultur", den „Arten der Wirtschaft", den „Normen der Sittlichkeit", „auf einem neuen Wege beizukommen".[53] Kein Thema ist für Salomon hingegen Simmels Begriff des „Objekts" der Soziologie,[54] da er, wie erinnerlich, für *seine* Soziologie bereits über ein solches Objekt verfügt: das, was durch die Soziologie denkbar und darstellbar gemacht werden soll, das in der Geschichte und im sozialen Leben zum Vorschein kommende Menschliche.

In der *Philosophie des Geldes* hat Salomon zufolge Simmel die soziologische Methode zur Anwendung gebracht, und das Ergebnis der Analyse verweist auf Bekanntes: den Menschen, dem sich „neue Wege der Freiheit" eröffnen und der gleichzeitig der „beständig wachsenden Welt rational-technischer Institutionen [unterworfen wird]".[55] Unter dem Gesichtspunkt des Geldes erscheint der ökonomische Prozess als Durchsetzung eines neuen „Lebensstils", eines „neuen Werkzeugs", die soziale Wirklichkeit aufzufassen, anzufassen und zu gestalten. Und dementsprechend findet dieses Werkzeug auch „einen enormen Widerhall in *allen* Bereichen des Lebens".[56] Was diesen Lebensstil ausmacht, zeigt sich exemplarisch an der Entwicklung des Geldes: „[D]er Wert des Geldes [verlagert sich] von einem substanziellen auf einen funktionalen Wert."[57] Es bilden sich Verhaltensmuster heraus, die – analog dem Geld – der Wirklichkeit, auf die sie sich beziehen, enthoben sind, alles mit allem vermittelnd, alles gegeneinander abwägend, und dabei unbesehen von Inhalten als „freischwebende Prozesse"

---

51   Salomon, „Die deutsche Soziologie", S. 125. Dies entspricht auch den Angaben der Herausgeber, welche hier ein nicht nachgewiesenes Zitat von Salomon erkennen.

52   Georg Simmel (1992), *Soziologie. Untersuchungen über die Formen der Vergesellschaftung. Georg Simmel Gesamtausgabe*, Band 11. Frankfurt am Main: Suhrkamp, S. 15.

53   Ebd.

54   Ebd., S.16ff.

55   Salomon, „Die deutsche Soziologie", S. 126.

56   Ebd.

57   Ebd.; Simmel, *Philosophie des Geldes*, Zweites Kapitel.

einzig sich und den eigenen Konstruktionsbedingungen verpflichtet. Sie verkörpern den „Geist der Kalkulation und Abstraktion gegenüber dem Gefühlsleben [und] der Imagination"; sie sind Manifestationen des „neue[n] pragmatische[n] Rationalismus und Intellektualismus".[58] Doch das Wichtigste ist: als „Werkzeuge" sich in der sozialen Wirklichkeit zurechtzufinden und diese auch (mit-)-zugestalten erweisen sich diese Verhaltensmuster als äußerst zwiespältig. „Originelle, eigenständige Charaktere" werden durch sie „begrenzt", ja „eingeebnet". Wer sich ihrer bedient, gewinnt nur nach denjenigen Seiten seiner Person Präsenz, die, so unterschiedlich die sozialen Kontexte auch sein mögen, allseits vermittelbar sind. Andererseits, gleichsam über die Inhalte hinweggleitend, sie gestaltend, ohne durch sie gestaltet oder auch nur behindert zu werden, eröffnen sich dem, der in und mit diesen Verhaltensmustern agiert, „neue Wege der Freiheit [und] der Unabhängigkeit". Auch vermag er die „Fesseln persönlicher Dienstbarkeit" abzulegen, um allerdings gleich wieder – *und mehr denn je* – beherrscht zu werden; denn sind die Verhaltensmuster Manifestationen des Rationalismus und Intellektualismus, wird er durch sie „der beständig wachsenden Welt rational-technischer Institutionen unterworfen".[59] Durch sie als Bindeglied erhält – einen Weberschen Ausdruck verwendend – diese Welt der stahlharten und ihren eigenen Gesetzen gehorchenden Gehäuse und gewinnt insbesondere die durch diese Welt verkörperte Art, das soziale Leben zuzurichten, im Menschen selbst Präsenz. Einmal mehr handelt es sich hier um eine Explikation der „These, die menschliche Existenz sei ihrem Wesen nach dialektisch", und einmal mehr liegt bei Salomon – anders als bei Simmel – der Akzent nicht auf der „Versöhnung" von subjektivem Leben und dem Verwobensein desselben in die Institutionen, in die Institutionen als dem eben nur „scheinbar Äußerlichen";[60] worum es Salomon geht, ist vielmehr wiederum – bei allem Vermittelnden, das dem Verhältnis von sozialen Gebilden und „Einzelbeiträgen", menschlichen Tätigkeiten gleichsam innewohnt – die in und mit den Institutionen sich vollziehende De-Humanisierung.

In einem vorläufig letzten Schritt verlagert Salomon die Dialektik von Individuum und Institution schließlich in die Institutionen selbst. Ganz im Sinne Simmels stellt er fest, dass „in allen Sphären, auf allen Ebenen sozialen Handelns" letztlich „die gleichen Attitüden, die gleichen Beziehungsformen anzutreffen [sind]" und eine soziologische Betrachtungsweise, die ihren Namen verdient, sich dementsprechend gerade nicht auf ökonomische oder allgemein mate-

---

58 Salomon, „Die deutsche Soziologie", S. 126.
59 Ebd.
60 Simmel, *Philosophie des Geldes*, S. 12.

rielle Wirklichkeitssachverhalte stützen wird.[61] Die Beziehungsform der Konkurrenz beispielsweise, zusammen mit dem Bestreben der Menschen, sowohl gegenüber anderen Menschen als Individuen als auch gegenüber anderen Menschen in Kollektivverbänden *tatsächlich* als Konkurrierende aufzutreten, gibt es in der Politik wie in der Wirtschaft, in der Wissenschaft wie im Sport. „Alle sozialen Institutionen sind Kompositionen von Wechselwirkungen zwischen Individuen, die unabhängig von den Inhalten der sozialen Gebilde sind.“[62] Die Analyse der Formen der Gesellschaft obliegt dabei demjenigen Zweig der Soziologie, den Salomon mit Simmel „formale Soziologie" nennt.[63] Und die Formen selbst sind nichts anderes als die „irreduziblen Invariablen", kraft derer eine Strukturierung und Gliederung des Stroms des Lebens und des Erlebens überhaupt möglich wird. „Allein diese Formen setzen Menschen in die Lage, eine Vielfalt von Wir- und Du-Beziehungen zu entwickeln, Dichte und Qualifiziertheit ihrer gesellschaftlichen Beziehungen zum Ausdruck zu bringen.“[64]

Mit den Formen erhält das Zusammenleben der Menschen nichts weniger als seine Dauerhaftigkeit, seine Beständigkeit im Strom der ständig wechselnden Ereignisse.[65] Insofern sind Formen geradezu die Möglichkeitsbedingung von Sozialität *und* – wie gleich hinzuzufügen ist – auch die Möglichkeitsbedingung einer soziologischen Erkenntnis, wie Salomon sie vorsieht.[66] Gemeint ist eine so-

61 Salomon, „Die deutsche Soziologie", S. 127. Mit Attitüde meint Salomon hier den Simmelschen Begriff „Inhalt", mit Beziehungsform denjenigen der „Form" (Simmel, *Soziologie*, S. 17ff.).

62 Salomon, „Die deutsche Soziologie", S. 127.

63 Ebd. Wie Salomon gleich zu Recht hinzufügt, darf der Form-Begriff von Simmel nicht im Sinne des mathematischen Formbegriffs missverstanden werden - wie bekanntlich Leopold von Wiese dies getan hat. Für die Unterscheidung der verschiedenen Zweige der Soziologie bezieht sich Salomon auf Simmels kleine Monographie *Grundfragen der Soziologie* von 1917 (Georg Simmel [1999], „Grundfragen der Soziologie (Individuum und Gesellschaft)". In: ders., *Der Krieg und die geistigen Entscheidungen; Grundfragen der Soziologie; Vom Wesen des historischen Verstehens; Der Konflikt der modernen Kultur; Lebensanschauung. Georg Simmel Gesamtausgabe*, Band 16. Frankfurt am Main: Suhrkamp, S. 59-149).

64 Salomon, „Die deutsche Soziologie", S. 127.

65 An einer Stelle spricht Salomon daher auch von den „beiden Kategorien – [...] Dauer und [...] Form – [als den] zentralen Begriffe[n| von Simmels Lebensphilosophie und ebenso seiner Soziologie" (Ebd., S. 127f.).

66 Dieselbe Bestimmung und dieselbe Denkfigur konstatiert Salomon, wie sich noch zeigen wird, bei Dilthey und mittelbar auch bei Burckhardt. Es sind die Formen, die den „Strom des Erlebens" – im Verständnis von Dilthey – strukturieren und auf diese Weise gleichzeitig, nunmehr als Konstituenzien des Bewusstseins und näherhin des Geistes, das Soziale hervortreten lassen (Ebd., S. 107). Die Formen des Sozialen sind beispielhafte Verkörperungen des „relativen Apriori", wie es Simmel in *Die Probleme der Geschichtsphilosophie* beschrieben hat. Anders als das „absolute Apriori des Intellekts", das Apriori Kants, erstreckt sich das relative Apriori „tief hinunter" ins Empirische, ja erweist sich als „selbst empirisch gewonnen und als Apriori nur für bestimmte Inhalte anwendbar" – Form als „Verbindungsform" für ein bestimmtes „em-

ziologische Erkenntnis, mit der – in Überwindung des „überkommenen Dualismus von Individualismus und Kollektivismus" – eine „soziale Beziehung als *Strukturganzheit*" verstanden werden kann, doch „komponiert aus *menschlichem Wirken*, Attitüden auf Gegenseitigkeit".[67] Es ist dieser Begriff einer genuin soziologischen Erkenntnis, der das Denken Simmels von Anfang an bestimmt. Bereits mit seinem – von Salomon nicht erwähnten – Begriff des sozialen Kreises eröffnet Simmel dem Betrachter nichts Geringeres als die Möglichkeit, in dem, worin sich der Mensch vergegenständlicht, zum Exemplar eines Standes, einer Berufsgruppe oder eines typischen Handelns gerät, doch gleichzeitig – oder noch immer – etwas genuin Menschliches zu sehen. Und das Besondere am Menschen, am Menschen als sozialem Wesen, ist dabei gerade sein Konstituiertsein als Kreuzungspunkt sozialer Kreise.[68] Noch immer aber geht es um das Mensch-

---

pirisches Material", das Soziale, und gleichzeitig als ein „eigentümliches plastisches Vermögen des Geistes" (Georg Simmel [1989], „Die Probleme der Geschichtsphilosophie. Eine erkenntnistheoretische Studie". In: ders., *Aufsätze 1887 bis 1890. Über soziale Differenzierung. Die Probleme der Geschichtsphilosophie (1892). Georg Simmel Gesamtausgabe*, Band 2. Frankfurt am Main: Suhrkamp, S. 297-421, hier 304ff.).

67   Salomon, „Die deutsche Soziologie", S. 128 [Hervorhebung von mir/ PUMB]. Nach der Argumentation von Salomon besteht von hier aus eine systematische Beziehung zu Scheler und insbesondere zu der mit Schelers soziologischer Theorie sich eröffnenden Möglichkeit, diesen Begriff der Strukturganzheit weiterzudenken. Im Unterschied zu Tönnies hat Scheler – so der Befund Salomons – „bemerkt", „dass eine Klassifizierung sozialer Strukturen nicht anhand von Willensformen begründet werden kann, sondern aufgrund unterschiedlicher Formen der Affektion, die sich in der Intensität und gemäß ihres Wesens unterscheiden". Die Wirkungen, die von diesen Formen der Affektion ausgehen, kulminieren in der „integrativen Kraft kollektiver Gefühle". Zu den Formen der Affektion zählt neben der „Sympathie und dem mitfühlenden Verstehen" sowie der „Liebe" zwar auch die „emotionale Affektion", die zwischen Individuen „einen vordergründigen Kontakt [schafft]", doch liegt der Akzent eindeutig auf dem Zusammenhalt, der Strukturganzheit selbst. So etwas wie eine „Attitüde auf Gegenseitigkeit", welche soziale Beziehungen bewirkt, ist als Bestandteil kollektiver Gefühle bereits mitgegeben bzw. mit den kollektiven Gefühlen gewissermaßen vorweggenommen. Das Interesse Schelers gilt vielmehr den „universale[n] Elemente[n]" in der Struktur menschlichen Erlebens und sozialen Handelns. „Die Technik der phänomenologischen Reduktion enthüllt die Struktur an sich, das Invariable emotionaler Tatsachen", und alles andere erscheint „als *Abweichungen* von [solchermaßen] unvermischten Strukturen", als Resultat des „Drängens der inneren Einstellung und der sozialen Umstände" (Ebd., S. 128 und S. 130). Auf diese Weise wird der Begriff der Strukturganzheit fraglos ergänzt, ja wird ihm gewissermassen seine gefühlhafte Seite verliehen. Doch etwas Entscheidendes bleibt unthematisiert: Das dialektische Verhältnis, wie es sich eröffnet zwischen sozialen Strukturen auf der einen und individuellem Erleben und Handeln auf der anderen Seite, darunter auch und gerade emotionaler Affektion, wie sie vom Individuum ausgeht. Insofern bleibt die soziologische Theorie Schelers in ihren analytischen Möglichkeiten tatsächlich hinter den Vorgaben, wie sie mit der Soziologie Simmels gesetzt sind, zurück.

68   Georg Simmel (1989), „Über soziale Differenzierung. Sociologische und psychologische Untersuchungen". In: ders., *Aufsätze 1887 bis 1890. Über soziale Differenzierung. Die Probleme*

liche als Gegenstand der Dialektik von Individuum und Institution: das Menschliche, wie es die Institution mit ausmacht, durch sie einen – wenngleich nicht ‚seinen' – Ausdruck erhält, sich in ihr aber nicht erschöpft. Dem Menschlichen selbst begegnet der Soziologe erst dann, wenn er an die „Grenze seiner Methode stößt". Zwar vermag er als Soziologe – als Soziologe auch und gerade im Sinne Salomons – diese Grenze nicht zu übersteigen, doch wessen er an dieser Grenze gewahr wird, ist die „transsoziologische Bedeutung der schöpferischen Person".[69] Sehr treffend spricht Salomon hier von „negativer Soziologie",[70] deren Aufgabe er beispielhaft realisiert sieht in den von Simmel verfassten Portraits und intellektuellen Biographien von Philosophen und Künstlern, etwa von Kant, Goethe und Rembrandt. Denn je mehr bei den einzelnen Personen hervortritt, dass und auf welche Weise sie in ihrem Tun „abhängig von Zeit und Raum sind", beeinflusst, gar bestimmt durch die verschiedenartigsten sozialen Umstände, um so deutlicher wird sichtbar, dass „in ihren Werken ein Bezirk der Vollkommenheit und Endgültigkeit [existiert], der allen soziologischen Zuschreibungen unzugänglich bleibt".[71] Auf das Beispielhafte kommt es gerade an, denn was auf die Tätigkeit der Philosophen und Künstler zutrifft – bei ihnen nur besonders deutlich hervortritt –, gilt für das menschliche Tätigsein, das soziale Leben der Menschen schlechthin, und bezeichnenderweise spricht Salomon hier von einer „Paradoxie *des* gesellschaftlichen Daseins".[72] Wie aus dem sozialen Leben hinaus, den immanenten Bedingungen der Sozialwelt aber nach wie vor vollkommen unterworfen, wird der Blick möglich auf das, was die soziale Wirklichkeit zu einer „Sphäre geistig-spiritueller Schöpfung", besser: Selbst-Schöpfung des Menschen macht, in diese aber nicht eingeht, sich der soziologischen Methode gleichsam verweigert. Und indem die negative Soziologie diesen Blick tut, wirft sie auch „die Frage nach der Historizität" – und der Sozialität – „des Fachs auf, seiner [diesbezüglichen] Beschränkungen und Vorzüge". Formale Soziologie und negative Soziologie begründen schließlich zusammen einen – nach dem Begriff Salomons – *soziologischen Humanismus*, befasst mit dem Menschlichen in den sozialen Institutionen und ebenso dem Menschlichen, wie es als solches erst in die soziale und geschichtliche Wirklichkeit kommt. Damit findet Salomons Ausfaltung der soziologischen Problematik ihren einstweiligen Abschluss.

Wie aus dem Gesagten hervorgeht, trägt Salomons Aufsatz über die *Die deutsche Soziologie* – und mit ihm eine ganze Reihe seiner Arbeiten, die thema-

der *Geschichtsphilosophie (1892)*. *Georg Simmel Gesamtausgabe*, Band 2. Frankfurt am Main: Suhrkamp, S. 109-295, hier 5. Kapitel: „Über die Kreuzung sozialer Kreise", S. 237-257.

69   Salomon, „Die deutsche Soziologie", S. 128.

70   Ebd., S. 129.

71   Ebd.

72   Ebd. [Hervorhebung von mir/ PUMB].

tisch gleich ausgerichtet sind – in der Tat Züge einer Rhapsodie von Theoremen, Denkfiguren, ja sogar bloßen Gedankensplittern aus den Werken soziologischer Klassiker. Um zu verstehen, was es damit auf sich hat, sei an den Gestus Salomons erinnert: eine Ahnung zu wecken von dem, was das soziale Leben zu einem spezifisch menschlichen macht, in diesem zum Vorschein kommt, in ihm aber nicht aufgeht – und nicht, es begrifflich zuzurichten.

3. Historizität und religiöse Erfahrung

Was aber macht die humanistische Bestimmung der Soziologie letztlich aus? Die Antwort finden wir erneut bei Burckhardt, näherhin in dessen Begriff der geschichtlichen Wirklichkeit und – wichtiger noch – dem unmittelbar darauf bezogenen Begriff der Historizität. Bereits früher, anlässlich von Salomons Bezugnahme auf Dilthey, war von der „umfassenden Historizität" des Menschen die Rede, und das damit Gemeinte gilt es nunmehr in vollem Umfang zu entfalten. Die Quellen sind Salomons Aufsatz *Krise – Geschichte – Menschenbild* von 1940 sowie seine Studie *Jenseits der Geschichte: Jacob Burckhardt* von 1945.

Geschichtliche Wirklichkeit: das ist für Burckhardt respektive Salomon die gegebene „konkrete Wirklichkeit des Menschen".[73] Das Prädikat ‚konkret' darf dabei allerdings nicht missverstanden werden – so als handle es sich bei dieser Wirklichkeit ausschließlich um die empirisch wahrnehmbare Wirklichkeit des menschlichen Tuns und Denkens, der uns begegnenden einzigartigen Dinge, Vorgänge, Ereignisse und Personen. Damit würde der in Frage stehende Wirklichkeitsbegriff in unzulässiger Weise verkürzt. Gemeint ist vielmehr die Wirklichkeit, wie sie charakteristisch ist für „Epochen fundamentaler Umwälzungen und Krisen": die Wirklichkeit, in der – und durch sie befördert – „das Vermögen und die Kraft der menschlichen Persönlichkeit [sich] in all ihren Höhen und Tiefen zeigen",[74] in allen Facetten ihrer Kultiviertheit und Unkultiviertheit. Es ist dies eine Wirklichkeit, deren Oberfläche, das empirisch Wahrnehmbare an ihr, Risse hat und Brüche aufweist, durch die hervordrängt, was das soziale und kulturelle Leben zwar stets erfüllt, ansonsten aber, seinem Vermögen nach, hinter seinen Konkretionen zurücksteht, ja sich von diesen – zuvorderst im Falle der rationalen Institutionen – sogar zeitweise ausgeschlossen sieht. „Zugleich" aber zeigt sich in dieser Wirklichkeit auch „die Kontinuität des Geistes durch sämtliche Umwälzungen und Krisen hindurch".[75] Es tritt in vollem Umfang hervor, wozu der Mensch unter bestimmten Umständen und angesichts wechselnder

---

73   Salomon, „Krise – Geschichte – Menschenbild", S. 228.
74   Ebd.
75   Ebd.

Verhältnisse fähig ist, und ebenso dasjenige an der menschlichen Persönlichkeit, das allen Veränderungen widersteht. Der „Mensch selbst [rückt]" – und rückt sich – „ins Zentrum der historischen Betrachtung, nicht das Maskenspiel eines unpersönlichen und entmenschlichten", eben de-humanisierten „Geistes".[76] In diesem Sinne wird Geschichte zu einer „Kategorie des menschlichen Daseins, zu einer ontologischen Kategorie".[77]

Den Schlüssel zum Verständnis des Begriffs der geschichtlichen Wirklichkeit sieht Salomon in der religiösen Erfahrung Burckhardts. Doch nicht die Religiosität selbst ist das Entscheidende, sondern ihr Ursprung. Am Anfang steht „das Bewusstsein eines in der menschlichen Natur verankerten spirituellen Elements", aus dem, „als der dauerhaften Quelle, [...] sich die religiöse Tätigkeit des Geistes speist". Dieses Bewusstsein – so Salomon – „führt Burckhardt zu der These, Religion und die Suche nach dem Sinn des Lebens seien die Wurzeln aller Kultur".[78] Und wie es weiter heißt: „Alle spontanen Tätigkeiten des menschlichen Geistes waren anfänglich religiöse Interpretationen des Menschseins."[79] Als Beleg nennt Salomon eine in der Tat sehr aufschlussreiche Stelle aus einem Brief Burckhardts vom 14. Januar 1844: „[D]as Christentum ist [...] in die Reihe der rein menschlichen Geschichtsepochen eingetreten; es hat die Völker sittlich großgezogen und ihnen endlich die Kraft und Selbständigkeit verliehen, sich fortan nicht mehr mit Gott, sondern mit dem *eigenen Inneren* versöhnen zu können". Christus ist in uns präsent, als geschichtliche und doch außergeschichtliche Erscheinung; mit ihr in Einklang zu kommen, ist unser höchstes Ziel. Und wiederum Burckhardt: „Als Mensch geht [Christus] mir läuternd durch die Seele".[80] Für Salomon entstand aus diesem Erleben, das – wie er ergänzend anmerkt – andere junge protestantische Theologen teilten, unter ihnen bezeichnenderweise Dilthey, nichts Geringeres als „das Bemühen, [...] eine menschliche Welt in Betracht zu ziehen, deren innerstes Wesen ein Streben des Menschen nach einer universellen geistigen Macht ist, der er zugehört".[81] Mit einem Wort: Das, was die Kontinuität des Geistes ausmacht, beständig bleibend, durch alle Umwälzun-

---

76   Ebd., S. 229.
77   Ebd.
78   Auf eines legt Salomon großes Gewicht: Die Feststellung von Burckhardt, Religion bringe „ein Grundbedürfnis der menschlichen Seele zum Ausdruck und [sei] somit ein konstitutives Element der menschlichen Natur", besitzt ausschließlich einen metaphysischen Sinn. Ein Zusammenhang mit einem menschlichen Vermögen, etwa demjenigen, „etwas über das Schicksal der Menschheit" oder den Gang der Weltgeschichte wissen zu können, besteht nicht – was von Salomon wiederum zu Recht als eine Spitze Burckhardts gegen Hegel verstanden wird (Ebd., S. 230).
79   Ebd., S. 231.
80   Ebd., S. 230.
81   Ebd.

gen und Krisen hindurch, ist für den Menschen das Anzustrebende schlechthin. An ihm als dem universalen Geist teilzuhaben bedeutet für den Menschen nichts weniger als die Überwindung der eigenen „Endlichkeit und Zerrissenheit".

Wie und auf welche Weise wird das Bedürfnis nach Aufgehobensein in einer universalen geistigen und kulturellen Ordnung realisiert? Was für die Religion gilt, gilt wiederum für die Kultur. Der Weg führt in die Institutionalisierung – und mithin in die Krise. In den Ursprungszuständen der „höheren Religionen", wie Burckhardt sie „mit viel Hingabe" untersucht hat – ein Sachverhalt, auf den Salomon sehr zu Recht hinweist –, zeigt sich zwar unmittelbar das „Wesen religiöser Bestrebungen", das spontane „Sich-Ausdehnen über die Grenzen der empirischen Welt hinaus", doch können diese Zustände und die durch sie vermittelte Art religiöser Tätigkeit „nicht von Dauer sein". „Askese und Märtyrertum", „Weisheit und mystische Heiligkeit", Erweckung und Weltflucht sind wesentlich personenbezogen und in ihrem freien und unvermittelten Auftreten dementsprechend zufällig. Um zu bestehen und weiter zu bestehen, muss die Religion „mit dieser Welt Kompromisse eingehen". Die Religion tritt ein in die Geschichte, wird institutionalisiert, womit allerdings „die Überlieferung der ursprünglichen Botschaft aufs Spiel gesetzt wird".[82] Unter dem Einfluss historischer Ereignisse, verwickelt in Machtbeziehungen, eingebunden in das Staatswesen, verfestigen, ja verselbständigen sich die religiösen Institutionen, um als Folge davon ihre Fühlung mit der menschlichen Realität zu verlieren – ein Schicksal, das die kulturellen und insbesondere die sozialen Institutionen mit ihnen teilen.[83] Das „subjektive Verlangen und seine objektive Befriedigung" treten sukzessive auseinander, wobei es allerdings weniger auf das Auseinandertreten selbst, als auf dessen zeitliche Realisierung ankommt. Auch die Dauer dieses Vorgangs besitzt als solche (noch) keine besondere Bedeutung, geschweige, dass sie ein Problem darstellte. Vielmehr ist die „Dauer" für Salomon – mit Simmel – ja bekanntlich eine der zentralen kategorialen Bestimmungen von sozialen Institutionen und gesellschaftlichen Beziehungen.[84] Was Salomon vielmehr im Blick hat, ist der Punkt, an dem die Dauerhaftigkeit von Institutionen sich ins Negative zu wenden beginnt. Und dies wiederum geschieht dann, wenn die Dauerhaftigkeit der Institutionen sich als Erstarrtheit erweist und die Institutionen hinter dem subjektiven Verlangen, dem sie doch entsprungen sind, immer mehr zurückbleiben. Die hier stattfindende „Verzögerung" ist – wie Salomon festhält – für Burckhardt „das Kennzeichen für den Verfall einer Kultur. Die Entfremdung des Menschen von seinen Institutionen verweist auf den Bruch einer vormals geordneten Welt."[85]

---

82   Ebd., S. 232.
83   Salomon, „Jenseits der Geschichte", S. 159f.
84   Salomon, „Die deutsche Soziologie", S. 127f.
85   Salomon, „Krise – Geschichte – Menschenbild", S. 233.

Die Aussicht auf eine Überwindung solcher Krisensituationen eröffnet sich mit dem Eintreten in die „Historizität", in das „bewusste Erleben der notwendigen Einheit von Leben und Geschichte".[86] Historizität ist etwas, das es zu leisten gilt, und insofern die Soziologie hierzu beiträgt, gewinnt sie ihre humanistische Bestimmung. Es herrscht allerdings, was Salomon bereits mit Dilthey festgehalten hatte: die totale Immanenz des Menschen. Historizität selbst ist geschichtlich, das steht für Salomon ein für allemal fest. „Dilthey gründete seinen Ansatz auf die Hypothese, dass wir unser Leben nicht von außen zu betrachten vermögen. Wir sind gezwungen, es aus sich selbst heraus zu verstehen."[87] Was aber ist dann der Sinn von Historizität, handelt es sich bei ihr doch offenkundig um ein Paradoxon? Die Antwort führt über die folgende Feststellung. Für Burckhardt ist – gemäß Salomon – die Geschichte „[t]atsächlich [...] keine Ansammlung toten Materials, sondern die totale Gegenwärtigkeit der Menschheit in ihrem historischen Bewusstsein".[88] Mit Menschheit ist all das gemeint, was der Mensch an geistigen und kulturellen Gebilden zu schaffen vermag, und dessen Inbegriff ist nichts anderes als der universale Geist. Diesen Geist, das Leben, das er verkörpert, vermittelt in den geschichtlichen Ereignissen und vor allem in den kulturellen und sozialen Institutionen – diesen Geist bewusst zu erleben: das heißt Historizität. Historizität ‚ist' mithin dort, wo „der Strom des Erlebens", der Geist, wie er uns in Ereignissen, in Objektivierungen seiner selbst und durch diese fortwährend zufließt, und „der Strom des Bewusstseins", die Vergegenwärtigungen dieses Geistes im Begriff, „sich zu einem psychischen Ensemble" vereinen".[89] Mit dieser Feststellung bezieht sich Salomon zwar wiederum auf Dilthey, doch könnte es sich dabei ebenso gut um eine Erläuterung von Gedanken Burckhardts handeln. Zudem wird deutlich, was gemeint ist, wenn Salomon Dilthey zugute hält, es sei ihm „gelungen, [den] soziologischen Ansatz mit einer deskriptiven Phänomenologie der Gestalten des historischen Lebens zu verbinden".[90] Diltheys Blick richtet sich auf den „Aufbau der geschichtlichen Welt" in den geistigen und kulturellen Gebilden und geht doch gleichzeitig durch diese hindurch, das erfassend, was diese Gebilde gleichsam belebt, die „wiederkehrenden typischen Handlungsmuster im Rahmen sozialer Prozesse" – und diese wiederum sind nichts anderes als die soziale Auftretensform des tätigen Geistes.[91]

Von hier aus wird auch klar, was Salomon meint, wenn er – erneut einen Gedanken von Burckhardt weiterführend – davon spricht, das „Menschsein

---

86   Ebd., S. 236.
87   Salomon, „Die deutsche Soziologie", S. 108.
88   Salomon, „Krise – Geschichte – Menschenbild", S. 236.
89   Salomon, „Die deutsche Soziologie", S. 107.
90   Ebd.
91   Ebd.

selbst [sei] *in jedem Augenblick* historisch [...], weil das Menschheitsganze *in je-dem Augenblick* des historischen Prozesses gegenwärtig ist".[92] Es gibt keinen noch so kurzen Augenblick in der Geschichte, der nicht als geschichtlicher voll-ständig nur erläutert werden könnte aus den geschichtlich realisierten Mög-lichkeiten, dem Gelebtsein alles dessen, was Menschsein bedeutet. Ein Ereignis verweist auf ein anderes, in jedem Augenblick laufen die Geschehnisse, die Insti-tuierungen von Kultur, ineinander. „Geschichte ist das Ewige der konstitutiven Elemente des menschlichen Daseins. In jedem Augenblick strebt der Mensch da-nach, seine Möglichkeiten zu verwirklichen, um so bestens auf die Wandlungen der Welt reagieren zu können."[93] Der Weg des Verstehens führt *durch* die kultu-rellen und sozialen Institutionen und näherhin über die Aneignung der Erzeug-nisse der Geistesgeschichte; sie sind das „Menschheitsganze" – und diesen Weg zu finden vermag nur der, welcher dabei den Begriff des universalen menschli-chen Geistes selbst mitdenkt, denn in diesem ruht das menschliche Dasein. Das „Menschheitsganze", von dem Salomon spricht, hat nichts gemein mit der Tota-lität im Sinne Hegels, auch wenn die Bestimmung, wonach das Ganze präsent ist in seinen Momenten, formal verstanden auf beide Begriffe zutrifft. Die Hegel-sche Totalität steht für einen ursprünglichen und unversehrten Zusammenhang, aus dessen Fülle die Dinge und Vorgänge – auch und gerade der Geschichte – emanieren als seine besonderen Verwirklichungsfälle, in einem, was die Ge-schichte angeht, dynamischen Prozess. Für Salomon – und darin bezieht er sich einmal mehr unmittelbar auf Burckhardt – ist Geschichte dagegen erklärter-maßen eine „statische [...], besser: eine ontologische Kategorie"[94]. Das Menschsein ist deshalb historisch, weil es – wie es heißt – in seiner Ganzheit in jedem Augenblick des historischen Prozesses gegenwärtig ist – in einer Ganz-heit, die als solche gegeben ist, ausgefaltet in Gestalt der kulturellen und sozialen Institutionen und sich mit ihnen und durch sie – sind doch sie das von ihr Erleb- und Verstehbare – dem historischen Bewusstsein gleichsam öffnend, um ihrer-seits von diesem begriffen zu werden.

4. Das „Studium des Geschichtlichen" und die humanistische Bestimmung der Soziologie

Von diesem Geschichtsverständnis aus wird auch deutlich, was für Salomon und Burckhardt das Historische am historischen Bewusstsein ausmacht. Dieses be-greift sich zwar als am Gang der Geschichte teilnehmend, in den Fluss der Din-

---

92 Salomon, „Krise – Geschichte – Menschenbild", S. 236f. [Hervorhebung von mir/ PUMB].
93 Ebd., S. 244.
94 Ebd., S. 237.

ge, Vorgänge und Ereignisse einbezogen, doch nicht als ihm unterworfen und
mithin vollständig in die historische Situation, der es angehört, eingebunden.
Träfe letzteres zu, wären ihm alle anderen historischen Situationen notwendig
unzugänglich. Für das Historische am historischen Bewusstsein steht das Statische an der Geschichte. ‚Statisch' ist dabei nicht mit ‚unveränderlich' gleichzusetzen, denn dies hieße nichts anderes, als dass es sich bei allem, dem dieses
Prädikat verliehen wird, um etwas Ungeschichtliches handelte. Doch gerade dies
ist mit der Rede von der Geschichte als einer „statischen Kategorie" nicht gemeint. Geschichte zu begreifen unter dem Gesichtspunkt eines Ungeschichtli-
chen, eines Merkmals, das dem faktischen Geschehen entzogen ist, würde
Burckhardt zufolge bedeuten, die historischen Tatsachen nicht nach ihnen immanenten Zusammenhängen zu „koordinieren", sondern sie einem übergeordneten Prinzip zu „subordinieren", etwa demjenigen des „Menschheitsfortschritts",
oder sie gar als punktuelle Realisierungen eines Weltplans zu begreifen. Wer
aber so vorgeht, betreibt – wie dies gerade auf Hegel zutrifft – Geschichtsphilosophie und nicht Geschichtsbetrachtung.[95] Verfänglich ist indes auch die
Vorstellung einer totalen Dynamik der Geschichte. Denn wäre alles veränderlich,
gäbe es nichts mehr, was als Zu-Veränderndes oder Sich-Veränderndes identifiziert werden könnte. Und ebenso verhielte es sich mit dem Strukturierungsprin-
zip des Geschichtsgeschehens: als selbst historisch wandelbar löste es sich im
Material, welches es doch ordnen sollte, buchstäblich auf, ginge als Veränderli-
ches im Veränderlichen schlichtweg unter. Burckhardts Fassung des Verhältnisses von Statik und Dynamik besteht vielmehr im Verhältnis des *„sich Wiederholende[n], Konstante[n], Typische[n]"*[96] zur bloßen „Vielheit",[97] womit das
Verhältnis von Statik und Dynamik in einen Ausdruck der Geschichte selbst
transponiert wird. Dieses Statische aber ist wiederum nichts anderes als das Geschichtliche, insofern es „eine geistige Seite" hat – ansonsten es in uns auch gar
nicht anklingen und verständlich werden könnte –; und als solches ist es zwar
wandelbar, aber nicht vergänglich.[98] Vergänglich ist nur die „Vielheit", der In-

---

95   Burckhardt, *Weltgeschichtliche Betrachtungen*, S. 14.
96   Ebd., S. 6.
97   Ebd., S. 7f. Ist das „sich Wiederholende, Konstante, Typische" zudem „ein in uns Anklingen-
     des und Verständliches", mithin Geistiges, fließen in der „Vielheit" „Materielles und Geisti-
     ges" ineinander.
98   Ebd., S. 7. Wie Salomon in seinem ersten Aufsatz über Tocqueville festhält, könnte die „For-
     mulierung", die Burckhardt „für das Verhältnis von Geist und Geschichte geprägt [hat]" – die
     Formulierung, aus der hier zitiert ist –, „als Motto über dem Werk von Tocqueville stehen" –
     was wiederum ein Zeichen für die große Wertschätzung ist, die Salomon Tocqueville entge-
     genbringt. Und wenn er Tocqueville darüber hinaus attestiert, „das Erlebnis und Bewusstsein
     historischen Schicksals und historischer Katastrophe" zu besitzen, und zwar „im höchsten
     Maß", dann bedeutet dies nichts weniger, als dass sich Tocqueville in seinen Augen auch des
     Privilegs von Intellektuellen, die in Krisenzeiten leben", als würdig erwiesen hat: nämlich „ei-

begriff dessen, was auf das Wandelbare hin als „Gegensätze und Ergänzungen erscheint", selbst jedoch in und mit dem Geschichtsgeschehen auftaucht und wieder verschwindet.[99] Vor allem aber ist das Statische das, was im Zeitlauf des Geschehens *kontinuierlich* vorhanden ist, mithin den (inneren) Zusammenhang des Geschichtlichen bildet und als solches nichts weniger als den Bestand der Geschichte ausmacht. Und eben dies ist gemeint, wenn Salomon feststellt, Geschichte sei eine „statische [...], besser: eine ontologische Kategorie".[100]

Diese Erläuterungen lassen sich weiterführen, bis schließlich der Grundgedanke von Burckhardts „Studium des *Geschichtlichen*" und – damit einhergehend – der systematische Kern von Salomons humanistischer Bestimmung der Soziologie vollumfänglich hervortritt. Indem das Geschichtliche eine geistige Seite hat, nimmt es – wie es bei Burckhardt heißt – Teil an der „Unvergänglichkeit":[101] „Jede einzelne Erkenntnis von Tatsachen hat nämlich neben ihrem speziellen Werte als Kunde oder Gedanke aus einem speziellen Reiche noch einen universalen oder historischen als Kunde einer bestimmten Epoche des wandelbaren Menschengeistes und gibt zugleich, in den richtigen Zusammenhang gebracht, Zeugnis von der Kontinuität und Unvergänglichkeit dieses Geistes".[102] Solchermaßen Zeugnis erhält indes nur der, welcher die jeweiligen Tatsachen, das jeweilige Geschichtliche begreift als entstanden aus der kreativen, Kultur und Institutionen bildenden, sie aber auch umgestaltenden Kraft der Menschengattung, als Verwirklichung der „Potenz" Kultur. „Die dem materiellen und dem geistigen Bedürfnis im engeren Sinn entsprechende Kultur aber ist für uns hier: der Inbegriff alles dessen, was zur Förderung des materiellen und als Ausdruck des geistig-sittlichen Lebens spontan zustande gekommen ist, alle Geselligkeit, alle Techniken, Künste, Dichtungen, Wissenschaften."[103] Der Potenz Kultur stehen die Potenzen des Staates und der Religion gegenüber, wobei gilt: „Kultur nennen wir die ganze Summe derjenigen Entwicklungen des Geistes, welche spontan geschehen und keine universale oder Zwangsgeltung in Anspruch nehmen."[104] Staat und Religion dagegen, „die der Ausdruck des politischen und des metaphysischen Bedürfnisses sind, beanspruchen wenigstens für

---

nen Blick auf die brüchige Struktur von sozialen Beziehungen, von menschlichen Normen, von geistigem Werte zu gewinnen und sich so aller Aspekte des Lebens und des Lebens in seiner Ganzheit bewusst zu werden". Diese Auszeichnung verleiht Salomon einzig noch an Burckhardt (Albert Salomon [1935]: „Tocqueville". In: ders., *Werke 2*, S. 35-49, hier S. 44f.; Salomon, „Krise – Geschichte – Menschenbild", S. 226).

99   Burckhardt, *Weltgeschichtliche Betrachtungen*, S. 7f.
100 Salomon, „Krise – Geschichte – Menschenbild", S. 237.
101 Burckhardt, *Weltgeschichtliche Betrachtungen*, S. 7.
102 Ebd., S. 18.
103 Ebd., S. 29.
104 Ebd., S. 57.

das betreffende Volk, ja für die Welt, die universale Geltung. " Staat und Religion sind die „stabilen" Potenzen, Kultur ist „etwas wesentlich anderes";[105] Kultur „wirkt unaufhörlich modifizierend und zersetzend auf die beiden stabilen Lebenseinrichtungen ein, – ausgenommen insofern dieselben sie völlig dienstbar gemacht und zu ihren Zwecken eingegrenzt haben."[106] Ziehen wir dabei in Betracht, dass es – wie Burckhardt an anderer Stelle schreibt – der Geist ist, der im Geschichtlichen „arbeitet" und „weiter" arbeitet, stabile Lebensformen buchstäblich zum Verschwinden bringend, „durch Revolution oder durch allmähliche Verwesung", und an deren Stelle „Neues" bauend,[107] dann bleibt schließlich nur eines: Kultur ist die geschichtliche Auftretensform des Geistes. Diese Bestimmung ist systematisch gesehen äußerst bedeutsam, denn hier zeichnet sich eine Denkfigur ab, die später bei Salomon ihre soziologische Fassung erhalten wird: stabile, erstarrte Lebensformen und Institutionen, in denen der denkende und handelnde Mensch, der erste Agent des Geistes, gleichsam verwirklicht ist, um doch weiter an ihnen und mithin an sich selbst zu arbeiten.

Alle drei Potenzen, Kultur, Staat und Religion, sind Burckhardt zufolge Ausdruck von allgemein-menschlichen Bedürfnissen, welche in den wandelbaren menschlichen Lebensformen, den geistig-sittlichen Gebilden, gleichsam ihre geschichtliche Präsenz gewinnen. Und dies wiederum macht ersichtlich, dass die Grundlage für den Begriff und die Systematisierung des Geschichtlichen bei Burckhardt wesentlich anthropologischer Natur ist. Nicht dass die Potenzen aus den allgemein-menschlichen Bedürfnisse gleichsam emanierten; wohl aber sind sie es, welche den Bedürfnissen Gestalt verleihen, ja sie verkörpern. Der Staat beispielsweise ist „nicht entstanden durch Abdikation der individuellen Egoismen, sondern er *ist* diese Abdikation, er *ist* ihre Ausgleichung, so dass möglichst viele Interessen und Egoismen dauernd ihre Rechnung dabei finden und zuletzt ihr Dasein mit dem seinigen völlig verflechten".[108] Insofern bilden die Bedürfnisse gleichsam den Leitfaden, an dem der Staat für den Betrachter von „innen" verständlich zu werden vermag. Den durch die Potenzen verkörperten Bedürfnissen – politischen, metaphysischen, materiellen und geistigen Bedürfnissen – entsprechen schließlich auch die jeweiligen „Funktionen" der Potenzen[109] – Funktionen, welche einander über die Zeit hinweg abwechseln können, doch insgesamt in der Grundfunktion des Sich-Einrichtens des Menschen in einer sich verän-

---

105   Ebd., S. 29.
106   Ebd., S. 57. Selbstverständlich handelt es sich bei den drei Potenzen um Abstraktionen und
      mitnichten um empirische Begriffe, die sich auf umgrenzte Bereiche des Geschichtlichen be-
      ziehen (Ebd., S. 29). Kultur, Staat und Religion stehen in erster Linie für Tendenzen in der
      Hervorbringung und Erhaltung der geschichtlichen Wirklichkeit.
107   Ebd., S. 8.
108   Ebd., S. 38.
109   Ebd., S. 30.

dernden Wirklichkeit kulminieren, in der fortdauernden Suche nach dem „Sinn des Lebens". Was aber immer auch geschieht: Brüche, Umwälzungen, der Untergang ganzer Epochen, es bleibt der „duldende, strebende und handelnde Mensch, wie er ist und immer war und sein wird". Sein Wirken ist für Burckhardt ebenso wie für Salomon die Basis der geschichtlichen Wirklichkeit *und* das „einzig bleibende und für uns mögliche Zentrum" der Geschichtsbetrachtung.[110]

Wie aber geht es mit dem Studium des Geschichtlichen weiter? Im „Zeugnis", welches die geschichtlichen Tatsachen von der „Kontinuität und Unvergänglichkeit" des menschlichen Geistes geben, stößt der Betrachter auf das – in den Worten Salomons – „in jedem Augenblick des historischen Prozesses gegenwärtig[e] [...] Menschheitsganze".[111] Die von der Erkenntnis dieser Tatsachen vermittelte „Kunde" *in vollem Umfang* zu vernehmen und zu verstehen hieße indes nichts weniger als das Verstehen alles dessen, was gelebtes Menschsein bedeutet; mithin müsste die Erläuterung alles dessen, was in den Institutionen und den Erzeugnissen der Geistesgeschichte an realisierten Möglichkeiten des Menschseins enthalten ist, zum Abschluss gebracht werden. Kurz: Die ‚Kunde' vollumfänglich zu vernehmen käme dem Begreifen des universalen Geistes gleich. Solches kann indes selbstverständlich weder für Salomon noch für Burckhardt das Ziel sein; vielmehr repräsentiert der Begriff des universalen Geistes das bei der Geschichtserkenntnis immer schon Mitgedachte, das, woraufhin Geschichte erst erkannt zu werden vermag. Der Begriff des universalen Geistes ist nichts anderes als die Möglichkeitsbedingung, um in der Vielheit, in all dem, was im Zeitlauf sich ereignet, das Geschichtliche und vor allem die Verbindungen, durch die das Geschichtliche auch in seinen Einzelheiten zusammengehalten wird, überhaupt identifizieren und anschließend studieren zu können. Zu erleben ist der universale Geist allerdings nur dort, wo er im Geschichtlichen verkörpert ist: in den Institutionen und allgemein in den Erzeugnissen der Geistesgeschichte oder, beziehungsreicher gesagt, in dem in der Geschichte „*sich Wiederholende[n], Konstante[n], Typische[n]* als ein[em] in uns Anklingende[n] und Verständliche[n]".[112] Mit einem Wort: Das Statische ist das vom universalen Geist effektiv Erlebbare und mithin Erkennbare. Und den universalen Geist *bewusst* zu erleben – das wiederum ist gemeint mit *Historizität*. Dort, wo sich – wie früher schon festgehalten – „der Strom des Erlebens" – der Geist, wie er uns *in* Ereignissen, in Objektivierungen seiner selbst und *durch* diese fortwährend zufließt – und „der Strom des Bewusstseins" – die Vergegenwärtigungen dieses Geistes im Begriff – „zu einem psychischen Ensemble vereinen",[113] dort entsteht

110 Ebd., S. 5f.
111 Salomon, „Krise – Geschichte – Menschenbild", S. 236f.
112 Burckhardt, *Weltgeschichtliche Betrachtungen*, S. 6.
113 Salomon, „Die deutsche Soziologie", S. 107.

ein historisches Bewusstsein. Das Historische am historischen Bewusstsein sind dementsprechend die Objektivierungen des Geistes, und für sie steht das Statische an der Geschichte.

In letzter Konsequenz besitzt Historizität eine religiöse Bestimmung, entsprechend der – wie Salomon schreibt – „These" Burckhardts, wonach „alle spontanen Tätigkeiten des menschlichen Geistes [...] anfänglich religiöse Interpretationen des Menschseins [waren]".[114] Bei Burckhardt selbst heißt es: „Kultur nennen wir die ganze Summe derjenigen Entwicklungen des Geistes, welche spontan geschehen und keine universale oder Zwangsgeltung in Anspruch nehmen."[115] Bleibt wiederum mit Salomon festzustellen: „Religion und die Suche nach dem Sinn des Lebens" sind für Burckhardt die „Wurzeln aller Kultur".[116] Der Weg des Menschen aber führt in die Geschichte; dort gelangen Religion und Sinnsuche fortan zur Entfaltung, im Kontext der Geschichte erhalten sie nunmehr ihre Bestimmung. Und um die einzelnen Schritte nochmals zu nennen: Das Christentum ist in die Geschichte eingetreten; die Völker, die Menschen sind selbständig geworden; Versöhnung ist nicht mehr eine Versöhnung mit Gott, sondern mit dem eigenen Inneren;[117] das innerste Wesen der menschlichen Welt ist das „Streben des Menschen nach einer universellen geistigen Macht [...], der er zugehört";[118] und diese universelle geistige Macht ist all das, was der Mensch in den sozialen und kulturellen Institutionen, den Erzeugnissen der Geistesgeschichte an Möglichkeiten des Menschseins bereits realisiert hat und noch realisieren könnte. An diesem universalen Geist teilzuhaben bedeutet Historizität.

Etwas Entscheidendes aber kommt hier hinzu: Die Teilhabe am universalen Geist bedeutet die Erfüllung einer unendlichen Aufgabe, wobei es der menschliche Geist selbst ist, der sich diese Aufgabe fortwährend stellt. Bei Burckhardt geschieht dies im bekannten Kontext der Entfaltung des geschichtlichen Lebens, des Zusammenwirkens der drei Potenzen: „[I]rdische Lebensformen aller Art: Verfassungen, bevorrechtete Stände, eine tief mit dem ganzen Zeitlichen verflochtene Religion, ein großer Besitzstand, eine vollständige gesellschaftliche Sitte, eine bestimmte Rechtsanschauung" – sie alle halten sich für „Stützen" der „geschichtlichen Macht", „für allein mögliche Träger der sittlichen Kräfte der Zeit", „beanspruchen [...] die universale Geltung".[119] „Allein der Geist ist ein Wühler und arbeitet weiter". Zwar widersetzen sich die irdischen Lebensformen einer „Aenderung, aber der Bruch", die Auflösung, ja der Untergang „kommt

---

114   Salomon, „Krise – Geschichte – Menschenbild", S. 231.
115   Burckhardt, *Weltgeschichtliche Betrachtungen*, S. 57.
116   Salomon, „Krise – Geschichte – Menschenbild", S. 230.
117   Ebd.
118   Ebd.
119   Burckhardt, *Weltgeschichtliche Betrachtungen*, S. 8 und S. 29.

doch. Inzwischen aber baut der Geist etwas Neues, dessen äußeres Gehäuse mit der Zeit dasselbe Schicksal erleiden wird." [120] Es ist die Kultur als geschichtliche Auftretensform des Geistes, die hier tätig ist – und mit ihr zu wirken bedeutet die Teilhabe am universalen Geist.

Dies alles trifft auch für Salomon zu, wobei Salomon jedoch – insofern weiter gehend als Burckhardt – noch etwas Besonderes im Blick hat: Das Schicksal der irdischen Lebensformen, der sozialen und kulturellen Institutionen, wie es exemplarisch verkörpert wird durch das geschichtliche Werden der Religion. Gemeint ist die Entfremdung der Religion oder, präziser, der institutionalisierten Religion von der Wirklichkeit des menschlichen Denkens und Handelns. Auch Burckhardt spricht bekanntlich bereits von der „tief mit dem ganzen Zeitlichen verflochtene[n] Religion" und sieht zudem die Möglichkeit vor, dass in der geschichtlichen Entwicklung ein Zustand eintritt, in welchem die beiden „stabilen Lebenseinrichtungen", Religion und Staat, sich die Kultur „völlig dienstbar gemacht und zu ihren Zwecken eingegrenzt haben".[121] Was sich hier abzeichnet, wird von Salomon auf das geschichtliche Leben insgesamt übertragen, und was hervortritt, ist nichts Geringeres als das Konstituens des Geschichtlichen: das Verhältnis, wie es besteht zwischen der Institution auf der einen und der durch sie vereinnahmten, in ihr gleichsam zum Erstarren gebrachten spontanen Tätigkeit des menschlichen Geistes auf der anderen Seite. Erstarrtheit ist der entscheidende Begriff, denn mit ihr wendet sich die Dauerhaftigkeit der Institution ins Negative, löst sich die Institution vom allgemein-menschlichen Bedürfnis nach einer – in den Worten Burckhardts – „Welt des Beweglichen, Freien", einer Welt des ungehinderten „geistig-sittlichen Lebens" ab.[122] Als Folge davon – so hält wiederum Salomon fest – bleiben die Institutionen immer mehr hinter dem „subjektiven Verlangen", dem Streben des Geistes, wie es gerade vom Individuum ausgeht, zurück, und dies wiederum ist „das Kennzeichen für den Verfall einer Kultur. Die Entfremdung des Menschen von seinen Institutionen verweist auf den Bruch einer vormals geordneten Welt."[123] Salomon schreibt diese Verfallsdiagnose bekanntlich Burckhardt zu, und fraglos entspricht sie auch dem Sinn von dessen Geschichtstheorie. Doch ebenso sehr ist sie auch die Diagnose des Soziologen Salomon, wird mit ihr ein Befund Burckhardts weiter gedacht und in eine soziologische Fassung gebracht.

Was aber bedeutet dies für das Verständnis von Historizität? Die Teilhabe am universalen Geist kommt für Salomon – wie für Burckhardt – der Erfüllung einer unendlichen Aufgabe gleich, wobei jedoch Salomon zufolge diese Aufgabe

---

120   Ebd., S. 8.
121   Ebd., S. 8 und S. 57.
122   Ebd., S. 29.
123   Salomon, „Krise – Geschichte – Menschenbild", S. 233.

für den menschlichen Geist letztlich zu einer Bewältigung des eigenen weltlichen Schicksals gerät. Mit dem „Strom des Erlebens", den Erzeugnissen des Geistes, wie sie uns in Ereignissen, mannigfaltigen Objektivierungen, vor allem aber in den sozialen und kulturellen Institutionen und durch diese fortwährend zufließen, stößt der Betrachter zwangsläufig auch auf das Faktum der Entfremdung. Dies ist gerade dann der Fall, wenn er es unternimmt, das Erlebte zu erläutern. Denn wird das Erlebte interpretiert in Hinblick auf die in ihm realisierten Möglichkeiten des Menschen, sich in der Welt einzurichten, in die Vielheit des Geschehens Sinnzusammenhänge hineinzutreiben und diese zu stabilisieren, so treten die vorfindlichen Institutionen und das, was sie sein könnten, zusehends auseinander – bis hin zu dem Punkt, an dem die Institutionen aufgrund ihrer Erstarrtheit keine Verbindungen zum wirkenden Geist, zu den Intentionen der wirkenden Menschen, mithin auch keine Möglichkeiten der Veränderung und Umgestaltung mehr erkennen lassen. Was für eine Institution gilt, gilt auch für alle anderen, was wiederum die fortgesetzte Auflösung der sozialen Beziehungen, das Auseinanderbrechen der *menschlichen* geschichtlichen Wirklichkeit in eine Vielfalt unterschiedlicher Geisteshaltungen und dementsprechend unterschiedlicher politischer, moralischer und religiöser Handlungsmuster zur Folge hat. Tritt eine solche Entwicklung tatsächlich ein, ist bekanntlich – mit Salomon und selbstverständlich auch mit Burckhardt – von einem Verfall der Kultur zu sprechen. Damit steht aber auch fest, dass Historizität keineswegs bloß für Geschichtserkenntnis steht, sondern auch und gerade für ein humanistisches Ideal. Den „Strom des Erlebens" – den Geist, wie er uns in Ereignissen, in Objektivierungen seiner selbst und durch diese fortwährend zufließt – und „de[n] Strom des Bewusstseins" – die Vergegenwärtigungen dieses Geistes im Begriff – „zu einem psychischen Ensemble [zu] vereinen",[124] schließt explizit das (Wieder-)-Aufeinander-Beziehen der erstarrten Institutionen und des wirkenden Geistes ein, womit im „Studium des Geschichtlichen" und durch dieses erstarrte Institutionen gleichsam wiederbelebt werden. Unversehens wird sichtbar, was aus ihnen hätte werden können und immer noch werden kann, und was zum Erliegen gekommen war, wird aktiv, auf dass der menschliche Geist, die Potenz Kultur von Neuem „unaufhörlich modifizierend und zersetzend, auf die [...] stabilen Lebenseinrichtungen ein[wirke]".[125] Auf diese Weise wird im Modus der Historizität das Bedürfnis des Menschen nach Aufgehobensein in einer universalen geistigen und kulturellen Ordnung neu erfüllt. Und käme dieser Prozess zum Abschluss, hieße dies tatsächlich nichts weniger als die Versöhnung des menschlichen Geistes mit seinem eigenen Inneren.

---

124 Salomon, „Die deutsche Soziologie", S. 107.
125 Burckhardt, *Weltgeschichtliche Betrachtungen*, S. 57.

Historizität ist schließlich auch der Titel für die Tätigkeit der Soziologie. Werden soziologische Kategorien wirksam, so lässt sich – nach dem bekannten Wort Simmels – „eine neue Linie durch Tatsachen leg[en], die als solche durchaus bekannt sind", womit das geschichtliche Leben sich von einer neuen Seite zeigt, ja gleichsam eine soziologische Konstante erkennen lässt. Salomon schreibt hierzu: „Der Antagonismus zwischen spontanem Handeln und einer auf Dauer gestellten Institution ist eine Konstante des historischen Daseins – die Antinomie zwischen Freiheit und Ordnung, zwischen Bewegung und Stillstand. Es ist das Dilemma aller Machtinstitutionen, dass Kontinuität und Fortbestand in der Realität stets eine Verfestigung der institutionellen Strukturen bewirken, wodurch das Gedeihen menschlicher Spontaneität verhindert wird."[126] Diese Konstante erhält ihren konkreten Ausdruck insbesondere in Zeiten, in denen die Gesellschaft ihre Einheit, die integrierend wirkenden Handlungsmuster und Zusammenhalt stiftenden Wertorientierungen verloren hat, „in Aufruhr oder zerstört ist", und der entfesselte Staat seinen Willen zur Macht um der Macht willen genussvoll ausweitet".[127] Es herrscht eine eigentliche Entmenschlichung der Institutionen – ein Zustand, in dem allerdings spontanes und unabhängiges Handeln wiederum umso mehr Präsenz erlangt. Dass es sich *in concreto* um eine „*in Bewegung befindliche* Konstellation von Konstanten" handelt, denn jede Institution erstarrt auf ihre Weise, macht letztlich die „Idealität des Menschen" aus; denn diese ist nicht „die eines sich gleich bleibenden Wesens", sondern ist „in jedem Augenblick historisch".[128] Es ist gerade die Aufgabe der Soziologie, sprich: der konkreten Soziologie im Sinne Salomons, das Verhältnis von Freiheit und Ordnung, freiem schöpferischem Menschen und rationaler Institution zu denken als Ausdruck des historischen Daseins. Und dies wiederum heißt für Salomon nichts anderes, als dem Grundmotiv des soziologischen Denkens in der Auseinandersetzung mit den Werken der soziologischen ‚Klassiker' – selbst verstanden als Träger von Historizität – und durch diese fortwährend Gestalt zu verleihen. Indem sie dies tut, hat die Soziologie teil am universalen Geist, und darin besteht ihre humanistische Bestimmung. Die Teilhabe selbst geschieht durch soziologische Bildung. Das soziologische Bildungsgut erschließen heißt den universalen Geist erschließen und dadurch den Weg zu ebnen zu einer humanisierten Vorstellung der Gesellschaft, des sozialen Lebens. Die Sicherung des Fortbestands des Geistigen, die Pflege der intellektuellen Tradition, der Geschichte der sozialen Ideen und der Geschichte der soziologischen Theorie, hat für die Soziologie Priorität: „Die Kette der intellektuellen Überlieferung nicht unterbrochen zu sehen ist unser erstes Lebensinteresse, ist der metaphysische Nachweis des

---

126 Salomon, „Krise – Geschichte – Menschenbild", S. 238.
127 Ebd.
128 Ebd., S. 244 und S. 236f.

Fortbestands unseres Daseins"[129] – dieses Interesse ist auch das Interesse der Soziologie. Für uns heißt das: Wir müssen die Soziologie verteidigen wie alle humanistischen Fächer oder, besser, überhaupt erst wieder deutlich machen, dass
die Soziologie ein humanistisches Fach *ist*.

5. Ausblick: Die Aufgabe soziologischer Reflexion – oder Soziologische Bild-ung als „Bildung zur Humanität"

Aber vermag die Gegenwartssoziologie der Aufgabe, wie sie Salomon für die
Soziologie formuliert hat, überhaupt gerecht zu werden? Erschließen des eigenen
Bildungsguts und mithin Teilhabe am universalen Geist – ist die heutige Soziologie dazu noch fähig oder trägt sie nicht mittlerweile selbst Züge einer erstarrten
Institution? Zur Gewinnung einer Antwort können wir wiederum Salomon selbst
bemühen und feststellen, die Soziologie sei in das Stadium der „Selbstentfremdung" eingetreten, der menschliche Geist, wie er im „Gebilde" genannt Soziologie eine „beharrende Existenz gewonnen" habe, sei sich in seiner Tätigkeit
längst Gegenstand und Zweck in einem und mithin im Begriff, sich zu de-
humanisieren.[130] Was aber ist es, das die rationale Institution Soziologie beharren
macht, ja, was ist das eigentlich Beharrende an ihr?

Tatsächlich lässt die Gegenwartssoziologie in ihrer Entwicklung immer
deutlicher einen Trend zum Hyperrealismus im Sinne von Jean Baudrillard erkennen. Die Realität des menschlichen Zusammenlebens geht in der Soziologie
zusehends unter; sie ist dabei, sich in all den „reproduktiven Medien", wie sie
das Fach mittlerweile ausmachen, buchstäblich zu verflüchtigen.[131] Dieser Trend
hat insbesondere die mit „empirisch-quantitativen Methoden" arbeitende Sozialforschung erfasst. Die „Methode" als Schöpferin einer künstlichen Welt – einer
Welt, bestehend in akkumulierten statistischen Verfahren – „schafft sich in dem
Objekt die ihren Bedingungen angepasste Wirklichkeit",[132] und im fortdauernden
Aufeinander-Beziehen der einzelnen Verfahren bzw. der durch diese geschaffenen Versatzstücke des Realen in Gestalt von Korrelationen, Regressionen u. ä.

---

129   Ebd., S. 241.
130   Ich beziehe mich hier auf Kapitel 2.2: die Ausfaltung der soziologischen Problematik, wie sie
       von Salomon in seiner Auseinandersetzung mit Georg Simmel vorgenommen wird.
131   Jean Baudrillard (1982), *Der symbolische Tausch und der Tod*, München: Matthes & Seitz, S.
       113f.
132   Richard Hönigswald (1912), „Zur Wissenschaftstheorie und -systematik. Mit besonderer Rück-
       sicht auf Heinrich Rickerts ‚Kulturwissenschaft und Naturwissenschaft‘". In: *Kantstudien*
       XVII, S. 28-83, hier S. 63. Hönigswalds Ausführungen zum Methodenbegriff lesen sich bis-
       weilen tatsächlich wie eine vorweggenomme Schilderung, ja Erläuterung des Methodenver-
       ständnisses von Baudrillard.

wird dementsprechend Schritt für Schritt eine Ähnlichkeit des Realen mit sich selbst suggeriert, die Sozialforschung auf diese Weise gleichsam im Bild haltend.[133] Bezeichnenderweise handelt es sich um Ähnlichkeit, nicht um Gleichheit, so dass durch die „minimale Modulation zwischen zwei Termen", resultierend etwa in einem geringfügigen Mehr an erklärter Varianz, die „Fiktion" eines zu erschließenden Wirklichkeitssinns aufrechterhalten wird.[134] Diese Fiktion ist so stark, dass sie zu „fliehen" für die Methoden der Sozialforschung einer Selbstverleugnung gleichkäme.[135]

Hyperreal sind auch die Sinnsysteme Niklas Luhmanns, und was für sie gilt, gilt auch und gerade für das Sinnsystem Wissenschaft, die Theorie autopoietischer Systeme.[136] Sich in operativ geschlossenen Zirkeln fortwährend selbst hervorbringend, verkörpern Sinnsysteme die reine Wiederholung, in die das Reale ein für allemal eingeschlossen ist. Das Reale manifestiert sich einzig in der Herstellung von Übergängen und Anschlüssen innerhalb von Kommunikationsprozessen, auf diese Weise noch an seiner eigenen Austreibung mitwirkend. Sinnsysteme sind der Inbegriff von (Selbst-)Bewegung und doch erstarrt in sich selbst. In ihnen wird nichts abgebildet, nichts imaginiert, nicht einmal etwas simuliert. Simulation geschieht, aber sie ist „sie selbst". Luhmann nimmt für seine Theorie sozialer Systeme in Anspruch, nichts weniger zu sein als Gesellschaftstheorie in ihrer höchsten Vollendung, die einzige konsequent ausgeführte, weil den Bestand ihres Gegenstandes selbst verkörpernde Theorie einer funktional differenzierten Gesellschaft. Ob dieser Anspruch erfüllt wird, darüber lässt sich streiten. Unstrittig aber ist: Luhmanns Theorie ist die am konsequentesten aus- und zu Ende gedachte Absage an die Teilhabe am universalen Geist – dem universalen Geist nach dem Verständnis von Salomon und Burckhardt. Ob die Sozialität, wie sie durch die sozialen Systeme repräsentiert wird, eine entmenschlichte ist, soziale Systeme als Systeme jenseits der Menschen begriffen werden, psychische Systeme zur Umwelt sozialer Systeme gehören und umgekehrt – das ist Sache der Theorie selbst.[137] Etwas ganz anderes ist es, wovon die Theorie sich lossagt, und dieses wiederum ist nichts Geringeres als der „Antagonismus zwischen spontanem Handeln und einer auf Dauer gestellten Institution", mithin von „eine[r] Konstante des historischen Daseins".[138]

133　Baudrillard, *Der symbolische Tausch und der Tod*, S. 114.
134　Ebd., S. 115.
135　Hönigswald, „Zur Wissenschaftstheorie und -systematik", S. 63.
136　Niklas Luhmann (1990), *Die Wissenschaft der Gesellschaft*, Frankfurt am Main: Suhrkamp, S. 28ff.
137　Niklas Luhmann (1995), „Die Form ‚Person'". In: ders., *Soziologische Aufklärung 6: Die Soziologie und der Mensch*, Opladen: Westdeutscher Verlag, S. 142-154.
138　Salomon, „Krise – Geschichte – Menschenbild", S. 238.

Das muss für die Soziologie jedoch keineswegs das letzte Wort sein. Was ansteht ist vielmehr der Versuch, das Potential soziologischer Reflexion erneut auszuschöpfen – diesmal jedoch in besonderer Weise. Die Hyperrealitäten der Soziologie kritisieren heißt *in ihnen* die Erinnerung wecken. Damit ist nicht gemeint, ihnen das Wissen um ihre Genesis, von der sie sich doch abgelöst haben, erneut zum Bewusstsein zu bringen. Erinnerung ist hier gerade nicht zu verstehen als ‚Erinnerung an'. Das Vergessene besteht in etwas ganz anderem: nämlich darin, dass die Intention der Soziologie, Erkennen der im menschlichen Handeln konstituierten sozialen und kulturellen Wirklichkeit, „Analyse realer Systeme der wirklichen Welt",[139] einmal mehr war, als sie es jetzt ist: bloß ein „gespenstisches Ablenkungsprinzip", das ein „zweites Leben" führt.[140] Die Soziologie wähnt sich ihrer selbst als Subjekt einer authentischen wissenschaftlichen Tätigkeit gewiss, wo doch die „reproduktiven Medien" längst die Herrschaft übernommen haben oder im Begriff sind, es zu tun, und sie in Tat und Wahrheit in das Stadium der „Selbstentfremdung" eingetreten ist. An dieser Stelle setzt die soziologische Reflexion an. In der Soziologie die Authentizität wieder aufleben lassen – das heißt Erinnern. Dazu gilt es, eine bisher verborgene Seite der Soziologie zu entdecken, d.h. die Soziologie zu begreifen als Ausdrucksmoment der Geistesgeschichte, welches bestimmt ist durch die Intention der Bildung zur Humanität. Salomons Soziologie liefert uns hierzu die Anleitung.

Am Anfang steht die Formulierung der Geschichtsphilosophie, denn das von Herder und Kant begründete Geschichtsverständnis, vor allem aber der damit verbundene Begriff der Geschichtserkenntnis lebt (auch) in der Soziologie weiter – oder anders gesagt: Wovon die Geschichte erzählt, davon erzählt auch die Soziologie. Mit Geschichte bezeichnet Kant die Sphäre der menschlichen Handlungen als „Erscheinungen [der] Freiheit des Willens"[141] – eine Sphäre, eingeordnet *zwischen* den Naturerscheinungen und der rein vernünftigen Sphäre der Imperative. Diese menschlichen Handlungen sind der Gegenstand der Geschichtsbetrachtung, und indem es ihr gelingt, die Einzelhandlungen in einen übergeordneten Zusammenhang zu bringen, der nichts mit dem durch Gesetze hergestellten Zusammenhang der Natur zu tun hat, konstituiert sich in der einheitlichen Erzählung die Einheit des Geschichtsgeschehens. Damit dies aber überhaupt möglich wird, bedarf es des Vorgriffs auf das, was die menschliche

---

139   Niklas Luhmann (1984), *Soziale Systeme. Grundriß einer allgemeinen Theorie.* Frankfurt am Main: Suhrkamp, S. 30.
140   Baudrillard, *Der symbolische Tausch und der Tod*, S. 20.
141   Immanuel Kant (1964), „Idee zu einer allgemeinen Geschichte in weltbürgerlicher Absicht". In: ders., *Werke in zwölf Bänden. Band XI: Schriften zur Anthropologie, Geschichtsphilosophie, Politik und Pädagogik 1.* Frankfurt am Main: Insel, S. 31-50, hier S. 33.

Gattung aus sich machen kann – und mithin soll, auf die sittliche Forderung, wie sie die reine Vernunft gebietet. Nur auf das Sollen des kategorischen Imperativs hin lassen die für sich gesehen regellosen, zufällig nebeneinander stattfindenden empirischen Handlungen einen Zusammenhang erkennen, ja erhalten auf das Ganze des Geschichtsgeschehens hin einen Sinn. Nur so vermag die „Hoffnung", wie sie die Geschichtsbetrachtung weckt, erfüllt zu werden.[142] Geschichte erscheint daraufhin als Dimension, in der die menschliche Gattung aufzuleben sucht zur vollständigen Verwirklichung ihrer Anlagen, auch und gerade der geistigen, und was entsteht, sind Sittengesetz, Rechtszustand, Ordnung – und all die Gebilde, in denen der menschliche Geist eine „beharrende Existenz" gewinnt, im Sinne Salomons *institutionalisiert* wird. Auf das Humanitätsideal hin können wir uns unserer selbst als Handelnde vergewissern, als Handelnde, die wir mit andern Handelnden Teil übergreifender, sich ihrerseits in und mit dem Geschichtsgeschehen entwickelnder und verändernder Handlungsmuster sind.

Von hier aus ist der Weg zu dem, was Salomon *Historizität* nennt, tatsächlich nicht mehr weit. Die universelle geistige Macht, von der früher die Rede war: die universelle geistige Macht, der „zuzugehören", als Versöhnung mit dem eigenen Inneren, das Streben des Menschen ausmacht – das ist das, was der Mensch in den sozialen und kulturellen Institutionen, den Erzeugnissen der Geistesgeschichte an Möglichkeiten des Menschseins bereits realisiert hat *und noch realisieren könnte.*[143] Und was ist damit gemeint – wenn nicht das Humanitätsideal, die Idee der in der Geschichte und durch diese zu realisierenden Anlagen der menschlichen Gattung! Bezeichnenderweise sieht Salomon wiederum Kant als denjenigen Philosophen, der es „*nicht* versäumt" hat, „den Charakter und die Natur des menschlichen Wesens zu thematisieren" und dem folgerichtig der Gedanke an ein „autonomes Bewegungsgesetz" der Geschichte vollkommen fremd war.[144] Und wie das Humanitätsideal, so steht auch das realisierte Menschsein jenseits jeglicher Begreifbarkeit. Der Begriff des universalen Geistes ist vielmehr auch für Salomon nichts anderes als die Möglichkeitsbedingung, um in der Vielheit, in all dem, was im Zeitlauf sich ereignet, das Geschichtliche und vor allem die Verbindungen, durch die das Geschichtliche auch in seinen Einzelheiten zusammengehalten wird, überhaupt identifizieren und anschließend studieren zu können. Zu erleben ist der universale Geist allerdings wiederum nur dort, wo er im Geschichtlichen verkörpert ist: in den Institutionen und allgemein in den Erzeugnissen der Geistesgeschichte. Die Spuren der Geschichtsphilosophie Kants – vermittelt durch Dilthey – sind einmal mehr unverkennbar.

---

142 Kant, „Idee zu einer allgemeinen Geschichte in weltbürgerlicher Absicht", S. 33.
143 Salomon, „Krise – Geschichte – Menschenbild", S. 230.
144 Salomon, „Tocquevilles Philosophie der Freiheit", S. 173.

Welche Aussichten sich für die soziologische Reflexion eröffnen, wird absehbar am Begriff der Geschichte als einer *erzählenden Wissenschaft* und insbesondere seiner Bedeutung für die Bestimmung des Wissenschaftscharakters der Soziologie. Dass mit der „Geschichte als erzählender Wissenschaft", wie sie Christoph Sigwart 1878 im zweiten Band seiner *Logik* beschreibt,[145] wiederum Denkfiguren und Denkmotive von Kant und Herder thematisch werden – und sei es auch bloß implizit – spielt dabei eine entscheidende Rolle. Diejenigen, die den Begriff der Geschichte als Erzählung zuhanden der Begründung der Soziologie aufgenommen haben, Georg Simmel und Max Weber – ersterer direkt, zweiterer vermittelt durch die Geschichtslogik Heinrich Rickerts –, taten dies im Geiste Kants, und dementsprechend kann Soziologie begriffen werden als Wiederaufleben dessen, was an systematischen Bestimmungen bereits in diesem ursprünglichen Geschichtsbegriff steckt.

Bei Simmel, der Sigwarts Urteilstheorie zu einer eigentlichen Erkenntnis- und Wissenschaftstheorie ausgestaltet, geraten die Kategorien der Geschichtswissenschaft – bekanntlich der „erzählenden Wissenschaft" als „Wirklichkeitswissenschaft schlechthin"[146] – zu konstitutiven Kategorien des Gegenstandsbereichs Geschichte.[147] Mit ihrem Verständnis des Geschichtsgeschehens als bestehend in äußeren Vorgängen, welche der „unsichtbaren Welt" des menschlichen Geistes- und Seelenlebens entsprungen sind,[148] wäre die Geschichtswissenschaft daher folgerichtig auf die Grundwissenschaft der Psychologie verwiesen – ein Weg, der sich indes als nicht gangbar erweist. Vielmehr mündet Simmels Versuch, am Leitfaden einer psychogenetischen und schließlich biologischen Umdeutung des platonischen Anamnesis-Gedankens zu den kleinsten Zeilen des Geistes- und Seelenlebens vorstoßen zu können – ein Sachverhalt, der auch von Max Weber ausdrücklich kritisiert wird[149] –, in bloße Geschichtsmetaphysik, mit der Konsequenz, dass die Einlösung der Erkenntnisabsicht der Geschichtswissenschaft schlussendlich der Soziologie zufällt. Ihr kommt es zu, immer mehr und immer dichtere Sinnstrukturen in die Geschichte hineinzutreiben, und wo-

---

145   Peter-Ulrich Merz-Benz (1995), „Gesetzeswissenschaft und erzählende Wissenschaft – Der Wissenschaftsdualismus bei Georg Simmel". In: Felicitas Dörr-Backes und Ludwig Nieder (Hg.), *Georg Simmel between Modernity and Postmodernity – Georg Simmel zwischen Moderne und Postmoderne.* Würzburg: Königshausen & Neumann, S. 5-21.

146   Simmel, „Die Probleme der Geschichtsphilosophie", S. 348f.

147   Eine entscheidende Bedeutung kommt hier wiederum dem „relativen Apriori" zu: „eigentümliches plastisches Vermögen des Geistes" und – gleichzeitig – Form als „Verbindungsform" für ein bestimmtes „empirisches Material", das Soziale (Ebd., S. 304ff.; vgl. hierzu auch Fn. 66).

148   Simmel, „Die Probleme der Geschichtsphilosophie", S. 303ff.; Christoph Sigwart (1893), *Logik. Zweiter Band. Die Methodenlehre.* Freiburg i. B.: Mohr (Siebeck), S. 607.

149   Max Weber (1973a), „Roscher und Knies und die logischen Probleme der historischen Nationalökonomie". In: ders., *Gesammelte Aufsätze zur Wissenschaftslehre.* Tübingen: Mohr (Siebeck), S. 1-145, hier S. 100, Anm. 2.

von die Soziologie erzählt, ist letztlich etwas Bekanntes. Sie erzählt, wie Inhalte: Triebe, Neigungen, psychische Zuständlichkeiten, Zwecksetzungen, welche unsere Motivation erfüllen, in gesellschaftlich geformten Strukturen ihre Gestalt gewinnen, sich in ihnen objektivieren, ohne sich dabei in eben diesen Strukturen aufzulösen.

Webers Sozialwissenschaft – nach dem berühmten Diktum im Objektivitätsaufsatz eine „Wirklichkeitswissenschaft"[150] – ist die methodologisch und begriffstheoretisch begründete Fassung einer erzählenden Wissenschaft im Sinne Sigwarts, und ihr Gegenstand ist die Wirklichkeit des menschlichen Handelns. Indem die Menschen in ihrem Tun Werte realiter zur Anwesenheit bringen, geben sie den Dingen und Vorgängen, auf die sie sich beziehen, Bedeutung und stellen sie gleichzeitig in einen für sie geltenden Sinnzusammenhang. Die so konstituierte soziale und kulturelle Wirklichkeit erscheint mithin als Verkörperung von Werten,[151] und dem Sozialwissenschaftler ist es aufgegeben, diese Werte kritisch aufzuweisen – Ausdruck eines offenkundig kantianischen, präziser noch: neukantianischen Gestus. Das Vorgehen Webers ist demjenigen Simmels analog: Aufzeigen, Freilegen der Konstitution der sozialen und kulturellen Wirklichkeit, auf diese Weise immer mehr an Struktur in sie hineintreibend, ja, sie auf diese Weise gleichsam *von sich* erzählen lassend. Und was hervortritt, ist die soziale Formung menschlicher Verhältnisse, sind die vielfältigen Realisierungen der „Chance" auf dauerhafte soziale Beziehungen,[152] auf die Hervorbildung strukturierter Handlungsmuster. Immer aber sind es die Intentionen der Individuen, die zu sozialen Gebilden gerinnen, in ihnen aber nicht aufgehen. Das Grundmotiv der Soziologie Salomons ist damit auch im soziologischen Denken Webers präsent, als Bedingung und Anleitung zu dessen Re-Thematisierung. Dass Weber, „was das Verständnis des historischen Prozesses als Ganzes, als Einheit" angeht, vor den Augen Salomons keine Gnade findet, tut dem keinen Abbruch. Es geht um die erneute Aufnahme soziologischer Reflexion, und hierzu kommt es allein auf den Kerngehalt der Weberschen Soziologie an.

Indem wir aufspüren, was an systematischen Bestimmungen bereits im Begriff der Geschichte als einer erzählenden Wissenschaft steckt, eröffnet sich uns die Möglichkeit, Soziologie neu zu verstehen, und zwar dergestalt, dass die soziologischen Kategorien nunmehr thematisch werden unter dem Gesichtspunkt *Begreifbarmachung des sozialen Lebens als spezifisch menschliche Erschein-*

---

150 Max Weber (1973b), „Die ‚Objektivität' sozialwissenschaftlicher und sozialpolitischer Erkenntnis". In: ders., *Gesammelte Aufsätze zur Wissenschaftslehre*, S. 146-214, hier S. 170.

151 Peter-Ulrich Merz[-Benz] (1990), *Max Weber und Heinrich Rickert. Die erkenntniskritischen Grundlagen der verstehenden Soziologie*. Würzburg: Königshausen & Neumann, Teil II.

152 Max Weber (1973c), „Soziologische Grundbegriffe". In: ders., *Gesammelte Aufsätze zur Wissenschaftslehre*, S. 541-581, hier S. 567ff.

ungsform. Die Entwicklung der Soziologie kann gleichsam neu gelesen werden, geleitet von der Frage, ob und in welcher Art das Grundmotiv, dem Salomon in seiner Soziologie Gestalt verliehen hat, auch in der Soziologie als ganzer vorkommt. An einem führt dabei kein Weg vorbei: an der soziologischen Bildung, den „Erzeugnissen" der soziologischen Theorie und Theoriegeschichte. Doch geht es nicht um Bildung als solche, sondern um das, was sie erahnen lässt: das Humane im sozialen Leben.

Freundschaft
Ein neuer Blick auf Albert Salomons Soziologie einer Lebensform

Hanna Haag

Eine einheitliche soziologische Forschungsperspektive zum Thema Freundschaft ist nicht erkennbar. Zahlreiche Studien belegen jedoch, dass diese Form einer sozialen Beziehung als grundlegend gilt.[1] Tenbruck etwa weist darauf hin, dass Freundschaft nicht gleich Freundschaft, sondern vielmehr in einen je spezifischen Zusammenhang aus Raum, Zeit und Kultur eingebettet ist.[2] Gerade die Unregelmäßigkeit ihrer Erscheinung, die im historischen Vergleich offensichtlich wird, ist ein Indiz für ihre soziale Bedingtheit. Somit leistet die Betrachtung freundschaftlicher Beziehungen einen Beitrag zur Erklärung der jeweiligen Sozialstruktur.[3] Auch Nötzholdt-Linden kommt zu dem Ergebnis, dass „Freundschaft dem gesellschaftlichen Wandel unterliegt und kulturspezifisch ausgeformt und gedeutet wird".[4]

Freundschaftliche Beziehungen blicken auf eine lange Geschichte zurück, bereits in der Antike spielten sie eine maßgebliche Rolle.[5] Wenn man jedoch vom Jahrhundert der Freundschaft spricht, „dann meint man […] das achtzehnte

---

1   Vgl. Charles H Cooley (1967), *Social Organization: A Study of the larger Mind*. New York: Scribner; Siegfried Kracauer (1971), *Über die Freundschaft: Essay*. Frankfurt/ Main: Suhrkamp; Leopold von Wiese (1933), *System der Allgemeinen Soziologie als Lehre von den sozialen Prozessen und sozialen Gebilden der Menschen*. München und Leipzig: Duncker & Humblot; Ferdinand Tönnies (1965), *Einführung in die Soziologie*. Stuttgart: Enke; Georg Simmel (1968), *Soziologie: Untersuchungen über die Formen der Vergesellschaftung*. Berlin: Duncker & Humblot; Shmuel N. Eisenstadt (1974), „Friendship and the Structure of Trust and Solidarity in Society". In: Eliott Leyton (Hg.), *The Compact: Selected Dimensions of Friendship*. Newfoundland: Memorial University Press, S. 138-145.
2   Friedrich H Tenbruck (1964), „Freundschaft: Ein Beitrag zu einer Soziologie der persönlichen Beziehungen". In: *Kölner Zeitschrift für Soziologie und Sozialpsychologie* 16, S. 431-456.
3   Ebd., S. 434ff.
4   Ursula Nötzoldt-Linden (1994), *Freundschaft: Zur Thematisierung einer vernachlässigten soziologischen Kategorie*. Opladen: Westdeutscher Verlag, S. 26.
5   So findet sich etwa bei Aristoteles folgendes Zitat über die Bedeutung des Freundes: „Denn ohne Freunde möchte keiner leben, auch wenn er die übrigen Güter alle zusammen besäße[…]. Sie ist übrigens nicht nur etwas Notwendiges, sondern auch etwas Edles" (Aristoteles [1985], *Nikomachische Ethik*. Hamburg: Meiner, S. 213f.).

Jahrhundert".[6] Insbesondere zwischen 1750 und 1850 breitet sich im Zuge der zunehmenden Befreiung des Bürgertums aus den Schranken der höfischen Gesellschaft und der einsetzenden Individualisierung ein Freundschaftskult aus. Tenbruck zufolge ist „das soziale, politische und geistige Gewebe dieser Epoche von Freundschaften und Freundesgruppen durchsetzt und ohne diese gar nicht zu denken".[7]

1921 verfasst der Soziologe Albert Salomon an der Ruprecht-Karls-Universität Heidelberg eine Dissertation mit dem Titel: *Der Freundschaftskult im 18. Jahrhundert. Versuch zur Soziologie einer Lebensform.*[8] Salomon entwickelt anhand des Begriffs der Lebensform eine Systematik, die er anschließend auf das konkrete Phänomen der Freundschaft im 18. Jahrhundert anzuwenden versucht. Es bleibt jedoch streng genommen bei diesem Versuch, denn aus Zeitgründen[9] verweilt Salomon bei der Anwendung seiner Systematik auf der Ebene einer idealtypischen Konstruktion, so dass seine Soziologie einer Lebensform weitgehend keine empirische Überprüfung erfährt.

Vor diesem Hintergrund geht mein Beitrag der Frage nach, inwiefern Salomons Konzeption der Freundschaft als Lebensform tatsächlich anwendbar und die von ihm entworfene Freundschaftstypologie schlüssig ist. Der Fokus liegt auf den von ihm identifizierten *humanen Freundschaften*,[10] wobei insbesondere die Freundschaft zwischen Goethe und Schiller im Zentrum steht. Nach einer Einführung in die Begrifflichkeit und Logik Salomons gehe ich auf die Typologie der Freundschaft ein, die Salomons Dissertation zugrunde liegt. Anschließend gilt es, Salomons Typus der *humanen Freundschaften* einer genaueren Betrachtung zu unterziehen, vor allem unter Berücksichtigung anderer Studien, um auf diese Weise Salomons Systematik der Lebensform anhand seines selbst gewählten Beispiels der Freundschaft im 18. Jahrhundert zu überprüfen.

---

6   Eckhardt Meyer-Krentler (1991), „Freundschaft im 18. Jahrhundert: Zur Einführung in die
      Forschungsdiskussion". In: Wolfram Mauser und Barbara Becker-Cantarino (Hg.), *Frauen-
      freundschaft – Männerfreundschaft: Literarische Diskurse im 18. Jahrhundert.* Tübingen: Max
      Niemeyer, S. 1-22, hier S. 1. Meyer-Krentler gibt darin einen guten Gesamtüberblick zur For-
      schungsliteratur bis 1990 zum Thema Freundschaft im 18. Jahrhundert.
7   Tenbruck, „Freundschaft", S. 437.
8   Albert Salomon (1921), „Der Freundschaftskult des 18. Jahrhunderts in Deutschland". In: ders.
      (2008), *Werke 1: Biographische Materialien und Schriften 1921-1933.* Wiesbaden: VS Verlag
      für Sozialwissenschaften, S. 81-131.
9   Salomon verweist zu Beginn der Arbeit darauf, dass „die Teilnahme am Kriege und häufige
      Krankheiten" es ihm unmöglich machten, „die Aufgabe in absehbarer Zeit in ihrem ganzen
      Umfange zu bewältigen". Ebd., S. 83.
10   Ebd., S. 124ff.

1. Freundschaft als Lebensform – Zur Systematik Salomons

1.1 Theoretische Wurzeln des Begriffs

Erklärtes Anliegen der Dissertation Salomons ist es, „eine typische Lebensform in ihrem Eingebettetsein in eine historische Kulturperiode von einem soziologischen Gesichtspunkt aus zu betrachten".[11] Doch was kennzeichnet eine typische Lebensform? Was versteht Salomon unter diesem Begriff?

Lebensform ist ein gängiger Begriff der damaligen Zeit und findet bei vielen Zeitgenossen Salomons Verwendung.[12] Allgemein bilden vor allem Georg Simmel, Max und Alfred Weber den Ausgangspunkt für Salomons Begriffsbildung, auch wenn genaue Quellen schwer zu bestimmen sind. Es gibt aber gute Gründe, anzunehmen, dass er seinen Begriff der Lebensform vor allem in Auseinandersetzung mit Georg Simmel entwickelt.[13]

Simmel unterscheidet zwischen Formen der Vergesellschaftung und deren Inhalt, die in verschiedenen Lebensformen als Einheit zum Ausdruck kommen. Für die Analyse ist eine Trennung der beiden Elemente jedoch möglich und notwendig.[14] Die Formen der Vergesellschaftung entstehen aus Wechselwirkungen, durch die der Mensch in ein „Zusammensein, ein Füreinander-, Miteinander-, Gegeneinander-Handeln, in eine Korrelation der Zustände mit andern tritt" und auf diese Weise „Wirkungen auf sie ausübt und Wirkungen von ihnen empfängt."[15] Für Simmel stellt diese wechselseitige Beeinflussung der Menschen die Grundvoraussetzung für das Entstehen von Gesellschaft dar.

Entscheidend ist Simmels Perspektive auf das Phänomen Freundschaft. Für ihn löst sich das Soziologische in der Freundschaft und Liebe auf, „weil sein Inhalt gänzlich in der Hinwendung zu dem Gegenüber aufgegangen ist".[16] Für den einzelnen Menschen ergibt sich daraus ein ambivalentes Verhältnis: Einerseits kann er niemals autonom sein, sondern ist durch die Wechselbeziehungen zu anderen beeinflusst; andererseits ist er nie völlig durch das Soziale bestimmt. „Jeder Mensch führt sein Leben als Teil der Gesellschaft, in der er aber nicht restlos aufgeht, sondern der er vielmehr immer auch als Individuum gegenübersteht".[17] Genau auf dieser Annahme, dass der Mensch und somit auch seine See-

---

11 Ebd., S. 83.
12 Vgl. Claudius Härpfer (2009), *Humanismus als Lebensform. Albert Salomons Verklärung der Realität*. Wiesbaden: VS Verlag für Sozialwissenschaften, S. 19.
13 Ebd., S. 20ff.
14 Simmel, *Soziologie*, S. 18ff.
15 Ebd., S. 18.
16 Ebd., S. 52.
17 Härpfer, *Humanismus als Lebensform*, S. 36.

le Teil und zugleich nicht Teil des Sozialen sind, gründet Salomon seine Analyse der Lebensform.[18]

1.2 Struktur der Lebensform

Jede Lebensform setzt sich für Salomon aus drei Schichten zusammen, „die der Natur, des Geistes und der Seele. Diese sind im Leben ständig als Einheit ineinander verschlungen und als solche wirksam, bei einer analysierenden Untersuchung aber müssen sie auseinandergehalten und getrennt werden".[19] Analog zu diesen drei Strukturelementen unterscheidet Salomon nun drei Sphären, die anteilig in jeder Lebensform auftreten: *Naturformen, Geistformen* und *seelische Formen.*

Naturformen bilden die unterste Schichtung innerhalb einer Lebensform. Es handelt sich dabei um diejenigen Formen, die dem biologischen Leben entspringen. Sie sind „der Grund und die Wurzel, aus der alles höhere Leben empor dringt [...], die still wirkende Kraft des Lebens selbst, nichts mehr als Stoff."[20] Naturformen bestimmen das Leben gemäß des vegetativen Prozesses, weshalb Salomon sie auch mit den „Stationen unseres Daseins" umschreibt, womit die verschiedenen Lebensalter gemeint sind, die jeder Mensch durchläuft. Naturformen ordnen nicht nur unser natürliches Leben, sondern auch unser Gemeinschaftsleben. Auch menschliche Beziehungen (z.B. Mutter–Kind, Frau–Mann) gehören diesem Zusammenhang des organischen Lebens an und bestimmen die Struktur einer Gemeinschaft.[21] Damit nimmt Salomon Bezug auf Tönnies, der „von der vollkommenen Einheit menschlicher Willen als einem Ursprünglichen oder natürlichen Zustande" ausgeht.[22] Hinsichtlich der Verortung von Freundschaft grenzt sich Salomon jedoch von Tönnies ab. Denn während Tönnies in ihr eine Verbindung des Geistes sieht, bedeutet sie für Salomon eine Gemeinschaft der Seele.[23] Zusammenfassend kann festgehalten werden, dass Naturformen durch ihre biologische Verankerung die Wurzel bilden, aus der alles höhere Dasein emporsteigt. Um diesen „Urstoff" zu lenken, bedarf es Salomon zufolge einer anderen Form: der Form des Geistes.

---

18   Ebd., S. 36.
19   Salomon „Der Freundschaftskult des 18. Jahrhunderts in Deutschland", S. 83. Salomon bezieht sich hier auf die bereits erläuterte Trennung Simmels von Form und Inhalt.
20   Ebd., S. 84.
21   Ebd.
22   Ferdinand Tönnies (1972), *Gemeinschaft und Gesellschaft: Grundbegriffe der reinen Soziologie.* Darmstadt: Wissenschaftliche Buchgesellschaft, S. 7.
23   Härpfer, *Humanismus als Lebensform*, S. 40.

Der menschliche Geist lässt aus Naturformen Sinngebilde entstehen. Dies sind für Salomon „Formen der Bedeutung, des Zwecks, der Wertbezogenheit und der Geltung".[24] Bildlich gesprochen lagert der Geist Sinnschichten über die Naturformen und generiert auf diese Weise neuen Sinn, der über die organische Bestimmtheit hinausragt. *Geistformen* definiert Salomon ganz allgemein als „auf praktisch soziale Zivilisation, [...] aber auch auf absolute Werte bezogene Lebensformen, welche auch ohne jede Beziehung auf Seelisches [...] objektiv fassbar und verständlich sind".[25] Er orientiert sich hier an Alfred Webers Zivilisationstheorie. Weber zufolge findet im Lauf der Zivilisation ein Rationalisierungsprozess statt, der dem Menschen eine völlige Erkenntnis seiner Umwelt ermöglicht.[26] Salomon führt das Beispiel des Rechtswesens an, mit dessen Hilfe sich Naturformen durch den Bezugnahme auf rechtliche, sakrale oder ethische Werte zu Gesellschafts- und Herrschaftsformen gestalten lassen. Während Naturformen auf traditionalem und affektuellem Handeln basieren, stehen nun Zweck- und Wertrationalität im Vordergrund. Ziel ist also die zweck- und wertrationale Beherrschung und Gestaltung der intensiven und extensiven Fülle des Lebensstoffs: „In diesem Bezirk des Geistes entstehen neben den ungeformten Verbindungen menschlicher naturhafter Nähe [...] neue Formungen aus dem Wesen der neuen Lebenshaltung und Sinnbezogenheit heraus".[27] Die subjektiv gefühlte Zusammengehörigkeit tritt in den Hintergrund zugunsten der Interessengemeinschaft und -vertretung. Neben dem Kaufmann und dem Herrn repräsentiert besonders der Bildungsmensch die Geistform.[28]

Worin unterscheiden sich nun die *seelischen Formen* von den beiden Erstgenannten? Für Salomon stellt sich gerade das Herauslösen dieser Formen aus der Verbundenheit mit den geistigen und naturhaften Formen als notwendig dar, um deren spezifische Struktur ermitteln zu können. Es sind Formen, bei denen „ein in die sittliche Geltungssphäre nicht eingehendes Etwas vorhanden ist".[29] Salomon erläutert diesen Zusammenhang anhand der Beispiele Freundschaft und Liebe. Beides sind für ihn Lebensformen, bei denen sich Menschen nicht als soziale Wesen begegnen: „Nicht durch ein Drittes, durch ein auf Werte bezogenes Handeln verknüpfen sich Seele und Seele. [...] Die tiefste und letzte Ichheit findet sich nur in diesen Formen ganz im Anderen wieder".[30] Für Salomon gibt es im Wesentlichen drei Gründe, die eine Abgrenzung speziell der seelischen

---

24 Salomon, „Der Freundschaftskult des 18. Jahrhunderts in Deutschland", S. 84.
25 Ebd., S. 85.
26 Vgl. Alfred Weber (1920), „Prinzipielles zur Kultursoziologie". In: *Archiv für Sozialwissenschaft und Sozialpolitik* 47, S. 1-49.
27 Salomon, „Der Freundschaftskult des 18. Jahrhunderts in Deutschland", S. 85.
28 Ebd.
29 Ebd., S. 86.
30 Ebd.

von den geistigen Formen ermöglichen und erfordern: Anders als Geistformen sind Seelenformen auf keinen objektiven Wert bezogen. Darüber hinaus entsteht der Sinn seelischer Formen ausschließlich über die reine Individualität, die – wie oben erläutert – von der sozialen Person losgelöst ist. Außerdem besitzen nur sie einen spezifischen Ausdruckscharakter, der eine universale Tendenz besitzt, wie beispielsweise die Umarmung unter Freunden.[31] „Die Seeleformen sind ganz Ausdruck und somit streng genommen jenseits der [...] mit dem sozialen Handeln einhergehenden Regeln und Regelmäßigkeiten [...] zu suchen und von den historisch-kulturell geltenden Wertbeziehungen unabhängig"; so drückt sich in der Freundschaft eine kulturjenseitige Beziehung zwischen zwei Menschen aus und „es spielt keine Rolle, ob der andere die Gefühle erwidert oder nicht. Es genügt, wenn der Andere als intentionales Objekt existiert".[32]

1.3 Realisation der Lebensformen

Bemüht man sich nun um eine Hierarchie der verschiedenen Formen im Hinblick auf ihre zeitliche Abfolge, liegt es aus historisch-genetischer Perspektive nahe, eine Entwicklungslinie von den Naturformen über die Geistformen hin zu den seelischen Formen zu ziehen. Sinngenetisch ergibt sich hingegen eine umgekehrte Reihenfolge, da den seelischen Formen „eine gewisse Apriorität, eine Unabhängigkeit von der historisch-zeitlichen Empirie innewohnt".[33]

Nun stellt sich aber die Frage, wie sich die seelischen Formen in das empirische soziale Leben und somit in die Lebensform einfügen. Auffällig ist etwa hinsichtlich der Freundschaft, dass eine Vielzahl von Freundschaftstypen vorhanden ist, was zur Annahme führt, dass man lediglich von einem einheitlichen Grundsinngehalt sprechen kann, der die unterschiedlichen Typen miteinander verbindet. So stellt Salomon fest, dass „die reine Lebensform Freundschaft sich mannigfaltiger empirischer Gestaltungen bedienen kann, um sich auszudrücken und zu verwirklichen, und dass diese empirischen Formen nur mehr ein einheitlicher Sinn verbindet. Und umgekehrt ist festzustellen, dass eine bloß geistig-soziale Form sich selbst oft transzendiert und zum Träger eines seelischen Gehaltes wird".[34] Auch wenn Geist- und Seelenformen ineinander verwoben sind, räumt er dennoch ein, dass sie grundverschieden sind.[35] Um dieses Problem zu lösen, greift Salomon auf Simmels Kulturphilosophie zurück. Kultur entsteht

---

31   Ebd., S. 86f.
32   Ebd.
33   Ebd., S. 87.
34   Ebd.
35   Ebd., S. 88.

Simmel zufolge, indem die subjektive Seele und das objektiv geistige Erzeugnis zusammenkommen.[36] Sinn konstituiert sich erst durch Einbeziehung dessen, was dem Menschen äußerlich und somit nicht Teil seiner Seelenwelt ist, was zur Ausbildung unterschiedlicher Formen führt: „Aus einer seelischen Form können also viele verschiedene Realisationen entstehen".[37]

1.4 Freundschaftskult als Idealtypus der konkreten Lebensform

Salomon strebt mit seiner Untersuchung wie erwähnt eine kultursoziologische Analyse der Realisierung der seelischen Lebensform Freundschaft im 18. Jahrhundert an. Dafür entwickelt er auf Grundlage der idealtypischen Vorgehensweise Max Webers[38] den Begriff Freundschaftskult als Idealtypus der Freundschaft jener Epoche. Dieser Idealtypus erfüllt die Funktion, „die Sinngesamtheit aller jener konkreten historischen Freundschaftsgebilde" zu zeigen, „die den Versuch darstellen, in einer individuellen Form [...] das Absolute des immanenten Postulates zur Erscheinung [zu] bringen".[39]

Der Terminus Freundschaftskult stellt als soziologische Kategorie „eine Form dar, welche die Relationen der drei Geschehensschichten zueinander nach ihrem jeweiligen Stand wie ein Pegel die Höhe des Wasserstandes anzeigt. Denn je nachdem die drei Reiche einheitlich verbunden oder auseinandergebrochen chaotisch daliegen, wird Freundschaftskult etwas Verschiedenes bedeuten".[40] Je nach kulturellem Rahmen erscheint er einmal als Höhepunkt der Gemeinschaft oder aber als revolutionäres Element. Stets handelt es sich jedoch um die Realisierung eines Absoluten in Abgrenzung zu erstarrten oder erkalteten sozialen Formen: „Unter diesem Aspekt – der Realisierung eines Absoluten – werden die einzelnen Formen hier behandelt, und das Maß ihrer Erfüllung, Wirksamkeit und Dauer gibt einen Querschnitt durch die jeweilige historische Situation und Verbindung von Natur, Geist und Seele." Entscheidend ist, dass sie „inhaltlich ständig wechseln".[41] Je nachdem, welche prägenden Strömungen auf die Individuen in ihrer Epoche einwirken, verändert sich die Eigenart der Lebensform Freundschaft. Im 18. Jahrhundert ist der Freundschaftskult Salomon zufolge vor allem durch den Einfluss des Pietismus, des Humanismus und der Aufklärung gekenn-

---

36　Vgl. die Ausführungen in Härpfer, *Humanismus als Lebensform*, S. 49.
37　Ebd., S. 50.
38　Max Weber (1988), „Die ‚Objektivität' sozialwissenschaftlicher und sozialpsychologischer Erkenntnis". In: ders., *Gesammelte Aufsätze zur Wissenschaftslehre*. Tübingen: Mohr (Siebeck).
39　Salomon, „Der Freundschaftskult des 18. Jahrhunderts in Deutschland", S. 96.
40　Ebd., S. 97.
41　Ebd.

zeichnet, die zur Ausbildung unterschiedlicher Freundschaftstypen mit jeweils spezifischer Zusammensetzung der Strukturelemente Natur, Geist und Seele führen. Diese Typen sollen im folgenden Abschnitt näher beschrieben werden.

2. Salomons Freundschaftstypologie des 18. Jahrhunderts

2.1 Geistige Strömungen der Epoche

Wenn vom 18. Jahrhundert als dem Jahrhundert der Freundschaft die Rede ist, so steht diese Aussage in engem Zusammenhang mit den gesellschaftlichen Veränderungen, die in dieser Epoche stattfanden. Wolfdietrich Rasch etwa bringt den Ursprung des Freundschaftskultes mit den geistigen Strömungen des Pietismus und der Aufklärung in Verbindung.[42] Das Bürgertum beginnt in dieser Zeit, sich aus den Schranken der feudalen Sozialordnung zu lösen und wendet sich der Innerlichkeit zu. Der Mensch des 18. Jahrhunderts tritt aus seinem sozialen Gefüge heraus, an die Stelle der eingelebten Gewohnheiten der ständischen Lage tritt die Suche nach Individualität: „Die soziale Welt, in der die Menschen leben, beginnt bunter und heterogener zu werden. Das ist der gesellschaftliche Nährboden, aus dem nun die Pflanze der Individualisierung des Daseins sprießt. Freundschaft und Freundschaftslob sind dann ihrerseits eine Folge dieser Individualisierung".[43] Rasch spricht, um die Bedeutung der freundschaftlichen Form der Zusammenkunft zum Ausdruck zu bringen, sogar vom „Band der Welt"[44], das die auf sich gestellten Menschen zusammenhalte. Salomon seinerseits sieht das Jahrhundert durch die höfisch-feierliche Lebensform des Bürgertums auf der einen und die enthusiastisch-anarchische Lebensform der Romantik auf der anderen Seite begrenzt: „Zwischen diesen Lebensformen [...] liegt das 18. Jahrhundert. In einer ganz kurzen Zeitspanne entfaltet sich eine Fülle geistiger Produktivität; ein plötzliches Aufbrechen latenter Quellen überströmt das Leben und wirrt dem Beschauer den Blick vor der Menge der Erscheinungen".[45]

---

42   Wolfdietrich Rasch (1936), *Freundschaftskult und Freundschaftsdichtung im deutschen Schrifttum des 18. Jahrhunderts*. Halle/Saale: Max Niemeyer, S. 82ff.
43   Tenbruck, „Freundschaft", S. 439.
44   Rasch, *Freundschaftskult und Freundschaftsdichtung im deutschen Schrifttum des 18. Jahrhunderts*, S. 84.
45   Salomon, „Der Freundschaftskult des 18. Jahrhunderts in Deutschland", S. 103.

2.2 Geselligkeit, Individualität und sachliche Gemeinschaft

Neben den genannten Einflüssen stellt für Salomon vor allem der Gegensatz zwischen Rokoko und Aufklärung das prägende Moment des 18. Jahrhunderts dar, das letztendlich auch zur Ausbildung der verschiedenen Freundschaftsformen führt. Das Rokoko symbolisiert für ihn eine Form des Lebens und zugleich einen Stand des Bewusstseins, in welchen die Formen allein noch sinnvoll sind und ihr Genuss den Wert des Lebens definiert. Die Form dominiert also den Inhalt. In der Aufklärung werden „die großen metaphysischen Formen des Rationalismus"[46] vom Bürgertum pathetisch umgestaltet. Rokoko und Aufklärung sind für Salomon idealtypische Konstruktionen. Aus ihrem Verhältnis zueinander lassen sich drei Perioden ableiten, die wiederum die Grundlage für seine Freundschaftstypologie bilden.

Die erste Epoche des Rokoko ist eingebettet in eine allgemeine Geselligkeit, in der die Formen des Zusammentreffens den Inhalt überlagern. Die menschliche Gesellschaft nimmt die Form der Geselligkeit an, die ihrem Zweck entspricht. In der Aufklärung dann strebt eine Gemeinschaft junger, nach Gefühl strebender Männer danach, dem Rokoko mit seinen als leer erlebten Formhüllen etwas entgegenzusetzen. Ihre Freundschaften sind geprägt durch ein paradoxes Ineinandergreifen von innigster Nähe und Ferne zugleich. Individualität wird immer stärker zum Bestandteil dieser Gemeinschaftsform. Die Klassik löst diese Paradoxie mit ihrer individualistischen Bildungskultur schließlich auf. Schöpferisch produktive Menschen erleben die Freundschaft als Vollendung der Bildung, die eine notwendige Form ist, um zur menschlichen Totalität zu gelangen. Freundschaft äußert sich jetzt in Form unpersönlich sachlicher Gemeinschaft: „Diese inhaltlich ganz verschiedenen Kreise haben ihrem immanenten Gehalt gemäß verschiedene methodische Behandlung zu beanspruchen: Das Rokoko wird vertreten durch Formen, die Empfindsamkeit durch Individualitäten und die humane Gesellschaft durch die Form überpersönlich sachlicher Gemeinschaft".[47]

2.3 Formen der Freundschaft

Bevor wir Salomons Typologie hinsichtlich der Anwendbarkeit seiner eigenen Systematik für die *humanen Freundschaften* überprüfen, ist eine kurze Zusammenfassung der von ihm identifizierten Freundschaftstypen notwendig.

---

46   Ebd.
47   Ebd., S. 106.

Die Epoche des Rokoko ist gekennzeichnet durch die *humanistischen Roko-kofreundschaften*.[48] In den Rokokohumanisten, deren Wurzeln in der humanistischen Lebensform der Renaissance liegen, leben Aufklärung und Rokoko noch in Harmonie nebeneinander. Es sind Angehörige des Bürgertums, die Bildung und Dichtung zum Inhalt und Sinn ihres Lebens machen. Wie es für den Humanismus typisch ist, nehmen ein Johann W. L. Gleim oder Christian Gellert Bezug auf die antike Lebensführung, die sie in ihr bürgerliches Leben einhüllen, um sich auf diese Weise von der Schwere des Lebens zu befreien: „Sie verkleiden auch die Freundschaft in antikes Gewand, sie errichten ihr Tempel als einer Göttin und huldigen ihr gemeinsam in der Verbundenheit der Liebe zu den Künsten".[49] Bildung, Vernunft und Pflichterfüllung besitzen für die Freunde oberste Priorität, „in ihnen", so schreibt Salomon, „verschwindet das individuelle Leben ganz, nicht als ob es nicht existiere, aber das Formgesetz der Vernunft, welche das Leben regiert, bewältigt es".[50] Geselligkeit wird zum Schlagwort dieser Zeit, denn sie ist die Form des Zusammenseins, die einen vernünftigen Umgang miteinander fordert. Auf dieser Grundlage entwickelt sich Salomons Argumentation zufolge der rege Freundschaftskult der Rokokohumanisten als höchste Form der Geselligkeit.

Aus dem Bedürfnis, sich mittels der Schriftform der Realität zu entziehen, entsteht ein reger Briefkult unter den gelehrten Freunden. Der Brief dient ihnen als Mittel, die Distanz zu überwinden, fungiert somit als verbindendes Element in einer Zeit, in der sich Freundschaft auf der öffentlichen Bühne abspielt: „Freundschaft als universale Geselligkeit, das ist die eigentliche Freundschaft dieser Zeit. Ihre Form ist die Öffentlichkeit, nicht der Verkehr von Mensch zu Mensch, sondern die allgemeine Form von Verbundenheit überhaupt ist Freundschaft".[51] Salomon orientiert sich hier an Simmel, der im Brief „eine prinzipielle Zeitlosigkeit [des] Da-Seins"[52] sieht. Bei diesen Brieffreundschaften steht nicht die Person im Vordergrund, sondern die Form der Freundschaft an sich: „Es kommt also nicht auf das Du an, auf das Besondere des Freundes, sondern auf das Freund-Sein. Es kommt darauf an, dass jemand da ist, der den Platz des Freundes ausfüllt, der im Glück nicht fehlen darf. […] Man erlebt also im Freunde die Form der Nähe, die Süße ihres Umfassens in der Umarmung des Freundes, er ist nur wertvoll, weil er Träger der Form ist, nicht als persönlicher Gehalt".[53]

---

48   Vgl. ebd., S. 106-120.
49   Ebd., S. 113.
50   Ebd., S. 114.
51   Ebd., S. 117.
52   Simmel, *Soziologie,* S. 287.
53   Salomon, „Der Freundschaftskult des 18. Jahrhunderts in Deutschland", S. 118.

Diesem formgeprägten Freundschaftstyp des Rokoko setzen die jungen Stürmer und Dränger die *sentimentalen Freundschaften*[54] entgegen. „Die Begeisterung des Herzens", so Salomon, „zerreißt alle Formen und Formeln".[55] Anders als die Rokokohumanisten, die von Vernunft und formgebundener Geselligkeit geprägt waren, strebt die junge Generation danach, die Empfindungen der Seele nach außen zu tragen. Jedoch findet dieses Streben in der Gesellschaft keine Resonanz, was zu einer sentimentalen Haltung der Stürmer und Dränger führt. Freundschaft wird für sie zu einem Ort, an dem sie das Chaos des Lebens bewältigen können: „Gemeinschaftliches Schwärmen, grenzenlose Offenheit und Hingabe, das ganze ungebärdige Leben erschütterter dumpfdrängender Seelen findet allein in ihr ein Maß und die Grenze, innerhalb derer sich ein Leben gestalten lässt".[56] Während Salomon Lavater und seinen Kreis lediglich erwähnt, bilden die Freundeskreise um Klopstock und den jungen Goethe für ihn die Repräsentanten dieses Freundschaftstypus. Besondere Bedeutung aber kommt auch Franz Michael Leuchsenring und seiner „Gemeinschaft der Heiligen" zu.[57] Leuchsenring war, wie Salomon ihn nennt, ein „Briefschreiber aus Leidenschaft"[58], der alle Menschen an einem Ort der Empfindsamkeit versammeln wollte, jedoch an der Unmöglichkeit seines Vorhabens zerbrach.

„Aus diesem Zerrinnen der menschlichen Substanz, die verströmt, wenn sie sich nicht an einen sachlichen Gehalt heftet, rettet allein die Hingabe an das Werk und das Wirken im aufgegebenen Bezirk. Das ist die gelebte Lehre derer, die aus dem Sturm und Drang ihrer Jugend sich zu Männern bildeten."[59] Mit diesen Worten leitet Salomon seine Betrachtungen zur dritten Epoche der Freundschaft im 18. Jahrhundert ein, die als Synthese zwischen formgebundenem Rokoko und aufklärerischem Drängen in die Klassik mündet und zur Ausbildung der *humanen Freundschaften* führt.[60] Die aus der Jugendphase entlassenen jungen Männer retten sich durch die Hinwendung zum eigenen Werk. Statt

---

54 Vgl. ebd., S. 120-124.
55 Ebd., S. 120.
56 Ebd., S. 121.
57 Eine ausführliche Untersuchung zu Leuchsenring und seinem Darmstädter Freundeskreis findet sich in der Dissertation von Lilli Rahn-Beckmann. Die Autorin ordnet Leuchsenring jedoch nicht nur der Empfindsamkeit, sondern zugleich auch der Aufklärung und sogar den Illuminaten zu. Sie sieht in ihm den Beleg dafür, dass sich Aufklärung und Empfindsamkeit, Rationalismus und Gefühlsseligkeit nicht ausschließen, sondern auch innerhalb einer Person bestehen können. Salomon geht hingegen auf die Überschneidung der als Idealtypen konstruierten Freundschaftsformen nicht ein. Vgl. Lilli Rahn-Beckmann (1934), *Der Darmstädter Freundeskreis: Ein Beitrag zum Verständnis der empfindsamen Seelenhaltung im 18. Jahrhundert*, Erlangen: Buchdruckerei Karl Döres.
58 Salomon, „Der Freundschaftskult des 18. Jahrhunderts in Deutschland", S. 123.
59 Ebd., S. 124.
60 Vgl. ebd., S. 124-126.

sich mit Leidenschaft und Sentimentalität dem Ausdruck des Gefühls hinzuge-
ben, streben sie nach Bildung, Produktivität und Ausgeglichenheit: „Diese tapfe-
re Entsagung und Beschränkung erfordert Gemeinschaft, persönliche Nähe und
Freundschaft, damit der Mensch zur Totalität werde, seine Bildung vollende.
Bildung zielt auf Harmonie und Ausgeglichenheit. Die Sehsucht nach ihnen führt
alle edlen Seelen zusammen".[61]

Im Vordergrund der *humanen Freundschaften* steht die freundschaftliche
Beziehung zwischen Goethe und Schiller (mit engem Kontakt zu Humboldt und
Körner), die Salomon als „wahrhaft antike Männerfreundschaft" beschreibt, „in
der bei größter Wärme und Vertraulichkeit die Autonomie und Freiheit selbst-
verständliche Voraussetzung ist für eine Gemeinschaft, die stets ins Überpersön-
liche des Dienstes am Schönen und Guten hinausweist".[62] Verbindendes Element
der Dichterfreundschaft ist das antike Humanitätsideal, das in Weimar, Jena und
Dresden weiterlebt. Bildung und Geist stehen im Mittelpunkt dieser Freundschaften; „[d]arum erscheinen [sie] in ihren Dokumenten, je mehr sie diesem
sachlichen Zentrum entrückt sind, kühl und peripher. Nur wo sie in sachlichen
Dingen zu den Fragen der Bildung Stellung nehmen, ist die Wärme gemeinsamen Lebens im Geist. Hier ist die persönliche Beziehung sachlicher und die
sachliche persönlicher geworden."[63]

Jacobi und sein Kreis in Pempelfort bilden das Gegenstück zur Freundschaft
zwischen Goethe und Schiller. Statt einer sachlichen Bildungsfreundschaft steht
hier erneut die Geselligkeit im Zentrum, jedoch anders als bei den Rokokohumanisten nicht als reine Form, sondern als seelische Verbundenheit der Freunde:
„Hier ist alles auf Gemeinsamkeit, Begegnung, lebendige Gegenwart gestellt.
Verbundenheit und seelische Teilnahme am persönlichen Schicksal, geistiges
Leben im lebendigen Austausch herrscht bei allen, die sich hier gesellig um den
Philosophen sammeln".[64] Obwohl Salomon eine scharfe Trennung zwischen dem
„antikisch-aristokratischen Kreis" um Goethe und dem „christlich-demo-
kratischen Kreis" um Jacobi vornimmt, rechnet er Jacobis Freundeskreis dennoch zum Typus humaner Freundschaften, was eine gewisse Inkonsequenz darstellt. Denn anders als Goethe und Schiller, die sich, wie zu zeigen sein wird,
gegen Literaturschaffende ihrer Zeit verbünden, führt Friedrich Jacobi „ein offe-
nes Haus, in dem jeder an Philosophie und Literatur Interessierte willkommen
ist. Geselligkeit ist dem Hausherr etwas sehr Wichtiges".[65]

---

61   Ebd., S. 124.
62   Ebd., S. 125.
63   Ebd.
64   Ebd., S. 126.
65   Monika Nenon (2005), *Aus der Fülle der Herzen. Geselligkeit: Briefkult und Literatur um*
      Sophie von La Roche und Friedrich Heinrich Jacobi, Würzburg: Königshausen und Neumann,

Auch die letzten beiden Freundschaftstypen, die hier nur umrissen werden, fügen sich nicht ohne Weiteres in Salomons Schema, das er mit der Abgrenzung der drei Epochen eingeführt hat. Sie stehen gewissermaßen abseits der zeitlichen Abfolge von Rokoko, Aufklärung und Klassik. So ist es nicht verwunderlich, dass neuere Studien, die auf Salomons Dissertation verweisen, diese beiden letzten Typen nicht erwähnen.[66] Zum einen handelt es sich um die *christliche Freundschaft*.[67] Salomon unterscheidet hier zwischen dem Pietismus in Halle und der Brüdergemeinde in Herrnhut. Ihnen gemeinsam ist, dass die Mitglieder der Kreise miteinander „durch das Licht Gottes" verbunden sind, „das sie durchstrahlt und ihre irdische Gestalt verklärt. Darum richtet sich alles in dem Verkehr der Freunde auf das Heil der Seele. Es gibt keine Distanz von der einzelnen Seele zu der des Bruders, nur Stufen und Abstände in der erreichten Vollkommenheit im Bußkampf und Gnadenstande".[68] In diesem Zusammenhang macht Salomon auch einige Subkategorien auf, zu denen er aber keine Beschreibung liefert, etwa „die Stillen im Lande" oder der „pietistische Konventikel".

Der letzte Freundschaftstypus, den Salomon dem 18. Jahrhundert zurechnet, sind die *universalen Freundschaften*.[69] Dazu zählen all jene Formen der Zusammenkünfte, die der „Lust am Geheimnis" frönen: Freimaurer, Rosenkreuzer und Illuminatenorden teilen allesamt „die Neugier und Freude am Dunklen und Abenteuerlichen".[70] Salomon unterscheidet sie vor allem hinsichtlich ihrer Wirkung und Tätigkeit. Unter den Freimaurern und Geheimorden spielt der Freiherr von Knigge eine besondere Rolle: „Er ist wahrhaft ein irrender Ritter der Humanität und glaubte, indem er sein Leben dem Zusammenschluss solcher Gemeinschaften widmete, ein wahrhaft sinnvolles Leben im Dienste der Humanität zu führen".[71] Doch erlischt nach und nach auch bei den Geheimbünden das Pathos und übrig bleiben politische und gesellige Vereine. „Das Gehäuse wird erhalten, leer und öde, aber der Geist der Menschenverbrüderung stirbt",[72] so lautet Salo-

---

S. 35. Zwar pflegt Jacobi in den 1870ern auch eine freundschaftliche Beziehung zu Goethe. Jedoch kommt es gegen Ende des Jahrhunderts zum Bruch zwischen den beiden Freunden, was Nenon für die Annäherung Goethes mit Schiller zurückführt.

66 Jochen Dreher spricht beispielsweise nur von drei Freundschaftsformen bei Salomon, womit er die humanen Rokoko-, die sentimentalen sowie die humanen Freundschaften meint. Siehe dazu Jochen Dreher (2008), „Protosoziologie der Freundschaft. Zur Parallelaktion von phänomenologischer und sozialwissenschaftlicher Forschung". In: Jürgen Raab et. al (Hg), *Phänomenologie und Soziologie. Theoretische Positionen, aktuelle Problemfelder und empirische Umsetzungen*. Wiesbaden: VS Verlag für Sozialwissenschaften, S. 295- 306, hier S. 300.

67 Vgl. Salomon, „Der Freundschaftskult des 18. Jahrhunderts in Deutschland", S. 126-128.

68 Ebd., S. 126.

69 Ebd., S. 128-131.

70 Ebd., S. 128f.

71 Ebd., S. 129.

72 Ebd.

mons Fazit der universalen Freundschaft, die den Abschluss seiner Systematik bildet.

Salomons Typologie ist zweifelsohne ein gelungener Versuch, das Jahrhundert der Freundschaft einer systematischen soziologischen Analyse zu unterziehen. Während er jedoch beispielsweise die *humanistischen Rokokofreundschaften* sehr ausführlich darstellt und seine Ausführungen durch empirische Belege untermauert, finden sich etwa zur christlichen Freundschaft zahlreiche nicht ausgeführte Unterkapitel, so dass die Frage bleibt, ob und inwiefern Salomons Systematik einer empirischen Überprüfung standhält. Aus diesem Grund unternehme ich im Folgenden eine solche empirische Überprüfung. Dabei konzentriere ich mich auf den Typus der humanen Freundschaften, insofern das Thema des Humanismus auch für das weitere Werk Salomons von besonderer Bedeutung blieb.[73] Gerade die Freundschaft zwischen Goethe und Schiller ist immer wieder Gegenstand wissenschaftlicher Analyse, was eine Zusammenführung des Stands der empirischen Forschung mit der Systematik Salomons möglich macht.

3. Näheres zum Typus der humanen Freundschaft: Das Verhältnis zwischen Goethe und Schiller – Interessengemeinschaft oder Seelenbund?

3.1 Der Neuhumanismus und die Entstehung literarischer Zweckbündnisse

Freundschaft im 18. Jahrhundert ist, wie die bisherigen Ausführungen verdeutlichen, ein facettenreiches Phänomen, bei dem durchaus Beziehungsformen entstehen, die rein auf Zuneigung und Empfindungen basieren. Etwa um die Jahrhundertmitte kommen aber auch Freundschaftsformen auf, die überwiegend der Verwirklichung eines gemeinsam verfolgten Zwecks dienen. Diese Entwicklung lässt sich in erster Linie auf Angehörige der publizierenden Bildungsschicht beschränken. Veränderungen des Publikationswesens[74] und die allmähliche Integration des Gelehrtentums in die bürgerliche Gesellschaft[75] lassen einen neuen Freundschaftstypus entstehen. Es bilden sich regelrechte „publizistische Imperien", denen Freundschaft als Mittel zum Zweck dient: „Die neuen Markt-

---

73 Vgl. Peter-Ulrich Merz-Benz, „Die humanistische Bestimmung der Soziologie – oder warum soziologische Bildung noch immer unabdingbar ist". In diesem Band, S. 57-96; Claudius Härpfer, „,Wir humane Spätlinge'. Albert Salomon und die Faszination Jacob Burckhardts". In diesem Band, S. 121-135.

74 Vgl. Wilfried Barner (1991), „Gelehrte Freundschaft im 18. Jahrhundert: Zu ihren traditionalen Voraussetzungen". In: Wolfram Mauser und Brabara Becker-Cantarino, *Frauenfreundschaft – Männerfreundschaft*, S. 23-45, hier S. 41.

75 Vgl. Norbert Elias (1976), *Über den Prozess der Zivilisation, Band 1*. Frankfurt am Main: Suhrkamp, S. 24f.

Konkurrenzverhältnisse [...] verschärfen das Problem dieser Art von Freund-schaften, die gewiss da und dort von Neigung geprägt sein mögen, aber immer wieder auf die Probe der puren Zweckhaftigkeit gestellt sind".[76]

Diese Zweckbündnisse gründen nach wie vor auf dem humanistischen Ideal der Menschlichkeit. Rasch spricht daher auch von der „Idee des Menschenfreun-des".[77] Ziel des Neuhumanismus – der Renaissance des Humanismus um 1750 – ist „die volle und harmonische Entwicklung des gesamten Individuums, die Bil-dung einer ästhetisch wohlgefälligen ‚kultivierten' Persönlichkeit. [...] Zweifel-los wurden die Neuhumanisten rein durch die Liebe zu ihrem Gegenstand moti-viert".[78] Daher ist es nicht verwunderlich, dass Schule und Universität als Orten der Bildung in dieser Zeit eine besondere Rolle zukam: Sie dienten vor allem dem Studium der Antike, um edle Menschen nach antikem Vorbild zu formen: „Vielleicht hat nie jemand den Wert der persönlichen Bildung begeisterter ver-kündet als Idealisten wie Wilhelm von Humboldt und Friedrich von Schiller [...]. Diese Männer vertraten den Beruf des reinen Intellektuellen voller Stolz und mit einigem Pathos. Sie waren die Priester einer neuen idealistischen Philo-sophie".[79] Was die Neuhumanisten verbindet, ist der Glaube, dass „der Mensch-heit [...] jener am besten [dient], der seinen eigenen Geist soweit wie irgend möglich bildet; denn die Welt besitzt keinen Zweck und die Wirklichkeit selbst keinen Sinn ohne die schöpferische Arbeit des menschlichen Geistes".[80]

Trotz der hohen Ideale und obschon „von althumanistischen Motiven der Gleichheit, Freiheit, der Wahrheitsverpflichtung" beeinflusst,[81] sind viele der Gelehrtenvereinigungen dennoch „Zweckbündnisse im literarischen Kampf".[82] Neben den empfindsamen Freundschaftsbünden und schwärmerischen Brief-freundschaften existieren im 18. Jahrhundert auch reine „Interessen-Asso-ziationen", die nur vordergründig die Form der Freundschaft wahren. Barner verweist auf die Notwendigkeit, den Blick auf die Gelehrtenfreundschaften zu richten, um das 18. Jahrhundert nicht auf Bürgertum und Empfindsamkeit zu beschränken. Ihm zufolge lässt sich das spezifisch Neue des Freundschaftskultes gerade über diese Zweckbündnisse erklären.[83] Nichtsdestoweniger sei hervorge-hoben, dass sie sich trotz ihres funktionalen Charakters durchaus „empfindsam

---

76   Barner „Gelehrte Freundschaft im 18. Jahrhundert", S. 41.
77   Rasch, *Freundschaftskult und Freundschaftsdichtung im deutschen Schrifttum des 18. Jahr-hunderts*, S. 91.
78   Fritz K. Ringer (1983), *Die Gelehrten: Der Niedergang der deutschen Mandarine 1890-1933.* Stuttgart: Klett Cotta, S. 27.
79   Ebd., S. 29.
80   Ebd., S. 28.
81   Barner, „Gelehrte Freundschaft im 18. Jahrhundert", S. 42.
82   Meyer-Krentler, „Freundschaft im 18. Jahrhundert", S. 7.
83   Barner, „Gelehrte Freundschaft im 18. Jahrhundert", S. 44.

und tugendhaft durchmischen",[84] auch wenn die Verwirklichung eines gemeinsamen Ziels im Vordergrund der Zusammenkunft steht.

3.2 Goethe und Schiller – Mythos einer innigen Dichterfreundschaft?

Die Verbindung zwischen Goethe und Schiller ist, wie einige Studien belegen, hinsichtlich der Frage ihrer freundschaftlichen Basis umstritten. So gibt es unterschiedliche Auffassungen darüber, ob ihr Verhältnis überhaupt als Freundschaft bezeichnet werden kann. Einerseits ist die Rede von „vollster Wesens- und Strebensverwandtschaft", von „völlig neidloser Seelenhoheit". Schiller und Goethe habe „die edelste Männerfreundschaft; aufrichtigste gegenseitige Anerkennung und Verehrung, tiefer lebendiger Ideenaustausch, treues Zusammenstehen für die klar erkannten gemeinsamen großen Zwecke" verbunden.[85] Herbert Scurla spricht sogar vom „schlechthin bedeutendste[n] Ereignis in der bürgerlich-klassischen Epoche der deutschen Literatur".[86] Hans Pyritz bemerkt hingegen, dass „der Bund zwischen Goethe und Schiller[...] keine Freundschaft [war], sondern ein Akt der gegenseitigen Tathilfe, eine Wirkungsgemeinschaft. Ihren Inhalt und auch [...] ihr ‚Bindungsmittel' bilden die kulturellen Aufgaben und Ziele, denen sich beide verpflichtet fühlen".[87] Auch Wolfgang Fahs ist der Ansicht, dass ihr Bund nicht „von Wesensverwandtschaft und Gleichklang der Seelen getragen [wurde], sondern von Gegensätzlichkeiten der Anschauungen und der Lebensweise".[88] Jost Hermand räumt zwar ein, dass „im Laufe der Zeit auch Gefühle menschlicher Anteilnahme ins Spiel kamen", dennoch gaben „letztlich die ideologisch-strategischen Gesichtspunkte den entscheidenden Ausschlag" für ihre Verbindung.[89]

Zu einer Synthese aus beiden Positionen gelangt man, wenn man Simmels Begriff der Freundschaft in der Moderne hinzuzieht. Simmel geht davon aus,

---

84   Ebd., S. 43.

85   Hermann Hettner (1876), „Geschichte der deutschen Literatur im 18. Jahrhundert: Goethe und Schiller. Separatdruck, Band 3, Braunschweig, S. 212. Zit. nach Michael Böhler (1980), „Die Freundschaft von Schiller und Goethe als literatursoziologisches Paradigma". In: *Internationales Archiv für Sozialgeschichte der deutschen Literatur* 5, S. 33–67, hier S. 35.

86   Herbert Scurla (1955), *Bund des Ernstes und der Liebe: Die Freundschaft zwischen Goethe und Schiller im Spiegel ihres Briefwechsels*, Berlin: Verlag der Nation, S. 9.

87   Hans Pyritz (1972), „Der Bund zwischen Goethe und Schiller". In: Heinz O. Burger (Hg.), *Begriffsbestimmung der Klassik und des Klassischen*. Darmstadt: Wissenschaftliche Buchgesellschaft, S. 314.

88   Wolfgang Fahs (1991), „Zum Verhältnis Goethe – Schiller". In: Mauser und Becker-Cantarino, *Frauenfreundschaft – Männerfreundschaft*, S. 137-140, hier S. 140.

89   Jost Hermann (2006), *Freundschaft. Zur Geschichte einer sozialen Bindung*. Köln: Böhlau, S. 48.

dass eine völlige Vertrautheit und Bezogenheit auf den gesamten Menschen im Zuge der wachsenden Differenzierung – die gegen Ende des 18. Jahrhunderts schon deutlich zugenommen hat – immer schwieriger wird. Dies führt zur Ausbildung der differenzierten Freundschaften, „die uns mit einem Menschen von der Seite des Gemütes, mit einem andern von der geistigen Gemeinsamkeit her, mit einem dritten um religiöser Impulse willen, mit einem vierten durch gemeinsame Erlebnisse" verbinden[90] und eine begrenzte und durch Diskretion gekennzeichnete Beziehung hervorbringen. Auch für Schiller und Goethe gilt, „dass die Freundschaft von zurückhaltender Diskretion und Reserve getragen ist",[91] was darauf hindeutet, dass es sich hier nicht um eine innige Zweierbeziehung, sondern vielmehr um eine differenzierte Freundschaft handelt. Böhler zufolge „entwickelt sich die Freundschaft zwischen den Literaten in vorwiegend berufsbezogenen Kontexten, gehört also von allem Anfang an zum instrumental differenzierten ‚modernen' Freundschaftstypus im Sinne Georg Simmels".[92]

Doch wie kommt es überhaupt zur Verbindung? Bemerkenswert ist, dass sich Goethe und Schiller zunächst aufgrund ihrer unterschiedlichen Charaktere eher unsympathisch sind und deshalb kein freundschaftliches Verhältnis anstreben. Was die beiden Gelehrten jedoch von Beginn an verbindet, ist ihre Distanz zu den Dichter- und Freundschaftsbünden ihrer Zeit. Zwar war der junge Goethe zu Zeiten des Sturm und Drang unter anderem an den Lesezirkeln um Herzogin Anna Amalia beteiligt, und auch Schiller hatte zahlreiche literarische Freunde. Dennoch genossen beide eine gewisse Sonderrolle, sodass sie nie Teil einer spezifischen Gemeinschaft wurden.[93]

Als Schiller mit den Jahren immer unpolitischer wird[94] und sich aus dem öffentlichen Leben zurückziehen will, bittet er Goethe um die Mithilfe bei seinen *Horen*,[95] „um dem revolutionären Zeitgeist einen klassischen Rahmen zu verleihen und so zur Beruhigung der politischen Situation beizutragen".[96] Durch einen Briefwechsel kommt es zum ersten Kontakt: „Damit war [...] der Grundstein zu

---

90   Simmel (1968), *Soziologie*, S. 269.
91   Böhler, Michael (1980), „Die Freundschaft von Schiller und Goethe als literatursoziologisches Paradigma". In: *Internationales Archiv für Sozialgeschichte der deutschen Literatur* 5, S. 33-67, hier S.40.
92   Ebd., S.46.
93   Vgl. Hermand, „Geschichte der deutschen Literatur im 18. Jahrhundert", S. 28f.
94   Schiller, der sich zunehmend von seinen revolutionären Schriften des ausklingenden Sturm und Drang distanziert, fordert die Bürger auf, sich der „ruhigen Bildung" zu widmen. Vgl. ebd., S. 37.
95   Eine Gesamtausgabe des Horen-Journals findet sich in: Friedrich Schiller (2000), *Die Horen: Eine Monatsschrift, Unveränderter Nachdruck der 1795-1797 erschienenen Zeitschrift in 6 Doppelbänden*. Weimar: Böhlau.
96   Hermand, „Geschichte der deutschen Literatur im 18. Jahrhundert", S. 31.

[...] [einer] ‚taktischen Allianz' oder ‚Wirkungsgemeinschaft' gelegt".[97] Bei geringfügigen Differenzen sind sich Goethe und Schiller darüber einig, dass sie die bestehende Gesellschaft nur durch Rekurs auf das Humanitätsideal verändern können. Mit den *Horen* begründen sie daher ihre „klassische Sozietät".[98] Schon bald lässt sich allerdings aus aufklärerisch-politischen und religiösen Kreisen die Ablehnung ihres Bestrebens vernehmen. Aller Kritik zum Trotz veröffentlichen die Literaten ihre *Xenien*,[99] „mit denen sie nicht nur allen pedantisch-trivialen, sondern auch allen politisch-aufmüpfigen Tendenzen in der durch die Französische Revolution höchst erregten [...] Welt in Deutschland als selbsterwählte oberste Kunstrichter entgegenzutreten versuchten".[100] Es ist nicht verwunderlich, dass auch dieser Schritt erneut Empörung über den „Macht- und Herrschaftsanspruch" auslöst, den Goethe und Schiller auf geistigem und literarischem Gebiet erheben. „Sowohl die älteren Aufklärer als auch die jakobinisch gesinnten Rebellen empfanden sie als Fürstenknechte", von den Romantikern wurden sie als „herrschsüchtige Egomanen"[101] beurteilt. Positive Stimmen interpretierten die *Xenien* hingegen als Abrechnung mit dem „verdorbenen Geschmack des späten 18. Jahrhunderts".[102]

Durch die Abgrenzung nach außen entsteht „ein *gruppendynamischer Prozess*, in dem Schiller und Goethe eine Wir-Identität aus der Dissoziierung von andern Gruppen aufbauen, ein Prozess, der für die Konstituierung der Freundschaftsbeziehung wesentlich ist".[103] Das Xenien-Programm besiegelt die Fronten zwischen den Klassikern und der übrigen literarischen Welt, was die Beziehung der beiden Literaten nach innen stärkt. Über ihre berufliche Verbindung gelingt ihnen in einer sozial heterogenen Welt die „Stabilisierung des Daseins"[104] und sie kommen ihrem Ideal des klassischen Dichters näher: „In diesem Sinne zeugt ihre Freundschaft [...] unübersehbar vom Kampf um einen Wirkungsraum für eine allgemein verbindliche literarische Tätigkeit gegen die Ungunst der realen

---

97   Ebd.
98   Wulf Segebrecht (2001), „Klassik (Goethe und Schiller)". In: Walter Hinderer (Hg.), *Geschichte der deutschen Lyrik: Vom Mittelalter bis zur Gegenwart.* Würzburg: Königshausen und Neumann, S. 202-227, hier S. 216.
99   Eine Einführung in Rezeption und Wirkungsgeschichte der Xenien bieten Schwarzbauer und von Ammon. Fritz Schwarzberger (1993), *Die Xenien. Studien zur Vorgeschichte der Weimarer Klassik.* Stuttgart und Weimar: Metzler; Frieder von Ammon (2005), *Ungastliche Gaben: Die 'Xenien' Goethes und Schillers und ihre literarische Rezeption von 1796 bis in die Gegenwart.* Tübingen: Niemeyer.
100 Hermand, „Geschichte der deutschen Literatur im 18. Jahrhundert", S. 32.
101 Ebd., S. 46f.
102 Ebd., S. 34.
103 Böhler, „Die Freundschaft von Schiller und Goethe als literatursoziologisches Paradigma", S. 57.
104 Tenbruck, „Freundschaft", S. 441.

Verhältnisse und ist auf diese Weise paradigmatisch für die Stellung des Schriftstellers im Übergang zur modernen Gesellschaft".[105]

Bisher erweckt das Verhältnis zwischen Goethe und Schiller den Eindruck eines Zweckbündnisses im Kampf gegen die revolutionären und schwärmerischen Zeitgenossen; dies ist aber nur eine Seite der Medaille. Denn gerade aus ihrem zweckmäßigen Bündnis heraus entsteht eine gegenseitige Idealisierung und Wertschätzung. Beide erleben im anderen einen Gegenpol zur eigenen Persönlichkeit: Goethe ist trotz seiner kritischen Haltung vielfach in das Gesellschaftsleben integriert, wohingegen Schiller stets am Rande der Gesellschaft lebt. Und „klagt Goethe über Zerstreuungen durch seine vielfältigen gesellschaftlichen Engagements, so antwortet Schiller mit der Gegenklage seiner Isoliertheit."[106] Doch auch unter diesem Gesichtspunkt erhält ihre Verbindung einen funktionalen Charakter; Klage und Gegenklage dienen den beiden Literaten dazu, sich vor dem „Extrem der je eigenen Manier durch die Freundschaftsverbindung"[107] zu bewahren und fungieren somit als Orientierungshilfe – was in den Briefwechseln zum Ausdruck kommt[108].

4. Salomon *revisited*: Zur Synthese von Theorie und Empirie

Nach der Darstellung von Salomons Systematik und Typologie einerseits und den Befunden der Wissenschaft zum Typus der humanen Freundschaften andererseits stellt sich die Frage, wie sich beide zueinander verhalten. Lässt sich Salomons Systematik auf die empirische Realität anwenden?

4.1 Die humane Freundschaft als realer Typus

Im vorangegangenen Abschnitt habe ich die Freundschaft zwischen Goethe und Schiller exemplarisch für die von Salomon identifizierten *humanen Freundschaften* dargestellt. Salomon sieht im Humanitätsideal und dem Streben nach Bildung das verbindende Element der Beziehung zwischen den Vertretern der Weimarer Klassik. Gerade weil der Dienst am Schönen und Guten zum höchsten Ziel erhoben wird und das antike Bildungsideal im Zentrum steht, erscheinen Freund-

105 Böhler, „Die Freundschaft von Schiller und Goethe als literatursoziologisches Paradigma",
     S. 67.
106 Ebd., S.61.
107 Ebd., S.65.
108 Emil Staiger [Hg.] (1966), *Der Briefwechsel zwischen Goethe und Schiller*. Frankfurt am
     Main: Insel, S. 234 und S. 243.

schaften dieses Typus eher sachlich und ganz der Berufung verpflichtet. Salomon spricht nicht von Zweckgemeinschaften, doch wird er dieses oder ein ähnliches Bild vor Augen haben, wenn er diese Freundschaften „kühl und peripher"[109] nennt. Die Ausführungen über die Beziehung zwischen Goethe und Schiller haben genau dieses Zweckbündnis illustriert. Obwohl sich die beiden Literaten anfangs eher unsympathisch sind, von Zuneigung und Seelenbund also nicht die Rede sein kann, kommen sie sich auf Schillers Bemühungen hin näher, jedoch stets getrieben vom überpersönlichen Ziel, die deutsche Literatur und Gesellschaft durch Schaffen und Geist zu verändern. Auf ihr Verhältnis passt Simmels Begriff der differenzierten Freundschaft: Sie wenden sich einander aus einer geistigen Haltung und kraft schöpferischen Willens zu; ihr Bindeglied ist die humanistische Tradition sowie die Ablehnung der politisch-revolutionären und religiösen Geisteshaltungen des 18. Jahrhunderts.

Im Fall der Verbindung zwischen Goethe und Schiller ist es der Anteil der Geistform, der die Freundschaft dominiert, was nicht weiter verwundert, zählt Salomon doch gerade den Bildungsmenschen zu den Repräsentanten dieser Form. Während bei der Seelenform gerade der Bezug auf einen äußeren Wert irrelevant ist, weil sich hier die bloßen Seelen in ihrer Ichheit gegenüberstehen, gründet die geistige Form gerade in der zweck- und wertrationalen Beherrschung und Gestaltung des Lebens. Es kommt nicht darauf an, dass sich die Freunde subjektiv zusammengehörig fühlen, sondern dass sie ein gemeinsames Interesse teilen und vertreten, wie es bei Goethe und Schiller der Fall ist. Damit ergibt sich ein besonders starker Kontrast zu den schwärmerisch-sentimentalen Freundschaften der Empfindsamkeit, bei denen die Seelenform die Verbindung bestimmt. Denn hier findet kein Zusammenschluss aufgrund eines gemeinsamen Ziels statt, sondern „weil man sich in gleicher seelischer Lage fühlte und von da aus sich gegenseitig in einen Gefühlsüberschwang steigert, den allein man als das Wirkliche und Lebenswerte" anerkennt.[110]

Paradoxerweise liegt jedoch gerade in diesem kühlen und zweckbezogenen Charakter der Verbindung Goethes und Schillers die Quelle dessen, was Salomon als „Wärme gemeinsamen Lebens im Geist" beschreibt.[111] Denn je weiter sich die beiden Neuhumanisten dem Streben nach Veränderung verpflichten und sich durch die Ablehnung der Zeitgenossen „ins politische Abseits" manövrieren,[112] desto höher ist der Grad der freundschaftlichen Integration. Die beiden Klassiker verbrüdern sich gewissermaßen in ihrem unerbittlichen, zuweilen fast

---

109   Salomon, „Der Freundschaftskult des 18. Jahrhunderts in Deutschland", S. 125.
110   Rahn-Beckmann, *Der Darmstädter Freundeskreis*, S. 18.
111   Vgl. Fn. 109.
112   Hermand, „Geschichte der deutschen Literatur im 18. Jahrhundert", S. 46.

aristokratisch-herrschaftlichen Veränderungskampf[113] gegen „alle von ihnen als pöbelhaft, unbelehrbar, aufmüpfig oder französelnd hingestellten Zeitgenossen",[114] wodurch sich das zunächst noch lockere und der Humanität verpflichtete Band zwischen ihnen mit freundschaftlichen Gefühlen der Verehrung und Bewunderung verstärkt. Es ist die Seelenform, die nun in die Sphäre des Geistes dringt, ohne diesen jedoch zu überlagern. Hier ist, in Salomons Worten ausgedrückt, „die sachliche Beziehung persönlicher geworden".[115] Die Sehnsucht nach Bildung und Harmonie hat die edlen Seelen zusammengeführt. Je weiter sie sich vom Rest der Gesellschaft ab- und zugleich einander zuwenden, desto mehr geht ihre Freundschaft über die Zweckmäßigkeit im Sinne des Humanitätsideals hinaus und wird zur Stütze in der sich ausdifferenzierenden Welt des ausgehenden 18. Jahrhunderts. Die kulturjenseitige Beziehung zwischen Goethe und Schiller, die für Salomon der Seelenform und damit in Teilen auch der Freundschaft immanent ist, entsteht gerade über ihr gemeinsames Interesse, das jedoch stark in der Kultur verhaftet ist.

4.2 Die humane Freundschaft als Idealtypus

Auch wenn sich die Verbindung zwischen Goethe und Schiller, wie gezeigt, in das Schema der *humanen Freundschaften* einfügt, bleibt die Frage bestehen, weshalb Salomon auch Friedrich H. Jacobi und seinen Kreis unter diesen Typus fasst. Gerade an dieser Stelle zeigen sich die Tücken seiner idealtypischen Konstruktion. Denn während der *junge* Goethe richtigerweise den sentimentalen Freundschaften zugerechnet wird, fehlt diese Zuordnung Jacobis zur Empfindsamkeit in Salomons Darstellung. Monika Nenon weist aber darauf hin, dass die innige Freundschaft zwischen ihm und Goethe gerade durch die klassische Wende Goethes zerbricht[116], was ein Indiz für die fehlerhafte Zuordnung Jacobis zu den *humanen Freundschaften* ist. Salomon geht zwar selbst auf die Gegensätzlichkeit der beiden Freundeskreise ein, eine plausible Erklärung für die Zuordnung zum selben Freundschaftstyp bleibt jedoch aus.

---

113 Aus den Reihen der Gegner wird vor allem die Kritik an ihrem Gesinnungswandel laut, man wirft Goethe und Schiller „einen prononciert ‚aristokratischen', ja ‚hochadligen' Standpunkt" vor. Ebd., S. 33.
114 Ebd., S. 37.
115 Salomon, „Der Freundschaftskult des 18. Jahrhunderts in Deutschland", S. 125.
116 Nenon, *Aus der Fülle der Herzen,* S. 38

4.3 Wie haltbar ist Salomons Systematik? Ein abschließendes Resümee

Salomon gelingt es mit seiner Dissertation zum Freundschaftskult im 18. Jahrhundert, einem für die damalige Zeit weit verbreiteten Phänomen aus soziologischer Perspektive zu begegnen. Seine Herangehensweise, Freundschaft als eine Lebensform zu begreifen, in der die Strukturelemente Natur, Geist und Seele je nach den kulturellen Rahmenbedingungen unterschiedlich zusammenwirken, führt ihn zur Konstruktion einer Typologie der Freundschaft, die genau diesen Umstand abbilden soll. Jedoch nimmt er anlässlich seiner Typologie nur andeutungsweise Bezug auf seine zuvor entwickelte Systematik. Die Typologie wirkt daher wie ein Raster, eine Schablone, der ein Untergrund fehlt, den sie ordnen kann. Nur an manchen Stellen gehen Theorie und Empirie ineinander und bilden einen Zusammenhang.

Ich habe versucht, diese Lücke zumindest partiell für den Typus der *humanen Freundschaften* zu schließen. Es zeigte sich am Beispiel der Freundschaft zwischen Goethe und Schiller, die zweifelsohne ihrerseits diese Freundschaftsform idealtypisch repräsentieren, dass die Vorherrschaft der Geistform gegenüber dem Seelischen und die sich daraus ergebende Zweckmäßigkeit für diesen Freundschaftstyp charakteristisch sind, wie Salomon es angenommen hatte. Erst aus der Interessensgemeinschaft, die Goethe und Schiller anfangs verbindet, entwickelt sich eine Freundschaft zwischen ihnen, nicht aber aufgrund des Gleichklangs ihrer Seelen. Mit Blick auf Goethe und Schiller lässt sich der Idealtypus durchaus empirisch bgründet realtypisch nachvollziehen. Strittig bleibt jedoch die Zuordnung Jacobis und seines Literatenkreises in Pempelfort zum Typus der *humanen Freundschaft*. Salomon gelingt es nicht, seine Einteilung in diesem Punkt plausibel zu machen, obwohl er selbst auf diese Unstimmigkeit hinweist, indem er schreibt, dass „dieser humanen Freundschaft" zwischen Goethe und Schiller „die ‚innere Geselligkeit' des Kreises, den Friedrich Heinrich Jacobi in Pempelfort um sich gesammelt hatte",[117] unähnlich sei. Spätere Untersuchungen zu Jacobi zumal zeigen seine Affinität zur Empfindsamkeit,[118] von der sich Goethe und Schiller gerade in ihrer klassischen Zeit stark distanzieren.

Dass es sich bei Salomons Freundschaftsformen häufig lediglich um idealtypische Konstruktionen handelt, beweisen auch die geringfügigen Überschneidungen, die zwischen ihnen bestehen. Am Beispiel Leuchsenrings lässt sich dieser Umstand illustrieren: Während Salomon in ihm einen Repräsentanten der *sentimentalen Freundschaften* sieht, stellt Leuchsenring für Lilli Rahn-Beckmann gerade eine Figur dar, in der sich die unterschiedlichen Strömungen

---

117   Salomon, „Der Freundschaftskult des 18. Jahrhunderts in Deutschland", S. 125.
118   Nenon, *Aus der Fülle der Herzen*, S. 35.

des Jahrhunderts vereinen.[119] Dies ist ein weiterer Hinweis darauf, dass Salomons Typologie der empirischen Ausgestaltung, möglicherweise in Teilen einer Revision bedarf. Zu einer anderen Einteilung der Freundschaften im 18. Jahrhundert gelangt etwa Wilfried Barner, der eine universelle Menschenfreundschaft von der schwärmerisch-empfindsamen Individualherrschaft abgrenzt und diesen beiden Typen die zweckorientierten Freundschaftsnetze gegenüberstellt.[120] Die Frage, inwiefern diese Typologie sinnvoller und vor allem näher an der empirischen Wirklichkeit liegt, kann dieser Beitrag nicht beantworten. Auffällig ist, dass Barner eine andere Begrifflichkeit wählt und die Freundschaften vor allem hinsichtlich der Anzahl ihrer Mitglieder differenziert. Dies erscheint in Anbetracht der Tatsache, dass Freundschaft im 18. Jahrhundert sowohl als Zweierfreundschaft (Goethe und Schiller) als auch in Form größere Freundeskreise (Orden, Geheim- und Literatenbünde) vorkommt, plausibel.

Zu bemerken ist ferner, dass Salomon zwar den Begriff der Lebensform sehr ausführlich definiert und beschreibt, seinen eigentlichen Untersuchungsgegenstand – nämlich die Freundschaft – hingegen grundbegrifflich nicht näher bestimmt. An keiner Stelle seiner Dissertation findet sich eine klare Beschreibung dessen, was er unter Freundschaft versteht. Wie soziologische Studien belegen, kann dies jedoch sehr entscheidend sein, da Freundschaft nicht gleich Freundschaft ist. Einen Versuch, das Phänomen der Freundschaft im 18. Jahrhundert zu erweitern, unternimmt Friedrich Tenbruck, indem er auf die Vereinsstruktur hinweist, die gerade aus den zahlreichen Freundschaftsbünden entsteht. Sowohl Freundschaft als auch Verein und Verband erfüllen eine Stabilisierungsfunktion des Individuums in einer heterogenen Welt und bieten dem Einzelnen durch die Gruppenidentifikation eine gewisse Verhaltenssicherheit. Freundschaft wird, so Tenbruck, dann gewählt, wenn die Vereinzelung ausgeprägt und die Chance zur Identifikation mit einem umfassenden Kollektiv im Gegenzug eher gering ist: „Ganz entsprechend finden wir Idee und Wirklichkeit der emphatischen Freundschaft, Freundschaftsbünde und Liebe bei den geistigen freien Berufen und der Jugend, während für das weniger ausgesetzte Bürgertum im Durchschnitt andere Formen der persönlichen Beziehungen, vereinsähnliche Gruppen und Bünde und eine allgemeine Freundschafts- und Bruderschaftsideologie ausreichen".[121] Tenbruck weist den sozialen Schichten der Epoche unterschiedliche Bedürfnisse zu, die wiederum zu spezifischen Formen des Zusammenschlusses führen, jedoch gleichermaßen eine Reaktion auf den Wandlungsprozess der Gesellschaft sind.

---

119   Rahn-Beckmann, Der Darmstädter Freundeskreis, S. 55.
120   Barner, „Gelehrte Freundschaft im 18. Jahrhundert", S. 24f.
121   Tenbruck, „Freundschaft", S. 446.

Auch wenn sich die Ausprägungen der Freundschaft in der Gegenwartsge-
sellschaft verändert haben, ist sie nach wie vor ein bedeutender Aspekt unserer
sozialen Welt und damit ein relevanter Gegenstand soziologischer Forschung.
Salomons Typologie, zumal sie in sich gewisse Inkonsistenzen aufweist, lässt
sich sicher nicht in Reinform auf das 21. Jahrhundert übertragen, da Freundschaft stets in einen sozio-kulturellen Rahmen eingebettet und damit einem steti-
gen Wandel unterworfen ist. Übertragbar und zeitlos ist hingegen seine Systematik der Lebensform, die einen tiefgehenden Blick auf das gesellschaftliche Phänomen der Freundschaft ermöglicht. Ihr Haltbarkeitsdatum ist keinesfalls abge-
laufen.

„Wir humane Spätlinge"
Albert Salomon und die Faszination Jacob Burckhardts

Claudius Härpfer

1. Kanon

Nachdem er zunächst einige amerikanische Freunde erwähnt hat, schreibt Albert Salomon am Ende seiner Lebenserinnerungen, sein „Dank" gelte neben diesen „auch den Toten, deren strömendes Leben" ihn seit seiner „Jugend bildete: Goethe, Kleist, Hofmannsthal, die religiösen Reflexionen von Erasmus, Pascal, Loyola, Hermann Cohen und Franz Rosenzweig, die profanen von Montaigne, die historischen von Jacob Burckhardt und Tocqueville, die naturalen von Lukrez, Montaigne, Simmel und Scheler." Mit ihnen habe er „inniger und intimer gelebt als mit den meisten [s]einer Zeitgenossen".[1] Eine Aussage, die Systematisches über Leben und Werk jenes „Soziologen von ganz eigener Art"[2] verrät, denn es handelt sich bei den aufgelisteten Personen um nichts Geringeres als den Kanon seiner im amerikanischen Exil entwickelten humanistischen Soziologie.

Humanistisches Gedankengut war zeitlebens ein großes Thema für Salomon und wurde ihm nicht nur zur Denk-, sondern auch zur Lebensform.[3] Bereits in seiner 1921 verteidigten Dissertation lieferte er eine erste Definition dessen, was man unter Humanismus als Lebensform verstehen kann. „Humanismus als Lebensform" bedeute „eine Gestaltung des Lebens, in welcher die Formen des Lebens immer mit historischen Inhalten erfüllt, erlebt und gelebt werden von der Grundlage eines vom unmittelbaren Leben abgetrennten Daseins aus".[4]

---

1. Albert Salomon (1966), „Im Schatten einer endlosen großen Zeit. Erinnerungen aus einem langen Leben für meine Kinder, jungen Freunde und Studenten". In: ders. (2008), *Werke 1: Biographische Materialien und Schriften 1921-1933*. Wiesbaden: VS Verlag für Sozialwissenschaften, S. 13-29, hier S. 29.
2. Carl Mayer (2008), „In memoriam Albert Salomon (1891-1966)". In: Albert Salomon, *Werke 1*, S. 59-73, hier S. 60.
3. Zum Folgenden vgl. Claudius Härpfer (2009), *Humanismus als Lebensform. Albert Salomons Verklärung der Realität*. Wiesbaden: VS Verlag für Sozialwissenschaften.
4. Albert Salomon (1921), „Der Freundschaftskult im 18. Jahrhundert in Deutschland". In: ders., *Werke 1*, S. 81-133, hier S. 108.

Beim Humanismus steht die Bildung des freien Individuums im Vordergrund,[5] allerdings nicht im Sinne von Fachbildung, sondern im Sinne einer umfassenden Bildung, die das ganze Wesen der Person prägt. „Nur wo Bildung ein konstitutives Element des geistigen und seelischen Lebens geworden ist, kann eine solche Lebensform gedeihen. Erst wenn zwischen die unmittelbare Lebenstotalität und die Spontaneität der Seele sich eine Schicht von objektiven Wissensgebilden eingeschoben hat, ist Humanismus möglich."[6]

Der Humanist bedient sich dieser objektiven Wissensgebilde in Form der klassischen *Auctores* als „Schatz der Lebens- und Weltweisheit",[7] um sich in der Gegenwart zu orientieren. Aristoteles prägte in seiner Rhetorik hierfür den Kunstausdruck des *Exemplum (paradeigma)*, was soviel bedeutet wie „‚eingelegte Geschichte als Beleg‘". Dem trat später die Beispielfigur *(eikon, imago)* hinzu, das heißt „‚die Verkörperung einer Eigenschaft in der Gestalt‘".[8] So entstanden Sentenzensammlungen mit nachahmenswerten Taten wirklicher Personen und auf den Punkt gebrachten Lebensweisheiten, an denen sich die Humanisten maßen. Mit diesem ständigen Verweis auf Autoritäten vergangener Zeiten geht notwendig eine Herabsetzung der Gegenwart einher.[9]

Obwohl Salomon in seinen Lebenserinnerungen schreibt, er habe bereits früh versucht, „Selbstglorifizierung und Selbsthass als Jude und Deutscher zu einer Konzeption eines nachklassizistischen Humanum umzuformen",[10] waren es die Defizienz-Erfahrungen der erzwungenen Migration und die Schreckensnachrichten aus Europa, die ihn dazu brachten, sich ganz in seine humanistische Soziologie zurückzuziehen. Die oben genannten Namen waren Salomons Maßstab, an dem er sich im Exil orientierte und abarbeitete. Neben einigen anderen tauchten sie in Salomons Arbeiten im Laufe seines Schaffens immer wieder auf. Über einige von ihnen hat er auch systematischer gearbeitet und porträtähnliche Aufsätze geschrieben. Um zu verstehen, was es mit diesen Porträts auf sich hat, möchte ich mit Jacob Burckhardt (1818-1897) die Person herausgreifen, der Salomon das umfangreichste Porträt gewidmet hat. Wie er selbst schreibt, ist

---

5   Paul Oskar Kristeller (1974), „Die humanistische Bewegung". In: ders., *Humanismus und Renaissance*, Bd. 1: *Die antiken und mittelalterlichen Quellen*. München: Fink, 11-29.

6   Salomon, „Der Freundschaftskult im 18. Jahrhundert in Deutschland", S. 106.

7   Ernst Robert Curtius (1961), *Europäische Literatur und lateinisches Mittelalter*. Bern: Francke, S. 68.

8   Ebd., S. 69; Vgl. Horst Günther (1979), *Freiheit Herrschaft und Geschichte. Semantik der historisch-politischen Welt*. Frankfurt am Main: Suhrkamp, S. 32-35.

9   Schon Francesco Petrarca begriff seine Gegenwart des ausgehenden Mittelalters als „finsteres Zeitalter". Vgl. Theodor Mommsen (1969), „Der Begriff des ‚Finsteren Zeitalters‘ bei Petrarca". In: August Bock (Hg.), *Zu Begriff und Problem der Renaissance*. Darmstadt: Wissenschaftliche Buchgesellschaft, S. 151-179.

10   Salomon, „Im Schatten einer endlosen großen Zeit", S. 14.

sein Kanon thematisch untergliedert. Es sind die historischen Reflexionen Burckhardts, durch die ihm dieser zum Exemplum wurde.

2. Wissenschaft

Wann und wie Salomon auf das Werk des Basler Historikers gestoßen ist, lässt sich nicht genau sagen. Er könnte über den Burckhardtschüler Heinrich Wölfflin auf ihn aufmerksam geworden sein, bei dem er zwischen 1910 und 1912 in Berlin Kunstgeschichte studierte. Auf jeden Fall rekurrierte Salomon bereits 1921 in seiner Dissertation auf Burckhardts *Griechische Kulturgeschichte* und dessen Versuch zur *Kultur der Renaissance in Italien*, um davon die kultursoziologische Methode Alfred Webers zu unterscheiden.[11] Salomon rezensierte 1944 die Übersetzung von Burckhardts *Weltgeschichtlichen Betrachtungen* und 1950 die Übersetzung der *Zeit Constantins des Großen* für *Social Research*, die Hauszeitschrift der *Graduate Faculty* der *New School for Social Research* in New York.[12] In zwei Aufsätzen Salomons spielt Burckhardt eine zentrale Rolle. Dies ist zum einen das 1940 im *Review of Politics* erschienene *Crisis, History, and the Image of Man* und zum anderen das große, 1945 in *Philosophy and Phenomenological Research* erschienene *Transcending History: Jacob Burckhardt*, das 1963 in seiner Aufsatzsammlung *In Praise of Enlightement* wiederveröffentlicht wurde.

Wenn wir zunächst die wissenschaftliche Rolle Burckhardts für Salomon ins Auge fassen, so bietet sich ein Blick auf seinen 1945 in Georges Gurvitchs *La sociologie au XX siècle* publizierten Text über die deutsche Soziologie an.[13] In diesem Übersichtsartikel ordnet Salomon Burckhardt den Vorläufern seines eigenen soziologischen Standpunktes zu. Salomons Ausgangsthese in dieser Abhandlung ist, dass sich die Werke der deutschen Soziologen, die man als Gehalt einer spezifisch ‚deutschen Soziologie' bezeichnen kann, nur von einem „Referenzrahmen" aus verstehen lassen, der sich der „Wechselwirkung zwischen den Systemen von Hegel und Marx" verdankt.[14] In Deutschland „wurde Soziologie die Angelegenheit von Gelehrten, die auf unterschiedlichen Forschungsfeldern – Geschichte, Ökonomie, Philosophie – begannen und sich schließlich in

---

11   Salomon, „Der Freundschaftskult im 18. Jahrhundert in Deutschland", S. 94.
12   Albert Salomon (1944), „Rezension von Jacob Burckhardt, Force and Freedom". In: *Social Research* 11, S. 390-392; Albert Salomon (1950), „Sammelrezension von Wallace K. Ferguson, The Renaissance in Historical Thought, und Jacob Burckhardt, The Age of Constantine the Great". In: *Social Research* 17, S. 520-522.
13   Albert Salomon (1945a), „Die deutsche Soziologie". In: ders. (2010), *Werke 3: Schriften 1942-1949*. Wiesbaden: VS Verlag für Sozialwissenschaften, S. 103-135.
14   Ebd., S. 103-104.

der Ausarbeitung einer Soziologie als Theorie und Methode trafen".[15] Der Grund
hierfür waren Salomon zufolge drei gemeinsame Erfahrungen: der Schock angesichts der deterministischen Systeme, die Hegel und Marx vorgelegt hatten, die
Vision der sich ausbreitenden und das Individuum unter Druck setzenden rationalen Institutionen und das Bewusstsein „der schwierigen Lage des denkenden
Menschen, seiner Eigenheit und Einsamkeit in einer Welt kollektiven Handelns".[16] Diese Motivlagen tauchen auch an anderen Stellen in Salomons Werk
immer wieder auf. Sie stellen einen seiner thematischen Schwerpunkte dar.[17]
Dies sollte nicht verwunderlich sein, da er seine Fachsozialisation selbst in
Deutschland erfahren hatte. Dennoch ist ihre dauernde Präsenz im Werk ein
Indiz dafür, dass Salomon an dieser Stelle mehr getan hat, als einfach nur Sozio-
logiegeschichte zu betreiben. Vielmehr holte er als ein „Wissensbevollmächtig-
ter"[18] einige Aspekte jener Exempli aus seinem Kanon, um die Welt zu erklären.

Nach seiner Emigration in die Vereinigten Staaten schrieb Salomon zunächst einige Aufsätze in *Social Research*. Er arbeitete über Weber, Tocqueville
und einige andere, größtenteils deutsche Wissenschaftler,[19] aber er meldete sich
auch zu aktuellen Themen zu Wort. Beschäftigte er sich hier anfangs noch mit
Fragen nach einem deutschen Nationalcharakter und ähnlichem,[20] so entstand
daraus im Laufe der Jahre eine Reflexion über die ideengeschichtlichen Hintergründe der aktuellen Zustände. Die Emigranten an der *New School* thematisier-
ten die Katastrophe in Europa und diskutierten die Frage ihrer Kompatibilität mit
verschiedenen geschichtsphilosophischen Ansätzen.[21]

Die Hauptquelle der Krisis seiner Zeit sah Salomon in jenem „grenzenlose[n] Optimismus, der die Geschichte als einen endlosen Prozess der Vervoll-
kommnung ansieht". Diesem Optimismus gemäß gehe man davon aus, „dass
dieser Zustand kontinuierlicher Verbesserung das Ergebnis der wissenschaftli-

15 Ebd., S. 104.
16 Ebd.
17 Vgl. z. B.: Albert Salomon (1938), „Soziologie und Soziologismus". In: ders. (2008), *Werke 2: Schriften 1934-1942*. Wiesbaden: VS Verlag für Sozialwissenschaften, S. 127-141.
18 Jan Assmann (1992), *Das kulturelle Gedächtnis. Schrift, Erinnerung und politische Identität in frühen Hochkulturen*. München: C.H. Beck, S. 54.
19 Vgl. Albert Salomon (2008), *Werke 2*.
20 Albert Salomon (1942), „Soldatischer Geist und Nazi-Militarismus". In: ders., *Werke 3*, S. 17-36; Albert Salomon (1943a), „Der Deutsche in der Geschichte und der ewige Nazi". In: ders., *Werke 3*, S. 37-48; Albert Salomon (1944), „Die Deutschen unter Waffen". In: ders., *Werke 3*, S. 63-68.
21 Neben dem *General Seminar* bot auch die *Study Group on Germany* Möglichkeiten des Aus- tausches. Zum *General Seminar* vgl. Peter M. Rutkoff und William B. Scott (1986), *New School. A History of the New School for Social Research*. New York: Free Press, S. 104-105. Zur *Study Group on Germany* vgl. Thomas Meyer, „Die Macht der Ideen. Albert Salomon im Kontext zweier ideengeschichtlicher Debatten: Weimar und Exil", S. 157-177 in diesem Band.

chen Organisation gesellschaftlicher und politischer Institutionen sei"; von diesem Fortschritt erwarte man schließlich nicht weniger, als die Beseitigung dessen, „was man in der weniger wissenschaftlichen Vergangenheit noch auf die Endlichkeit und Fehlbarkeit des Menschen zurückgeführt hatte".[22] Ähnlich wie verschiedene Zeitgenossen führte auch Salomon diese Wissenschaftsgläubigkeit als einen „Dogmatismus für säkulare Zeiten"[23] auf den letztlich theologisch fundierten Fortschrittsglauben von Henri de Saint-Simon, Auguste Comte, Hegel, Marx und Michael Bakunin zurück, da deren Verheißungen eines irdischen Heilszustandes stets die bedingungslose Unterwerfung unter die dazugehörigen Zielvorgaben implizierte. Salomon veröffentlichte eine Reihe von Texten, in denen er die Gründerväter der französischen Soziologie – grobgesprochen – als Protagonisten gnostischer Massenbewegungen darstellte.[24] Und schließlich entstand hieraus auch seine einzige veröffentlichte Monographie, *The Tyranny of Progress. Reflections on the Origins of Sociology*, die 1957 in deutscher Übersetzung erschien.[25]

Das Ziel von Salomons Fortschrittskritik ist es in erster Linie, die Freiheit des Individuums gegen die totalitären Tendenzen des Kollektiven zu verteidigen. Im Gegensatz zu anderen Kritikern der Geschichtsphilosophie in seinem Umfeld[26] liegt Salomons Fokus auf den positivistischen Gründervätern der französischen Soziologie. „Die ersten Soziologen [...] verliehen der industriellen Gesellschaft die Macht, die Natur vollkommen zu beherrschen und damit sich selbst zum Gestalter des letzten Sinns der Geschichte aufzuwerfen. Die Gesellschaft wurde omnipotent, allwissend; die Gesellschaft wurde das kollektive Substitut für den Sinn Gottes. Eine derartige Beschränkung der Vielfalt des menschlichen

---

22 Albert Salomon (1940), „Krise – Geschichte – Menschenbild". In: ders. (2008), *Werke 2*, S. 225-248, hier S. 225.

23 Ebd.

24 Vgl. Albert Salomon (1946), „Die Religion des Fortschritts ". In: ders. (2010), *Werke 3*, S. 191-210; Albert Salomon (1949a), „Eschatologisches Denken in der westlichen Zivilisation". In: ders., *Werke 3*, S. 269-280; Albert Salomon (1949b), „Prophets, Priests, and Social Scientists". In: *Commentary* 7, S. 594-600; Albert Salomon (1952), „Sociology and the total State". In: *Cross Currents* 2, 4, S. 32-42. Vgl. Eric Voegelin (1959), *Wissenschaft, Politik und Gnosis*. München: Kösel.

25 Albert Salomon (1955), *The Tyranny of Progress. Reflections on the Origins of Sociology*. New York: The Noonday Press; Albert Salomon (1957), *Fortschritt als Schicksal und Verhängnis*. Stuttgart: Enke.

26 Vgl. Karl Löwith (1983), „Weltgeschichte und Heilsgeschehen. Die theologischen Voraussetzungen der Geschichtsphilosophie". In: ders., *Weltgeschichte und Heilsgeschehen. Zur Kritik der Geschichtsphilosophie. Sämtliche Schriften*, Bd. 2. Stuttgart: Metzler, S. 7-239; Eric Voegelin (1991), *Die neue Wissenschaft der Politik. Eine Einführung*. Freiburg: Alber; Voegelin, *Wissenschaft, Politik und Gnosis*; vgl. Peter Gostmann, Karin Ikas und Gerhard Wagner (2005), „Emigration, Dauerreflexion und Identität. Albert Salomons Beitrag zur Geschichte der Soziologie". In: *Soziologie* 34, S. 267-284.

Lebens auf eine gerade und einseitig ausgerichtete Straße musste die tiefsten Folgen für das Schicksal des Einzelnen haben."[27] Dieser Einzelne steht dem übermächtigen, omnipotenten Kollektiv gegenüber. Er wird von ihm vereinnahmt und zum bloßen *socius* reduziert. Er wird von der stummen Masse verschluckt und ist nicht mehr fähig, als freier Mensch zu handeln, wenn es ihm nicht gelingt, sich den nötigen Abstand zu verschaffen, um sich als Einzelwesen zu artikulieren. Für die frühe französische Soziologie ist der Einzelne Salomon zufolge schwach und fehlbar, die „„abstrakte Geschichte'" in Gestalt der vorherrschenden Bewegung aber begeht keine Fehler; deshalb wird es überflüssig, „noch länger auf ‚große Männer' zu warten, die auf Grund ihrer persönlichen Fähigkeiten die verwickelte Struktur der Geschichte zu durchschauen vermögen. Der Gesellschaft würde es durch die Wissenschaft möglich sein, das Individuum auszuschalten."[28] Diese sich „imperialistisch" gebärdende Art der Soziologie, die versucht, als „Dogma" über allen Sphären des Lebens zu stehen, bezeichnet Salomon auch als „Soziologismus".[29] Das Menschenbild eines aller Individualität und damit alles Menschlichen beraubten *socius* war für Salomon nicht tragbar.

Um diesem Menschenbild zu begegnen, ergriff Salomon eine humanistische Position und fand einen Gewährsmann in Burckhardt, der „eine neu-alte Idee der Geschichte und des Platzes und Schicksals des Menschen darin schuf".[30] Burckhardt hatte dabei nicht den Anspruch, irgendein anderes System aufzustellen, sondern postulierte, auf alles Systematische zu verzichten. Statt „„weltgeschichtliche[r] Ideen'" begnügte er sich mit „Wahrnehmungen", um „Querdurchschnitte durch die Geschichte" zu geben, „und zwar in möglichst vielen Richtungen". Vor allem ging es ihm aber darum, keine Geschichtsphilosophie zu betreiben. Diese sei nämlich „ein Kentaur, eine *contradictio in adjecto*; denn Geschichte, d. h., das Koordinieren ist Nichtphilosophie und Philosophie, d. h. das Subordinieren ist Nichtgeschichte".[31]

Diese von Schopenhauer inspirierte Aussage[32] ist dahingehend zu verstehen, dass dieses Koordinieren die *subjektive* Tätigkeit des Historikers ist, denn hätte er dabei den Anspruch, sie objektiv zu koordinieren, dann wären die Fakten nach einem Prinzip subordiniert. Ein solches Prinzip kennt Burckhardt aber nicht, da

---

27   Salomon, *Fortschritt als Schicksal und Verhängnis*, S. 75.
28   Ebd., S. 76.
29   Salomon, „Soziologie und Soziologismus", S. 127.
30   Salomon, „Krise – Geschichte – Menschenbild", S. 227.
31   Jacob Burckhardt (1978), „Weltgeschichtliche Betrachtungen. Über geschichtliches Studium". In: ders., *Weltgeschichtliche Betrachtungen – Historische Fragmente aus dem Nachlass. Gesammelte Werke*, Bd. 4. Basel, Stuttgart: Schwabe, S. 1-196, hier S. 1-2.
32   Vgl. Arthur Schopenhauer (1988), *Die Welt als Wille und Vorstellung II*. Zürich: Haffmanns, S. 510-520.

er – im Gegensatz zu Hegel und anderen Geschichtsphilosophen – nicht „in die Zwecke der ewigen Weisheit" eingeweiht zu sein meint. Das „kecke Antizipieren eines Weltplanes [führe] zu Irrtümern, weil es von irrigen Prämissen ausgeht".[33] Chronologisch angeordnete Geschichtsphilosophien wie die Hegelsche laufen Burckhardt zufolge bestenfalls auf eine Art Weltkulturgeschichte heraus, in der Regel neigen sie aber dazu, „einen Weltplan zu verfolgen [...] und [sind] dabei [zu] keiner Voraussetzungslosigkeit fähig", da sie „von Ideen gefärbt sind". Eine solche „religiöse Geschichtsübersicht", die Burckhardt im Schatten von Augustinus' *De civitate dei* sieht, mag in sich ihre Rechtfertigung haben, sei aber nicht zu verabsolutieren.[34]

Burckhardt geht es nicht um die Geschichte, sondern um das Geschichtliche; damit verschafft er sich den Vorteil, dass er weder einen Anfang noch ein Ende der Geschichte braucht, sondern ihm ein Bündel von in der Vergangenheit vorgekommenen Merkmalen reicht, um geschichtliches Geschehen zu verstehen. Er schreibt: „Da das Geistige wie das Materielle wandelbar ist und der Wechsel der Zeiten die Formen, welche das Gewand des äußeren wie des geistigen Lebens bilden, unaufhörlich mit sich rafft, ist das Thema der Geschichte überhaupt, daß sie die zwei in sich identischen Grundrichtungen zeige [...]. Und neben der Wandelbarkeit steht die Vielheit, das Nebeneinander von Völkern und Kulturen, welche wesentlich als Gegensätze oder als Ergänzungen erscheinen."[35] Diese wandelbare Vielheit kokettiert freilich mit dem subjektiv Willkürlichen und würde wohl dem Anspruch der Wissenschaftlichkeit (mangels Systemcharakter) entbehren, wenn nicht doch noch ein Ordnungsprinzip zu Grunde läge, das der Relativität Einhalt gebietet. Burckhardt schafft es, dieses Problem zu umgehen. Sein Ausgangspunkt „ist der vom einzigen bleibenden und für uns möglichen Zentrum, vom duldenden, strebenden und handelnden Menschen, wie er ist und immer war und sein wird".[36] An die Stelle eines „systematisierenden Subordinationsprinzip[s]" stellt Burckhardt den Menschen, beziehungsweise eine „Konstellation anthropologischer Invarianzen, die das Wesen des Menschen ausmachen".[37] Ihm geht es also nicht darum, wie die Geschichtsphilosophie „das *Vergangene* als Gegensatz und Vorstufe" zur entwickelten Gegenwart zu betrachten, sondern um das „*sich wiederholende, Konstante, Typische* als ein in uns Anklingendes und Verständliches".[38] Man kann so weit gehen, den Schritt von Hegel zu

---

33 Burckhardt, „Weltgeschichtliche Betrachtungen", S. 2.
34 Ebd., S. 3.
35 Ebd., S. 4.
36 Ebd., S. 3.
37 Herbert Schnädelbach (1974), *Geschichtsphilosophie nach Hegel. Die Probleme des Historismus*. Freiburg, München: Karl Alber, S. 53-54.
38 Burckhardt, „Weltgeschichtliche Betrachtungen", S. 3.

Burckhardt als Übergang von der chronologischen zur typisierenden Betrachtungsweise zu sehen.[39]

Bei dieser typisierenden Vorgehensweise müssen wir uns der Mängel unseres Erkenntnisvermögens immer bewusst sein und „das Verhältnis der beiden Pole Erkenntnis und Absichten" im Auge behalten. Dies funktioniert freilich nur, wenn sich der Forscher eine strikt kontemplative Haltung auferlegt, um etwaigen Abhängigkeiten zu entkommen. „Unsere Kontemplation ist aber nicht nur ein Recht und eine Pflicht, sondern zugleich ein hohes Bedürfnis; sie ist unsere Freiheit mitten im Bewußtsein der enormen allgemeinen Gebundenheit und des Stromes der Notwendigkeiten." Sobald ein Thema dem Forscher nahesteht, hat dieser das Problem, dass ihm dieses „‚interessanter'" erscheint, wohingegen er tatsächlich lediglich „‚interessierter'" ist.[40] Der einzige Weg zur gesicherten Erkenntnis ist die ruhige Betrachtung aus großer Ferne.

Ausgehend von den drei willkürlich gewählten Potenzen Staat, Religion und Kultur, die als allgemein-menschliche Bedürfnisse verstanden werden können,[41] und von deren jeweiligen gegenseitigen Bedingtheiten,[42] entwickelte Burckhardt ein Instrumentarium zur Untersuchung des Sozialen, mit dem man die Situation des Menschen in historischen Situationen systematisch analysieren kann. Er analysierte die Struktur geschichtlicher Krisen, die dann zustande kommen, wenn das Wechselspiel der drei Potenzen aus dem Gleichgewicht gerät,[43] und kam auf das Verhältnis des Einzelnen und des Allgemeinen zu sprechen,[44] um sich schließlich der Frage nach Glück und Unglück in der Weltgeschichte zuzuwenden.[45]

Am Ende seiner Abhandlung über die gegenseitigen Einwirkungen der Weltpotenzen sprach Burckhardt jene Individuen an, die den Strom der Weltbewegung beeinflussen können. Von seinem eigenen „Knirpstum" ausgehend fasste er den Begriff der Größe als einen rein relativen. „Größe ist das, was wir nicht sind."[46] Die wirkliche Größe blieb für ihn ein Mysterium; auf jeden Fall aber ist Größe ihm einzigartig und unersetzlich. „Der große Mann ist ein solcher, ohne welchen die Welt uns unvollständig schiene, weil unbestimmte große Leistungen

---

39   Vgl. Thomas Gil (1993), *Kritik der Geschichtsphilosophie. L. von Rankes, J. Burckhardts und H. Freyers Problematisierung der klassischen Geschichtsphilosophie*. Stuttgart: M&P Verlag für Wissenschaft und Forschung, S. 161-167; Jörn Rüsen (1993), *Konfigurationen des Historismus. Studien zur deutschen Wissenschaftskultur*. Frankfurt am Main: Suhrkamp, S. 314-317.
40   Burckhardt, „Weltgeschichtliche Betrachtungen", S 7.
41   Ebd., S. 20-59.
42   Ebd., S. 60-115.
43   Ebd., S. 116-150.
44   Ebd., S. 151-180.
45   Ebd., S. 181-196.
46   Ebd., S. 151.

nur durch ihn innerhalb seiner Zeit und Umgebung möglich waren und sonst undenkbar sind; er ist wesentlich verflochten in den großen Hauptstrom der Ursachen und Wirkungen."[47]

Im Gegensatz zu Hegel geht die Größe bei Burckhardt jedoch stets vom Menschen selbst aus,[48] was auch durch jenen Zustand unterstrichen wird, den Burckhardt als *„Seelengröße"* bezeichnet. *„Seelengröße"* ist das Allerseltenste und liegt im „Verzichtenkönnen auf Vorteile zugunsten des Sittlichen".[49] Deshalb ist es auch wichtig, Größe nicht mit bloßer Macht zu verwechseln. Diese ist lediglich eines von vielen Attributen, in denen sich Größe manifestieren kann. Größe können Staatsmänner ebenso erreichen wie Künstler, Dichter, Philosophen und Soziologen. Diese in den *Weltgeschichtlichen Betrachtungen* systematisierte und in anderen Werken Burckhardts[50] angewandte historische Anthropologie – Salomon zufolge „eine empirische Sparte der soziologischen Theorie"[51] – ist in der Lage, das menschliche Handeln in seiner Vielfalt zu erfassen, und war dementsprechend für Salomon eine sehr anschlussfähige Alternative zum Soziologismus.

3. Faszination

Salomon teilte nicht nur Burckhardts Kritik an der Geschichtsphilosophie, sondern er paraphrasierte – soweit möglich – auch dessen Methode. Ebenso wie sich Burckhardt in seinem erklärten *„Dilettantismus"* nicht ernsthaft auf die Hegelsche Geschichtsphilosophie einließ, sondern sich polemisch darauf beschränkte, sie abzulehnen und den Kentauren „hie und da an einem Waldesrand der geschichtlichen Studien" zu begrüßen,[52] analysierte auch Salomon viele Aspekte des Burckhardtschen Werkes nicht oder nur oberflächlich. Genauso wie Burckhardt das verwendete, was ihm „besonders *merkwürdig*" vorkam und „Quer-

---

47   Ebd., S. 153.
48   Zum Unterschied des Begriffes der „historischen Größe" bei Hegel und Burckhardt vgl. Karl Löwith (1984), „Jacob Burckhardt. Der Mensch inmitten der Geschichte". In: ders., *Jacob Burckhardt. Sämtliche Schriften*, Bd. 7. Stuttgart: Metzler, S. 39-361, hier S.123-156.
49   Burckhardt, „Weltgeschichtliche Betrachtungen", S. 170.
50   Vgl. vor allem: Jacob Burckhardt (1978), *Die Kultur der Renaissance in Italien. Ein Versuch. Gesammelte Werke*, Bd. 3. Basel, Stuttgart: Schwabe; Jacob Burckhardt (1978), *Griechische Kulturgeschichte*. 4 Bde. *Gesammelte Werke*, Bd. 5-8. Basel, Stuttgart: Schwabe.
51   Salomon, „Die deutsche Soziologie", S. 106.
52   Burckhardt, „Weltgeschichtliche Betrachtungen", S. 16 u. 3.

durchschnitte" lieferte,[53] arbeitete auch Salomon daran, „die dogmengeschichtli-
che Kruste" aufzubrechen „und dem verborgenen Kern Leben" einzuhauchen.[54]

Statt einer systematischen ideengeschichtlichen Rekonstruktion schrieb Salomon das Porträt eines großen Menschen und stellte ihn in seiner Zeit dar. Dabei unterstrich er dessen Relevanz für die Gegenwart, indem er Eigenschaften an
Burckhardt betonte, die ihm für die Lösung aktueller Probleme hilfreich erschienen. Dem *Genre* entsprechend unterschied sich Salomons Darstellung des Gelehrten von der anderer zeitgenössischer Interpreten.[55] Er verzichtete darauf,
Burckhardt zwischen Hegel und Kierkegaard zu verorten.[56] Er ignorierte den
Einfluss Ernst von Lasaulx'.[57] Er sah davon ab, Burckhardts Verbindung zu
Nietzsche zu untersuchen, nachdem er einige diesbezügliche Versuche von Kollegen zur Kenntnis genommen hatte.[58] Salomons Zugang zu Burckhardt war ein
anderer. So inspirierend das wissenschaftliche Werk Burckhardts für ihn war, es
enthält „die Summe seiner Erfahrungen [...] nicht in Gänze [...]. In seinen öffentlichen Äußerungen war er sehr vorsichtig und er hasste es, Gedanken auszu-
sprechen, die seine Studenten und Leser verletzten oder verwirren könnten. Für
ihn verband sich Gelehrsamkeit noch mit moralischer Verantwortung; ein Den-

---

53 Ebd., S. 16 u. 2.
54 Mayer, „In memoriam Albert Salomon (1891-1966)", S. 66.
55 Dies mag auch ein Grund dafür sein, dass Salomons Arbeiten in der neueren Burckhardtfor-
    schung nicht mehr erwähnt werden. Vgl. zum Beispiel Horst Günther (1997), *„Der Geist ist
    ein Wühler". Über Jacob Burckhardt.* Frankfurt am Main: Fischer; Kurt Meyer (2009), *Jacob
    Burckhardt. Ein Portrait.* München: Fink; Thomas Noll (1997), *Vom Glück des Gelehrten.
    Versuch über Jacob Burckhardt.* Göttingen: Wallstein. Eine Ausnahme ist Lionel Gossman,
    der „diesen merkwürdigen, heute vergessenen Beitrag zur Burckhardtliteratur" für „eine der
    verständnisvollsten Deutungen Burckhardts" hält. Vgl. Lionell Gossman (2004), „Burckhardt
    in der anglo-amerikanischen Geisteswelt". In: Andreas Cesana und Linoel Gossman (Hg.), *Be-
    gegnungen mit Jacob Burckhardt. Vorträge in Basel und Princeton zum hundertsten Todestag.*
    Schabe: Basel u. C.H. Beck: München, S. 113-148, hier S. 126 u. S. 130.
56 Löwith, „Jacob Burckhardt", S.123-172.
57 Vgl. Alfons Koether (1937), *Ernst von Lasaulx' Geschichtsphilosophie und ihr Einfluß auf
    Jacob Burckhardts „Weltgeschichtliche Betrachtungen".* Münster: Pöppinghaus; Ernst von La-
    saulx (1952), *Neuer Versuch einer alten, auf die Wahrheit der Tatsachen gegründeten Philo-
    sophie der Geschichte.* Wien: Verlag für Geschichte und Politik.
58 Neben Löwiths „Jacob Burckhardt" verweist Salomon in diesem Zusammenhang auf Charles
    Andler (1926), *Nietzsche und Jakob Burckhardt.* Basel, Straßburg: Rhein Verlag, und Edgar
    Salin (1938), *Jakob Burckhardt und Nietzsche.* Basel: Verlag der Universitätsbibliothek. Die
    Studie seines alten Bekannten und Herausgeberkollegen der Reihe *Soziologische Gegenwarts-
    fragen:* Alfred von Martin (1941), *Nietzsche und Burckhardt.* München: Reinhardt, erwähnt er
    nicht, obwohl er dessen an Burckhardt angelehnte Arbeit über die Soziologie der Renaissance
    1932 noch rezensiert hatte. Vgl. Alfred von Martin (1932), *Soziologie der Renaissance. Zur
    Physiognomik und Rhythmik bürgerlicher Kultur.* Stuttgart: Enke; Albert Salomon (1932),
    „Rezension von Alfred von Martin, Soziologie der Renaissance". In: *Zeitschrift für Sozialfor-
    schung* 1, S. 213-214.

ker, der keine Freude zu vermitteln vermag, sondern nur destruktive und entzaubernde Analysen einer im Zerfall begriffenen modernen Welt bietet, täte besser daran, sich aus der Lehre und Erziehung zurückzuziehen." Ein großer Teil der historischen Reflexionen, auf die Salomon am Ende seiner Lebenserinnerungen anspielte, finden sich in Burckhardts Briefen, denen er „unschätzbare[n] Wert" zuspricht. „Hier finden seine Erfahrungen ihren wahren Ausdruck, seine erschreckenden Visionen eine realistische Darstellung."[59] Konkret beruft sich Salomon auf die 1935 von Fritz Kaphahn herausgegebene Ausgabe der Briefe Burckhardts *zur Erkenntnis seiner geistigen Gestalt.*[60]

Diese Ausgabe von Burckhardts gesammelten Briefen zeigte Salomon Burckhardts Verhalten in Krisenzeiten und dokumentierte dessen legendäre Prophetien hinsichtlich aufkommender Krisen. Beispielhaft ist die Prophetie angesichts der Unruhen 1845 in Luzern, die der frisch berufene außerplanmäßige Professor für Geschichte an der Universität Basel als Redakteur der Basler Zeitung verfolgte. Vor ihrem Hintergrund warnte er seinen deutschen Freund Gottfried Kinkel (1815-1882) – in dessen *Maikäferbund*[61] er im Juni 1841 während seines Semesters an der Bonner Universität aufgenommen worden war – vor der „Sklaverei unter der Brüllmasse, Volk genannt", und vor dem ,,'Liberalismus' der Schwünge, Knoten und Dorfmagnaten", für ihn Zeichen einer künftigen „Gewaltherrschaft, womit die Geschichte ihr Ende haben wird." Denn statt einem „politische[n] Volk" sei „wenigstens in Deutschland und in der Schweiz" bisher nur „eine Masse vorhanden, in der eine Menge herrlicher Keime und Charakteren schlummern, die aber als Masse in den Händen jedes Schuftes wäre und sich dann als Bestie gerieren würde".[62]

In den Briefen findet sich nicht nur Burckhardts Analyse der Krise, sondern auch sein Rezept für den Umgang damit. Die Erlebnisse brachten ihn dazu, sein aktiv-politisches Leben als Journalist zu beenden, um fortan nur noch „ein guter Privatmensch" zu sein, sich der Bildung zuzuwenden und für die Bewahrung des intellektuellen Standards zu arbeiten. „Mit der Gesellschaft im Großen kann ich nichts mehr anfangen; ich verhalte mich gegen sie unwillkürlich ironisch; das Detail ist meine Sache. […] Ihr alle wisst noch nicht, was das Volk ist, und wie leicht das Volk in barbarischen Pöbel umschlägt. Ihr wisst nicht, welche Tyrannei über den Geist ausgeübt werden wird unter dem Vorwand, daß die Bildung

---

59   Salomon, „Krise – Geschichte – Menschenbild", S. 229.

60   Jacob Burckhardt (1935), *Briefe zur Erkenntnis seiner geistigen Gestalt. Mit einem Lebensabriß.* Leipzig: Kröner.

61   Ulrike Brandt-Schwarze (1998), „Maikäferbund [Bonn]". In: Wulf Wülfing, Karin Bruns und Rolf Parr (Hg.): Handbuch literarisch-kultureller Vereine, Gruppen und Bünde 1825-1933. Stuttgart, Weimar: Metzler, S. 320-324.

62   Jacob Burckhardt (1935), „An Gottfried Kinkel. 19. April 1845". In: ders., *Briefe zur Erkenntnis seiner geistigen Gestalt. Mit einem Lebensabriß.* Leipzig: Kröner, S. 131-134, hier S. 132.

eine geheime Verbündete des Kapitals sei, das man vernichten müsse. [...] Ich möchte diese Zeiten nicht mehr erleben, wenn ich nicht dazu verpflichtet wäre; denn ich will retten helfen, soviel meines schwachen Ortes ist. [...] Untergehen können wir alle; ich aber will mir wenigstens das Interesse aussuchen, für welches ich untergehen soll, nämlich die Bildung Alteuropas."[63] Hier wird deutlich, welche Rolle Burckhardt sich als einem Gelehrten in Krisenzeiten zuwies. Er zog für sich die Konsequenzen, indem er ein Leben fernab politischer Aktivität, ohne akademische Eitelkeiten oder übertriebenen Ehrgeiz, wählte, das er ausschließlich in den Dienst der Bewahrung der Bildung und der Künste stellte und gegen Ende ganz der Lehre widmete. Abgesehen von einer kurzen Zeit in Zürich und einigen ausgedehnten Bildungsreisen verbrachte er sein ganzes berufliches Leben in seiner Heimatstadt Basel. Zeitweise hatte er hier bei einfachem Gehalt eine Doppelprofessur für Geschichte und Kunstgeschichte. Karrieremöglichkeiten wie einen Ruf auf die Nachfolge seines Berliner Lehrers Leopold von Ranke und den damit verbundenen politischen Einfluss lehnte er ab.[64] Die wenigen Bücher, die er geschrieben und auch veröffentlicht hatte, waren ihm zusehends egal. Die Überarbeitungen späterer Auflagen ließ er grundsätzlich von Anderen besorgen. Dabei betonte er stets, „daß ja keine Rücksicht auf das von [ihm] Geschriebene zu nehmen" sei, und dass ihm nichts daran läge, „daß auch nur eine Zeile [seines] Textes aufrecht bleibe, wenn nur die Sache gewinnt".[65]

Salomon bezeichnete dieses „Leben des ruhigen ironischen Dienstes" als „beispielhaft", als „das ideale Leben des idealen Gelehrten",[66] und imitierte dieses Exemplum in vielerlei Hinsicht. Auch Salomon hatte schnell Abstand zu seinen Veröffentlichungen. Bei der deutschen Übersetzung seines *The Tyranny of Progress* verzichtete er auf Eingriffe in die Übersetzung, weil er „den Stil und den Rhythmus [des] Denkens" des Übersetzers nicht stören wollte.[67] Ähnlich wie Burckhardt in Basel „im Verborgenen" lebte,[68] lebte Salomon in seinem New Yorker Exil ein Leben, das „keinerlei sonderlich dramatische" Ereignisse aufwies,[69] aber von strenger Disziplin durchzogen war. Er widmete es seiner Tätig-

---

63   Jacob Burckhardt (1935), „An Hermann Schauenburg. 28. Februar u. 5. März 1846". In: ders., *Briefe zur Erkenntnis seiner geistigen Gestalt. Mit einem Lebensabriß.* Leipzig: Kröner, S. 146-149, hier S.148-149.

64   Fritz Kaphahn (1943), „Jacob Burckhardt und die Wiederbesetzung von Rankes Geschichtsprofessur an der Universität Berlin". In: *Historische Zeitschrift*, 168, S. 113-131.

65   Jacob Burckhardt (1935), „An Albert v. Zahn. 22. Oktober 1868". In: ders., *Briefe zur Erkenntnis seiner geistigen Gestalt. Mit einem Lebensabriß.* Leipzig: Kröner, S. 298-299, hier S. 298.

66   Albert Salomon (1945b), „Jenseits der Geschichte: Jacob Burckhardt". In: ders., *Werke 3*, S. 137-190, hier S. 142.

67   Albert Salomon (1957), „An M. Rainer Lepsius. 30. Mai 1957". Privatbesitz.

68   Günther, *„Der Geist ist ein Wühler"*, S. 168-175, hier S. 172.

69   Mayer, „In memoriam Albert Salomon (1891-1966)", S. 64.

keit als Lehrer und Gelehrter an der *New School* und in der Gemeinde der Park Avenue-Synagoge. Ebenso wie Burckhardts „Widerwille gegen das Druckenlassen" irgendwann zunahm,[70] beschränkte sich auch Salomon größtenteils auf das Anfertigen seiner Vorlesungsmanuskripte und hoffte dadurch, einige seiner Studenten zu stimulieren, „ihre eigenen Gedanken niederzuschreiben."[71]

4. „Wir humane Spätlinge"

In seinem großen Porträt erwähnt Salomon Burckhardts Selbstbeschreibung als humaner Spätling;[72] als solcher habe „er die Fackel der antiken Weisheit übernommen und [...] sie entfacht, um den dunklen Fatalismus der modernen Geschichte zu erhellen und den Historismus zu überwinden, den die modernen Körperschaften praktizieren." Burckhardt verzichtete, „[w]ie die hellenistischen Epigonen, die Stoiker und die Epikuräer, [...] auf die Anpassung an die gesellschaftlichen Verhältnisse, um sich der menschlichen Persönlichkeit im Gegenüber ihrer Institutionen anzunehmen."[73] Aus dieser Perspektive ist es nun nicht mehr verwunderlich, dass Salomon Parallelen von Burckhardt zu Tacitus zieht. „Die tatsächliche Wirklichkeit totalitärer Regimes im Fall des antiken und die vorhersehbare Wirklichkeit totalitärer Regimes im Fall des modernen Historikers riefen bei beiden die gleichen Reaktionen hervor. Beide nahmen die Tragik ihrer Zeit als selbstverständlich an; beide dienten dem Geistigen, indem sie das geistig-moralische Erbe der Vergangenheit weitertrugen und dadurch jene Tradition wahrten, deren zukünftige Generationen bedürfen würden, wenn einmal der barbarische Despotismus vergangen wäre."[74]

Dieses Bewahren der Tradition ist die genuine Aufgabe des Gelehrten in Zeiten der Krise. „In Zeiten der Tyrannei oder Revolution bürdet die Formel von Lukrez, ,*vitai lampada tradunt*', dem Intellektuellen eine mächtige Verantwortung auf. In solchen Situationen ist der Intellektuelle, sofern er seiner Berufung treu bleiben will, gezwungen, außerhalb der Gesellschaft zu leben."[75] Er muss eine kontemplative Haltung einnehmen, um zu retten und zu bewaren, was in seiner Macht liegt. Dies bedeutet allerdings nicht, dass er ganz aus dem System

---

70   Jacob Burckhardt (1935), „An Paul Heyse. 6. Dezember 1864". In: Jacob Burckhardt, *Briefe zur Erkenntnis seiner geistigen Gestalt. Mit einem Lebensabriß*. Leipzig: Kröner, S. 283.

71   Salomon, „Im Schatten einer endlosen großen Zeit", S. 29.

72   Jacob Burckhardt (1978), „Historische Fragmente aus dem Nachlass". In: Ders., *Weltgeschichtliche Betrachtungen. – Historische Fragmente aus dem Nachlass. Gesammelte Werke*, Bd. 4. Basel, Stuttgart: Schwabe, S. 197-419, hier S. 334

73   Salomon, „Jenseits der Geschichte: Jacob Burckhardt", S. 179-180.

74   Ebd., S. 183.

75   Ebd.

ausscheiden muss. Tacitus und Burckhardt passten sich beide moderat an das soziale Leben und seine Erfordernisse an, so dass ihre „moralischen Bindungen und intellektuellen Verpflichtungen" nicht beeinträchtigt wurden. „Beide hatten sich damit abgefunden, dass Intellektuelle die gesellschaftlichen Institutionen nicht zu verändern vermögen, und ertrugen den Prozess der Geschichte als unabwendbares Los. Beide versuchten sie nicht, der sozialen Laufbahn zu entkommen, die ihnen ihre Gesellschaft bot."[76]

Auch Salomons Leben verlief ab einem gewissen Punkt im Dienste ernster kontemplativer Pflichterfüllung. „Von außen betrachtet", schrieb sein längjähriger Freund und Mitexilant Carl Mayer, „muss es sehr unspektakulär gewirkt haben; es weist keinerlei sonderlich dramatische Ereignisse auf, die es zu berichten gäbe. Salomon hatte nichts von einer dramatischen Figur. Nie stand er im Mittelpunkt großer öffentlicher oder wissenschaftlicher Kontroversen. Er war ein Lehrer und darüber hinaus ein Gelehrter, der sich in seine Stube zurückzog. Teilweise war dies selbstverständlich seiner Krankheit geschuldet. Aber ich vermute, dass die Disziplin, die er sich abforderte – sei es während seiner Arbeit oder in der Freizeit, im Seminar, bei seinen Studien oder in der Bibliothek –, nur zum Teil eine Folge seiner Erkrankung war, dass sie im Grunde vielmehr aus tieferen Schichten seines Daseins kam. Ich vermute, dass diese Disziplin in gewisser Weise Ausdruck seiner Überzeugung war, dass nur derjenige ‚frei' heißen kann, der so frei ist, die Spielregeln der Gesellschaft anzunehmen und sich ihnen zu unterstellen."[77] Durch diese moderate Annahme der gesellschaftlichen Pflichten erlangt der Denker auch in Krisenzeiten die Freiheit, seine Aufgabe wahrnehmen zu können, die sich in solchen Zeiten der Krise allerdings verändert hat. „In Zeiten großer Krisen wird der Gelehrte entdecken, dass seine Arbeit nicht primär technischen, logischen, methodologischen Problemen gilt. Er wird feststellen, dass Fragen und Herangehensweisen, die keinen entscheidenden Einfluss auf das geistige Wachstum, auf die Erhellung des menschlichen Verstandes haben, nicht die grundlegende, entscheidende Aufgabe des Gelehrten sind. Unter dem Ausnahmezustand wird der Intellektuelle sich nicht länger mit den Kunstgriffen und verfeinerten Techniken seines Fachgebiets beschäftigen. Er wird seinen Untersuchungsbereich nach den grundlegenden menschlichen Bedürfnissen und Interessen ausrichten."[78] Angesichts der Krisen in seinem Leben veränderte auch Salomon seinen Untersuchungsbereich und widmete sich mehr und mehr Fragen, die den Rahmen der Soziologie im engeren Sinne sprengten.

Salomon stellte sein Leben und seine Arbeit ebenso wie Burckhardt in eine lange Traditionslinie, der sich beide bewusst waren. Es ging darum, die Bil-

---

76   Ebd., S. 183.
77   Mayer, „In memoriam Albert Salomon (1891-1966)", S. 64.
78   Salomon, „Jenseits der Geschichte: Jacob Burckhardt", S. 183-184.

dungs- und Wissensschätze längst vergangener Zeiten weiterzugeben, um – ganz nach dem humanistischen Ideal des frei entfalteten Menschen in seiner Sonderstellung im Universum[79] – das Überhistorische, rein Menschliche zu erkennen und es in der von Defizienz-Erfahrungen geprägten Gegenwart für eine potentiell bessere Zukunft zu bewahren. Mit dieser Bewusstseinshaltung einer Verklärung und Überhöhung der Vergangenheit ging bei beiden eine annähernd axiomatische Bewunderung für die Erhabenheit von Vergangenheitsbewusstheit einher, die bei Salomon neben vielen anderen Stellen auch in seinen Lebenserinnerungen deutlich wird: „Am 8. Dezember 1891 geboren, bin ich stolz, aus dem 19. Jahrhundert zu stammen und noch 22 Jahre der vorgroßen Zeit erlebt zu haben. [...] Rückblickend gedenke ich mit Verehrung Talleyrands, eines der großen europäischen Staatsmänner, der auf dem Wiener Kongress 1815 verächtlich herabsah auf die jungen Diplomaten Europas, die alles so schön fanden. Er hatte nur einen Satz als Kommentar: ‚Wer nicht vor 1789 gelebt hat, kennt die Süßigkeit des Lebens nicht.' Ich habe meinen amerikanischen Studenten den Satz zitiert und 1914 für 1789 eingesetzt."[80] Dies tat Salomon allerdings nicht ohne diese „Süßigkeit des Lebens" noch zu präzisieren, denn er meinte damit „keine Zeit epikureischer Lust", sondern ein humanistisches Bildungsprogramm: eine Zeit „unbegrenzte[r] Lust zu lernen und den Horizont zu erweitern", die nicht nur eine Beschäftigung mit „Theologie und Philosophie", sondern auch „Sprachen und Literaturen" umfasst.[81]

---

79   Kristeller, „Die humanistische Bewegung", S. 26.
80   Salomon, „Im Schatten einer endlosen großen Zeit", S. 14.
81   Ebd., S. 14.

Eine deutsche Soziologie?
Eine These Albert Salomons und der Referenzrahmen
der Nachkriegssoziologie in Deutschland

Jens Koolwaay

Mit der ‚Machtergreifung' durch die Nationalsozialisten und durch das Inkrafttreten des *Gesetzes zur Wiederherstellung des Berufsbeamtentums in Deutschland* 1933 war ein Großteil der deutschen Soziologen gezwungen, Deutschland zu verlassen. Die Soziologie hatte sich nach einer These von Albert Salomon bis dahin anhand spezifisch nationalstaatlicher Charakteristiken aufgefächert. Den primären Grund ihrer Entstehung sah Salomon in den nationalstaatlichen „Referenzrahmen", die mit der Moderne aufgekommen waren, d.h. „wissenschaftlichen oder philosophischen Referenzrahmen, geschaffen von einer Nationalgesellschaft, in de[nen] sich universelle Problemlagen in individueller Form entfalten."[1] Die nationalen Referenzrahmen sind so lange aktuell, wie handelnde Individuen oder Kollektive sich in diesen bewegen und sich auf sie beziehen.

Der Referenzrahmen der deutschen Soziologie ist für Salomon in seinem Ursprung eine „Wechselwirkung zwischen den Systemen von Hegel und von Marx". Da die Soziologie in Deutschland im eigentlichen Sinne keine soziale Institution wurde, die „praktische Aufklärung" oder „moralische Erziehung" in „objektiver Funktion im gesellschaftlichen Zusammenhang" vollzog – so Salomon – war dies keine deutsche *Soziologie* im eigentliche Sinne, sondern eine Ansammlung deutscher *Soziologen*.[2] Damit stand sie ganz im Gegensatz zur Soziologie, wie sie etwa in Frankreich oder den USA wirkte, da sie sich dort als Institution etablieren konnte, die eine pädagogische und aufklärerische Funktion im gesellschaftlichen Zusammenhang wahrnehmen konnte. In Deutschland hingegen sei eine Generationssoziologie entstanden, deren Mitglieder drei gemeinsame Erfahrungsmomente miteinander teilten: Die Zwangsläufigkeit, sich mit und zu den theoretischen Systemen von Hegel und Marx, zur Ausbreitung rationaler Institutionen in allen Lebensbereichen und schließlich zur zunehmenden Individualisierung des Subjekts im Kollektiv zu verhalten. Diese drei Erfahrungsmomente hatten, so Salomon, zur Folge, dass sich deutsche Soziologen

---

1   Albert Salomon (1945), „Die deutsche Soziologie". In: ders. (2010), *Werke 3: Schriften 1942-1949*. Wiesbaden: VS Verlag für Sozialwissenschaften, S. 103-135, hier S. 103.

2   Ebd., S. 104.

bildeten, die eine primär theoretisch orientierte Disziplin begründeten, in der deskriptive, praktische Studien die Ausnahme blieben.[3]

Ich möchte im Nachfolgenden vor dem Hintergrund der These Albert Salomons der Frage nachgehen, ob ein nationaler Referenzrahmen dieser Art für die Nachkriegssoziologie in Deutschland bestehen blieb und inwieweit sich Vorheriges fortsetzte, wiedereinführte bzw. transformierte, indem ich zunächst die historische Konstellation der Besatzungsmächte und ihre Auswirkungen auf die Soziologie umreiße, anschließend deren institutionellen Rahmen skizziere und schließlich kurz auf die Generation von Nachkriegssoziologen eingehe, die die Soziologie in Deutschland neu begründet haben. Dabei beziehe ich mich auf die westdeutsche Soziologie im Zeitraum von 1945 bis in die späten 1950er Jahre.

1. Die Nachkriegssoziologie und die Besatzungsmächte

Auf der Potsdamer Konferenz wurde, neben der Einigkeit über die Forcierung der ‚vier großen D' (Demokratisierung, Demilitarisierung, Denazifizierung und Dezentralisierung) im Nachkriegsdeutschland, Deutschland in vier Besatzungszonen aufgeteilt, was den vier Siegermächten in ihren jeweiligen Besatzungszonen eine eigenständige Politik ermöglichte und zu vier verschiedenen Anfangskonstellationen der Soziologie im Nachkriegsdeutschland führte, da die Hochschulpolitik in den Besatzungszonen in unterschiedlicher Weise forciert und betrieben wurde.

Als 1949 die Bundesrepublik Deutschland gegründet wurde, ging die Hochschulpolitik an die Kultusminister der Bundesländer über. Gegenüber der Hochschulstruktur der 1920er Jahre und der frühen 1930er Jahre wurde die Seite der Hochschulen gestärkt, was zu einer kooperationsähnlichen Situation zwischen Universitäten und Ministerien führte. Da Bildungspolitik Ländersache war, wurde die Soziologie in verschiedenen Bundesländern unterschiedlich gefördert. Eine 1951 erlassene Grundgesetzänderung hatte zur Folge, dass von der Entnazifizierung der Militärregierungen Betroffene an die Hochschule zurückkehren konnten. Zunächst möchte ich jedoch auf die Rolle der Soziologie in den drei Besatzungsmächten der Westzonen eingehen.[4]

---

3   Ebd.
4   Uta Gerhardt (2006), „Die Wiederanfänge der Soziologie nach 1945 und die Besatzungsherrschaft. Ein Beitrag zur Wissenschaftsgeschichte". In: Bettina Franke und Kurt Hammerich (Hg.): *Soziologie an deutschen Universitäten: gestern – heute – morgen*. Wiesbaden: VS Verlag für Sozialwissenschaften, S. 31-114, hier S. 36.

1.1 Universitäts- und Wissenschaftspolitik in der amerikanischen Besatzungszone

Noch während des Zweiten Weltkriegs begann die *Civil Affairs Division* des *War Department* der USA mit einer Analyse der deutschen Universitätstradition und den Folgen der Gleichschaltung für die Wissenschaft in Deutschland. Im Anschluss an die Potsdamer Konferenz arbeiteten verschiedene amerikanische Universitätspräsidenten das *Policy Statement for German Reeducation* aus. In ihm wurde explizit die Bedeutung der Wissenschaft für die Wiedereinführung einer demokratischen Kulturnation in Deutschland hervorgehoben. Außerdem forderte man die Dezentralisierung des Bildungswesens und die Einbindung nichtnationalsozialistischer Intellektueller.[5]

Entnazifizierung war von Beginn an ein zentrales Anliegen der amerikanischen Besatzungsmacht. Insbesondere das *Counter Intelligence Corps* wurde mit der Aufgabe betraut, umfangreiche Informationen über die Verstrickung von Wissenschaftlern in den Nationalsozialismus zu sammeln. Es war der amerikanische Soziologe Edward Y. Hartshorne, der das System, das eine entnazifizierte Wissenschaftslandschaft ermöglichen sollte, entworfen hatte. Hartshorne hatte 1937 an der Universität von Chicago über die deutschen Universitäten im Nationalsozialismus promoviert[6] und war einer der besten Kenner der deutschen Universitätslandschaft in der amerikanischen Militärregierung. Sein Konzept sah vor, einen unbelasteten Hochschulprofessor mit dem Ausbau einer *University Planning Committe* zu betrauen. Diese Gremien sollten als Ausgangspunkte der Wiedereröffnung verschiedener Universitäten dienen. Umgesetzt wurde dies lokal sehr verschieden. Hartshorne zeichnete sich auch für die Marburger Hochschulkonferenz verantwortlich, die im Juni 1946 stattfand und durch die die Universitäten wieder zum Leben erweckt werden sollten. Es ging unter anderem um das Verhältnis von Wissenschaft und Politik, die Notwendigkeit einer Hochschulreform und um die Situation von Forschung und Lehre.[7]

Hartshorne war auch für den Wiederaufbau der Soziologie im amerikanischen Sektor von entscheidender Bedeutung. So reiste er etwa im Februar 1946 mit dem Anliegen in die Schweiz, René König zur Rückkehr nach Deutschland zu bewegen. Außerdem förderte er die Wiedergründung der Deutschen Gesellschaft für Soziologie und unterstützte die Organisation des ersten Soziologentags

---

5   Vgl. Uta Gerhardt (2009), *Soziologie im zwanzigsten Jahrhundert. Studien zu ihrer Geschichte in Deutschland.* Stuttgart: Steiner, S. 82-96.

6   Edward Y. Hartshorne (1937), *The German Universities and National Socialism.* London: Allen & Unwin.

7   Als Sozialwissenschaftler im weiteren Sinne nahmen an ihr u.a. Alfred Weber, Karl Loewenstein, Alexander Mitscherlich, Walter Rüegg und Heinz Sauermann teil.

nach dem zweiten Weltkrieg, der 1946 in Frankfurt stattfinden konnte.[8] Dem Kongress konnte Hartshorne nicht mehr beiwohnen. Er wurde im August 1946 erschossen, als er den Vorwurf untersuchen sollte, die Entnazifizierung der Universitäten in Bayern sei ins Stocken geraten.

Soziologie fand in der amerikanischen Besatzungszone zunächst nicht an den Universitäten statt, sondern wurde mit dem Kriegsende für die Arbeit der Militärregierung genutzt. Bereits zwischen September 1945 und September 1949 wurden durch die *Information Control Division* über 70 Befragungen durchgeführt und mehr als 200 Berichte verfasst, die auf empirisch fundierter Sozialforschung aufbauten.[9]

1.2 Universitäts- und Wissenschaftspolitik in der britischen Besatzungszone

Auch in der britischen Militärregierung befasste man sich zunächst mit der Evaluierung der gegebenen Situation. In Anlehnung an die *Royal Commissions* bildete man 1947 auf der Grundlage verschiedener Reiseberichte eine Kommission aus Vertretern britischer Universitäten. Die Kommission der *Association of University Teachers* warnte vor der Struktur des traditionellen deutschen Universitätssystems, das sie als demokratiefeindlich betrachtete. Man verstand die potenziell nationalistische Mentalität an den Hochschulen als mit der vorherrschenden Sozialstruktur korrelierend und schloss daraus, dass eine Veränderung der Hochschulstruktur und -mentalität mit der Transformation der Gesellschaftsstruktur einhergehen müsse. Erst dann könne ein demokratischer Geist an den Universitäten Einzug halten. Durch verschiedene Reformen – u.a. durch eine Demokratisierung der Hochschulverwaltung und die Förderung des Austauschs zwischen britischen und deutschen Dozenten bzw. Studenten – wollte man dies fördern.

Ebenfalls auf Initiative der Kommission der *Association of University Teachers* nahm im April 1948 die Studienkommission für Hochschulreform ihre Arbeit auf. Ab Januar 1947 hatten sich die amerikanische und britische Militärregierung zu einer Bizonenverwaltung zusammengeschlossen und beabsichtigten fortan, primär indirekt Einfluss auf die Entwicklung zu nehmen. Daher bestand die Studienkommission überwiegend aus Deutschen. Sie legte im Dezember 1948 das sogenannte Blaue Gutachten vor, in dem man überein kam, dass die

---

8   *Verhandlungen des Achten Deutschen Soziolgentages vom 19. bis 21. September 1946 in Frankfurt am Main*. Tübingen: Mohr (Siebeck).

9   Vgl. zur amerikanischen Hochschulpolitik im Allgemeinen: Beate Rosenzweig (1998), *Erziehung zur Demokratie? Amerikanische Besatzungs- und Schulreformpolitik in Deutschland und Japan*. Stuttgart: Steiner, S. 111-119 und S. 140-153, sowie mit Fokus auf die Soziologie: Gerhardt, „Die Wiederanfänge der Soziologie nach 1945 und die Besatzungsherrschaft", S. 38-54.

Hochschulstruktur der Weimarer Republik nicht grundsätzlich verändert werden
könne, da die meisten Dozenten für eine ganzheitliche, humanistische Ausbildung des Menschen plädieren und dadurch einem möglichen Wiederaufkommen
des Nationalsozialismus entgegenwirken würden. Man sah vielmehr in der Ausbildung von Fachspezialisten die Gefahr, dass sich anti-demokratische Einstellungen schneller etablieren könnten, und setzte daher zunächst das traditionelle
Weimarer Universitätssystem mit seinem *Studium Generale* durch. Ein Gegen-
gewicht zur ‚Elfenbeinturm-Mentalität' sah man in der Schaffung der Rektorenkonferenz, die 1949 zur Westdeutschen Rektorenkonferenz wurde.

Insgesamt war es der britischen Militärregierung ein wesentliches Anliegen,
das Entstehen einer neuen *Academia* zu fördern. Dafür hielt man innerhalb der
Universitäten die Sozialwissenschaften für besonders geeignet. Dies führte z.B.
zur Gründung der *Akademie für Gemeinwohl* in Hamburg 1948[10] und der *Hochschule für Arbeit, Politik und Wirtschaft* in Wilhelmshaven 1949.[11] Neben den
Institutsgründungen wurden erste Lehrstühle für Soziologie eingerichtet. In der
Zeit der Militärregierung waren dies vier Professuren, die mit René König, Helmut Schelsky, Max Ernst Graf Solms und Gerhard Mackenroth besetzt wurden.
Darunter war mit René König ein Remigrant und daneben drei Sozialwissenschaftler, die während des Nationalsozialismus in Deutschland geblieben waren.
Auch die Gründung des Meinungsforschungsinstituts EMNID in Bielefeld im
Jahr 1945, das zwar von Beginn an unter deutscher Leitung stand, aber zum Teil
im Auftrag der Militärregierung handelte, ist in dem Zusammenhang der Förderung von etwas Neuem zu erwähnen.

1.3 Universitäts- und Wissenschaftspolitik in der französischen Besatzungszone

Die Kulturpolitik in der französischen Besatzungszone, die im Wesentlichen
zentral aufgebaut und organisiert war, war geprägt von Gegenentwürfen zu den
kulturellen Ausprägungen, wie sie sich im Nationalsozialismus manifestiert
hatten. Sie zielte darauf, preußisch-militaristischen Organisationsstrukturen eine
Demokratisierung entgegen zu setzen, die es ermöglichen sollte, Deutschland
zurück in die Völkergemeinschaft im Allgemeinen und in die westliche Kultur
im Speziellen zu bringen. Eine wesentliche Notwendigkeit sahen die Franzosen
in der Reaktivierung geistiger Traditionen und in der Entnazifizierung. Die Ent-

---

10   Die *Akademie für Gemeinwohl* wurde 1961 in *Hochschule für Wirtschaft und Politik* umbe-
      nannt und ist seit 2005 als Fachbereich Sozialökonomie Teil der Universität Hamburg.
11   Sie wurde 1956 in *Hochschule für Sozialwissenschaften* umbenannt und 1962 an die Universi-
      tät Göttingen angegliedert.

nazifizierung wurde strikter als in der amerikanischen Besatzungszone betrieben, insofern sich die Identifizierung von Nationalsozialisten nicht auf die Mitgliedschaft in der NSDAP beschränkte.[12]

Konkret führte die französische Hochschulpolitik zu Neugründungen von Hochschulen wie der 1817 geschlossenen Universität in Mainz, die 1946 wiederbegründet wurde, der 1947 geschaffenen Verwaltungshochschule in Speyer, die speziell aufgebaut wurde, um demokratische Verwaltungsbeamte auszubilden, sowie der 1949 errichteten Akademie für Wissenschaften und Literatur in Mainz. An der Verwaltungshochschule Speyer wurde mit ihrer Gründung ein Lehrstuhl für Soziologie errichtet, den Arnold Gehlen einnahm. In Mainz wirkten Christian Eckert und Carl August Emge.

Allgemein sah man in der französischen Militärregierung eine besondere Aufgabe für die Soziologie vor. Sie sollte in die Gesellschaft hineingetragen werden, was ebenso der Lehrstuhl an der Verwaltungshochschule Speyer, der neue Verwaltungsbeamte soziologisch bilden sollte, wie die besondere Förderung der empirischen Sozialforschung dokumentiert. Letztere wurde durch das 1947 gegründete Institut für Demoskopie in Allensbach, das auch Umfragen im Auftrag der Militärregierung durchführte, gefördert.[13]

Von einer ‚Stunde Null' der Soziologie in Deutschland zu sprechen ist schlechterdings nicht möglich. Die ersten Jahre waren bis zum Ende der 50er Jahre geprägt von einem „Bild der Kontinuität und der Diskontinuität."[14] Zwar waren die Militärregierungen bestrebt auch die Universitätslandschaft von Nationalsozialisten zu befreien; dass dies nicht immer gelang, wird beispielsweise an der Arbeit der Sozialforschungsstelle Dortmund deutlich, die ein bereits von 1943 an bestehendes Institut fortführte und an der weiterhin Sozialstatistiker, Volkskundler und Bevölkerungswissenschaftler arbeiteten, die bereits im Nationalsozialismus in verschiedenen Städten tätig gewesen waren und mitunter weiterhin „terminologische und inhaltliche Bezüge zur faschistischen Soziologie" fortsetzten.[15]

---

12 Rainer Hudemann (1994), „Kulturpolitik in der französischen Besatzungszone – Sicherheitspolitik oder Völkerverständigung? Notizen zu einer wissenschaftlichen Diskussion". In: Gabriele Clemens (Hg.), *Kulturpolitik im besetzten Deutschland 1945-1949*. Stuttgart: Steiner, S. 185–199, hier S. 189ff.

13 Vgl. Gerhardt, „Die Wiederanfänge der Soziologie nach 1945 und die Besatzungsherrschaft", S. 71ff.

14 Gerhardt (2009), *Soziologie im zwanzigsten Jahrhundert*, S. 156.

15 Johannes Weyer (1984), *Westdeutsche Soziologie 1945-1960. Deutsche Kontinuitäten und nordamerikanischer Einfluss*. Berlin: Duncker & Humblot, S. 297.

Im Unterschied zu Salomons mit Blick auf die *Vor*kriegssoziologie aufge-
stellte These des Jahres 1945, dass es keine institutionalisierte empirische Soziologie in Deutschland gebe, war sie in der *Nach*kriegssoziologie von Beginn an
präsent. Ihr Ursprung und ihre Ausgestaltung sind in der Forschung jedoch umstritten. Zwei unterschiedliche Positionen nehmen Carsten Klingemann und Uta
Gerhardt ein. Während Klingemann während der nationalsozialistischen Ära eine
Transformation des Typus Sozialwissenschaftler vom Ringerschen ,Mandarinen-
tum'[16] zum spezialisierten Expertentum ausmacht und dies zum Ursprung für
eine ,empirisierte Soziologie' „auf dem Weg in eine moderne Wissensgesellschaft" nach Kriegsende erklärt,[17] sieht Gerhardt den Einzug einer systematischen Sozialforschung in einem „Kulturtransfer" begründet, der insbesondere
durch die amerikanische Besatzungsmacht eingeleitet wurde und zunächst die
Nutzung neuester Forschungsmethoden für die amerikanische Militärregierung
umfasste, bevor er sich zunehmend in der Ausbildung von empirisch geschulten
Sozialwissenschaftlern manifestierte.[18] Es ist hier nicht der Ort, in die Diskussion
einzusteigen. Für meine Fragestellung, mit Blick auf die These Albert Salomons,
genügt es an dieser Stelle zu konstatieren, dass in der Nachkriegssoziologie die
empirische Sozialforschung zu einer Konstante wurde. Inwieweit damit in
Deutschland der Weg von einer Ansammlung von Soziologen zu einer sozialen
Institution Soziologie bereitet wurde, die ebenso wie in Frankreich oder den
USA in objektiver Funktion im gesellschaftlichen Zusammenhang zu praktischer
Aufklärung oder moralischer Erziehung beitrug, wird im Folgenden zu zeigen
sein.

2. Die Institutionalisierung der Nachkriegssoziologie

Bevor ich auf die Charakteristik der ersten Nachkriegsgeneration von Soziologen
eingehe, werde ich zunächst mit der Einbindung der Soziologie als Einzeldiszip-
lin an den Hochschulen und der Entwicklung der soziologischen Vereinigungen
zwei Ebenen der institutionellen Etablierung der Soziologie skizzieren, um den
weiteren Zusammenhang des Nachkriegsgeschehens zu zeigen.

---

16 Vgl. Fritz K. Ringer (1987), *Die Gelehrten. Der Niedergang der deutschen Mandarine 1890-
1933.* München: DTV.
17 Carsten Klingemann (2009), *Soziologie und Politik. Sozialwissenschaftliches Expertenwissen
im Dritten Reich und in der frühen westdeutschen Nachkriegszeit.* Wiesbaden: VS Verlag für
Sozialwissenschaften, S. 14.
18 Uta Gerhardt (2007), *Denken der Demokratie. Die Soziologie im atlantischen Transfer des
Besatzungsregimes – vier Abhandlungen.* Stuttgart: Franz Steiner, S. 238.

Zum Ende der Weimarer Republik befand sich die Soziologie in einem Zustand der „institutionelle Verdichtung".[19] Es zeichnete sich die Möglichkeit einer einzelwissenschaftlich etablierten Disziplin ab, was sich jedoch nicht vollständig vollzog. Insbesondere die jüngere Generation von Sozialwissenschaftlern um Karl Mannheim, Max Horkheimer, Theodor Geiger, Hans Freyer und Andreas Walther, war im Begriff, der Disziplin ihren Stempel aufzudrücken; diese Generation musste nach der nationalsozialistischen Machtergreifung zu einem Großteil emigrieren. Salomon war Teil dieser Generation. Zwar war er, so weit bekannt, selbst nicht in Operationen der institutionellen Verdichtung in Form soziologischer Vereinigungen eingebunden. Wenn er aber mit Blick auf das von Gottfried Salomon-Delatour herausgegebene *Jahrbuch für Soziologie*[20] von einer „Pionierarbeit" für die sich etablierenden Sozialwissenschaften sprach und seinen Wunsch nach „eine[r] gemeinsame[n] Forschungs- und Arbeitsstätte" zum Ausdruck brachte, „um welche sich die zerstreuten und so verschiedenartigen deutschen soziologischen Bemühungen sammeln könnten",[21] demonstriert dies sein Interesse an einer solchen Verdichtung. Von den genannten Sozialwissenschaftlern war er mit Mannheim seit gemeinsamen Heidelberger Studientagen befreundet.[22] Mit Geiger verbindet sich eine Institutionalisierungsmaßnahme, an der Salomon seinerseits beteiligt war. Dessen Buch *Die soziale Schichtung des deutschen Volkes* erschien als erster – und aufgrund der politischen Entwicklung einziger – Band der von Salomon gemeinsam mit Alfred von Martin und Sigmund Neumann begründeten Schriftenreihe ‚Soziologische Gegenwartsfragen'.[23]

Bereits während der Weimarer Republik gab es Bestrebungen, ein soziologisches Studium einzurichten. Man stand dabei primär vor der Frage, wer Soziologie unterrichten sollte und als was Soziologie zu lehren sei. Zwar konnte beim Preußischen Bildungsministerium durchgesetzt werden, dass zunehmend soziologische Lehrstühle eingerichtet werden sollten; einen davon besetzte Salomon

---

19   Erhard Stölting (1986): *Akademische Soziologie in der Weimarer Republik*. Berlin: Duncker & Humblot.

20   Gottfried Salomon-Delatour [Hg.] (1926), *Jahrbuch für Soziologie. 2. Band: Eine internationale Sammlung*. Karlsruhe: Braun.

21   Albert Salomon, „Soziologie als Brücke und Weg. Eine Rezension von 1926". In diesem Band, S. 237-243, hier S. 238.

22   Albert Salomon (1966), „Im Schatten einer endlosen großen Zeit. Erinnerungen aus einem langen Leben für meine Kinder, jungen Freunde und Studenten". In: ders. (2008), *Werke 1: Biographische Materialien und Schriften 1921-1933*. Wiesbaden: VS Verlag für Sozialwissenschaften, S. 13-29, hier S. 21.

23   Theodor Geiger (1932), *Die soziale Schichtung des deutschen Volkes. Soziographischer Versuch auf statistischer Grundlage*. Stuttgart: Enke. Vgl. Peter Gostmann, Karin Ikas und Gerhard Wagner (2005), „Emigration, Dauerreflexion und Identität. Albert Salomons Beitrag zur Geschichte der Soziologie". In: *Soziologie* 34, S. 267-284, hier S. 269.

seit 1931 am *Berufspädagogischen Institut* in Köln.[24] Allerdings musste die Lehre der Soziologie aufgrund der Weltwirtschaftskrise im Großen und Ganzen auf die Vergabe von Lehraufträgen beschränkt bleiben. Ihren Höhepunkt fand die Forcierung der Soziologie als Einzelwissenschaft während der Weimarer Republik in der Frankfurter Dozententagung, die von der Deutschen Gesellschaft für Soziologie initiiert mit Unterstützung Mannheims in den Räumlichkeiten des Instituts für Sozialforschung stattfinden konnte.[25]

Seinerzeit bestand das Problem, dass sich die Nationalökonomie zu einem eigenen Studienfach entwickelt hatte und deren Vertreter der Soziologie eine Nebenrolle zuzuweisen gedachten. Auf der Dozententagung konnte man sich darauf verständigen, Soziologie zu einem Wahlpflichtfach für Examenskandidaten zu machen und beabsichtigte ferner, sich an verschiedenartigen Berufsausbildungen zu beteiligen. Insbesondere Lehrer, Handelsleute und Juristen waren als Berufe angedacht, in die man eine soziologische Bildung einfließen lassen wollte. Außerdem fand man grundsätzliche Übereinstimmung darüber, was als Soziologie zu lehren sei, wobei man die Formulierung von Martins übernahm: „Die Soziologie ist sowohl nach Seite ihrer theoretischen Grundlegung, wie der ihrer Konkretion am historischen und besonders gegenwärtigen Material wie endlich nach der Seite der empirischen Beobachtung und Beschreibung zu lehren."[26] Auf dieses sehr allgemeine Verständnis von Soziologie konnte man sich einigen. Die Allgemeine Soziologie – dies deckt sich durchaus mit Salomons These von der primär theoretischen Orientierung der Soziologie – war die Grundlage des Faches. In welchem Maße die historische Soziologie, die Soziographie und empirische Sozialforschung in den Lehrkanon Einzug erhalten sollten, blieb offen. Zu einer Umsetzung der Pläne konnte es aufgrund der politischen Umstände nicht mehr kommen.[27]

Nach dem Zweiten Weltkrieg fanden die ersten konkreten Pläne, die Soziologie als eigenes Studium aufzubauen, in den frühen 1950er Jahren statt. Insbesondere die Universitäten in Frankfurt und Berlin fungierten als Vorreiter und entwarfen eigene Diplomstudiengänge. In Köln wurde im März 1953 auf einer

---

24 Salomon (1966), „Im Schatten einer endlosen großen Zeit", S. 26f.

25 Jens Koolwaay (2010), „Zwischen Profession und Experiment. Karl Mannheim in Frankfurt". In: Felicia Herrschaft und Klaus Lichtblau (Hg.), *Soziologie in Frankfurt. Eine Zwischenbilanz.* Wiesbaden: VS Verlag für Sozialwissenschaften, S. 105-121.

26 Vgl. Leopold von Wiese (1931/32), „Die Frankfurter Dozententagung". In: *Kölner Vierteljahreshefte für Soziologie* 10, S. 439-449, hier S. 446.

27 Vgl. hierzu M. Rainer Lepsius (1981): „Die Soziologie der Zwischenkriegszeit". In: ders. (Hg.), *Soziologie in Deutschland und Österreich. 1914-1945.* Kölner Zeitschrift für Soziologie und Sozialpsychologie. Sonderheft 23. Opladen: Westdeutscher Verlag, S. 7-23, hier S. 11ff. Vgl. auch Dirk Kaesler (1984), *Die frühe deutsche Soziologie 1909 bis 1934 und ihre Entstehungs-Milieus.* Opladen: Westdeutscher Verlag, S. 151-157.

Konferenz über die Gestaltung des Unterrichts in den Sozialwissenschaften die grundsätzliche Einführung eines Diplomstudiengangs Soziologie beschlossen. Innerhalb der *Deutschen Gesellschaft für Soziologie* empfahl der hierfür zuständige Ausschuss für Hochschullehrer- und Studienfragen 1955 die Eingliederung der Soziologie als Hauptfach eines volkswirtschaftlichen Studiums, was jedoch von Volks- und Betriebswirtschaftlern abgelehnt wurde. Ab 1957 forcierte man daher einen eigenen Studiengang, was zu diesem Zeitpunkt bereits an verschiedenen Universitäten umgesetzt war, 1955 in Frankfurt und 1956 in Berlin. An beiden Universitäten konnten fortan nur die Studenten in Soziologie promovieren, die vorher das Diplom-Studium absolviert hatten.

Die Einführung eines eigenen Studienganges war in den 1950er Jahren innerhalb der Soziologie nicht ohne Kritik vonstatten gegangen. Kritisiert wurde insbesondere, dass der Studiengang nicht auf einen Beruf hin ausbilden könne, da das Berufsbild des Soziologen außerhalb der Universität nicht definiert sei. Ein zweiter Kritikpunkt war wissenschaftstheoretischer Natur. Man sah die Soziologie nicht auf ein lehrbares Konzept hin etabliert, und vermutete, der Studiengang bedeute eine Beschneidung der Interessensbildung des lernenden Subjekts, beschrieb also einen Konflikt, der sich zwischen *Studium Generale* und Fachstudium aufspannte. Von Befürwortern hingegen wurde die Einführung des Diplom-Studiengangs als eine Innovation aufgefasst, die die Professionalisierung und Institutionalisierung der Einzelwissenschaft Soziologie stärke.[28] Beschrieben in den Begrifflichkeiten, die Salomon im Exil entwickelte, deutete sich in diesem Spannungsverhältnis der Konflikt zwischen *Soziologie und Soziologismus* an.[29]

Von den 55 Hochschuldozenten, die zum Ende der Weimarer Republik Soziologie gelehrt hatten, waren bis zum Ausbruch des Zweiten Weltkriegs zwei Drittel aus dem Lehrbetrieb in Deutschland ausgeschieden. Von den Verbliebenen gingen weitere in Ruhestand, so dass insgesamt gerade neun Dozenten übrig blieben, von denen allerdings so gut wie keine soziologischen Lehrveranstaltungen mehr angeboten wurden. Die örtliche Konzentration der Soziologie bis 1933 auf die regionalen Zentren Berlin, Heidelberg, Frankfurt, Köln und Leipzig wurde bis auf Letztgenanntes aufgehoben. In Leipzig hielt Hans Freyer jedoch ab

---

28   Zur Einführung des soziologischen Diplom-Studienganges vgl. M. Rainer Lepsius (1979), „Die Entwicklung der Soziologie nach dem Zweiten Weltkrieg 1945 bis 1967". In: Günther Lüschen (Hg.), *Deutsche Soziologie seit 1945. Entwicklungsrichtungen und Praxisbezug.* Kölner Zeitschrift für Soziologie und Sozialpsychologie. Sonderheft 21. Opladen: Westdeutscher Verlag, S. 25-70, hier S. 44-49. Vgl. auch Erwin K. Scheuch (1990), „Von der Deutschen Soziologie zur Soziologie in der Bundesrepublik Deutschland". In: *Österreichische Zeitschrift für Soziologie* 15, S. 30-50, hier S. 44.

29   Albert Salomon (1938), „Soziologie und Soziologismus". In: ders. (2008), *Werke 2: Schriften 1934-1942.* Wiesbaden: VS Verlag für Sozialwissenschaften, S. 127-141.

1938 praktisch keine soziologischen Lehrveranstaltungen mehr. Die völkische Soziologie, die bereits vor dem NS-Regime entstanden war, versuchte zwar, ihn für sich zu gewinnen, was ihr aber nicht gelang.[30]

Nach Kriegsende wurden neben den Neuberufungen in den britischen und französischen Besatzungszonen vor allem in der amerikanischen bereits emeritierte oder während der nationalsozialistischen Herrschaft entlassene, aber in Deutschland gebliebene Sozialwissenschaftler reaktiviert. Neben Leopold von Wiese war dies das Heidelberger sozialwissenschaftliche Milieu der frühen Weimarer Republik um Alfred Weber. Damit gewann auch einer der Soziologen neuerliche Bedeutung, denen Salomon sich verpflichtet wusste; Webers „Werk" hatte er „als Ausdruck einer allgemeinen Revolte gegen den Geist des soziologischen Positivismus" gewürdigt: „Es unternimmt den Versuch, die Soziologie vom abstrakten Rationalismus der Sozialwissenschaften zu befreien und neue Kategorien und Methoden zu entdecken, mit deren Hilfe sich das Leben in seiner komplexen Totalität erfassen lässt".[31] In Berlin wirkten Alfred Vierkandt[32] und Richard Thurnwald für eine kurze Zeit und in München waren Alfred von Martin[33] und Fedor Stepun versammelt.

Die Reaktivierung der Weimarer Soziologie und damit der Lehrer bzw. Generationsgenossen Salomons hielt nur kurz, da sie entweder verstarben oder endgültig in Ruhestand gingen. Eine Ausnahme bildet das Institut für Sozialforschung um Max Horkheimer, das zum Ende der 1940er Jahre zwar nicht vollständig, aber doch in Teilen zurückkehrte. Zu Beginn der 1950er Jahren wurde die Institutionalisierung der Soziologie an den Hochschulen weiter vorangetrieben. Bis 1955 wurden insgesamt zwölf Lehrstühle für Soziologie geschaffen, was in etwa den Stand von 1932 darstellte.

Der (Wieder-)Aufbau der soziologischen Vereinigungen ließ sich schneller realisieren als die Einrichtung soziologischer Lehrstühle. Nach dem zweiten

---

30 Salomon vermerkt über Freyers ‚Verstrickung': „Seine Überzeugung, dass die gesellschaftlichen Antagonismen nur politisch aufgelöst werden können, brachte ihn an die Seite der Nazis. Gleichwohl bleibt er ein guter Soziologe (Salomon, „Die deutsche Soziologie", S. 111).

31 Albert Salomon (1936), „Zur Stellung von Alfred Webers Kultursoziologie im sozialen Denken". In: ders. (2008), *Werke 2*, S. 119-126, hier S. 125.

32 Vgl. Salomon, „Die deutsche Soziologie", S. 133.

33 Mit von Martin verband Salomon nicht zuletzt der Eindruck einer Notwendigkeit, „das Soziale im Zeichen des Humanen zu sehen" (Alfred von Martin (1965), *Mensch und Gesellschaft heute*. Frankfurt am Main: Knecht, S. 7), Soziologie als „empirisch-wissenschaftliche Untersuchung des historischen Charakters des Menschen" (Salomon, „Die deutsche Soziologie", S. 106.) zu betreiben; beide wählten Jacob Burckhardt zur Referenzgröße. Vgl. Alfred von Martin (1942), *Die Religion Jacob Burckhardts. Eine Studie zum Thema Humanismus und Christentum*. München: Reinhardt; Albert Salomon (1945), „Jenseits der Geschichte: Jacob Burckhardt". In: ders., *Werke 3*, S. 137-190.

Weltkrieg war die *Deutsche Gesellschaft für Soziologie* die erste wissenschaftliche Vereinigung, die in Westdeutschland wieder aufgebaut wurde. Dies geschah
1946 durch Leopold von Wiese und mit Unterstützung des amerikanischen Uni-
versitätsoffiziers Hartshorne. Von den etwa 50 Mitgliedern, die mit der Wiedergründung in die Gesellschaft eintraten, waren etwa 20 bereits in der Weimarer
Republik in ihr aktiv. Zum Ende der 1950er Jahre stieg die Mitgliederzahl auf
über 250. In dieser Zeit vollzog sich ein umfassender Wandel von einer Gelehr-
ten- zu einer Fachgesellschaft, der sich insbesondere über die Gründung von
Sektionen und die Öffnung für Nachwuchswissenschaftler manifestierte.[34]

Neben der *Deutschen Gesellschaft für Soziologie* gab es zwei weitere soziologische Vereinigungen, die für die Nachkriegssoziologie von Bedeutung sind.
Dies ist zum einen die auf Initiative der UNESCO 1949 neugegründeten *International Sociological Association* und zum anderen die *Confédération Internationale de Sociologie*, in der das *Institut International de Sociologie* aufging. Hier
sammelten sich insbesondere Soziologen, die während der nationalsozialistischen Diktatur in Deutschland geblieben waren.

Die Institutionalisierung vollzog sich neben den drei genannten Aspekten –
der Einführung bzw. Besetzung von Lehrstühlen, der Schaffung des Diplomstu-
diums an verschiedenen Universitäten und des Wandels der *Deutschen Gesellschaft für Soziologie* zu einer Fachgesellschaft – als Effekt des Wirkens der ersten Nachkriegsgeneration von Soziologen in Deutschland, also als Ergebnis einer
Generationslage.[35] Abschließend möchte ich einen Umriss dieser Nachkriegsgeneration geben.

3. Die erste Nachkriegsgeneration und die Neubegründung der Soziologie in Deutschland

Zurecht weist Carsten Klingemann darauf hin, dass in der Nachkriegssoziologie
mindestens drei Gruppierungen wirkten: Die zurückkehrenden sowie die während des Nationalsozialismus in Deutschland gebliebenen Professoren und die
Jüngeren, d.h. die erste Nachkriegsgeneration.[36] In der Forschung besteht weitgehend Einigkeit, *dass* es eine erste Nachkriegsgeneration von Neubegründern

---

34 Lepsius, „Die Entwicklung der Soziologie nach dem zweiten Weltkrieg", S. 28.
35 Vgl. zum Begriff der Generation: Karl Mannheim (1928), „Das Problem der Generationen". In:
    Kölner Vierteljahreszeitschrift für Soziologie 7, S. 157-185 und S. 309-330.
36 Vgl. Carsten Klingemann (1999), „Reichssoziologie und Nachkriegssoziologie: Zur Kontinui-
    tät einer Wissenschaft in zwei politischen Systemen". In: Renate Knigge-Tesche (Hg.), *Berater
    der braunen Macht. Wissenschaft und Wissenschaftler im NS-Staat*. Frankfurt: Anabas-Verlag,
    S. 70-93, hier S. 83ff.

der Soziologie in Deutschland gab. Wer ihr zuzurechnen und wie sie im Einzelfall einzuordnen ist, ist umstritten. In der Schnittmenge liegen stets Theodor W. Adorno und das Frankfurter Institut für Sozialforschung, René König und die ‚Kölner Soziologie' sowie Helmuth Schelsky, ab 1960 Direktor die Sozialforschungsstelle an der Universität Münster in Dortmund. Was zeichnet aber sie, von denen einer aus den USA und einer aus der Schweiz zurückgekehrt war, während der dritte in Nazi-Deutschland geblieben war, als *eine* Generation aus?

Als „Charismatiker des Anfangs"[37] beschreibt sie Heinz Bude, der eine Generation charakterisiert, die das Verständnis dafür teilte, aufgrund des Zusammenbruchs der Weimarer Republik und der Entwicklungen in Deutschland unter dem nationalsozialistischen Regime verpflichtet zu sein, aktiv an einer Re-Demokratisierung mitzuwirken. Gemein ist ihnen außerdem die intellektuelle Sozialisation in der Zwischenkriegszeit, die Bude als Motiverzeuger für ein starkes Verlangen nach Wirklichkeit auffasst, womit er die Integration der empirischen Sozialforschung in ihr Wissenschaftsverständnis erklärt. Da die Soziologie der Weimarer Republik von dem Thema der Künstlichkeit von Gesellschaftsformen bestimmt gewesen sei, die reale Gesellschaftsform aber zusammenbrechen und durch ein Verbrechen erzeugendes Regime ersetzt werden konnte, setzte die neue Generation neben ihrer philosophisch fundierten Ausbildung auf die empirische Erfassung der Wirklichkeit. Für Lepsius, der einen deutlich umfassenderen Personenkreis der aktiven Nachkriegssoziologie zurechnet, liegen die gemeinsamen Erfahrungen der „Gründergeneration"[38] in der politischen und wissenschaftlichen Sozialisation der Zwischenkriegszeit und der Rückkehr aus der Emigration; in der – für das Ende der Weimarer Republik typischen – Wendung von der Philosophie zur Soziologie; im Streben, die Soziologie als Einzelwissenschaft zu etablieren; schließlich in der (unterstützenden) Anwendung empirischer Forschungsmittel.

Einhergehend mit der Verbreitung der empirischen Forschung kam es nicht nur zu einem Wandel der Soziologie in Deutschland gegenüber der Lage des Fachs, die Salomon noch 1945 konstatiert hatte. Vielmehr traten zugleich Empirie und Theorie in ein umfassendes Spannungsverhältnis. Dieses Spannungsverhältnis wurde von den verschiedenen Mitgliedern der Nachkriegsgeneration jeweils unterschiedlich verstanden. Ging es bei König um eine empirisch fundierte einzelwissenschaftliche Soziologie, die sich von der *Grand Theory* ab- und

---

37 Heinz Bude (2002), „Die Charismatiker des Anfangs. Helmuth Plessner, René König, Theodor W. Adorno und Helmut Schelsky als Gründer einer Soziologie in Deutschland". In: Günter Burkart und Jürgen Wolf (Hg.), *Lebenszeiten. Erkundungen zur Soziologie der Generationen.* Opladen: Leske + Budrich, S. 407-419, hier S. 410. Bude zählt neben den drei genannten noch Helmuth Plessner zu den Gründern der Soziologie in Deutschland.

38 Lepsius, „Die Entwicklung der Soziologie nach dem zweiten Weltkrieg", S. 36.

der Theorie mittlerer Reichweite zugewendet hatte und die international ausgerichtet war, ging es bei der Soziologie des Frankfurter Instituts für Sozialforschung gerade nicht um eine empirisch fundierte einzelwissenschaftliche Soziologie, sondern um die Verbindung eines spezifisch dialektischen Verhältnisses
von empirischer Sozialforschung und philosophisch korrigierter Theorie, um
Gesellschaft als Ganzes zu analysieren. Schelsky schließlich wehrte sich nicht
gegen empirische Soziologie an sich, sondern gegen mathematisch-statistische
Verfahren. Er sah in der empirischen Sozialforschung die Möglichkeit, die
Nachkriegszeit zeitdiagnostisch zu verstehen, allerdings im Sinne von Tatsa-
chenbeschreibungen, die auf philosophisch-anthropologischen Annahmen beruhen sollten.

Zum Ende der 1950er Jahre manifestieren sich die drei Richtungen zunehmend als massive Gegenspieler. Offenbar wurde dies vor dem Hintergrund des
14. Soziologentags, der 1959 in Berlin stattfinden sollte. Geplant war, dass drei
Hauptreferate gehalten werden sollten. Hierfür war Horkheimer mit einem Vortrag über das Verhältnis von Soziologie und Philosophie, König mit einem über
Wandlungen in der Stellung der sozialwissenschaftlichen Intelligenz und
Schelsky mit einem über die Ortsbestimmung der deutschen Soziologie vorgese-
hen. Allerdings war es bereits 1958, als die *Confédération Internationale* eine
Konferenz in Deutschland abhielt, zu solch umfassenden Streitereien gekommen,
dass Schelsky aus der *Deutschen Gesellschaft für Soziologie* austrat. Im Oktober
1960 versuchte man bei einer Zusammenkunft im Hotel Jagdschloß Niederwald
die Spannungen auszuräumen.[39] Anstatt aber die persönlichen Differenzen zu
beseitigen, wurden die Kontroversen fortan auf eine wissenschaftstheoretische
Ebene gehoben. Zum Teil sind sie als Positivismusstreit bekannt geworden.[40]

Die Nachkriegssoziologie bis zum Ende der 1950er Jahre war auf der institutionellen Ebene wie in der generationsspezifischen Zusammensetzung geprägt von
einer strukturellen und personellen Überlappung von Momenten aus der Weimarer Republik, dem Nationalsozialismus und einer beginnenden Internationalisie-
rung. In meinen Augen entstand so ein eigener spezifischer Referenzrahmen.
Hatte Salomon geschrieben, dass der nationale Referenzrahmen einer Wissen-

---

39   An der Zusammenkunft nahmen Theodor W. Adorno, Arnold Bergstraesser, Hans Freyer,
      Arnold Gehlen, Max Horkheimer, Carl Jantke, René König, Wilhelm Emil Mühlmann, Hel-
      muth Plessner und Helmut Schelsky teil.
40   Theodor W. Adorno, Ralf Dahrendorf, Harald Pilot, Hans Albert, Jürgen Habermas und Karl
      R. Popper (1969), *Der Positivismusstreit in der deutschen Soziologie.* Darmstadt, Neuwied:
      Luchterhand. Vgl. Wolf Lepenies (2009): „Auf den Gipfeln, hinter den Kulissen." In: *Die Welt,*
      24. Februar 2009. Vgl. auch Lepsius, „Die Entwicklung der Soziologie nach dem zweiten
      Weltkrieg", S. 43f.

schaft so lange aktuell bleibt, wie die handelnden Individuen oder Kollektive sich in ihm bewegen und sich auf ihn beziehen, so lässt sich feststellen, dass dies nicht mehr in der gleichen Weise der Fall war wie zuvor. Die Wechselwirkung zwischen den Systemen von Hegel und Marx war für die Soziologie in Deutschland nun nicht mehr in gleicher Weise prägend, nicht zuletzt, insofern die primär theoretische Orientierung des Fachs aufgebrochen wurde und deskriptive, praktische Studien eine größere Rolle zu spielen begannen. Auch wenn damit die Möglichkeit größer wurde, dass die Soziologie eine objektive Funktion im gesellschaftlichen Zusammenhang einnehmen konnte, entstand aber keine einheitliche Disziplin. Die Streitereien auf der Konferenz der *Confédération Internationale* und deren wissenschaftstheoretisches Nachspiel zeigen, dass die Soziologie in Deutschland stattdessen in gewisser Weise die Ansammlung von Soziologen blieb, die Salomon beschrieben hatte. Der Referenzrahmen der Nachkriegssoziologie vereint also Aspekte, wie sie Salomon für die Soziologie in Deutschland skizziert hatte, mit neuen. Dafür steht mehr als die Gruppierungen der zurückkehrenden und der während des Nationalsozialismus in Deutschland gebliebenen Professoren die ‚Gründergeneration‘ der Nachkriegssoziologie, die als ein Bindeglied zwischen der philosophisch geprägten deutschen Soziologie der Zwischenkriegszeit und der sich etablierenden, mehr und mehr die empirische Sozialforschung in den Vordergrund rückenden Fachwissenschaft fungierte.

Brief an Albert Salomon

Middlebury, Vermont, am 01. Januar 1940[1]

Leo Strauss

10 Weybridge Street,
Middlebury, Vermont,
den 1. Januar 1940

Lieber Salomon!

Ich wollte Ihnen nochmals für den schönen Nachmittag und für das schöne Geschenk herzlichst danken. Auf der Reise hierher habe ich Ihren Tocqueville-Aufsatz[2] gelesen – mit grösstem Interesse und sehr zu meiner Belehrung. Die Nähe Ihrer Position zu derjenigen von Jaspers, die, wie Sie mir erzählten, Frank aufgefallen ist,[3] habe auch ich bemerkt. Ich halte mich an diesen Punkt, da ich Tocqueville nicht kenne und daher über die Tocqueville-Interpretation nichts sagen kann.

Besonders aufgefallen sind mir zwei Punkte:

1) (S. 401 M./Ende und 408 M. z. Ende)[4] – Die Ersetzung der natürlichen Welt durch eine von Menschen geschaffene Welt, wie sie von der modernen Philosophie vollzogen worden ist. Dass dem so ist, glaube auch ich. Es ist, wie mir scheint, der eigentliche Sinn des modernen Idealismus und des ihm wesentlich

---

1   Fundstelle: Leo Baeck Institute Archives, Albert Salomon Collection. AR 3111/ MF 850. Die Herausgeber danken dem Leo Baeck Institute in New York, insbesondere Michael Simonson, sowie dem Leo Strauss Center in Chicago, insbesondere Nathan Tarcov, für ihre Zustimmung zum Abdruck des Briefes. Ebenso danken wir Aubrey Pomerance vom Jüdischen Museum in Berlin für seine Unterstützung. Unser großer Dank gilt überdies Thomas Meyer, der die schwierige Aufgabe übernommen hat, den Brief zu transkribieren.
2   Albert Salomon (1939), „Toquevilles Philosophie der Freiheit. Ein Weg zur Konkreten Soziologie". In: ders. (2008), *Werke 2: Schriften 1934-1942*. Wiesbaden: VS Verlag für Sozialwissenschaften, S. 173-205.
3   Karl Jaspers und Erich Frank hatten zu Salomons Lehrern während seiner Heidelberger Zeit gehört. Vgl. Albert Salomon (1966), „Im Schatten einer endlosen großen Zeit. Erinnerungen aus einem langen Leben für meine Kinder, jungen Freunde und Studenten". S. 13-29 in: ders. (2008), *Werke 1: Biographische Materialien und Schriften 1921-1933*. Wiesbaden: VS Verlag für Sozialwissenschaften, hier S. 17-18.
4   Albert Salomon, „Toquevilles Philosophie der Freiheit", S. 174-175 und S. 180-181.

zugehörigen Begriffs der Kunst als einer Schöpfung (zum Unterschied von der älteren Auffassung der Kunst als Nachahmung der Natur). Wonach die unvermeidliche Konsequenz ist, dass man zuerst einmal in eine natürliche Welt zurückgehen muss, bevor man selbst anfangen kann, auch nur zu fragen: alle gegenwärtig möglichen Antworten sind notwendig Mattheiten.

2) (ad 429 M. 2, 1. Satz und öfter)[5] – Aber was heißt „eine natürliche Welt"? Ich finde, Sie machen der Soziologie oder der Romantik eine zu grosse Konzession, indem Sie sich an einer gewissermassen gesunden Periode im Unterschied zu unserer kranken Periode orientieren. Ich bin geneigt zu glauben, dass *alle* Perioden als Perioden krank sind, was nicht bedeutet, dass nicht die eine Periode erträglicher ist als die andere. Zum Beispiel das viktorianische England war erträglicher als das Nachkriegs-Europa. Aber war es darum in *jeder* Hinsicht besser? War nicht die Möglichkeit, die eigentlichen Fragen zu sehen, durch die viktorianische Scheinlösung ernstlicher gefährdet als durch die an die Grenzen der Barbarei führende Unsicherheit der 20er und 30er Jahre dieses 20. Jahrhunderts! Kurz: die natürliche Welt, zu der wir zurückgehen müssen, kann nicht irgendeine Periode der Vergangenheit (oder der Zukunft) sein; denn die menschlichen Dinge sind notwendig unvollkommen, immer und überall. Der Vorzug der Vergangenheit (einer ganz bestimmten Vergangenheit) vor der Gegenwart besteht nur darin, dass die modernen *Philosophen* uns die Möglichkeit genommen haben, die natürliche Welt zu verstehen, während gewisse vormoderne *Philosophen* den ernstlichen und zum Teil sogar erfolgreichen Versuch gemacht haben, die natürliche Welt zu verstehen – diese Welt, deren Sonne uns nicht weniger leuchtet als Homeros, wie wir sofort bemerken, wenn wir auf die philosophische Terminologie verzichten und die Dinge bei ihrem Namen nennen.

Ihre „Passion de l'âme"[6] habe ich begonnen zu lesen und es ist eine sehr schöne und praktische Ausgabe. Nochmals herzlichen Dank.

Ich lege Ihnen eine Rezension bei[7], die Sie vielleicht amüsieren wird.

---

5   Ebd., S. 203
6   René Descartes (1996), *Die Leidenschaften der Seele. Les passions de l'ame.* Hamburg: Meiner.
7   Es dürfte sich – vorausgesetzt, dass Strauss seinem Brief einen eigenen Text beigelegt hat – um Strauss' 1939 verfasste Rezension zur 1937 publizierten, von Moses Hyamson übersetzten und edierten englischen Fassung der *Mischna Tora* Moses ben Maimons handeln; es ist die einzige Rezension, die Strauss in dieser Zeit verfasst hat. ‚Amüsant' mag er sie nennen, insofern er hier das Gegensatzpaar exoterisch/esoterisch mit Blick auf ben Maimons *Mischna Torah* zu der paradoxen Konstruktion verdichtet, dass „an exoteric book, if it is the work of an *unexoteric* or initiated, mind, is, by it's very nature, more difficult to decipher than is an esoteric book" (Leo Strauss [1939], „Review of Moses Hyamson's edition of Maimonides,The Mishneh Torah". S. 448-456 in: *Review of Religion* 3, hier S. 453.

Herzlich grüsst Sie

Ihr

Leo Strauss

Die Macht der Ideen
Albert Salomon im Kontext zweier ideengeschichtlicher Debatten:
Weimar und Exil

Thomas Meyer

1925 veröffentlichte Karl Mannheim den späterhin berühmt gewordenen programmatischen Aufsatz *Das Problem einer Soziologie des Wissens*.[1] Aus guten
Gründen wurde der Text in erster Linie als Ausformulierung einer „Soziologie
des Wissens" gewürdigt, deren Eigenständigkeit und Herausforderungspotential
zahlreiche Intellektuelle sofort erkannten.[2] Entsprechend heftig fielen die zahlreichen Reaktionen auf Mannheims neuartige Soziologie aus, die sich nichts weniger vorgenommen hatte als angeben zu wollen, was die „Gegenwart" und die
mit ihr zur Lösung anstehende „Problemkonstellation" in ihrem Innersten zusammenhält. Es ist geradezu paradigmatisch für die Situation der Zeit, dass sich
an der Diskussion um Mannheim Vertreter sämtlicher Disziplinen und Generationen beteiligten: Von Ernst Robert Curtius über Theodor W. Adorno, Norbert
Elias und Leo Strauss bis hin zu Leopold von Wiese reicht die Liste der Invol-
vierten.[3]

Weitaus weniger beachtet als das eigentliche Forschungsprogramm wurden
Mannheims methodologische Überlegungen. In deren Zentrum wird eine zutiefst
bildungsbürgerliche Metapher fruchtbar gemacht, nämlich die der „Konstellation". Seitdem der Begriff in den ersten Sätzen von Goethes autobiographischen
Reflexionen „Dichtung und Wahrheit"[4] eingeführt worden war, tauchte er immer

1 Karl Mannheim (1925), „Das Problem einer Soziologie des Wissens". In: *Archiv für Sozialwissenschaft und Sozialpolitik* 53, S. 577-652.
2 Vgl. hierzu etwa Dirk Hoeges (1994), *Kontroverse am Abgrund. Ernst Robert Curtius und
   Karl Mannheim Intellektuelle und „freischwebende Intelligenz" in der Weimarer Republik.*
   Frankfurt am Main: Fischer. Die Geschichte der Debatten um Mannheim und ihrer Folgewir-
   kungen ist hingegen noch nicht geschrieben.
3 Vgl. grundlegend zu Karl Mannheim: Reinhard Laube (2004), *Karl Mannheim und die Krise
   des Historismus. Historismus als wissenssoziologischer Perspektivismus.* Göttingen: Vandenhoeck & Ruprecht; zu dem Aufsatz vor allem S. 258-301.
4 „Am 28. August 1749, mittags mit dem Glockenschlage zwölf, kam ich in Frankfurt am Main
   auf die Welt. Die Konstellation war glücklich; die Sonne stand im Zeichen der Jungfrau, und
   kulminierte für den Tag; Jupiter und Venus blickten sie freundlich an, Merkur nicht widerwär-
   tig; Saturn und Mars verhielten sich gleichgültig: nur der Mond, der soeben voll ward, übte die
   Kraft seines Gegenscheins um so mehr, als zugleich seine Planetenstunde eingetreten war. Er
   widersetzte sich daher meiner Geburt, die nicht eher erfolgen konnte, als bis diese Stunde vo-

mal wieder auf, um einen Zusammenhang von Personen- oder Fragestellungen zu bezeichnen, doch eine systematische Reflexion auf die Möglichkeiten des mit „Konstellation" Bezeichneten fehlte.[5]

Mit Mannheim ändert sich das in der folgenden Weise. Für ihn bedeutet „Konstellation" zweierlei: Einmal die, wenn man so will, durch Goethe klassisch gewordene Zuschreibung, dass ein bestimmter Zusammenhang von Phänomenen zu einem Orts- und Zeitpunkt X auf weitere Ereignisse einen maßgeblichen Einfluss hatte. Darüber hinaus aber wird von Mannheim das „eigentümliche Zusammensein" dieser „Faktoren" selbst in den Blick genommen. „Probleme" entspringen für ihn nicht aus zerstreuten und zufälligen Ereignissen, die sich scheinbar plötzlich verdichten, sondern werden geschaffen – und zwar von institutionellen Zusammenschlüssen, Debatten in Zeitschriften, Provokationen in den Medien. Das heißt, man kann nach Mannheim „Konstellationen" immer über Personen, Netzwerke etc. nachträglich ausmachen, aber eben auch umgekehrt: Konstellationen sind erkennbar über Frage- und Problemstellungen, sobald man deren Genese verfolgt.

Während Figurationen, gleiche Themen, institutionelle Zusammenhänge, Briefpartnerschaften, gemeinsame Freunde, um nur die offensichtlichsten Phänomene zu nennen, leicht als Konstellationen zu ersehen sind, wird die Analyse der zweiten Möglichkeit, in „Konstellationen" zu denken, häufig vernachlässigt. Dabei zeigt erst sie an, ob die genannten Auffälligkeiten einen Mehrwert erzeugt haben und zwar, das ist für Mannheim entscheidend, in der Weise, dass sich andauernde Problem- und Fragestellungen sowie deren Lösungsversuche innerhalb der systematischen Erwägungen selbst weiterverfolgen lassen.[6]

Wenn im Folgenden Albert Salomon genauer in ausgewählten „Konstellationen" in diesem Sinne verordnet werden soll, dann wird dazu jedoch nicht nur ein zeitgenössisches Konzept angewandt, sondern das Denken zweier Gelehrter miteinander in Beziehung gesetzt, die sowohl persönlich als intellektuell große Bedeutung füreinander hatten. Auf diese Weise wird der Tatsache Rechnung getragen, dass Salomons Schriften ausdrücklich und zwischen den Zeilen sich jenen Debatten verdanken, die in den 1920er Jahren der Zeit das Gepräge gaben.

---

rübergegangen." (Johann Wolfgang von Goethe [1998], „Aus meinem Leben. Dichtung und Wahrheit. Erster Teil". In: ders., *Werke. Hamburger Ausgabe, Band 9: Autobiographische Schriften I.* München: C.H. Beck, S. 7-216, hier S. 10).

5   Zu Vorgängern Mannheims vgl. Reinhardt Laube, *Karl Mannheim und die Krise des Historismus*, S. 265f. Die Nachfolger hingegen erwähnten wiederum Mannheim nicht. Das hatte und hat zur Folge, dass in ideengeschichtlichen Arbeiten, die sich des Begriffs der „Konstellation" bedienen, nahezu ausschließlich auf die Überlegungen des Münchner Philosophen Dieter Henrichs rekurriert wird. Henrich hatte jedoch sein Verständnis von „Konstellation" ganz auf die Entwicklung der nachkantischen Philosophie hin zum deutschen Idealismus enggeführt.

6   Vgl. Karl Mannheim, „Das Problem einer Soziologie des Wissens", S. 577-581.

Indem Albert Salomon und Karl Mannheim zusammengespannt werden, stehen sich zwei, emphatisch gesagt, ‚Wege' der deutschen Soziologie gegenüber, die beide auf ihre Weise paradigmatisch sind für die Entwicklung der Disziplin bis 1933. Wie das genauer zu verstehen ist, soll hier in Ansätzen beantwortet werden. Anschließend wird es um einen Zusammenhang gehen, in dem Salomon unter anderem mit dem politischen Philosophen Leo Strauss wirkte, nämlich der im November 1942 an der New Yorker *New School* etablierten *Study Group on Germany*, deren unveröffentlichte und in der Forschung bislang kaum beachteten Gesprächsprotokolle hier zum allerersten Male einer konstellativen Deutung im dargelegten Sinne unterzogen werden sollen.

1. Albert Salomon und Karl Mannheim

Zwischen Karl Mannheim und Albert Salomon muss es zu einem Bruch in systematischen Fragen gekommen sein, anders lassen sich die knappen Bemerkungen des Letzteren sowohl in seiner autobiographischen Skizze „Im Schatten einer endlosen großen Zeit"[7] als auch in seinem Nachruf auf Mannheim in der Zeitschrift *Social Research*[8] nicht verstehen. Die Überbetonung der sehr guten persönlichen Beziehungen einerseits und die scharfe Kritik andererseits, die in dem Nachruf auch nicht dadurch harmloser wird, dass Salomon Mannheims Denkleistung am Ende würdigt, legen dies offen.

    Da von Mannheims Seite keinerlei Dokumente bekannt sind, die das Verhältnis erhellen, ist der Grund genau da zu suchen, wo er von Salomon verortet wird, nämlich im Sachlich-Systematischen, das heißt letztlich, in den unterschiedlichen Konzeptionen von Soziologie. Doch ‚rein' ist das Sachlich-Systematische in dieser Konstellation nicht zu haben. So heißt es in Salomons Aufsatz über die *Deutsche Soziologie* von 1945, Mannheims *Ideologie und Utopie* sei „berühmt-berüchtigt".[9] Sowohl der Ort, nämlich eine Art Bilanz der Entwicklung der deutschen Soziologie im Jahr der Zerschlagung des ‚Dritten Reiches', als auch die Knappheit der Bemerkung sind erstaunlich. Zumal Salomon

---

7   Vgl. Albert Salomon (1966), „Im Schatten einer endlosen großen Zeit. Erinnerungen aus einem langen Leben für meine Kinder, jungen Freunde und Studenten". In: ders. (2008), *Werke 1: Biographische Materialien und Schriften 1921-1933*. Wiesbaden: VS Verlag für Sozialwissenschaften, S. 13-29, hier S. 21, S. 26 und S. 28.

8   Albert Salomon (1947), „Karl Mannheim (1893-1947)". In: *Social Research* 14, S. 350-364. Der Text wurde für den Band 3 der Werkausgabe von Dorte Huneke klug ins Deutsche übertragen; vgl. in Albert Salomon (2010), *Werke 3: Schriften 1942-1949*. Wiesbaden: VS Verlag für Sozialwissenschaften, S. 217-231.

9   Albert Salomon (1945), „Die deutsche Soziologie". In: ders. (2010), *Werke 3*, S. 103-135, hier S. 123.

noch hinzufügt, dass über Mannheim „an anderer Stelle einzugehen sein wird" –
was er aber erst in dem Nachruf tun wird.

Betrachten wir für einen Moment die Struktur des Aufsatzes im Hinblick
auf das Sachlich-Systematische, das uns Aufklärung über die beiden Wege der
Soziologie geben wird. Zwei Entwicklungslinien sind nach Salomon für die Geschichte der deutschen Soziologie entscheidend: Die eine ist durch die Revolte
gegen Hegels Philosophie gekennzeichnet, die andere zeichnet sich durch eine
Überprüfung des Marxschen Werkes aus. Zur ersten Linie zählen Jacob Burckhardt, Wilhelm Dilthey und, man glaubt es kaum, Hans Freyer. Die Revolte gegen Marx wird angeführt von Ferdinand Tönnies, auf ihn folgt Max Weber, über
dessen Rezeption ausführlich, dabei Mannheim einbeziehend, gehandelt wird,
um – gegen die Chronologie – mit Georg Simmel abzuschließen. Ein letzter Teil
der Überblicksdarstellung widmet sich dem „Einfluss der Phänomenologie" auf
die Soziologie, wobei namentlich Max Scheler und Alfred Schütz aufgeführt
werden. Die Verlaufsform der deutschen Soziologie ist laut Salomon eine ganz
besondere, da in ihr das „Interesse an Fragen der Theorie vorherrscht und be-
schreibende, praktische Studien fehlen. Unter diesen Umständen ist es einleuch-
tend, dass sie vorzugsweise auf die Philosophie, die Psychologie und die Ideengeschichte Einfluss ausgeübt hat."[10] In dieser Formulierung ist eine Selbstcha-
rakterisierung enthalten, auf die spätere, vor allem amerikanische Arbeiten immer wieder zurückgreifen, wenn sie auf die ihrer eigenen Tradition völlig fremde
philosophische Ausrichtung der deutschen Soziologie zu sprechen kommen. Innerhalb dieser Konstruktion ist dann in der Folge für Mannheim, sieht man von
dem Aperçu einmal ab, kein Platz. Der Anti-Hegel-Linie dürfte sich Salomon
selbst zugerechnet haben. In seinem Werk lässt sich eine deutliche Tendenz zur
Lebensklugheit ausmachen, die jedweden Versprechenscharakter von philosophischen wie soziologischen Theorien scharf zurückweist. Gleichwohl ist das
nur die halbe Wahrheit, denn die ausgemachte Genealogie war noch immer einem geschichtsmächtigen ‚Geist' verpflichtet, der nicht nur über den Wassern
schwebt, sondern auch der Idee einer analytisch komplexen, das Ganze des Lebens und der Lebenswelt erklären könnenden Wissensmacht gerecht zu werden
sich in der Lage sieht.

Inwieweit der im Zusammenhang mit der zweiten, der Anti-Marx-Linie,
erwähnte Mannheim dort hinein passt, lässt sich wohl am ehesten über die Trans-
formationsprozesse vermuten, die dem Heidelberger Milieu um Weber und Ernst
Troeltsch zu verdanken sind. Aber hätte der kluge, Übersicht verschaffende Salomon dann nicht Mannheim einen Sonderplatz einräumen müssen? Mannheim
ist doch der Kristallisationspunkt, will man Salomons Konstrukt von Verwandt-

---

10   Ebd., S. 104-105.

schaftsverhältnissen plausibilisieren, der das Zusammenspiel von Marxschen Kategorien, Weberscher Soziologie und Troeltschs Historismus-Diagnosen im Begriff der ‚Gegenwart' versammelt hat. Weshalb lässt Salomon diese Stelle frei? Mehr noch: Warum vertröstet er in diesem eminenten Moment – als er den Artikel schreibt ist das Ende des Zweiten Weltkrieges mehr oder weniger absehbar – die Leser auf einen unbestimmten Zeitpunkt, zumal dann, wenn die ‚Gegenwart' so danach giert, analytisch gefasst zu werden, ausgerechnet hinsichtlich ihres besten Prognostikers? Man muss, um diesen Komplex richtig einschätzen zu können, einen früheren Zeitpunkt in der Auseinandersetzung Salomons mit Mannheim aufsuchen. Dazu wiederum ist es aber zunächst nötig, in Ansätzen das diskursive Umfeld ein wenig aufzufächern, in dem Salomons Bemerkungen ihren Platz haben.

Am 28. Februar 1928 schreibt der Historiker und Meinecke-Schüler Eckart Kehr an seinen Kollegen und Freund Hans Rosenberg folgende Zeilen:

„Lieber Dr. Rosenberg, ich schicke Ihnen in der Anlage den Rationalismus wieder zurück. Sie werden, ich fürchte mit Kummer, sehen, daß ich sehr viel an den Rand geschrieben habe und daß ich in sehr viel Einzelheiten einer anderen Meinung bin. Aber Sie werden daraus auch sehen, daß ich mir einige Mühe gegeben habe, in Ihre Spekulationen einzudringen und ich hoffe nur, daß Sie mir nicht zu attestieren brauchen, ich sei gleich am Anfang dieses Dornenweges steckengeblieben und hätte das Mysterium des neuerbauten kollektiv-ideengeschichtlichen Tempels nur ganz aus der Ferne geschaut. Vielleicht setzen Sie mich auch unter die Leute ‚mit der nüchternen, wenn auch beschränkten Klarheit und der – angeblich! – so großen Sicherheit des Lebensgefühls, die für die Irrationalität des Lebens kein Verständnis haben' – wobei ich allerdings nicht weiß, ob das Ausspinnen von *Gedanken* ein besonders starkes Gefühl für das Irrationale entwickelt und ob nicht gerade aus der Skepsis gegen die ‚Ideen' ein viel stärkeres Gefühl dafür entspringt, daß es im Leben keine Sicherheiten und keine Rationalität gibt.

Aber – wie dem sei – Sie können meine Aufsätze stets ebenso unter die Lupe Ihrer Kritik nehmen: ich freue mich über jede Verbesserung, die ich mit fremder Hilfe überall da an meinen Arbeiten anbringen kann, wo der eigene Grips nicht langt. Das haben Sie ja an der von Ihnen und Gilbert zerpflückten Einleitung zu der Besprechung von Meineckes Bündnisproblem gesehen, und Salomon hat mir in den Reserveoffizieren auch noch gehörig herumkorrigiert."[11]

---

11 Vgl. Gerhard A. Ritter [Hg.] (2006), *Friedrich Meinecke: Akademischer Lehrer und emigrierte Schüler. Briefe und Aufzeichnungen 1910 – 1977.* München: Oldenbourg, S. 433-434, hier S. 434. Die genannten Schriften Kehrs sind veröffentlicht als: Eckart Kehr (1928a), „Deutsch-Englisches Bündnisproblem der Jahrhundertwende". In: *Die Gesellschaft* 5/II, S. 24-31, sowie

Der von Gerhard A. Ritter vor fünf Jahren zugänglich gemachte Brief gibt einen wichtigen Aspekt von Salomons Arbeit bei der Zeitschrift *Die Gesellschaft* preis. Eckart Kehr publizierte dort eine Besprechung von Meineckes *Die Geschichte des Deutsch-Englischen Bündnisproblems 1890-1901*, das 1927 erschienen war. In der Besprechung und in den wenigen erhaltenen gebliebenen Äußerungen Kehrs findet sich eine für ihn bestimmende Überzeugung ausgedrückt: Die von Meinecke betriebene Ideengeschichte habe den Ausschluss der Sozial- und Wirtschaftsgeschichte unterstützt und deren Marginalisierung forciert, weil er darauf beharre, dass als Entitäten aufgefasste Ideen der eigentliche Motor der Geschichtsprozesse seien, diese aufgespürt und analysiert werden müssten. Meineckes *politische* Ideengeschichte, denn dies war sie seinem Selbstverständnis nach, war der Kulminationspunkt einer sehr deutschen Entwicklung, wie sich mit einem Seitenblick auf die Rezeption dieser und ähnlicher Werke etwa Cassirers in Frankreich, England und den USA leicht feststellen lässt.[12]

Salomon müssen diese Diskussionsstränge in den Geschichtswissenschaften, aber auch in den Versuchen Martin Heideggers, der Geistesgeschichte der neukantianischen Schulen eine radikale Destruktion geschichtlicher Überlieferung entgegenzusetzen, oder gar in den Unternehmungen der dialektischen Theologie braver, meist chronologisch erzählter Dogmatiken, die Abgründe des Verhältnisses zwischen Gott und dem endlichen Menschen auszuloten, die Grenzen ideeller Narrative und Begrifflichkeiten vor Augen geführt haben. Die Soziologie, die in ihren Anfangsjahren in Deutschland das Versprechen artikulierte, aus den etablierten Analyseschemata auszubrechen und dies gleichzeitig mit einem Gestus der Überbietung und Verwindung des bislang Bekannten verband, muss für Salomon vielmehr als Teil des allgemeinen Diskursgeschehens gegolten haben, indem sie zwar auf Differenzen bestehen konnte, doch darüber hinaus ihre Kompetenzen und ihr Profil zunehmend mit Versatzstücken anderer Disziplinen amalgamierte. Seinen eigenen Weg hatte er damit noch nicht gefunden. Doch sehr früh muss für Salomon klar gewesen sein, dass eine Soziologie, die sich dem geschilderten Kontext einpasst, allenfalls die Aporien reformulieren kann, in die andere Disziplinen längst geraten sind.

Im Übrigen lässt sich an der Zusammenarbeit unter anderem mit Historikern, Juristen, Philosophen und Wirtschaftswissenschaftlern eine Eigenschaft studieren, die Salomons Texte auszeichnet. Sie bewegen sich nicht in Disziplinengrenzen, sondern, in sehr eigensinniger Weise, auf Problemfeldern. Das wird verkürzt, wenn man, wie schon zu Lebzeiten Salomons, darin eine Ausdifferenzierung der Soziologie selbst sehen möchte. Salomons Schriften sind Teil eines

---

Eckart Kehr (1928b), „Zur Genesis des Königlich Preußischen Reserveoffiziers". In: *Die Gesellschaft* 5/II, S. 492-502.

12   Die Rezeptionsforschung hätte an dieser Stelle noch viele Aufgaben zu erledigen.

bislang unbeachtet gebliebenen methodischen Republikanismus. Darunter verstehe ich den aufgrund des gegebenen Bildungshintergrundes quasi ,natürlichen' Zugriff auf die Tradition seit der Antike, der in jenen Reflexionen einen Zugang zur Gegenwart entdeckt. Dies können die methodischen Republikaner deshalb, weil sie dem Jetzt zugewandt sind, das für sie immer als ausdrückliche Herausforderung begriffen wird, die Tradition fortzuschreiben.

Ein gutes Beispiel aus dem geistigen Umfeld Salomons für den methodischen Republikanismus ist die wenig beachtete Schrift *Die politischen Ideenkreise der Gegenwart* von Hermann Heller.[13] Dieses Buch nimmt nicht nur die später von Hans Leisegang und mehr noch von Ludwik Fleck bekannt gemachte ,Denkformen'-Analyse auf, sondern erweitert Meineckes politische Ideengeschichte bereits um sozialgeschichtliche Faktoren.[14] Aber nicht nur das: Heller zeigt sich mit den methodischen Diskussionen der Zeit bestens vertraut. So schreibt er: „Die stärkste logische Konzentration und Idealisierung empfängt die politische Idee [...] durch die Reduktion auf ihre letzten metaphysisch-logischen Voraussetzungen. Sie bilden im logischen Aufbau der Idee die Spitze der Pyramide, ihren kürzesten Ausdruck. Auch soziologisch wird das politische Ideal in seiner metaphysisch-logischen Klarheit und ethischen Reinheit nur von einer kleinen Zahl der Geistesführer erfaßt. Viel breiter in logischer wie soziologischer Hinsicht ist der Unterbau der Pyramide, in dem der gesellschaftsorganisatorische Gehalt des Ideals zum Ausdruck kommt."[15] Es bedarf in diesem Zusammenhang kaum der Erwähnung, dass Heller im Laufe seiner Analysen auf Webers Modell des ,Idealtypus' rekurriert.

Man könnte auch einen bedeutenden Teil der zeitgenössischen Aufregung um Karl Mannheim besser als bisher verstehen, wenn man seine Analysen in den Kontext des methodischen Republikanismus stellen würde. Damit leugne ich in keiner Weise, die Unterschiede, die Salomon nicht müde wurde zu betonen. Im Gegenteil: Zum methodischen Republikanismus gehört eine große Vielfalt von Vorgehensweisen, Positionen und Zielpunkten. Gemeinsam ist ihnen, dass sie außerhalb des allmächtig scheinenden Krisendiskurses stehen und stattdessen die Defizite der Gegenwart aus dem Geiste einer stets aktuellen Vergangenheit heraus benennen und lösen wollen. Dazu bedarf es aber eben auch der Versicherung der methodischen Grundlagen, die es überhaupt erst ermöglichen, die erkenntnistheoretisch hochanspruchsvollen Phänomene wie ,Vergangenheit' und ,Gegenwart' in den Blick zu bekommen. Albert Salomon hat gleich zwei Mal im

---

13   Hermann Heller (1926), *Die politischen Ideenkreise der Gegenwart*. Breslau: Ferdinand Hirt. Laut Copyright-Angabe in der Erstausgabe ist das Buch bereits 1925 erschienen. Gewidmet ist es „Gustav Radbruch in verehrender Freundschaft".

14   Ebd., S. 50.

15   Ebd., S. 9.

Jahre 1926 zu den Auseinandersetzungen um das *Wie* einer gegenwartsrelevanten, die methodischen Lehren aus dem *Historia-magistra-vitae*-Diktum ziehenden Geschichtswissenschaft Stellung genommen. Seine Besprechungen von Georg von Belows *Ueber historische Periodisierungen* und des von Gottfried Salomon-Delatour herausgegebenen *Jahrbuch für Soziologie*[16] belegen *(a)* die Vertrautheit Salomons mit den Versuchen der Geschichtswissenschaft, aus der ideengeschichtlichen Sackgasse herauszukommen, und *(b)* seine Einsicht, dass eine rein soziologische Betrachtungsweise der Phänomene deren Komplexität und Erklärungsbedürftigkeit nicht gerecht wird. In der Besprechung des *Jahrbuch für Soziologie*, die 1926 in der von Rudolf Hilferding herausgegebenen Zeitschrift *Die Gesellschaft* erschien, schreibt Albert Salomon zunächst, dass Mannheims Aufsatz *Ideologische und soziologische Interpretation der geistigen Gebilde*[17] den „wichtigsten Beitrag zur Methodologie der Kultursoziologie" darstelle, den die „letzten Jahre gebracht haben".[18] Gleichzeitig sieht er die Frage unbeantwortet, „wieweit die soziologische Außenbetrachtung durch Betonen des funktionalen Zusammenhanges der geistigen Gebilde mit den realen gesellschaftlichen Sphären mit der immanenten Innenbetrachtung konfrontiert werden"

---

16   Dazu liegt eine Korrespondenz der beiden Namensvettern im Nachlass Gottfried Salomons in Amsterdam. Erste Hinweise in: Chryssoula Kambas (1982), „Walter Benjamin an Gottfried Salomon. Bericht über eine unveröffentlichte Korrespondenz". In: *Deutsche Vierteljahresschrift für Literaturwissenschaft und Geistesgeschichte* 56, S. 601-621.

17   Karl Mannheim (1926), „Ideologische und soziologische Interpretation der geistigen Gebilde". In: Gottfried Salomon [Hg.] (1926), *Jahrbuch für Soziologie. 2. Band: Eine internationale Sammlung.* Karlsruhe: Braun, S. 424-440.

18   Es wäre eine eigene Untersuchung wert, der Entstehung, dem Teilabdruck des eingereichten Manuskripts, der Diskussionen mit dem Herausgeber des Jahrbuches, Gottfried Salomon, und schließlich der umfassenden Rezeption des Aufsatzes nachzuspüren. Christoph Henning, dem das Verdienst gebührt, Gottfried Salomon ausführlich gewürdigt zu haben, verfehlt leider die Pointe des Zusammenhanges gänzlich (vgl. Christoph Henning [2006], „‚Der übernationale Gedanke der geistigen Einheit' – Gottfried Salomon(-Delatour), der vergessene Soziologe der Verständigung". In: Amalia Barboza und ders. [Hg.], *Deutsch-jüdische Wissenschaftsschicksale. Studien über Identitätskonstruktionen in der Sozialwissenschaft.* Bielefeld: Transcript, S. 48-100, hier: S. 79-81). Hennings Hinweis, das schlechte Verhältnis zwischen Gottfried Salomon und Mannheim sei durch die verkürzte Wiedergabe des Aufsatzes entstanden, schließt sich auch an: Timo Wagner (2010), „Gottfried Salomon-Delatour: Ein kosmopolitischer Soziologie der älteren Generation". In: Felicia Herrschaft und Klaus Lichtblau (Hg.), *Soziologie in Frankfurt. Eine Zwischenbilanz.* Wiesbaden: VS Verlag für Sozialwissenschaften, S. 71-84, hier: S. 75f. Die Pointe findet sich in einem Brief Gottfried Salomons, der in seinem das Jahr 1933 einschließenden Nachlass im Amsterdamer *International Institut for Social History* (IISH) liegt. Denn Mannheim konnte sehr gut mit der Kürzung leben, gehört der Aufsatz doch in einen komplexen Zusammenhang mit mehreren Gottfried Salomon zugänglich gemachten Manuskripten, die als alternative Möglichkeiten für die angestrebte Habilitation in Heidelberg gedacht waren.

könnte.[19] Diese Nachfrage wird Salomons Distanz zu Mannheim stets kennzeichnen und sich im Nekrolog 1947 entscheidend verschärfen. Und genau an dieser Stelle muss auf diese ausführlichste Auseinandersetzung mit Mannheim eingegangen werden. So sehr sich Salomon menschlich dem Kollegen und Freund verpflichtet fühlte; die Unterschiede, die in dem Aufsatz für *Social Research* ausgesprochen werden, sind ernster zu nehmen als die rhetorischen Versuche, die geäußerte Kritik nicht als solche gelten lassen zu wollen.

Wiederum sind es die ungewöhnlichen Paarbildungen und sich daraus ergebende Verwandtschaftsverhältnisse, die Salomons Text zu Mannheim orchestrieren und ihm so einen besonderen Klang geben. Für den im Januar 1947 verstorbenen Kollegen sei Soziologie eine „Lebensform, eine Grundhaltung, eine Wissenschaft und synthetische Philosophie" gewesen, die in der Abweisung „religiöser Dogmen oder metaphysischer Aprioris", in Anlehnung an Comte und Durkheim, einen „möglichen Weg der Erlösung für die moderne Menschheit" habe bieten wollen.[20] Fast pastoralen Klang bekommen Salomons Worte, wobei erneut Comte das Modell liefert, wenn er die Hingabe Mannheims an die Soziologie schildert, vom „Asketismus" spricht, der im „Dienste des sozialen Fortschritts kraft Soziologie" gestanden habe. Anschließend werden intellektuelle Einflüsse und Kontakte offen gelegt, die Mannheims Denken geprägt hätten: Georg (von) Lukács, der Heidelberger Kreis um Emil Lederer und Max Weber und schließlich die Eindrücke, die der Emigrant an der *London School of Economics* sowie, auf seiner letzten Station, an der *University of London*, aufnahm. Erstaunlich an der knappen Nachzeichnung der Denk- und Lebensstationen ist sicherlich, dass Salomon Mannheims selbständige Position der „Wissenssoziologie" als eine fortschreitende kritische Entfernung vom Marxismus und dessen diversen zeitgenössischen Spielarten inszeniert. Nicht minder überraschend mag sein, dass auf dem Weg zur geistigen Emanzipation ein „relativistischer Historismus" gestanden sei.[21] Die von Salomon gesetzten Akzente werden in ihrer Absicht dann im dritten Teil der Ausführungen deutlich. Im Zentrum des Mannheimschen Entwurfs stünden drei Theoreme: der Nachweis, dass die Soziologie eine eigenständige Wissenschaft sei; dass diese eigenständige Wissenschaft in der Form der Wissenssoziologie darzubieten sei; und schließlich die Synthese von Soziologie und Erziehung.

---

19   Albert Salomon (1926), „Rezension zu Gottfried Salomon (Hg.), Jahrbuch für Soziologie. In: *Die Gesellschaft* 3/II, S. 274-278, hier S. 277. Die Rezension ist unter dem Titel: „Soziologie als ‚Brücke und Weg'. Eine Rezension von 1926" in diesem Band, S. 237-243, abgedruckt.
20   Albert Salomon, „Karl Mannheim (1893-1947)", S. 217.
21   Ebd., S. 217-220.

Anhand eines Referats des gedruckten Vortrages *Die Gegenwartsaufgaben der Soziologie*[22] macht Salomon die Entwicklung der Soziologie gemäß Mannheim in drei Stadien aus, die mehr oder weniger nacheinander auftreten und auf deren Vorarbeiten jede Soziologie beruhe. Auf die „allgemeine Soziologie", die, so bei Simmel, dem Herausarbeiten einer grundlegenden, genuin soziologischen Begrifflichkeit verpflichtet war, folgte die „vergleichende Soziologie" – oder nach Salomon: die „historische Soziologie": „Sie ergänzt die phänomenologische Beschreibung und die Analyse abstrakter, allgemeiner, sozialer Erscheinungen in Form einer Theorie, die erklärt, wie diese allgemeinen Formen von Beziehungen und Institutionen unter dem Einfluss sich wandelnder historischer Bedingungen variieren."[23] Diese Position wird von Salomon mit keinem Namen verbunden. Das ist ein deutlicher Hinweis darauf, dass bereits an dieser Stelle die Soziologie sich mit anderen Wissenschaften und ihren Theorien vermischt haben muss. Denn auf diese Weise ließen sich Ernst Cassirers *Philosophie der symbolischen Formen* (1923-1929), die Arbeiten Friedrich Meineckes oder die theologischen Entwürfe Paul Tillichs zuordnen. Auf die „vergleichende Soziologie" folge die „strukturelle Soziologie", die sich den statischen und dynamischen Elementen „gesellschaftlicher Kräfte" widmet, und auf diese Weise zu einer detaillierten Fassung von Gesellschaft komme.

Nach Mannheim müssten diese Zugänge durch eine die Geschichtsphilosophie ablösende „Kultursoziologie" erweitert werden. Weiter ausgreifend könnten, so laut Salomon Mannheims Vision, sämtliche Disziplinen nach und nach anerkennen, dass die Soziologie in der Lage ist, sämtliche historischen Prozesse und deren Beschreibungsformen so zu interpretieren, dass andere Ansätze überflüssig würden. Da es hier nicht darum gehen kann, die Rekonstruktion Salomons nach den Kriterien von ‚richtig' oder ‚falsch' zu beurteilen, versuchen wir aus diesen ersten Zuschreibungen Folgerungen zu ziehen: Für Salomon ist Mannheims Denken an der Idee einer *prima sociologia* geschult, heißt, dass der Totalität der Phänomene die Totalität ihrer Erfassung, Beschreibung und Analyse folgen muss. Desweiteren schließt dies die Fähigkeit der Soziologie ein, die intellektuellen Eigeninteressen anderer Disziplinen zu reformulieren und auf diese Weise überflüssig zu machen. Dass diese Konstruktion durch die Aufnahme und Anverwandlung von Philosophemen geschehen ist, findet sich bei Salomon, nicht aber, welche Überkreuzungen genau stattgefunden haben. Kant, Hegel und Heidegger fehlen in der eigentlich nötigen Reflexion darauf, welche Einflüsse und Defizite philosophischer Theorien Mannheim zu seiner spezifischen Wissenssoziologie anleiten.

---

22   Karl Mannheim (1932), *Die Gegenwartsaufgaben der Soziologie. Ihre Lehrgestalt*. Tübingen: J.C.B. Mohr.

23   Albert Salomon, „Karl Mannheim (1893-1947)", S. 223.

Doch nicht nur diese Auslassung fällt auf, sondern auch vorgenommene Verschiebungen. So spielt die Idee von ‚Statik' und ‚Dynamik' in Mannheims von ständig wechselnden Begriffen Gebrauch machendem Denken tatsächlich eine wichtige Rolle.[24] Doch entspringt das Interesse an dieser dialektischen Figur, wie stets bei Mannheim, einer grundsätzlichen Reflexion. Im Fall von ‚Statik' und ‚Dynamik' findet sie sich am Anfang der Auseinandersetzung mit dem ‚Historismus' als der die Gegenwart prägenden Formation. Indem der Zusammenhang von zunächst theoretischer Reflexion und späterer Verwendung in der wissenssoziologischen Analyse aufgehoben wird, zeigt sich eine Intention Salomons: Mannheims Modell der Soziologie soll paradigmatisch betrachtet werden, weil er für eine Zurichtung der Soziologie steht, die ihrem Interpreten bodenlos und gleichzeitig überambitioniert erscheint.

Das zeigt sich noch deutlicher, wenn die Wissenssoziologie selbst betrachtet wird. Denn in ihr erblickt Salomon nichts anderes als den Versuch, eine Soziologie vorzulegen, die „sich in Philosophie transzendiert." Salomon nennt das mit Bezug auf Aristoteles eine „*metabasis eis allo genos*", verschweigt aber, dass der damit bezeichnete „Übergang" als ein fehlerhafter aufgefasst wird. Die Formel war schon während der Weimarer Republik zu einer gelehrten Anmerkung herabgesunken, als die wohl auch Salomon sie hier benutzt.[25] Gleichwohl bleibt ein Hauch von Kritik an der Charakterisierung haften, zumal sie nur der Auftakt ist, um Mannheims Transformationsvorhaben mit Entlarvungsstrategien des 18. Jahrhunderts zu vergleichen. Und ungleich ihnen, so das klare Verdikt des Autors, konnte die Wissenssoziologie nicht die Welten wiederaufbauen, die sie zerstört hatte. Eine Begründung liefert Salomon dafür nicht, vielmehr hält er konsequent an der Vergleichung mit Mannheim nicht bewusst gewesenen Vorbildern aus dem 18. Jahrhundert fest, wenn er den dritten Schritt rekonstruiert: Nach der Transformation der Soziologie in eine bessere Philosophie und der Ideologisierung der Lebenswelt, die nur mittels der neuen Soziologie zu durchschauen sei, habe er die Wissenssoziologie für die Erziehung fruchtbar machen wollen. Diese im Mannheimschen Werk nur schwer auszumachende Entwicklung ist tatsächlich eine, die Salomon sich herbei schreibt, um sein Programm dem Irrweg entgegenzusetzen. Es ist dann die bei Erasmus zu findende Idee von menschlicher Vernunft, die eingebettet ist in einen sozialen Kontext, aus dem heraus sich Gelingen und Versagen menschlichen Verhaltens erklären lassen. Salomon: „Dies ist Soziologie als strenge Wissenschaft."[26] Was darin mitgedacht wird und sich

---

24 Auf Mannheims relativ sorglosen Umgang mit seinem Theorieprofil gemäß eigentlich notwendiger Begriffskontinuität hat mich Wolfgang Knöbel (Göttingen) in einer Diskussion am Erfurter Max Weber-Kolleg mit guten Gründen hingewiesen. Dafür möchte ich ihm danken!

25 Albert Salomon, „Karl Mannheim (1893-1947)", S. 224.

26 Ebd., S. 227.

gegen Mannheim explizit richtet ist die Annahme, dass auf diese Weise das Zusammenspiel von Individuum und Gesellschaft flexibel gestaltet wird und damit Abweichungen vom ‚Normalverhalten' erklärt werden können, ohne auf transzendente oder ‚dunkle' Erklärungsmuster zurückgreifen zu müssen. Mannheim dagegen, so Salomon, bleibe bei mechanistischen Vorstellungen stehen.

Dieses Urteil, das auf der Beobachtung beruht, Mannheim habe gegen den Geist der Aufklärung verstoßen, wird zum Ende des Essays hin ins Apodiktische gesteigert: Der verstorbene Soziologe sei „Opfer seiner eigenen Soziologie" geworden, als er den Erkenntnisanspruch und die Leistungskraft der mit ihr verbundenen Kritik überschätzt habe. Letztlich komme das auf Aporien angelegte Projekt nicht über die Reduktion sämtlicher Phänomene auf ihre Funktionalität im „Vergesellschaftungsprozess"[27] hinaus.

Salomons Abgrenzungen gegen Mannheims Wissenssoziologie entfalten ihren vollen Gehalt nur dann, wenn man sie als Bestimmungen des eigenen Standortes liest. Als teilnehmender Beobachter und Kommentator der Entwicklung deutscher Soziologie seit den 1920er Jahren war Salomon rasch klar, dass eine wie auch immer geartete Vermischung soziologischer und philosophischer Theorien zu Lasten der Ersteren gehen musste. Vor allem in der Gestalt der Selbstüberschätzung trieb aus dieser Sicht die Soziologie der sogenannten Zwischenkriegszeit in eine Sackgasse, die bereits auf der Ebene historischer Erfahrung als falsch, zumindest aber fragwürdig hätte erkannt werden müssen. Salomon stellte der soziologischen Philosophie das Modell realistischer Einsichten in die Möglichkeiten und Grenzen soziologisch relevanter Erkenntnisse durch die Analyse von Individuum und Gesellschaft entgegen. Das unerschütterliche Vertrauen in eine Aufklärungstradition, die den Menschen mit vernunftgeleitetem Eigensinn ausgestattet sah, blieb Salomons erkenntniskritischer Hafen. Die Auseinandersetzung mit Mannheim geriet ihm daher exemplarisch, wobei ausdrücklich erwähnt werden muss, dass der New Yorker sehr wohl die Tragik eines Denkers zu würdigen wusste, der sein Lebenswerk gegen die Zeitläufte gerichtet hatte.

2. Die *Study Group on Germany*

13 Jahre nach dem Ende des Zweiten Weltkrieges setzte der in Oxford lehrende Ideenhistoriker Isaiah Berlin in seinem späterhin berühmten Aufsatz *Two Concepts of Liberty* Heinrich Heine mit folgendem Zitat in Szene: „Over a hundred years ago, the German poet Heine warned the French not to underestimate the power of ideas: philosophical concepts nurtured in the stillness of a professor's

---

27   Ebd., S. 229-230.

study could destroy a civilization." Bei Heine heißt es entsprechend: „Dieses merkt Euch, Ihr stolzen Männer der Tat. Ihr seid nichts als unbewußte Handlanger der Gedankenmänner, die oft in demütiger Stille Euch all Euer Tun aufs Bestimmteste vorgezeichnet haben." Diese Sätze Heines aus *Zur Geschichte der Religion und Philosophie in Deutschland* schienen dem bei Effekten sich auskennenden Berlin passend, um auf die immer wieder unterschätzte Macht von Ideen aufmerksam zu machen. Und so ist es zwar hinlänglich bekannt, dass Berlins Leitmelodie die zerstörerische Kraft von Ideen war. Doch gleichzeitig sah er, was gerne unterschlagen wird, dass die Analysen realgeschichtlicher Prozesse mit ihrem teilweise starren Blick auf ökonomische und soziale Rahmenbedingungen die Vorstellung einflussreicher Ideen unterbewerteten. Daraus zog Berlin die Konsequenz, seine Ideengeschichte als anwendungsrelevante und gegenwartsbezogene Wissenschaft einzusetzen. Die von mir entliehene Formulierung von der ,Macht der Ideen' gehört in diesen Kontext. Gebraucht hat Berlin sie auch in dem mehrfach und unter verschiedenen Titeln abgedruckten Aufsatz *Die Ursprünge Israels*, der beispielsweise im Mai 1954 als *The Face of Israel* im *Jewish Frontier*, eine Publikation, die auch Albert Salomon genutzt hat, veröffentlicht wurde.[28]

Isaiah Berlin, der trotz seiner Auseinandersetzungen mit Ernst Cassirer und Friedrich Meinecke nur ein mäßiger Kenner der deutschen ideengeschichtlichen Tradition war, hätte mit einem genaueren Blick für diese von einer regelrechten Obsession in der Beschäftigung mit ,konstruktiven Ideen' sprechen können. Doch die interessierten ihn nicht. Er blieb, mehr oder weniger, lieber auf der Schattenseite. Wie aber äußerte sich diese deutsche Obsession? Seit der Mitte des 19. Jahrhunderts wurde die deutsche Geschichtswissenschaft das Erbe des deutschen Idealismus nicht mehr los. Es wimmelte von ,Ideen', die, zumeist von der griechischen Antike an oder aber während der Reformation geboren, die Geschicke der europäischen Menschheit bestimmten. Nach und nach gerieten die Ideen-Faszination und ihre Künder in eine beträchtliche Krise, als nämlich die zu Historisten gewordenen Historiker bemerkten, dass sich die anderen Disziplinen mit einem privilegierten Zugang zur Wahrheit der Geschichtsläufe von den großen, konstruktiven Ideen abgewandt hatten. So forderte ausgerechnet der Ideenhistoriker Friedrich Meinecke 1908 anlässlich des 100. Bandes der von ihm mit herausgegebenen *Historischen Zeitschrift* nichts weniger als sich von der „historisch orientierten Philosophie ,tiefer berühren (zu) lassen'". Und im drei Jahre später veröffentlichten Vorwort zur zweiten Auflage seiner Studie *Weltbürgertum und Nationalstaat* hieß es, dass man in der Zunft zu „freier Regung und

---

28 Vgl. Isaiah Berlin (2006), *Die Macht der Ideen*. Berlin: Berlin Verlag, S. 277.

Fühlung mit den großen Mächten des Staats- und Kulturlebens sich erheben'"
solle und man „„mutiger baden [...] in Philosophie wie in Politik'" müsse.[29]
    Während also die Geschichtswissenschaft sich aus der ‚Krise des Historis-
mus' zu winden sucht, haben Soziologen längst deren Tiefendimension analysiert. Troeltschs riesiger Torso zum Historismus wird nicht nur für Karl Mannheim zur Aufforderung, die zeitdiagnostischen Potentiale einer gezielt in Ratlo-
sigkeit verharrenden Deutungsmacht zu mobilisieren. Doch damit ist die Konstellation noch nicht vollständig beschrieben. Ebenfalls gänzlich von der konstruktiven Macht der Ideen überzeugt ist ein Teil der unorthodoxen Linken. Sie
sammelt sich unter anderem in der *Gesellschaft* Hilferdings und Salomons. Hier
schreibt eine junge, hervorragend ausgebildete Avantgarde, die nicht selten
durch die methodischen Irrwege ihrer Lehrer mitten in den Ideenwettbewerb und
in die nach Alternativen lechzende Historismus-Auswegslosigkeit geworfen ist.
Die ökonomischen und sozialen Kategorien werden für diese Intellektuellen zur
Möglichkeit, die ausgetretenen Wege zu verlassen und die realen Verhältnisse
mit Hilfe einer konkurrierenden Ideengeschichte auf den Punkt zu bringen. Es ist
auch hier die Soziologie, die Historikern, Philosophen und vor allem Soziologen
selbst den Weg weist. Die zahlreichen Genealogien, die immer wieder Max Weber ins Spiel bringen, werden konsequent weiter zurückverfolgt. Man muss nur
für einen Moment die Debatte um die von Siegfried Landshut und Jacob Peter
Mayer unter dem Titel *Der historische Materialismus* herausgegebenen Früh-
schriften von Karl Marx mit Karl Löwiths Versuch, eine Weber-Marx-Fami-
lienähnlichkeit herauszustellen, zusammenschließen, um sich zu vergegenwärtigen, wie attraktiv auf dieser Seite der ‚Macht der Ideen'- und Historismus-
Konstellation die Erschließung des Potentials der scheinbaren Entität ‚Idee' war.
Dieser Zusammenhang wird 1933 vollständig zerschlagen. Die ebenso kompli-
ziert zu verfolgenden wie in sich faszinierenden Konstellationen um die Rolle
von Ideen bei der Erschließung von Vergangenheit, Gegenwart und Zukunft findet fast nur noch in Exilanten-Kreisen ihre Fortsetzung. Die in Deutschland bleibenden Teilnehmer dieser Diskussion werden nach 1945, bis auf wenige Aus-
nahmen, die Vollgültigkeit des zuvor Gedachten behaupten und auf diese Weise
dazu beitragen, dass es nur wenige Berührungen zwischen deutschen und Exilan-
ten-Diskursen geben wird. Mit einem Wort des so gerne geschmähten jüdischen
Literaturwissenschaftlers Hans Mayer: Er habe nie verstehen können, wie etwa
Wilhelm Backhaus oder Wilhelm Kempff ihren Beethoven nach dem Krieg so
spielten konnten, wie zuvor. Der Eindruck lässt sich weitgehend auf die gesamten Geisteswissenschaften übertragen.

---

29   Zitiert nach Thomas Hertfelder (1998), *Franz Schnabel und die deutsche Geschichtswissen-
      schaft. Geschichtsschreibung zwischen Historismus und Kulturkritik (1910-1945)*. 2 Bde., Göt-
      tingen: Vandenhoeck & Ruprecht, S. 48f.

Wer sich folglich der *Study Group on Germany* nähert, der muss zunächst in Rechnung stellen, dass ausdrücklich und *between the lines* die deutschen Debatten und Schulen-Konkurrenzen fortgesetzt werden. Gleichzeitig gibt es ein ungemeines Interesse an den amerikanischen Entwicklungen. Das betrifft weit weniger die Schriften amerikanischer Kollegen wie John Dewey oder George Santayana und deren Deutschland-Bilder, als die amerikanischen Varianten des Antike-, Bildungs- oder Moderne-Diskurses. Wie diese Diskurse von der Teilnehmern der *Study Group* rezipiert wurden, kann hier aus Platzgründen nicht entfaltet werden. Gleichwohl ist entschieden darauf hinzuweisen, daß die Problematik bezüglich des Einflusses des Exils auf die intellektuelle Entwicklung der Exilanten nur dann angemessen gelöst werden kann, wenn man sich sehr genau die Traditionen betrachtet, die die Exilierten zuvor nicht kannten und jetzt erstmals zu verstehen suchten. Dies gilt in erster Linie für den amerikanischen Pragmatismus. Hinzu kommt nach dem bereits Gesagten, dass man die Ambivalenz der Rede von der ‚Macht der Ideen' im Hinterkopf haben und gleichzeitig die mal generationell und in Lagern gebrochene, dann wiederum sämtliche Gräben überbrückende Anziehungskraft dieses methodischen Richtmaßes für die deutsche Tradition in Rechnung stellen muss, will man die Reflexionen und die blinden Flecke in den Exildebatten verstehen. Leicht geraten sonst etwa die dokumentierten Diskussionen der *Study Group* zu wenig mehr als oberflächlichen Bildungsreminiszenzen in dramatischer Zeit.

Die *Study Group on Germany* traf sich zur konstituierenden Sitzung am 18. November 1942. Die Situation in Europa, Afrika und dem Pazifik hatte sich zu dieser Zeit dramatisch zugespitzt. So waren nach dem tödlichen Attentat am 4. Juni 1942 auf Reinhard Heydrich die Stadt Lidice und der Weiler Ležáky als Vergeltungsmaßnahmen zerstört worden, im Juli 1942 läuft die ‚Aktion Reinhardt' an, durch die bis zum November 1943 mehr als zwei Millionen Juden und über 50.000 Roma in die Vernichtungslager Belzec, Sobibor und Treblinka ermordet wurden; gleichzeitig beginnt die doppelte Offensive in der Sowjetunion Richtung Kaukasus und Stalingrad. Zudem finden die beiden Schlachten um El Alamein statt, während im pazifischen Raum amerikanische Streitkräfte der japanischen Armee entgegentreten.

Man muss sich diese Lage genau vor Augen halten, um die Protokolle situieren zu können. Sehr leicht ließe sich nämlich die Mischung aus ordinarienhaftem Oberseminar und der Dramatik der Ereignisse, die für zahlreiche Anwesende mit der Sorge um Familien und Freunde direkt verbunden war, als ein geradezu unheimliches Szenario ausbreiten, in dem sich Weltangst und Weltflucht die Waage halten. Tatsächlich aber sind sich die Teilnehmer der Unmöglichkeit, direkt Einfluss nehmen zu können, ebenso bewusst, wie sie mit großem Ernst ihre analytischen Fähigkeiten einzusetzen wissen, wenn es darum geht, verstehen zu

lernen, was sich politisch und militärisch abspielt. Bereits der Bericht des Proto-
kollanten über die Einleitung in die erste Sitzung durch Salomon ist bemerkenswert in Hinblick auf unsere Fragestellung. Hier die Einleitung im Wortlaut:
  „The chairman opened the meeting at 11.10 A.M. and introduced the topic.
He pointed out a few implications to the question constituting the topic and proposed to agree from the start on two methodological points: 1) that the question
is framed by long-term political considerations; 2) not to branch out into a history of ideas in discussing a political-sociological phenomenon. In addition, he
invited members to come to an agreement as to the meaning of the term ‚national
character'.
  In the ensuing discussion on methods and procedure, the following was
proposed: problems should be approached by starting from the particular; members should chose individual topics for papers; terminology and theories should
be developed and used on the basis of the investigations and finddings (!) of
members' individual topics. […] Dr. Salomon proposed to approach the political-sociological phenomenon under discussion not by way of the history of
ideas."[30]
  Weshalb setzte Salomon mit diesem Statement ein? Ein Blick auf die ange-
rissene Problemlage und die Zusammensetzung der Teilnehmer offenbart die
Notwendigkeit, eine gemeinsame Arbeitsgrundlage zu benennen. Denn die intellektuelle Herkunft könnte unterschiedlicher kaum sein – und doch gibt es eine
Herausforderung, die alle auf unterschiedliche Weise beschäftigt hat: nämlich die
Frage nach der Macht der Ideen. Die *Study Group* setzte sich zusammen aus: Sa-
lomon, Eduard Heimann[31], Erich Hula, Horace Kallen, Felix Kaufmann[32],
Adolph Lowe, Carl Mayer, Kurt Riezler, Leo Strauss; später diskutierten dann
Fernando de los Rios und als Gast Felix Gilbert mit.[33] Außer der Tatsache, dass
alle an der *New School* unterrichteten, hatten sie keine Gemeinsamkeiten. Sie

30 Protokoll vom 18. November 1942. In: Adolph Lowe Papers (GER-022), 1915-1996, Series 7:
    Miscellaneous Professional Documents, 1918-1989, Folder 63: Minutes, New School Study
    Group on Germany, 1942-1943, S. 1. Die Dokumente sind Teil der *M.E. Grenander Depart-
    ments of Special Collections and Archives* und dort innerhalb der *German and Jewish Intellec-
    tual Émigré Collection* untergebracht. Alle künftigen Zitate beziehen sich auf diese Quelle.
31 Vgl. Volker Kruse (1994), *Historisch-soziologische Zeitdiagnosen in Westdeutschland nach
    1945. Eduard Heimann, Alfred von Martin, Hans Freyer.* Frankfurt am Main: Suhrkamp, S.
    50-98.
32 Zu Felix Kaufmann, Erich Hula, deren Lebensläufen, Arbeiten, Emigration und Tätigkeit an
    der *New School* siehe: Johannes Feichtinger (2001), *Wissenschaft zwischen den Kulturen. Ös-
    terreichische Hochschullehrer in der Emigration 1933–1945.* Frankfurt am Main und New
    York, S. 173-177, S. 284-286 und an zahlreichen weiteren Stellen.
33 Ob der spätere Leiter des New Yorker Leo Baeck Institutes, Max Kreutzberger, auch anwesend
    war, konnte ich noch nicht feststellen. In seinem Nachlass finden sich jedenfalls die Protokolle
    der Gruppe.

waren weder alle Emigranten, noch Juden, noch Deutsche. Die vertretenen Disziplinen gehen über die klassischen Geisteswissenschaften hinaus. Umgekehrt ist kein Historiker dabei: weder im Sinne von Fachgeschichte, noch als Profession. Einige hatten miteinander kooperiert, wie Strauss und Salomon bei einem Seminar, doch ob die Herrschaften auch nur die Schriften untereinander kannten, darf mit Gründen bezweifelt werden. Einige waren seit 1933 an der *New School*; Hula, Kaufmann und Strauss stießen erst 1938 dazu.

Will man sich auf das Risiko einlassen – das es nämlich ist – eine intellektuelle Gemeinsamkeit innerhalb der *Study Group* zu finden, so könnte sie bis auf Widerruf folgendermaßen lauten: Die Genannten hatten in ihren Arbeiten die Frage gestellt, welche Kräfte die Moderne konstituiert hatten und welche Quellen zu ihrer Selbstlegitimation herangezogen wurden bzw. werden sollten. Das Mittel der Wahl war dazu jenes Instrumentarium, das als Ensemble unter den Bezeichnungen Geistes-, Problem- und Ideengeschichte firmierte – zu diesem Zeitpunkt ein rein deutsches Erbe. Trotz allen Bestehens auf den Einflüssen von wirtschaftlichen und sozialen Faktoren, die mal mit, mal ohne empirische Grundlagenarbeit versehen wurden, gab es bei den Teilnehmern der *Study Group* ein immenses Interesse daran, zu verstehen, ob die gesellschaftlichen und geistigen Entwicklungen auf Formationen zurückzuführen waren, die man als Ideen bezeichnen konnte. Genau dieses und die Kenntnis der deutschen Debatten, deren Initiatoren bzw. Teilnehmer einige von ihnen waren, vereinfachte wiederum das Finden eines gemeinsamen Ausgangspunktes. Der zuletzt zitierte Satz Salomons enthält die zentrale Einschränkung gegenüber einer solchen Lesart: „Dr. Salomon proposed to approach the political-sociological phenomenon under discussion not by way of the history of ideas". Diese Aussage muss man in jene Debatte mit Karl Mannheim zurückbinden, auf die ich im ersten Teil des Aufsatzes bereits ausführlich hingewiesen habe. Der Verzicht auf eine *History of ideas* bedeutet zu diesem Zeitpunkt noch nicht die von Arthur Oncken Lovejoy, Ernst Cassirer, Paul Oskar Kristeller und anderen in der gleichnamigen Zeitschrift offensiv vertretene Position einer ‚neuen Ideengeschichte', sondern vielmehr eine Mahnung Salomons, die ganz in der Linie mit der Zurückweisung philosophischer oder soziologischer Allerklärungsversuche steht. Das deutsche Erbe einer Geistes-, Ideen- oder Problemgeschichte, dies war für die Generation Salomons wie die von Leo Strauss klar, würde nicht das geeignete Instrument sein, das den Anforderungen der Zeit gerecht werden könnte. Die zumeist als Breitbandanalysen daherkommenden Äußerungen der entsprechenden Vertreter wären letztlich auf Einordnungsversuche hinausgelaufen, die das Spezifische des vom Nationalsozialismus entfesselten Vernichtungskrieges nicht in den Blick bekämen. Die Mahnung, sich von Einzelheiten her der Thematik zu nähern, wird sich durch die gesamten Diskussionen der *Study Group* ziehen. So heißt es in einer ausführliche-ren Wiedergabe von Salomons Einleitung am 18. November 1942:

„The question with which this group has to deal is: are differences between German and other European groups of a distinct character, and if so, in what does this distinction consist? On the other hand, what do the Germans have in common with other European groups that makes for communication among them? If there are differences, do they consist in differences as to political ide-ologies or are they more fundamental? It is important to raise and answer such questions for the bearing they will have on the shaping of the post-war world. Methodologically, this last consideration must not be lost sight of in dealing with the problem which this study group has set for itself."

Im Weiteren legt Salomon Wert darauf, nach der kategorialen Verfassung des „national character" im Unterschied zum „regional character" zu fragen, so-wie zu erörtern, ob man vom „national character" auf das schließen könne, was er den „einfassenden Saum" nennt: nämlich den „total character" des deutschen Volkes.

Das sind natürlich Begrifflichkeiten, die sich als funktionale einsetzen las-sen. Das ist den Teilnehmern auch bewusst, und so werden am Beginn der Zu-sammenkunft inhaltliche Präzisierungen vorgenommen. Salomon etwa schlägt vor, der Entgegensetzung von „Civilisation" und „Culture" in Deutschland nach-zugehen, um anschließend deren Gebrauch in Europa zu vergleichen. Man er-kennt hier bereits, wie schwer es fällt, die Gegenwartsdiagnostik für eine aus den Fugen geratene Zeit mit neuen Instrumenten durchzuführen. Leo Strauss plädiert denn auch gegenüber Salomon dafür, „technische Begriffe" außen vor zu lassen, und stattdessen mit Theorien und Methoden zu arbeiten, die aus den konkreten Arbeiten der *Study Group*-Mitglieder selbst gewonnen wurden.

Tatsächlich laufen die Diskussionen auf eine erstaunliche Weise in Bahnen, die die immensen Unterschiede der vertretenen Ansätze und intellektuellen Her-künfte vergessen lassen. Das liegt nun nicht, zumindest nicht ausschließlich, an Salomons Appell. Ein ebenso wichtiger Grund dürfte in der Arbeitsteilung lie-gen, der sich die *Study Group*-Mitglieder bedienten. Während sie in ihren Schrif-ten eigenständige Wege suchten, die allenfalls einmal mit der Erwähnung des Diskussionszusammenhanges offenlegte, welche Kontexte sich in den Schriften niederschlugen, galt in der *Study Group* die Konzentration auf ein Thema. Von Anfang an war es das der geschichtlichen Ursachen für den Nazismus. Wer al-lerdings geglaubt hat, dass die skeptischen Ideenhistoriker nunmehr sich auf die Suche nach dem geschichtlichen Moment gemacht hätten, an dem die deutsche Geschichte einen ‚Sonderweg' einschlug, der sieht sich getäuscht. Mit Kurt Riez-ler etwa war ein zeitweilig im Zentrum der Macht sich aufhaltender Ideenpoliti-ker vertreten, der die Diskussionen immer wieder auf realpolitische Ereignisse zurückführte. Die Soziologen bezogen Detailuntersuchungen über die Militärgeschichte ein, um ein möglichst klares Bild der gesellschaftlich maßgeblichen Kräfte im nationalsozialistischen Deutschland zu erhalten. Im Hintergrund vieler Beiträge steht immer wieder ein Buch, das sie möglicherweise im Manuskript gekannt haben. Ich sehe in der Art und Weise, wie Lowe, Salomon, Hula und andere über Themen wie „national character" oder die Spannungen von „Civilization and Culture" sprachen, eine Kenntnis von Emil Lederers Studie *State of the Masses. The Threat of the Classless Society.*[34]

Auch bei Lederer fehlt jeder Bezug auf vermeintliche Unheilstraditionen, aber es fehlt auch jeder Bezug auf Hitler. Es ist bemerkenswert, wie modern die *Study Group* bezogen auf diese beiden, bis heute rationale Analysen des Nationalsozialismus verhindernden Aspekte, wirkt. So etwa wenn Carl Mayer ausführt: „To compare Marxian with national Socialism; to analyse Nationalism and national Socialism in Germany as contrasted with other countries, relating these analyses to the German structure; and to show the extent to which Marxism had become part of national thought and the role of Labor Movement on the de-Christianisation in Germany." Damit ist nicht der unseligen Vergleicherei das Wort geredet, wie es Ernst Nolte und seine Anhänger seit den 1980er Jahren fordern, weil, so die simple Annahme, erst über den Vergleich sich Unterschiede feststellen ließen. Vielmehr kommt bei Mayer zum Ausdruck, dass eine umfassende Perspektive die Mittel an die Hand gibt, die jeweiligen Spezifika der verschiedenen Formen totaler Herrschaft in ihren historischen Bedingungen und ihren Begründungszusammenhängen wahrzunehmen.

Eingebunden in die Analysen der *Study Group* waren regelmäßige Vorträge, die die Teilnehmer boten. Dabei konzentrierten sie sich auf ihre Arbeitsgebiete, aber im Bezug auf die in der Gruppe selbst erarbeiteten Begrifflichkeiten und methodische Ansätze. So trug Heimann vor über „The development of German Economics against the background of the social stratification and of the rise and nature of the German Bourgeoisie"; Hula sprach zu „Political Dynamics in Germany – Domestic Policy"; Kaufmann zu „Germann Character and German philosophy in America writings"; Salomon kam auf das Thema von Kehr zurück und bot „The function of the German Reserve Officer in German society after 1890". Einzig Leo Strauss wich von seinem angekündigten Thema ab und beschäftigte sich statt mit „Germany in American writings and against the Ameri-

---

34 Emil Lederer (1940), *State of the Masses. The Threat of the Classless Society.* New York: Norton & Co. Dem Vorwort Hans Speiers zufolge wurde das Buch nur eine Woche für dem Tode Lederers 1939 beendet.

can background" mit der grundsätzlicheren Frage, wie sehr der Historismus, als ein deutsches Phänomen, jedwede Form origineller Philosophie verdrängt habe.[35]

Liest man die Protokolle als durchgehenden Text, dann lässt sich eine ungemein dichte Beschreibung der historischen Entwicklung Deutschlands – zumeist mit Ausblick auf die parallel verlaufenden Ereignisse in Europa und den USA – und der diese Entwicklung befördernden ideellen, geographischen, ökonomischen und sozialen Bedingungen konstatieren. Durch Salomons Diskussionssteuerung wird dabei beständig Bezug genommen zu der Frage, inwieweit von den eingeübten oder tradierten Beschreibungsformen historischer Verläufe und ihrer Voraussetzungen bzw. Folgen abgewichen werden kann und muss. Gleichwohl lässt sich eine allgemeine Tendenz in Richtung ‚Historisierung' insofern ablesen, als alle Teilnehmer sich mit deutschen ‚Sonderwegen' beschäftigen, Eigentümlichkeiten der Entwicklung deutschen Charakters, der Geographie oder der Herrschaftsformen in langfristigen Perspektiven zu betrachten suchen. Das heißt in keiner Weise, dass es um die Aufdeckung teleologischer Prozesse gegangen wäre. Vielmehr interessieren sich die *Study Group*-Mitglieder *unisono* für die Kompetenzen der jeweils anderen, denn bei aller Expertise, die jeder einzubringen versucht, lässt sich in den Statements und vor allem in der Wechselrede eine Unsicherheit über die Reichweite der Analysen feststellen. So ergeben sich zahllose Rückfragen oder Rückversicherungen.

Widmen wir uns für ein paar Momente Salomons Ausführungen: Sie sind grundsätzlich immer im Zusammenhang mit dem jeweiligen Vortrag und dessen Spezifik zu verstehen. Gleichwohl ist neben einer auffälligen Zurückhaltung bei seinen Wortmeldungen immer das Insistieren auf soziologische Komponenten zu vermerken: Welchen Verlauf nimmt die Bürokratie in Deutschland oder dem Heiligen Römischen Reich Deutscher Nation seit Karl IV.? Lässt sich der Sieg des Nationalsozialismus aus der Schwäche des deutschen Liberalismus erklären? Verhelfen demokratische Prinzipien den Feinden der Demokratie zur Machtübernahme? Haben sich Bismarcks gelungene Versuche, deutsche Revolutionsbestrebungen zu unterdrücken, letztlich nicht zugunsten der Herausbildung dauerhafter nationaler bzw. nationalistischer Identitätsmuster missgestaltet? Gleichzeitig ist auffällig, dass er sich an jenen Auseinandersetzungen, in denen große Linien über die Jahrhunderte hinweg gezogen werden, gar nicht erst beteiligt. Das ist so, wenn über Luther gesprochen wird – das tut der Renaissance-Spezialist und Dauergast der Gruppe, der Historiker und Meinecke-Schüler Felix Gilbert – oder über Bismarcks Innenpolitik und ihren Konsequenzen für die deutsche Selbstwahrnehmung, worüber Riezler sprach.

---

35   Der Vortrag von Leo Strauss liegt unter dem Titel „Historismus" in Leo Strauss-Archiv an der Chicago University.

Es wäre die Aufgabe eines kontextualisierenden Interesses an Salomon, zu klären, inwiefern sich (Spuren-)Elemente von den Diskussionen der *Study Group* in seinen Schriften finden. Dabei wäre nicht ein bloßer Abgleich zwischen den Texten und den Diskussionen durchzuführen, sondern, wie immer, wenn man Salomon in den Blick nimmt, eher mögliche oder tatsächliche Veränderungen von Haltungen zum Gegenstand erkenntnisbefördernd. An dieser Stelle mag es hilfreich sein, an seine Beschäftigung mit Mannheim zu erinnern. Hier lässt sich eine frühe Skepsis gegenüber einem völlig anders gearteten Ansatz konstatieren, der sich in der gleichen Weise komplex weiterentwickelt, wie es das Werk Mannheims tut. Ähnliches lässt sich über Salomons Verhalten und die Auswirkungen auf sein Werk in der zweiten Konstellation aussagen. Sein Denken ist in bemerkenswerter Weise von der Welt und der jeweiligen Gegenwart affiziert, doch diese Welt und ihre Lebenswelten rhythmisieren nicht sein Denken und diktieren ihm nicht die Begriffe. Umgekehrt will Salomon nicht die Zeit in Gedanken erfassen oder gar auf den Begriff bringen. Metaphysische und erkenntniskritische Überhöhungen des wenigen, was wir mit Gründen behaupten können, finden sich bei ihm nicht. Nicht nur in dieser Hinsicht, das wollten die beiden Konstellationen erweisen, ist er eine mehr als zeitgemäße intellektuelle Figur. Er ist es gerade deshalb, weil seine Form des Engagements für den Menschen nüchtern vorgetragen wird. Diese Mischung hat die Geistesgeschichte des 20. Jahrhunderts nur selten anzubieten.

Albert Salomon, Leo Strauss und das politische Denken

Peter Gostmann

Der Gegenstand dieser Abhandlung ist die Entwicklung des politischen Denkens Albert Salomons nach dem Gang ins amerikanische Exil 1935. Ihr Gegenstand ist zugleich die Entwicklung des politischen Denkens Leo Strauss' nach dessen Gang ins amerikanische Exil. Strauss wurde 1938 Mitglied des Kollegiums der *Graduate Faculty* der *New School for Social Research*, zu dessen Gründungsmitgliedern Salomon gehörte. Strauss blieb bis 1949, als er an die Universität Chicago wechselte, wo er bis zu seiner Emeritierung lehrte; Salomon blieb bis zu seinem Tod 1966 in New York. Bis 1949 hatten beide zentrale Motive ihres politischen Denkens ausgearbeitet.

Im Folgenden geht es mir um die Frage, inwiefern sich Zusammenhänge zwischen beider Denkbewegungen nachweisen lassen. Diese Zusammenhänge beschreibe ich zulaufend auf die Gedankenfigur *Verfolgung und die Kunst esoterischen Schreibens*, die Strauss zu Beginn der 1940er Jahre in einem Vortrag an der *New School* vorstellte,[1] im dortigen *General Seminar*, das auch Salomon besuchte. Salomon seinerseits hatte bereits früher, in einem 1938 erschienenen Aufsatz über *das* Grundlagenproblem der Sozialwissenschaften,[2] *in Richtung* dieser Gedankenfigur gedacht, ohne sie allerdings – im Sinne von Strauss – *zu Ende* zu denken. Indem er sie mit Hilfe von Strauss zu Ende denken kann, gewinnt er zugleich die Möglichkeit eines politischen Denkens, das entlastet ist von der berufsspezifischen Notwendigkeit, „der Soziologie [...] eine zu große Konzession" zu machen – so der Einwand von Strauss gegen Salomons Denken, *bevor* dieser die Gedankenfigur *Verfolgung und die Kunst esoterischen Schrei-*

---

1   Leo Strauss (1952), „Verfolgung und die Kunst des Schreibens". In: ders., Alexandre Kojève und Friedrich Kittler (2009), *Kunst des Schreibens*. Berlin: Merve, S. 23-50. Bei dem der Übersetzung zugrunde liegenden Text von 1952 handelt es sich um eine geringfügig abweichende Fassung des Textes, den Strauss angelehnt an seinen Vortrag an der *New School* in *Social Research* publizierte. Vgl. Leo Strauss (1941), „Persecution and the Art of Writing". In: *Social Research* 8, S. 488-504; Leo Strauss (1952), „Persecution and the Art of Writing". In: ders., *Persecution and the Art of Writing*. Glencoe: The Free Press, S. 22-37.

2   Albert Salomon (1938), „Soziologie und Soziologismus". In: ders. (2008), *Werke 2: Schriften 1934-1942*. Wiesbaden: VS Verlag für Sozialwissenschaften, S. 127-141, hier S. 132-133.

bens zu Ende gedacht hat.[3] *Ist* Salomon einmal von der Notwendigkeit entlastet, der Soziologie eine zu große Konzession zu machen, verfolgt er gleichwohl ein Programm, das sich grundlegend von dem unterscheidet, das Strauss verfolgt. Beide entwickeln im zeitweise gemeinsamen Durchdenken der geteilten biographischen Lage des Exilanten dieselbe Ordnung ihrer Lebensform; beide trennt die Art und Weise, wie sie diese Lebensform ausfüllen.

1. Der soziale Rahmen der Denkbewegungen von Salomon und Strauss: Kollegiale Assoziation und Emigranten-Milieu

Ob Salomon und Strauss sich bereits vor 1938 begegnet sind, lässt sich anhand der mir bekannten Materialien nicht belegen; es ließen sich Indizien dafür anführen, dass sie sich wenigstens dem Namen nach gekannt haben müssten.[4] Von der Möglichkeit eines Wechselspiels der Denkbewegungen von Salomon und Strauss kann man aber wohl erst ab dem Zeitpunkt sprechen, von dem an beide dem Kollegium der *Graduate Faculty* angehören.

Universitätsfakultäten bilden, formal betrachtet, „*Kollektive*" im Sinne von „*korporative[n] Einheiten*" wie Gruppen, Assoziationen und formale Organisationen".[5] Solche korporativen Einheiten sind definiert durch Mitgliedschaften, durch die Verwendung von Mitgliedschaftsrollen zur Grenzziehung und durch interne Kommunikationsstrukturen, die ein gewisses Maß an kollektiv bindenden Entscheidungen und intentionaler Handlungskoordination erlauben. Gestützt werden sie durch Kontroll- und Sanktionsmechanismen und durch ein Auftreten als korporative Einheit nach außen. Universitäre Kollektive im Besonderen zeichnet eine weder primär egalitäre noch primär hierarchische, sondern ihre *kollegiale* Kommunikations- und Entscheidungsstruktur aus. Man kann demnach auch von der *Graduate Faculty* als einer „collegial association" sprechen, einer

---

3   Leo Strauss (1940), „Brief an Albert Salomon. Middlebury, Vermont, am 01. Januar 1940". In: diesem Band, S. 153-155.

4   Dafür spricht z.B. beider Beziehung zu Walter Benjamin während der späten 1920er Jahre in Berlin. Vgl. Albert Salomon (1966), „Im Schatten einer endlosen großen Zeit. Erinnerungen aus einem langen Leben für meine Kinder, jungen Freunde und Studenten". In: ders., *Werke 1: Biographische Materialien und Schriften 1921-1933*. Wiesbaden: VS Verlag für Sozialwissenschaften, S. 13-29, hier S. 26 und S. 29; Walter Benjamin (1929), „An Gerhard Scholem, Berlin, 14. Februar 1929". In: ders. (1966), *Briefe 2*. Frankfurt am Main: Suhrkamp, S. 488-490, hier S. 489.

5   Bernhard Peters (1993), *Die Integration moderner Gesellschaften*. Frankfurt am Main: Suhrkamp, S. 166-168.

Organisationsform, die Egalitarismus mit einer Differenzierung von Kompetenzen nach Qualifikation verbindet.[6]

Die Mitgliedschaft bei der *Graduate Faculty* gründete auf der Idee ihres Initiators, Alvin Johnson, dass die berufenen Sozialwissenschaftler Wahlverwandte der aktivistischen amerikanischen Intellektuellen sein sollten, die bereits an der älteren *New School* lehrten – womit sie sich zugleich vom *Mainstream* der Sozialwissenschaftler in den USA unterscheiden würden. Nicht in erster Linie eine Expertise hinsichtlich empirischer Methoden, sondern vor allem ihr Anspruch, auf ethischer Grundlage die Frage nach der Natur von Politik und Gesellschaft aufzuwerfen, qualifizierte die Sozialwissenschaftler, die an der *Graduate Faculty* lehrten, für ihre Mitgliedschaft.[7] Die Fakultät hatte das Recht der Selbstverwaltung und war zur politischen Stellungnahme ermächtigt, allerdings unter der Maßgabe, dabei den Prinzipien der akademischen Freiheit und der Demokratie zu entsprechen.[8] Die 1935 ratifizierte Fakultätssatzung verpflichtete das Kollegium, ohne Rücksicht auf persönliche Konsequenzen der wissenschaftlichen Wahrheit zu dienen und sich allein von wissenschaftlichen Zielen und dem Streben nach wissenschaftlicher Redlichkeit leiten zu lassen. Die Mitgliedschaft der *Graduate Faculty* schloss kraft Satzung die Mitgliedschaft bei solchen politischen Parteien oder Gruppierungen aus, die sich etwa das Recht anmaßten, Wissenschaftlern Weisungen zu geben; überdies sollten die Mitglieder der *Graduate Faculty* ihre Profession von sachfremden Meinungen z.B. über Rasse, Geschlecht oder Religion frei halten.[9]

Die interne Kommunikation der Fakultät strukturierte in erster Linie das von Johnson initiierte, wöchentlich tagende *General Seminar*, in dem die Mitglieder über jährlich wechselnde, zuvor gemeinsam festgelegte Themenkomplexe – etwa: ,Amerika und Europa', ,Politische und wirtschaftliche Demokratie' oder ,Macht in den Vereinigten Staaten' – aus dem Blickwinkel des je eigenen Forschungsschwerpunkts referierten und diskutierten.[10] Das *General Seminar* machte die Differenzierung der Kompetenzen der Fakultätsmitglieder sichtbar und sorgte nach dem Prinzip Einheit in der Vielfalt zugleich für eine intentionale Handlungskoordination. Zugleich bildeten die „Vorträge und Diskussionen im Seminar [...] die Voraussetzung dafür, daß [...] die eigene Zeitschrift Social Re-

---

6   Talcott Parsons und Gerald M. Platt (1973), *The American University*. Cambridge, Mass.: Harvard University Press, S. 123.

7   Peter M. Rutkoff und William B. Scott (1986), *New School. A History of the New School for Social Research*. New York: The Free Press, S. 89.

8   Ebd., S. 104.

9   Arthur J. Vidich (o.J.), „Images of The New School". In: ders., *With a Critical Eye. An Intellectual and His Times, 1922-2006*. Manuskript, Privatbesitz Guy Oakes, MS. 1-34, hier S. 8-9. Herzlichen Dank an Guy Oakes, der mir Einsicht in das Manuskript gewährt hat.

10   Rutkoff und Scott, *New School*, S. 104-105.

search gegründet werden konnte, die den angestrebten Austausch mit dem amerikanischen Publikum ermöglichte",[11] mithin die *Graduate Faculty* nach außen als korporative Einheit auftreten ließ. Das ist der formale Rahmen, in dem Salomon und Strauss ihr politisches Denken nach dem Gang ins amerikanische Exil fortentwickelten.

Will man ein vollständiges Bild der Wechselwirkungen zwischen beider Denkbewegungen gewinnen, muss man berücksichtigen, dass die sozialen Beziehungen zwischen den Fakultätsmitglieder über den durch die Fakultätsstruktur gesetzten Rahmen hinaus ins Alltägliche reichen. In den ersten Jahren pflegten die Fakultätsmitglieder auch privat Umgang vor allem mit einer „kleine[n] Kolonie deutscher Flüchtlinge", die sich überwiegend aus den Mitgliedern der *Graduate Faculty* selbst rekrutierte.[12] Mochten zwar die Kontakte der Fakultätsmitglieder in der Situation des „Vortrag[s] vor [der] akademischen Versammlung" der „pressierenden Realität gesellschaftlicher Rollen" angepasst sein, so teilten sie neben dem Beruf auch das „Milieu", wo Gesellschaftliches „in alltäglicher Erfahrung rationalisiert und post-faktum in den Schemata der Normalität alltäglicher Typik verifiziert oder vergessen" wird.[13] Tatsächlich lässt sich das Milieu der *Graduate Faculty*-Emigranten räumlich recht präzise definieren. Im Viertel Riverdale in der Bronx, schreibt Salomons Tochter Hannah, wohnten „[d]irekt um die Ecke von uns [...] Felix Kaufmann und Leo Strauss. Hans Speier lebte am anderen Ende der Straße, ein paar Häuserblocks weiter lebten die Lederers [...], die Feilers, die Familien Colm und Brandt, Simons, Heimann, Johnson, und im *Edgehill Inn* wohnten die Brechts; hinzu kamen die Kählers und die Hulas sowie Richard Schüller, der frühere österreichische Minister".[14]

Die Erlebnisse, die im Riverdale-Milieu in ein Schema der Normalität alltäglicher Typik eingepasst und damit angehbar werden, sind einerseits die befremdlichen politischen und gesellschaftlichen Entwicklungen in Deutschland nach 1933, die für alle Angehörigen des Milieus den Abschied von dort nach sich gezogen hatten; andererseits Politik und Gesellschaft im Exilland USA, denen sie ebenfalls mit Befremden begegnen müssen. Denn alle am Riverdale-Milieu Teilhabenden sind „potenziell Wandernde", die sich zwar als Neu-New Yorker „innerhalb eines bestimmten räumlichen Umkreises [...] fixiert" finden,

11   Walter M. Sprondel (1981), „Erzwungene Diffusion. Die ‚University in Exile' und Aspekte ihrer Wirkung". In: Wolf Lepenies (Hg.), *Geschichte der Soziologie. Studien zur kognitiven, sozialen und historischen Identität einer Disziplin. Band 4.* Frankfurt am Main: Suhrkamp, S. 176-201, hier S. 187.

12   Hannah Salomon-Janovski (2008), „Das Leben mit meinem Vater". In: Albert Salomon, *Werke 1*, S. 31-58, hier S. 40.

13   Richard Grathoff (1989), *Milieu und Lebenswelt. Einführung in die phänomenologische Soziologie und die sozialphänomenologische Forschung.* Frankfurt am Main: Suhrkamp, S. 413.

14   Salomon-Janovski, „Das Leben mit meinem Vater", S. 40.

während jedoch ihre „Position in diesem [...] dadurch wesentlich bestimmt [ist], daß [sie] Qualitäten, die aus ihm nicht stammen und stammen können, in ihn hineintr[agen]".[15] Sie sind einander nahe, insofern sie der amerikanischen Umwelt vorerst nur *als Ferne* nahe sein können, in ihr jeder für sich „ein Element" bilden, „dessen immanente und Gliedstellung zugleich ein Außerhalb und Gegenüber einschließt".[16] In diesem Sinn ist ihre Rolle *per definitionem* auch eine politische Rolle.

2. Der Alltag der Denkbewegungen von Salomon und Strauss: Seder – Gesetz und Philosophie

Das Wechselspiel zwischen den Denkbewegungen von Salomon und Strauss hat wie gesehen zwei Dimensionen. Einerseits die kollegiale Assoziation der *Graduate Faculty*, die Egalitarismus mit Differenzierung von Kompetenzen nach Qualifikation verbindet; andererseits das Riverdale-Milieu, wo Befremdliches kraft der Schemata des Alltags rationalisiert und dadurch angehbar gemacht wird. Diese beiden Dimensionen lassen sich anhand zweier Ereignisse konkretisieren. Für das Zusammenhandeln von Salomon und Strauss im Rahmen der kollegialen Assoziation der *Graduate Faculty* steht im Folgenden exemplarisch ein Seminar, das sie im Herbstsemester 1941 gemeinsam unterrichteten; für ihr Zusammenhandeln im Riverdale-Milieu steht ein Seder, das die Familien Strauss und Salomon – wohl ebenfalls zum Ende der 1930er bzw. zu Beginn der 1940er Jahre – gemeinsam begingen.

Vom gemeinsamen Seder berichtet Hannah Salomon-Janovski in ihren Erinnerungen *Life with my father*, in einem ca. fünfseitigen Abschnitt, in dem sie Impressionen von Mitgliedern der *Graduate Faculty* wiedergibt. Dieser Abschnitt findet sich nicht in der publizierten Version der Erinnerungen,[17] da sie ihn mit der Bemerkung einleitet, dass „these remarks are really not for publication". Allerdings schreibt sie ihre Impressionen nieder „to be used as background";[18] um den Hintergrund der Denkbewegungen von Salomon und Strauss zu zeichnen, nehme ich auf sie Bezug. Beide hätten, so Hannahs Erinnerungen, über einen gewissen Zeitraum hinweg gemeinsam über jüdische Philosophie disku-

---

15 Georg Simmel (1992), „Exkurs über den Fremden". In: ders., *Soziologie. Untersuchungen über die Formen der Vergesellschaftung*. S. 764-771, hier S. 764-765.

16 Ebd., S. 765.

17 Salomon-Janovski, „Das Leben mit meinem Vater".

18 Hannah Salomon-Janovski (1976), *Life with my Father*. Unveröffentlichtes Manuskript, S. 1-37. Nachlass Salomon: Sozialwissenschaftliches Archiv der Universität Konstanz, hier S. 23.

tiert (offenkundig im Riverdale-Milieu, nicht an der Fakultät). Sie hat überdies
die Erinnerung zurück behalten, dass Strauss einer sehr traditionell geprägten
jüdischen Familie entstammte.[19] Anschließend an diese Feststellung notiert sie:
„He conducted the first Seder we ever had".[20] Anlässlich des Seder und des es
begleitenden philosophischen Gesprächs konstituieren Strauss und Salomon ein
alltägliches Schema,[21] kraft dessen sie ihre Normalitätsform als Intellektuelle im
Exil entwickeln können, gewinnen darin Elemente der Rationalisierung der befremdlichen politisch-gesellschaftlichen Umstände ihrer Existenz.

Salomon hatte bereits einige Jahre bevor Strauss Teil der *Graduate Faculty*
und des Riverdale-Milieus wurde, begonnen, sich eingehender mit „the lasting
messages of the prophets to men who lived under the clouds of forthcoming
catastrophes" zu beschäftigen.[22] Strauss seinerseits kam nach New York nicht
nur als ehemaliger Mitarbeiter der *Akademie für die Wissenschaft des Judentums*,
sondern insbesondere als jemand, der zu der Zeit, als Salomon gerade begann,
sich der bleibenden Botschaften der Propheten zu widmen, seine Kennerschaft
hinsichtlich des bekanntesten jüdischen Gelehrten des Mittelalters, Mosche ben
Maimons', bereits erwiesen und dabei nicht zuletzt dessen Lehre von der Prophetie und ihren Quellen analysiert hatte, indem er Prophetie und Philosophie

---

19 Der Eindruck ist zutreffend; Strauss selbst hat seine Herkunft rückblickend wie folgt beschrie-
    ben: „I was brought up in a conservative, even orthodox Jewish home somewhere in a rural
    district in Germany. The ,ceremonial' laws were rather strictly observed, but there was little
    Jewish knowledge" (Jacob Klein und Leo Strauss [1997], „A Giving of Accounts". In: Leo
    Strauss, *Jewish Philosophy and the Crisis of Modernity. Essays and Lectures in Modern Jewish
    Thought*, S. 457-466, hier S. 459-460).
20 Salomon-Janovski, *Life with my Father*, S. 24.
21 Das philosophische Gespräch im Sinne von Strauss und Salomon hat durchaus auf der Seite
    des Riverdale-Alltags, *nicht* auf der Seite der Universität seinen Platz. So lässt sich etwa
    Strauss' Bemerkung in einem Brief an Karl Löwith interpretieren, die zwar die Möglichkeit
    verwirft, dass „alle Menschen Philosophen" sein könnten, jenes Philosophieren aber, dessen
    Möglichkeit als nicht jedem gegeben gelten soll, durch den Zusatz erklärt: „nicht Dr. phil. etc."
    – dieses Philosophieren ist also gerade *nicht* Universitätsphilosophie (Leo Strauss [1946], „An
    Karl Löwith. New York, am 15. August 1946". In: ders. [2008], *Gesammelte Schriften. Band
    3: Hobbes' politische Wissenschaft und zugehörige Schriften – Briefe*. Stuttgart, Weimar:
    Metzler, S. 660-664, hier S. 662). Salomon seinerseits hatte bereits in seiner Dissertation mit
    den κῆποι Epikurs auf ein *Milieu* der Philosophie hingewiesen, das als „Zuflucht für alle" ge-
    dient habe, „die überdrüssig des weltlich-betriebsamen Lebens" – und die Universität *ist* ein
    weltlicher Betrieb! – „im Freundeskreis den der Welt abhanden gekommenen Sinn einer wirk-
    lichen Lebensgemeinschaft wieder lebendig zu machen" sich bemühten (Albert Salomon
    [1921], „Der Freundschaftskult des 18. Jahrhunderts in Deutschland. Versuch zur Soziologie
    einer Lebensform". In: ders. [2008], *Werke 1*, S. 81-133, hier S. 99).
22 Albert Salomon (1963), *In Praise of Enlightenment*. Cleveland: Meridian Books, S. 373-374.

konfundierte.[23] Dies legt die Deutung nahe, dass in der gemeinsamen Diskussion jüdischer Philosophen Salomon überwiegend die Rolle des Fragenden, Strauss eher die des Erklärenden eingenommen haben dürfte; Salomon war erst 1943 so weit, dass er sich öffentlich zu Fragen der „hebräischen Religion" und zu deren „Propheten und Weise[n]" äußern wollte.[24] Strauss' Herkunft aus einer traditionell jüdisch geprägten Familie im Gegensatz zu Salomon, der aus einer assimilierten Familie stammte,[25] dürfte der Grund dafür gewesen sein, dass ebenfalls er es war, der beim gemeinsamen Seder, in einer strukturellen Parallele zur Situation anlässlich der Diskussion jüdischer Philosophen, die Rolle des Anleitenden, während Salomon die eines Beiwohnenden übernahm. Daher richte ich im Folgenden den Fokus zunächst vornehmlich auf Strauss' Denkbewegung.

Beim Seder, traditionell im familiären Rahmen eingedenk des in der Torah verzeichneten letzten Mahls der in Ägypten versklavten Juden vor ihrem Exodus[26] als „creation of and a response to life in the diaspora" begangen,[27] steht „[e]ach household" symbolisch für „a miniature Jerusalem in exile".[28] Entsprechend ist der Tisch, an dem das Festmahl stattfindet, Sinnbild des „High Altar", mithin der „present and eternal coordinates of Jewish community"; die Person, die den Vorsitz führt – in unserem Fall: Strauss – übernimmt „the role of High Priest".[29] Gemäß der symbolischen Ordnung des Seder sitzt diese Person mit dem Gesicht gen Osten, denn „[b]y definition, the forerunner of the messiah comes from the East";[30] sie verkörpert, vergleichbar der Rolle Moses' während des Exodus, kraft ihrer „position" und den ihr übertragenen „duties", einen „deliverer of the Jews", der zwar „no divinity" in sich trägt, aber als „attuned to a consistent imperative" dazu beiträgt „to move history forward according to God's plan".[31]

Tatsächlich *hat* das Seder nicht nur eine symbolische Ordnung; der Begriff selbst *bedeutet* ‚Ordnung'. Strauss als die Person, die das Seder anleitet, ist der erste Repräsentant dieser Ordnung. Die Ordnung, die er repräsentiert, ist glei-

---

23   Leo Strauss (1935), „Philosophie und Gesetz. Beiträge zum Verständnis Maimunis und seiner Vorläufer". In: ders. (1997), *Gesammelte Schriften. Band 2: Philosophie und Gesetz – Frühe Schriften.* Stuttgart, Weimar: Metzler, S. 1-123, hier insbesondere S. 87-123.

24   Albert Salomon (1943), „Charles Péguy und die Berufung Israels". In: ders. (2010), *Werke 3: Schriften 1942-1949.* Wiesbaden: VS Verlag für Sozialwissenschaften, S. 49-62, hier S. 56.

25   Vgl. Peter Gostmann, „Von Berlin nach New York. Albert Salomons Weg im intellektuellen Feld des 20. Jahrhunderts". In diesem Band, S. 21-55 hier S. 22-24.

26   Ex 13, 3-10

27   Ruth Fredman Cernea (1995), *The Passover Seder. An Anthropological Perspective on Jewish Culture.* Lanham, New York, London: University Press of America, S. 3.

28   Ebd., S. 45.

29   Ebd.

30   Ebd., S. 45-46.

31   Ebd., S. 97.

chermaßen die Ordnung der „relationships between the participants in the evening's events" wie sie die Ordnung der „relationship between man and God" verkörpert.[32] Mag diese Ordnung zwar als *mittelbar* einem göttlichen Plan folgend verstanden werden können, so muss es für „the Jews" *unmittelbar* zunächst um „[t]he process of continually creating their own society", um eine politische Ordnung, gehen.[33] Denn während mit der Idee von „God's power" das Vermögen in Rede steht „to create with finality", gilt für „the state of human being", dass hier im Gegenteil nur „the state of continual creation" gemeint sein kann, es mithin darum geht „[to] realize their [the Jews'] unique state through repeated, minute discriminations made according to the Law".[34]

Das Seder versinnbildlicht die Eigenheit des Kollektivs der Partizipierenden als einer „social unit", die kraft des Gesetzes, das Mose im Zuge des Exodus am Sinai erhält, „purposeful" ist:[35] „The holy, as that which embodies the Law and hence God, pervades daily life; it is in the proper way to treat a neighbor, prepare a food, or incorporate a new member into the society".[36] Dabei gilt, dass zwar „[t]he Law may be fixed, but experience is not", so dass die im Seder symbolisierte soziale Einheit sich als Ganze in einen „never ending process of discrimination" gestellt findet, „that seperates holy from profane", wie zugleich jedem Einzelnen sein Alltag als durchwebt von „perpetual transition" erscheinen soll.[37]

Nach allem, was man weiß, muss Strauss aufgrund seiner Arbeiten während der vorangegangenen Jahre einen recht speziellen Blick auf das Seder genommen haben, das er in Riverdale anleitete, und auf die Kontinuität der darin symbolisierten Ordnung. Und da er mit Salomon über jüdische Philosophie,[38] mithin über die Arbeiten der vorangegangenen Jahre diskutierte, wird diesem jener spezielle Blick bekannt gewesen sein, er ihn sich womöglich zu eigen gemacht haben.

Wenige Jahre zuvor hatte Strauss in der Einleitung seines Sammelwerks *Philosophie und Gesetz* mit Blick auf „[d]ie gegenwärtige Lage des Judentums" vermerkt, dass man, „[w]enn [...] der Glaube" u.a. „an die auf der Offenbarung

---

32   Ebd., S. 8.
33   Ebd., S. 26.
34   Ebd., S. 25.
35   Ebd., S. 24-25.
36   Ebd., S. 25-26.
37   Ebd., S. 26.
38   Wenn ich bei dieser Formulierung des Gesprächsgegenstands zwischen Strauss und Salomon bleibe, folge ich dem Wortlaut der Erinnerungen von Hannah Salomon-Janovski, allerdings unter der Prämisse, dass strenggenommen für Strauss „eine ‚jüdischen Philosophie'" ebenso wie „eine ‚christliche Philosophie' [...] ein hölzernes Eisen" gewesen sein muss (Heinrich Meier [1996], *Die Denkbewegung von Leo Strauss. Die Geschichte der Philosophie und die Intention des Philosophen*. Stuttgart, Weimar: Metzler, S. 14).

am Sinai beruhende absolute Verbindlichkeit und wesentliche Unveränderlichkeit des Gesetzes die Grundlage der jüdischen Tradition ist", feststellen müsse, dass „die Aufklärung [...] das Fundament der jüdischen Tradition untergraben" habe.[39] Nachdem nämlich einmal erkannt worden sei, dass auf der „Ebene, auf der Aufklärung und Orthodoxie miteinander gekämpft hatten" – der Ebene, wo es um „verbale Inspiriertheit oder Nur-Menschlichkeit der Schrift", „Wirklichkeit oder Unmöglichkeit der biblischen Wunder", „Ewigkeit und also Unveränderlichkeit oder historische Wandelbarkeit des Gesetzes", „Weltschöpfung oder Weltewigkeit" gegangen war –, kein „Kompromiß" möglich sei, habe man „eine ‚höhere' Ebene" anvisiert, auf der man kraft „‚Verinnerlichung' von Begriffen wie Schöpfung, Wunder und Offenbarung" eine „Synthese von Aufklärung und Orthodoxie" erzielen wollte.[40] Für diesen Versuch einer Synthese stehen Strauss zufolge jüdische Denker wie der Marburger Neukantianer Hermann Cohen oder Julius Guttmann, sein Vorgesetzter an der *Akademie für die Wissenschaft des Judentums*.[41] Erst die Form der Intellektualisierung, für die exemplarisch Cohen und Guttmann stehen, nicht schon die „radikale Aufklärung" (z.B. Spinozas) selbst habe das Fundament der Tradition untergraben, insofern „von der ‚reflektierten' Voraussetzung, von der ‚höheren' Ebene der nachaufklärerischen Synthese aus das Verhältnis Gottes zur Natur nicht mehr verstanden werden kann und daher nicht einmal mehr interessiert".[42]

Demnach müsste Strauss auch während er das Seder im Riverdale-Milieu anleitet unter dem Eindruck stehen, hier etwas anzuleiten, dessen Fundament längst untergraben ist, dem Gegenwartsrelevanz höchstens als einem gelebtem Sentiment zukommt – und sein Gesprächspartner Salomon müsste das Ereignis ebenfalls unter diesen Auspizien erleben. Es kommt allerdings etwas Weiteres hinzu, das derlei verhindert.

Strauss' spezieller Blick auf die Tradition, die das Seder zum Ausdruck bringt, gründet selbst *nicht* auf Ideen wie z.B. der verbalen Inspiriertheit der Schrift oder der Wirklichkeit biblischer Wunder.[43] *Seine* Konfession ist die Phi-

---

39   Strauss, „Philosophie und Gesetz", S. 10.
40   Ebd., S. 10-11.
41   Die Auseinandersetzung, die Strauss in *Philosophie und Gesetz* mit Cohen und Guttmann führt, hat Thomas Meyer dezidiert nachgezeichnet; vgl. Thomas Meyer (2008), *Vom Ende der Emanzipation. Jüdische Philosophie und Theologie nach 1933*. Göttingen: Vandenhoeck & Ruprecht, S. 61-130. Speziell die Auseinandersetzung mit Cohen analysiert auch Micha Brumlik (2008), ‚...*ein Funke des römischen Gedankens'. Leo Strauss' Kritik an Hermann Cohen*. Heidelberg: Universitätsverlag Winter.
42   Strauss, „Philosophie und Gesetz", S. 11.
43   Vgl. bereits Leo Strauss (1930), „Religiöse Lage der Gegenwart". In: ders. (1997), *Gesammelte Schriften. Band 2: Philosophie und Gesetz – Frühe Schriften*. Stuttgart, Weimar: Metzler, S. 377-391, hier S. 387-390.

losophie, und *dieser* Konfession entsprechend versteht er den Akt der Gesetzgebung am Sinai und versteht er die Ordnung, die in der Ordnung des Seder symbolisiert ist. Dabei orientiert er sich vorerst an Mosche ben Maimon, also an einem der Gelehrten, von denen er sagt, dass ihr Denken noch nicht von der nachaufklärerischen Synthese infiziert sei, sie noch „die Idee des Gesetzes" zur „Leitidee" nähmen, „welche der modernen Aufklärung und ihren Erben abhanden gekommen ist und durch deren Verständnis viele moderne Überzeugungen und Bedenken ihre Macht verlieren".[44]

Für Maimonides wie für andere „repräsentative islamische und jüdische *Philosophen*", so Strauss, sei es gerade nicht darauf angekommen, „die *Menge* zu vernünftiger Erkenntnis zu erziehen, *aufzuklären*".[45] Sie gingen zwar davon aus, „daß die Offenbarung *schlechthin* verbindlich ist" – also unbedingt auch für die Menge –, setzten aber zudem im Sinne des „griechische[n] Ideal[s]" des βίος θεωρητικός voraus, „daß es für den Menschen, um vollkommener Mensch zu sein, *schlechthin* darauf ankommt, in der Theorie zu leben" – was der Menge *nicht* möglich ist. Denn es sind *nur* „dazu geeignete Menschen", die „[d]ie Offenbarung [...] zum Philosophieren auf[ruft]",[46] während die Massen erst der Vermittlung der Offenbarung durch die zum Philosophieren Aufgerufenen bedürfen, damit sie deren Verbindlichkeit anerkennen können.

Die *Richtung* des durch die Offenbarung aufgerufenen Philosophierens gilt Maimonides als nicht bereits durch das Offenbarungsgeschehen vorgegeben. Möglich, ja sogar notwendig ist vielmehr „*freie[s]* Philosophieren", gerade *weil* die „*Ermächtigung*" zur Philosophie sich dem Offenbarungsgeschehen verdankt. Denn „[d]as Mittel, durch das Gott die Offenbarungstat vollzieht, ist der Prophet, d.h. ein ungewöhnlicher, vor allem hervorragender Mensch, aber jedenfalls ein *Mensch*. Philosophisches Verständnis der Offenbarung, philosophische Begründung des Gesetzes besagt also: Erklärung der Prophetie aus der *Natur des Menschen*".[47]

Dies ist die – in Auseinandersetzung mit Maimonides gewonnene – Grundlage der Denkungsart, aus der heraus Strauss das Seder im Riverdale-Milieu anleitet und die auch Salomon bekannt sein wird. Die Tradition, die sich im Seder spiegelt, ist *nicht zwangsläufig* – sondern nur für nicht zur Philosophie geeignete Menschen – eine, die sich aus der verbalen Inspiriertheit der Schrift oder der Wirklichkeit biblischer Wunder legitimieren müsste. Es ist dies ebenso eine Tradition von *Propheten*, die, als „entsprechend begabte und vorbereitete Mensch[en]", „*auch* Philosoph[en], aktuell Erkennende sein [müssen]", auf dass

---

44   Strauss, „Philosophie und Gesetz", S. 27.
45   Ebd., S. 88-89.
46   Ebd., S. 88-90.
47   Ebd., S. 90.

sie dem offenbarten Gesetz kraft dieser Lebensform, ihres βίος θεωρητικός, „die fundamentalen Wahrheiten der Theorie" entnehmen können, und die darüber hinaus vermöge ihrer „Einbildungskraft" diese Wahrheiten „der Menge gemäß [deren] Fassungskraft" mitzuteilen haben.[48] Insofern die Philosophie allein nicht für die Prophetie hinreicht, ist allerdings für Maimonides, für den schließlich „das *Faktum* der Offenbarung fest[steht]",[49] die Philosophie nur ein Teilbereich des Tätigkeitsfelds des Propheten.

Die Bedeutung der „Vereinigung der theoretischen und der praktischen Vollkommenheit" – von „Verstand und Einbildungskraft" – die der Prophet verkörpert, erklärt Strauss mittels der Frage: „was ist der letzte Zweck der Prophetie? warum ist das Menschengeschlecht auf Propheten angewiesen?"[50] Die Antwort folgt aus zwei Voraussetzungen. Dass einerseits „[d]er Mensch" ganz im Sinne der Πολιτικά des Aristoteles „von Natur ein politisches Wesen", dass aber andererseits seine „Vergesellschaftung" aufgrund der „so große[n] Verschiedenheit, ja Gegensätzlichkeit im Charakter der Individuen" exzeptionell „schwierig" sei.[51] Daher bedürfe „das Menschengeschlecht" – und dies meint: bedürfe die Masse – „eines *Leiters*, welcher die Handlungen der Individuen derart reguliert, daß an die Stelle der natürlichen Gegensätzlichkeiten eine auf Satzung beruhende Übereinkunft tritt". Insofern „zwei Weisen der Leitung" unterschieden werden können, neben der „Regierung" die „Gesetzgebung", und insofern das „Gesetz, das auf die dem Menschen mögliche Vollkommenheit ausgerichtet ist, ein *göttliches Gesetz*" – nämlich das am Sinai offenbarte – und dessen „Verkünder […] ein Prophet" ist – ursprünglich: Mose – „ist der Prophet der Stifter einer Gesellschaft, die auf die eigentümliche Vollkommenheit des Menschen ausgerichtet ist".[52]

Die spezifische Lebensform des Propheten ist daher im Sinne Maimonides' die eines „Philosoph-Staatsmann-Seher(-Wundertäter) in einem". Aufgrund dieser Spezifik der prophetischen Lebensform ist das Menschengeschlecht auf Propheten angewiesen, deren Tätigkeit somit ihre „vorzüglichste praktische Funktion" darin findet, dass sie auf „politische Leitung" zielt.[53] Diese Form der politischen Leitung, die des *Gesetzesgelehrten*, steht in Korrespondenz mit der anderen, von der *Regierung* repräsentierten.

Das Wissen um die vorzüglichste praktische Funktion, die der Prophet gewinnt aus dem Zusammenwirken von Philosophie und Einbildungskraft – nebst

---

48   Ebd., S. 91.
49   Ebd., S. 118.
50   Ebd., S. 109.
51   Ebd., S. 109-110. Vgl. Aristoteles (1973), *Politik*. München: DTV, S. 49 (I, 2 1253a).
52   Strauss, „Philosophie und Gesetz", S. 110.
53   Ebd., S. 110-111.

der „Vollkommenheit der Sitten"[54] – ist es, was Strauss zufolge im Zuge der modernen Aufklärung abhanden gekommen ist. Der Versuch einer nachaufkläre-rischen Synthese von Offenbarung und Aufklärung hat die vormals aus dem Gesetz abgeleitete „Ermächtigung zum Philosophieren als gesetzliche Verpflich-tung zum Philosophieren"[55] aufgegeben und der Masse der nicht zum Philoso-phieren geeigneten die politische Leitung vermacht, indem es ihr die Gesetzge-bung überantwortete. Die Konsequenz dessen sind für Strauss die europäischen Massenbewegungen seiner Epoche, unter denen die nationalsozialistische ihn selbst ins Exil getrieben hat. Im Exil ist er demnach gleichermaßen aufgrund seiner jüdischen Herkunft wie aufgrund der schlechthin prekären Lage der Philo-sophie. In diesem Sinne ist Eugene Sheppards These von „Strauss' projection of the persecuted Jew onto the philosopher" zu verstehen.[56] In diesem Sinne ver-steht sich auch Strauss' spezifischer Blick auf die Tradition, die das gemeinsame Seder im Riverdale-Milieu symbolisiert.

Es geht für Strauss beim Seder trotz, oder besser: gerade aufgrund seiner Haltung eines „Atheismus aus Redlichkeit, der die Orthodoxie radikal überwin-det",[57] nicht etwa um den bloß der Sentimentalität des Exils geschuldeten Voll-zug eines Rituals aufgrund „eingelebte[r] Gewohnheit".[58] Es geht um den Voll-zug einer Ordnung im „bewußten Glauben an den [...] unbedingten Eigenwert" dieses Vollzugs,[59] insofern sich in jener Ordnung das Gesetz spiegelt, das auch für die Ermächtigung zu freiem Philosophieren steht, welches die Politik der Gegenwart nicht mehr zu gewährleisten vermag. Auf diese Weise bildet der Vollzug des Seder für Strauss und für Salomon, seinen Gesprächspartner in Sa-chen jüdischer Philosophie, ein Schema jüdisch-intellektueller Normalität, das ihnen die Rationalisierung der befremdlichen politisch-gesellschaftlichen Wirk-lichkeit ermöglicht, mit der sie konfrontiert sind.

3. Der kollegiale Aspekt der Denkbewegungen von Salomon und Strauss: Seminar – Mensch und Politik

Das Wechselspiel zwischen den Denkbewegungen von Salomon und Strauss spielt neben dem Riverdale-Milieu im Kollegium der Graduate Faculty. War

---

54　Ebd., S. 96-97.
55　Ebd., S. 123.
56　Eugene R. Sheppard (2006), Leo Strauss and the Politics of Exile. The Making of a Political Philosopher. Waltham, Mass.: Brandeis University Press, S. 84.
57　Strauss, „Philosophie und Gesetz", S. 26.
58　Max Weber (1976), Wirtschaft und Gesellschaft. Grundriss der verstehenden Soziologie. Tü-bingen: Mohr (Siebeck), S. 12.
59　Ebd.

dort die Rolle von Strauss eher die des Erklärenden und Anleitenden, die Salomons eher die des Fragenden und Beiwohnenden, so sorgte *hier* die kollegiale Assoziation für ein egalitäres, der Differenzierung von Kompetenzen nach Qualifikation geschuldetes Zusammenhandeln beider. Wenn Salomon und Strauss im Herbstsemester 1941 gemeinsam ein Seminar unterrichten, dann zwar auf Grundlage der maßgeblich von Strauss konturierten gemeinsamen Lebensform, deren Ordnung die Idee eines Gesetzes spiegelt, das auch und gerade im politischen Exil zu freiem Philosophieren ermächtigt; zugleich jedoch als gleichberechtigte Repräsentanten unterschiedlicher Wissensbestände.

Salomon war der pressierenden Realität seiner gesellschaftlichen Rolle als Professor der Sozialwissenschaften bereits in den Jahren vor der Ankunft von Strauss mit dem Anspruch entgegengetreten, das Fach, das er in Deutschland kraft Gesetz nicht mehr vertreten durfte und in Amerika als Exilant vertreten würde, einer „Neubetrachtung" zu unterziehen, indem er „im Sinne des Humanismus zu den Ursprüngen der Dinge an sich zurück[...]kehr[te]".[60] Schon in seinem frühesten in den USA publizierten Text und damit an dem ersten Anschein nach unpassender Stelle – denn dem Titel zufolge sollte es um „Max Webers Methodologie" gehen – hatte er den „Wissenschaften" bedeutet, „im Dienste der Moral" zu stehen, und daran die Forderung geknüpft, dass „sie dem Menschen ein selbstverantwortliches Bewusstsein vermitteln, wodurch er in der Lage ist, aus den kalten und fürchterlichen Tiefen seines Daseins heraus [...] Entscheidungen zu treffen." Die Entscheidungen fordernden Tiefen hatte er im Bild „Jakob[s], der mit dem Engel kämpft", konkretisiert.[61] Dieses Bild entstammt der in *Gen* 32, 25-31 geschilderten Szene, in der Jakob den Namen *Israel* (,Fechter Gottes') erhält und so als Stammvater des hebräischen Volkes ausgewiesen wird. Jakob wird von dem Engel, den er besiegt hat, gesegnet und stellt daraufhin fest: „Ich habe Gott gesehn, Antlitz zu Antlitz, und meine Seele ist errettet".[62] Salomon verfolgte erkennbar das Ziel, seine Profession in eine Idee zu übersetzen, die ihn die gesellschaftliche Rolle des Soziologie-Professors *innerhalb* dieser Rolle transzendieren lassen würde. Wie das gehen könnte, blieb vorerst unbestimmt.

Als Strauss seine Stelle an der *New School* antritt, hat Salomon seine Neubetrachtung der Sozialwissenschaften gerade in den Aufsatz über „Soziologie und Soziologismus" münden lassen. Er stellt darin eine grundlegende *Fehl*entwicklung seines Fachs dar, die Form nimmt als ein Aspekt der „Differenzierung

---

60   Albert Salomon (1947a), „Karl Mannheim (1893-1947)". In: ders. (2010), *Werke 3*, S. 217-231, hier S. 230.

61   Albert Salomon (1934), „Max Webers Methodologie". In: ders. (2008), *Werke 2*, S. 15-34, hier S. 34.

62   Gen 32, 31

und [...] Spezialisierung des wissenschaftlichen Feldes". In Form von Differenzierung und Spezialisierung versuche die „moderne Welt" hilflos, das ihr eigene „metaphysische Vakuum" zu füllen.[63] Dies geschehe im Fall der Soziologie wie nicht anders in anderen Wissenschaften mittels des Versuchs, das eigene „Arbeitsgebiet zur allgemeinen Grundlage für das Verständnis des sozialen Lebens zu erklären und alles auf diese Grundlage zurückzuführen".[64] Dieses Vorgehen kennzeichnet Salomon als „Soziologismus": „eine Soziologie, die sich imperialistisch gebärdet, indem sie ihr angestammtes Arbeitsgebiet überschreitet und den eigenen Methoden Psychologie, Ethik, Philosophie und Geschichtswissenschaft einzuverleiben versucht, um auch deren Gegenstandsbereiche mit soziologischen Mitteln zu erklären".[65] Dem entgegen setzt er Goethes Einsicht, „dass es das höchste Entzücken des Weisen sei, das Erforschliche erforscht zu haben und das Unerforschliche still zu verehren".[66] Goethe steht noch auf der *Schwelle* zur Moderne; daher ist ihm der Zusammenhang zwischen Entzücken und Weisheit, Forschen und Verehren noch erhalten, den die Modernen im Großen und Ganzen verloren haben. Schon bevor Salomon unter dem Mentorat von Strauss die Problematik der Moderne mit dem Verlust der Idee des Gesetzes in Verbindung bringen konnte, hatte er bereits am Leitfaden der Frage nach den Grundlagen der Sozialwissenschaften das Projekt der Moderne als Ganzes in Frage gestellt.

Das Seminar, das Salomon und Strauss im Herbstsemester 1941 jeweils mittwochs zwischen 18 Uhr und 19 Uhr 50 gemeinsam unterrichteten, lief unter dem Titel: *History of Psychology and the Doctrine of Man*. Der Veranstaltungsplan sah vor: „Psychological trends in Greek and Roman thought. Science of man in scholasticism and Renaissance. Montaigne. Hobbes and the Aristotelian Rhetoric. Descartes' contribution to psychology. Pascal and Loyola. Bacon and Gracian. La Rochefoucauld and St. Evrémont. La Bruyère and Theophrastus. Temple and Mandeville. Shaftesbury, Adam Smith, Hume".[67]

Auf den ersten Blick wirkt das Thema der Veranstaltung durchaus ungewöhnlich. Weder Salomon noch Strauss hatten sich bis zu diesem Zeitpunkt als

---

63   Salomon, „Soziologie und Soziologismus", S. 129-130.
64   Ebd., S. 130.
65   Ebd., S. 127.
66   Ebd., S. 132. Vgl. Johann Wolfgang Goethe (1893), „Über Naturwissenschaft im Allgemeinen. Einzelne Betrachtungen und Aphorismen". In: ders., *Goethes naturwissenschaftliche Schriften. Allgemeine Naturlehre erster Teil. Werke. Weimarer Ausgabe*, Abt. 2, Bd. 11. Weimar: Hermann Böhlau, S. 103-163, hier S. 159.
67   Albert Salomon (o.J.), *Liste der Veranstaltungen an der New School for Social Research ab 1934*. Unveröffentlichtes Manuskript, S. 1-31. Nachlass Salomon: Sozialwissenschaftliches Archiv der Universität Konstanz, hier S. 7. Die Liste der Veranstaltungen wird im fünften Band der *Albert Salomon Werke* abgedruckt: „Liste der Veranstaltungen an der New School for Social Research ab 1934". In: Albert Salomon (2012), *Werke. 5: Schriften 1955-1963 und Gesamtregister*. Wiesbaden: VS Verlag für Sozialwissenschaften.

Kenner der Psychologie ausgewiesen; weder hatten sie im heutigen Sinne die Psychologie studiert noch waren sie als Psychologiehistoriker hervorgetreten. Die Konzeption der Veranstaltung zeigt allerdings, dass es ihnen keineswegs darum ging, die Geschichte der im 19. Jahrhundert etablierten Fachwissenschaft[68] nachzuzeichnen. Im Gegenteil sind die beiden schottischen Philosophen Hume und Smith, die im letzten Viertel des 18. Jahrhunderts starben, die jüngsten Figuren, die Berücksichtigung finden. Es geht Salomon und Strauss nicht um die zeitgenössische Psychologie zertifizierter Psychologen. Es geht, wie der zweite Teil des Seminartitels andeutet, um die Psychologie im Zusammenhang einer Lehre vom Menschen, oder genauer: um psychologische Motive *in* der Lehre vom Menschen, vom „Greek and Roman thought" bis zu den schottischen Philosophen – bis auf die Schwelle zur Moderne.

Salomon hatte bereits einige Jahre zuvor die Relevanz der Psychologie zertifizierter Psychologen in einer Parallelaktion zur Soziologismus-Kritik in Frage gestellt, indem er vermerkte, dass Goethe, den er in diesem Zusammenhang als „Musterbeispiel für die wissenschaftliche Integrität und tiefe seelische Bescheidenheit eines wahren Gelehrten" kennzeichnet, „einen Großteil der modernen wissenschaftlichen Ansätze in der Psychologie [...] verworfen haben [würde]".[69] Stattdessen hatte Salomon eine „öffentliche Funktion des Geistes" in Gestalt einer „philosophische[n] Haltung" angemahnt, die „auf der Idee des Lebens und der Existenz" basieren müsse.[70] Dadurch werde sich nicht zuletzt erweisen, „dass die menschliche Existenz mehr ist als ein Komplex psychologischer Verhaltensmuster".[71]

Die Psychologie ist *einerseits* eines der Opfer soziologistischer Anmutungen, des Wissenschaftsimperialismus fehlgeleiteter Soziologen; *andererseits* ist ihre Wissenschaftlichkeit selbst ein Aspekt des hilflosen Bemühens der Modernen, ihr metaphysisches Vakuum mit differenziertem Spezialwissen zu füllen. Nicht anders als der Soziologie stellt er der Psychologie ein Zeugnis ihrer Fehlentwicklung aus, das Goethes *wahre* Gelehrsamkeit signiert. Allerdings ist die Schwelle zur Moderne, die Goethe exemplifiziert, nicht im Fortgang der Geschichte ein für alle mal aus dem Blickfeld geraten; bezeichnenderweise ruft Salomon mit Blick auf die Psychologie neben Goethe mit dem Gestalttheoretiker Kurt Goldstein – Exilant wie Salomon und Strauss – einen Zeitgenossen als wei-

---

68   Eckart Scheerer (1989), „Psychologie". In: Joachim Ritter und Karlfried Gründer (Hg.), *Historisches Wörterbuch der Philosophie. Band 7.* Basel: Schwabe, S. 1599-1653, hier insbesondere 1613-1627.
69   Salomon, „Soziologie und Soziologismus", S. 133.
70   Ebd., S. 137.
71   Ebd., S. 138-139.

teres Musterbeispiel eines wahren Gelehrten auf.[72] Was für Goldstein im Bereich der Psychologie gilt, muss aber auch im Bereich der Soziologie möglich sein. Entsprechend sagt Salomon an anderer Stelle über Alfred Weber, den „ausgezeichnete[n] Gelehrte[n]", der über „intellektuelle Disziplin" nebst „Genügsamkeit" ebenso verfügt[73] wie Goldstein über „wissenschaftliche Integrität" nebst „seelische[r] Bescheidenheit",[74] sein Werk[75] sei „nicht im Laufe von 25 Jahren gereift, sondern in 25 Jahrhunderten".[76]

Wahre Gelehrsamkeit im Sinne Salomons ist demnach ebensowenig mit der Heraufkunft der Moderne verschwunden wie sie damit eingesetzt hätte. Sie ist ebenso ein transhistorisches Phänomen, wie sich zugleich die Qualität des Gelehrten nach seinem Vermögen bemisst, seinerseits über den Horizont seiner Zeit hinauszudenken. Solche wahre Gelehrsamkeit ist nicht anhand der Erkenntnisse einzelner Fachwissenschaften zu erlangen und auch nicht die Summe dieser Einzelerkenntnisse. Zuerst ist sie das Ergebnis der richtigen philosophischen Haltung. *Als* Ergebnis der richtigen philosophischen Haltung hat wahre Gelehrsamkeit eine öffentliche Funktion. Deutlicher wird Salomon in einem Text des darauffolgenden Jahres;[77] Strauss wird ihn indes gerade für das, was er verdeutlicht, kritisieren.

Salomons Exemplum ist diesmal statt Goethes Tocqueville, dem er „erstaunliche Weitsicht" attestiert.[78] Mit Tocqueville stellt er der Moderne die Diagnose einer „paradoxen Dialektik", die gleichermaßen die „bürgerliche Demokratie" wie „der Sozialismus" produzieren. Während *hier* das Streben, „Freiheit durch Gleichheit zu erreichen", darin münde, „durch die Gleichheit Knechtschaft hervor[zu]bring[en]", mündeten *dort* „die Forderungen nach Freiheit" darin, dass „die Gemeinschaft und Solidarität der Gesamtheit" durch „den Konflikt der nach privaten Interessen strebenden Individuen" ersetzt werde.[79] Das moderne „Wirrwarr zwischen der Idee des Staates als Instrument der Umsetzung menschlicher Potenziale und eines Wirtschaftsmechanismus zur Herstellung eines allumfassenden Kaufhauses" könne aber keinesfalls als „nötige[r] Anpassungsprozess"

---

72 Ebd., S. 133. Salomon verweist insbesondere auf Kurt Goldstein (1934), *Der Aufbau des Organismus. Einführung in die Biologie unter besonderer Berücksichtigung der Erfahrungen am kranken Menschen.* Den Haag: Martinus Nijhoff.
73 Albert Salomon (1936), „Zur Stellung von Alfred Webers Kultursoziologie im sozialen Denken". In: ders. (2008), *Werke 2*, S. 119-126, hier S. 125.
74 Salomon, „Soziologie und Soziologismus", S. 133.
75 Gemeint ist damit insbesondere: Alfred Weber (1935), *Kulturgeschichte als Kultursoziologie.* Leyden: Sijthoff.
76 Salomon, „Zur Stellung von Alfred Webers Kultursoziologie im sozialen Denken", S. 125.
77 Albert Salomon (1939), „Tocquevilles Philosophie der Freiheit. Ein Weg zur Konkreten Soziologie". In: ders. (2008), *Werke 2*, S. 173-205.
78 Ebd., S. 191.
79 Ebd., S. 197 und S. 192.

oder als Ergebnis des „Druck[s] äußerer Vorgaben" verstanden werden. Es beruhe vielmehr „auf einer *Idee vom Menschen* als eines physiologischen und psychologischen Komplexes, der seine essentiellen und organischen Funktionen in einem Prozess der Anpassung an äußere und institutionelle Lebensumstände verwirklicht".[80]

Wenn Salomon kurz darauf im gemeinsamen Seminar mit Strauss psychologische Motive in der Lehre vom Menschen aufsucht, so ist das aktuelle Ungenügen der Lehre vom Menschen, die *Fehl*entwicklung hin zur zeitgenössischen Psychologie zertifizierter Psychologen, vorausgesetzt. Denn diese Psychologie durchschaut die paradoxe Dialektik der Moderne nicht, sondern macht sich, indem sie den Menschen als einen der Notwendigkeit der Anpassung verpflichteten psychologischen Komplex analysiert, gleichsam zur Magd einer falschen Idee. Diese falsche Idee verschüttet „die wirkliche Person", die in letzter Konsequenz „zum Instrument, Agens und Schlüssel eines abstrakten kollektiven Apparats" herabgemindert wird. Im Ergebnis steht eine „geschändete Natur".[81] War es der Anspruch der kollegialen Assoziation der *Graduate Faculty*, auf ethischer Grundlage die Frage nach der Natur von Politik und Gesellschaft aufzuwerfen, so lässt sich feststellen, dass Salomon exakt diesen Anspruch umsetzt, indem er auf den *wider*natürlichen Effekt von Politik und Gesellschaft in der Moderne hinweist. Die moderne Psychologie steht dabei beispielhaft für eine Wissenschaft, die diesen Effekten kraft einer angemessenen Idee vom Menschen begegnen können *sollte*, der dies jedoch nicht gelingt, da ihr das Interesse an den eigenen Denkvoraussetzungen fehlt.

Salomon mag mit seinem Tocqueville-Aufsatz dem Anspruch der *Graduate Faculty* genügen; den Ansprüchen seines Gesprächspartners im Riverdale-Milieu genügt er nicht. Tatsächlich hat Sheppard festgestellt, dass „the current of Strauss's political thought ran counter to the dominat direction of his new colleagues".[82] In seinem Brief an Salomon vom 01. Januar 1940 äußert Strauss über den Tocqueville-Aufsatz, er finde, Salomon mache auf der Suche nach der „natürliche[n] Welt, zu der wir zurückgehen müssen", „der Soziologie oder der Romantik eine zu große Konzession", indem er sich „an einer gewissermassen gesunden Periode im Unterschied zu unserer kranken Periode" orientiere.[83] Seine gegenüber der Moderne geübte Skepsis müsse er aber gegen gleichermaßen „alle Perioden" richten. Denn es gelte zur Kenntnis zu nehmen, dass „die wesentlichen Dinge [...] *notwendig* unvollkommen [sind], *immer* und *überall*".[84] Ebensowenig

80   Ebd., S. 198 [Hervorhebung von mir/PG].
81   Ebd.
82   Sheppard, *Leo Strauss and the Politics of Exile*, S. 80.
83   Strauss, „Brief an Albert Salomon. Middlebury, Vermont am 01. Januar 1940", S. 154.
84   Ebd. [Hervorhebungen von mir/PG].

irgendein abstrakter kollektiver Apparat, der die wirkliche Person verschüttet, wie die Moderne an sich bilden demnach das eigentliche Problem.

Strauss schreibt aus der im Riverdale-Milieu geprägten Rolle des Mentors heraus. Gerade die Idee der wirklichen Person, die Salomon als Ausdrucksform einer *nicht* geschändeten – von den Fehlentwicklungen der Moderne verschonten – Natur behandelt, beinhaltet für Strauss die Konzession, die Salomon der Soziologie macht. Denn diese Idee setzt eine anthropologische Annahme, dass nämlich *die* menschliche Natur eine adäquate Denkkategorie sein könnte, voraus. *Darin* ist für Strauss die Soziologie letztlich mit der Romantik verwechselbar. In dieser Kritik wird ihm Salomon allerdings nicht folgen, der ihn angesichts des Themas der Soziologie offenkundig – und naheliegend – nicht als den Mentor in Sachen jüdischer Philosophie, sondern als einen Kollegen nimmt, dessen Kompetenzen kraft Qualifikation bei diesem Thema an Grenzen stoßen.

Allerdings hat Strauss die Idee Salomons richtig erkannt. Dem geht es im Tocqueville-Aufsatz tatsächlich um die „Grundbegriffe" einer „konkreten Soziologie", die als „Universalien" verstanden die Analyse der „komplexe[n] Totalität der menschlichen Persönlichkeit" anhand des Verständnisses „ihre[r] intentionalen Akte" anleiten sollen.[85] Es ist dies die Grundidee jener *humanistischen* Soziologie,[86] der er sich in den kommenden Jahren widmen wird. Ihr widerspricht Strauss, indem er Salomon auf „gewisse vor-moderne Philosophen" hinweist, die „den ernstlichen und zum Teil sogar erfolgreichen Versuch gemacht haben, die natürliche Welt zu verstehen – diese Welt, deren Sonne aus sich weniger leuchtet als Homeros, wie wir sofort bemerken, wenn wir auf die philosophische Terminologie verzichten und die Dinge bei ihrem Namen nennen".[87]

Strauss sieht Salomon offenkundig mit seiner Idee einer konkreten Soziologie Gefahr laufen, auf die Abwege des „Konspektivismus" zu geraten, einer für Strauss insbesondere mit der Soziologie Karl Mannheims verbundenen „Macht innerhalb der gegenwärtigen Philosophie", die er gekennzeichnet sieht vom falschen „Bewusstsein, ‚dass der Mensch […] nach einer so langen opfervollen und heroischen Entwicklung die höchste Stufe der Bewusstheit erreicht hat'". Am Leitfaden des „reflektiert-reflektierten Wissens" und in einer entsprechenden philosophischen Terminologie habe die hochgestufte Gegenwart es sich angewöhnt, „die Lösung der Probleme" – nicht zuletzt des Problems der politischen Ordnung – „durch das Ringen mit den Problemen" zu ersetzen.[88] Der Konspek-

85   Salomon, „Tocquevilles Philosophie der Freiheit", S. 175.
86   Vgl. Peter-Ulrich Merz-Benz, „Die humanistische Bestimmung der Soziologie. Oder warum soziologische Bildung noch immer unabdingbar ist". In diesem Band, S. 57-96.
87   Strauss, „Brief an Albert Salomon. Middlebury, Vermont, am 01. Januar 1940", S. 154.
88   Leo Strauss (1929), „Der Konspektivismus". In: ders. (1997), *Gesammelte Schriften. Band 2: Philosophie und Gesetz – Frühe Schriften.* Stuttgart, Weimar: Metzler, S. 365-375, hier S. 365.

tivist nennt die Dinge *nicht* beim Namen, verbietet sich im Gegenteil selbst im „Wimmeln"-Lassen seiner „Fachausdrücke" – letztlich Ausdruck mangelnder „Achtsamkeit" im Schreiben – den „Versuch, die Probleme zu lösen".[89]

Strauss' Hinweis an Salomon, statt der Soziologie in Form der Denkkategorie *der* menschlichen Natur – der Idee der komplexen Totalität der menschlichen Persönlichkeit – eine zu große Konzession zu machen gelte es, gewisse vormoderne Philosophen in Betracht zu ziehen, ist zugleich der Hinweis des Erklärenden an den Fragenden des philosophischen Gesprächs in Riverdale auf das Programm, das er selbst in *Philosophie und Gesetz* vorbereitet hatte, nun systematisch weiterverfolgt und bald darauf anlässlich eines Vortrag im *General Seminar* präsentieren wird. Dabei geht es darum, jene Projektion der Lage der ins *Galut* verwiesenen Juden auf die schlechthin prekäre Lage der Philosophen weiter zu konturieren.

In *Philosophie und Gesetz* hatte Strauss Maimonides als Beispiel einer Philosophie verhandelt, die angesichts des virulenten Vorrangs der Offenbarung vor der Aufklärung noch um die Prekarität ihrer Lage weiß und ihr Philosophieren demgemäß ausrichtet, ohne dafür zugleich den Anspruch auf politische Leitung preiszugeben. Im Folgenden widmet er sich nun dem gleichen Zusammenhang – ganz im Sinne des Briefs an Salomon – aus einer transhistorischen, das Verhältnis von Gesetz und Philosophie schlechthin angehenden Perspektive. Den zeitgeschichtlichen Hintergrund zeichnet die Feststellung, dass gerade „[i]n einer Reihe von Ländern" eine vormals „praktisch uneingeschränkte Meinungsfreiheit [...] abgeschafft und durch einen Zwang ersetzt worden [ist], der die öffentliche Rede mit solchen Ansichten gleichschalten soll, die die Regierung für nützlich hält oder tatsächlich ernsthaft vertritt".[90] Was bereits für Maimonides angesichts der politisch-theologischen Regimes seiner Epoche galt, gilt also auch für den Philosophen, der mit den politisch-theologischen Massenbewegungen des 20. Jahrhunderts umzugehen hat.[91]

Tatsächlich ist die Abschaffung der Meinungsfreiheit für die *Massen* Strauss zufolge kein Problem. Denn „das Denken *vieler gewöhnlicher Menschen*" verfahre gemäß einer „*logica equina*", die zur Voraussetzung nehme, „daß Lügen kurzlebig sind" und entsprechend „eine Behauptung, die unablässig wiederholt wird, ohne daß sich Widerspruch gegen sie regt, für wahr" halte. Aus dieser Voraussetzung folge, „daß an der Wahrheit einer Behauptung, die von der

---

Für das Zitat, das Strauss paraphrasiert, vgl. Karl Mannheim (1985), *Ideologie und Utopie*. Frankfurt am Main: Klostermann, S. 225.

89   Strauss, „Der Konspektivismus", S. 369-370 und S. 365.

90   Strauss, „Verfolgung und die Kunst des Schreibens", S. 23.

91   Für den weiteren werkgeschichtlichen Zusammenhang vgl. Heinrich Meier (2003), *Das theologisch-politische Problem. Zum Thema von Leo Strauss*. Stuttgart, Weimar: Metzler.

Spitze der Regierung unablässig wiederholt wird, ohne daß ihr widersprochen werde" – zumal, da es sich hier in der Regel um die Behauptung „eines Mannes in einer verantwortungsvollen und herausgehobenen Stellung" handelt – „nicht der geringste Zweifel besteht".[92] Die Meinungsfreiheit der Masse ist die Freiheit zu meinen, was alle sagen. Wenn die Regierung sagt, was alle meinen, ist die Meinung der Masse die Freiheit der Regierung.

Neben der Masse der gemäß der *logica equina* Regierungsgläubigen vermerkt Strauss „jene, die zu wahrhaft unabhängigem Denken fähig sind" und daher „nicht dazu gebracht werden können, sich die von der Regierung geförderten Ansichten zu eigen zu machen".[93] Wenn Strauss dieser Gruppierung konzediert, dass sie schlicht *nicht dazu gebracht werden können*, dem freien Philosophieren zu entraten, während die Masse sich indolent der *logica equina* befleißigt, macht er zugleich deutlich, warum er Salomons Frage nach *der* menschlichen Natur für die falsche Frage hält. Die richtige Frage ist die des Umgangs mit der realen Dichotomie von Regierungsgläubigkeit und unabhängigem Denken, die – gegeben in „allen Perioden", da deren jede „als Periode krank ist"[94] – in Form der „Verfolgung" der *frei* Phlosophierenden geradezu „den höchsten Wirkungsgrad entfalte[t]".[95]

Die vormodernen Philosophen, auf deren ernstliche und teils sogar erfolgreiche Versuche, die natürliche Welt zu verstehen, Strauss Salomon hingewiesen hatte, firmieren im Vortrag als „ältere[r] Schriftstellertypus", dessen „Haltung" geprägt ist von der Überzeugung, „daß die Kluft, die ‚den Weisen' vom ‚gewöhnlichen Menschen' trennt, eine Grundtatsache der menschlichen Natur sei, die von keinerlei Fortschritt oder Volksbildung beeinflußt werden könne".[96] Dieser ältere Schriftstellertypus hatte noch eine Idee von der Verfolgung des freien Philosophierens. Seiner Haltung zur „Volksbildung und deren Grenzen" kontrastiert Strauss das Gros der „modernen Philosophen", die eine „Republik des universellen Lichts" imaginiert und ihr Philosophieren daran ausgerichtet hätten, dass es in ihr „aufgrund der Fortschritte der Volksbildung [...] niemanden mehr geben würde, der sich von irgendeiner ihm zu Ohren kommenden Wahrheit verletzt fühlen könnte".[97]

Was diese Modernen verkannt haben ist, dass der Fortschritt der Volksbildung letztlich der Fortschritt der *logica equina* ist, somit die Lage der freiem Philosophieren Zugeneigten jederzeit prekär bleibt, sich die Prekarität unter Um-

---

92   Strauss, „Verfolgung und die Kunst des Schreibens", S. 25 [Hervorhebung von mir/PG].
93   Ebd., S. 26.
94   Strauss, „Brief an Albert Salomon. Middlebury, Vermont, am 01. Januar 1940", S. 154.
95   Strauss, „Verfolgung und die Kunst des Schreibens", S. 24-25.
96   Ebd., S. 45.
97   Ebd., S. 43-44.

ständen sogar steigern mag. Denn die Wahrheit *ist nicht* für jedes Ohr geeignet. Es wird immer die geben, die des Glaubens an die verbale Inspiriertheit irgendeiner Schrift oder an die Wirklichkeit irgendwelcher Wunder bedürfen; es gibt zumal – wie Strauss schon in *Philosophie und Gesetz* wusste – immer die andere Form politischer Leitung neben der des *Gesetzesgelehrten*, die die Modernen im Selbstverständnis des *Aufklärers* ausfüllen: die Regierung, deren *eigene* Wahrheit durch den Fortschritt der *logica equina* gesichert, durch freies Philosophieren in Frage gestellt wird.

Was der ältere Schriftstellertypus den Modernen voraus hat, ist die „Überzeugung, daß es Wahrheiten gebe, die nicht ausgesprochen werden dürfen oder können", und dass demgemäß zwischen einer „exoterischen" und einer „esoterischen Lehre" unterschieden werden muss:[98] „Sie mußten ihre Ansichten allen – mit Ausnahme der Philosophen – verheimlichen, entweder indem sie sich auf die mündliche Unterweisung einer sorgfältig ausgewählten Gruppe von Schülern beschränkten oder indem sie über den allerwichtigsten Gegenstand nur vermittels ‚kurzer Andeutungen' schrieben. [...] Ein exoterisches Buch enthält also zwei Lehren: eine populäre Lehre von erbaulichem Charakter, die im Vordergrund steht; und eine die allerwichtigsten Fragen betreffende philosophische Lehre, die nur zwischen den Zeilen angedeutet wird".[99]

Die allerwichtigsten, nur einer ausgewählten Gruppe zugänglichen Fragen, die esoterische Lehre sind punktgenau der Gesprächsgegenstand derer, die gemäß Maimonides durch die Offenbarung zur Philosophie aufgerufen sind. Die populäre Lehre von erbaulichem Charakter entspricht punktgenau Maimonides' *reduzierter*, nämlich der Menge gemäß deren Fassungskraft von Philosophen vermöge ihrer Einbildungskraft mitzuteilender Version der Wahrheit. Neu hinzu kommt im Programm des Vortrags vor dem *General Seminar* der Anspruch, mit Blick auf die „exoterisch-esoterische Doppelgesichtigkeit" des philosophischen Gesprächs eine systematische „Bewegung von der Geschichte der Philosophie zur Intention des Philosophen" zu vollziehen, um in dieser Intention das Politische in der Philosophie zu entdecken.[100]

4. Ohne zu große Konzessionen an die Soziologie: Esoterisches und Exoterisches bei Salomon

Als Strauss Salomon darauf hinweist, dass er der Soziologie nicht zu große Konzessionen machen dürfe, macht Salomon der Soziologie bereits keine großen

---

98   Ebd., S. 33.
99   Ebd., S. 46 und S. 48.
100   Meier, *Die Denkbewegung von Leo Strauss*, S. 31-33.

Konzessionen mehr. Wohl ist sie ein selbstverständlicher Teil der philosophischen Haltung, die er bereits in den ersten Texten im amerikanischen Exil anzuvisieren beginnt. Auch ein soziologisches Werk kann die Reife von 25 Jahrhunderten erreichen; und zum Reservoir dieser Reife zählen auch „die Errungenschaften zweier Jahrhunderte sozialwissenschaftlicher und historischer Forschung" selbst, die somit selbst „ein sorgsam zu pflegendes Erbe" darstellen.[101] Aber Soziologie im Sinne Salomons muss angesichts der Zeitläufte das Projekt der Moderne in Frage stellen; und da sie selbst in ihrer *üblicherweise* praktizierten Form Teil dieses Projekts ist, kann die Idee der Sozialwissenschaften nicht der Fixpunkt seiner Denkbewegung sein. Dieser Fixpunkt wird ihm im Gespräch mit Strauss die Haltung freien Philosophierens unter der Prämisse, dass die *Ermächtigung* zum Philosophieren kraft Gesetz als *Verpflichtung* zum Philosophieren zu verstehen sei.[102]

Bereits 1935 hatte Salomon sein Bild der Überschreitung der gesellschaftlichen Rolle des Soziologie-Professors *innerhalb* dieser Rolle, Jakobs Kampf mit dem Engel, am Exemplum Webers als Bild der „denkbar mühsamste[n] Pflicht" zur „Freiheit" gezeichnet, die eben „nicht [...] Freiheit *von* bestimmten Werten, sondern [...] Freiheit, *für* diese Werte einzustehen", sei. Zugleich sollte diese Freiheit „der Boden" sein, „auf dem Heroismus gedeiht".[103] Diese Pflicht zur Freiheit wird unter dem Mentorat von Strauss und seiner Lehre des Maimonides die *Pflicht des Propheten*. Dem unbestimmten Heroismus Webers, letztlich diffus in „Gedanken und Gefühlen von majestätischer Art" Ausdruck nehmend[104] – einem intellektualistischen Supplement von *Regierungs*handeln – tritt die konkrete Gestalt des *Gesetzesgelehrten* zur Seite.

Wenn Salomon eine konkrete Soziologie ansteuert, die der Analyse der komplexen Totalität der menschlichen Persönlichkeit in Form von Universalien dienen soll,[105] ist es, anders als Strauss vermutet, nicht die Soziologie (und auch nicht die Romantik), der er eine Konzession macht. Es ist eine Konzession an die feine, aber zugleich grundlegende Differenz zwischen der philosophischen Haltung Salomons und der von Strauss. Während Strauss die Bewegung zur Intention des *Philosophen* vollzieht, vollzieht Salomon die Bewegung zur Intention des *Propheten*; während Strauss im Rahmen des βίος θεωρητικός in erster Linie an den politischen Grundlagen der *Philosophie* interessiert ist, ist Salomon im gleichen Rahmen in erster Linie an den politischen Grundlagen der *Einbildungskraft*

---

101 Salomon, „Zur Stellung von Alfred Webers Kultursoziologie im sozialen Denken", S. 125.
102 Strauss, „Philosophie und Gesetz", S. 123.
103 Albert Salomon (1935), „Max Webers politische Ideen". In: ders. (2008), *Werke 2*, S. 65-80, hier S. 77.
104 Ebd.
105 Salomon, „Tocquevilles Philosophie der Freiheit", S. 175.

interessiert. Sofern es dem Gesetzesgelehrten gilt, der Menge vermöge seiner Einbildungskraft philosophische Wahrheiten – eine Lehre vom richtigen Leben – *gemäß deren Fassungskraft* mitzuteilen,[106] dient die konkrete Soziologie dieser Einbildungskraft. Sie gewinnt mittels Analyse des „konkrete[n] Menschen", nicht eines „sich gleich bleibenden Wesens", sondern einer „in Bewegung befindlichen Konstellation von Konstanten, die sich je nach dem Zusammenspiel der einwirkenden Kräfte verändert", ein Wissen über „typische, wiederkehrende menschlich Handlungsweisen"[107] – ein Wissen über die Masse konkreter Menschen, über ihre Fassungskraft und damit auch die Möglichkeit einer Antwort auf die Frage, wie dieser Masse philosophische Wahrheiten mitteilbar sind. Dieses *soziologische* Wissen ist mithin der reale Kern der Einbildungskraft des Propheten.

Die in Bewegung befindliche Konstellation von Konstanten, die in typischen, wiederkehrenden Handlungsweisen münden, ist nicht zuletzt eine *politische* Konstellation; eben dies war der Gesprächsgegenstand, anhand dessen Strauss und Salomon im Riverdale-Milieu ihre Lebensform konstituierten. Insofern ist auch Strauss' Unterscheidung der exoterischen und der esoterischen Lehre naturgemäß von Interesse für Salomon. Ebenso wie Strauss anhand der Gedankenfigur *Verfolgung und die Kunst esoterischen Schreibens* die Intention des Philosophen wird Salomon mit ihrer Hilfe die Intention des Propheten verständlicher. Dabei war ihm – womöglich als Leser Nietzsches[108] – das Thema von Strauss' Vortrag keineswegs fremd gewesen. In *Soziologie und Soziologismus* hatte er sein Exemplum Goethes auf der Schwelle zur Moderne fortgesetzt, indem er ihn als „vermutlich de[n] letzte[n] Gelehrte[n]" kennzeichnete, „der das Wissen besaß, das wir während der Epoche des Kapitalismus und der Massen verloren haben – dass Seite an Seite mit dem öffentlichen und gemeinverständlichen Denken das esoterische, nur für Eingeweihte bestimmte Denken ebenso sein Recht und seine Funktion hat, nämlich auch solche philosophischen und spirituellen Erfahrungen an die Nachwelt weiterzugeben, welche die Öffentlichkeit nie zu verstehen fähig sein wird".[109]

---

106 Strauss, „Philosophie und Gesetz", S. 91.
107 Albert Salomon (1940), „Krise – Geschichte – Menschenbild". In: ders., *Werke 2*, S. 225-248, hier S. 244.
108 Friedrich Nietzsche (1955), „Jenseits von Gut und Böse". In: ders., *Werke in drei Bänden.* *Zweiter Band.* Darmstadt: Wissenschaftliche Buchgesellschaft, hier S. 563-759, hier insbesondere S. 595-596. Vgl. Albert Salomon (1930), „Problematik der deutschen Bildung". In: ders., *Werke 1*, S. 205-213, hier S. 208; Salomon, „Soziologie und Soziologismus", S. 134-135; Albert Salomon (1939), „Die Philosophie der Macht". In: ders., *Werke 2*, S. 207-216, hier S. 213-214.
109 Salomon, „Soziologie und Soziologismus", S. 132.

Goethe auf der Schwelle zur Moderne ist vorerst eine ähnlich unbestimmt heroische Figur wie vormals Weber, der im „Verzweifeln" über eine zeitgenössische „Leidenschaft für die Bureaukratisierung"[110] unter einem aus „Worten Rilkes" und Hölderlins geformten „Gewölbebogen [...] die geistigen und seelischen Strömungen ebenso wie die konkrete Welt seiner Zeit aufspannt".[111] Dieser Heroismus ist Salomon noch so unbestimmt, dass er ihn gleichermaßen „als Prophet, als Protestant, als Sektierer, Mystiker, Revolutionär oder Anarchist" Gestalt finden sieht.[112] Erst anhand der konkreten Person des Gesetzesgelehrten ist es Salomon möglich, eine *Politik* hinter dem unbestimmten Heroismus zu analysieren; eine Politik der Vermittlung, die das gleiche esoterisch-exoterische Doppelgesicht trägt wie das freie Philosophieren bei Strauss. Die Analyse der Politik der Vermittlung ist Salomons Bewegung zur *Intention* des Propheten, während die *Lebensform* des Propheten der Fixpunkt für seine konkrete Soziologie ist. Die Analyse des Propheten als Philosoph-Staatsmann-Seher im Sinne von Maimonides ist Analyse seiner durch soziologisches Wissen vorgebildeten Einbildungskraft, mithin Analyse seiner politischen Konstellation und Antwort auf die Frage, wie er dieser politischen Konstellation die Konstanten seiner Lebensform entgegensetzt.

Salomons Analysen über die Politik der Vermittlung – ihres Gelingens und Scheiterns – in den folgenden Jahren werden einer Vielfalt von Propheten und Gesetzesgelehrten gelten; Hugo Grotius etwa ist ebenso Gegenstand wie sein Kollege an der *New School*, Alexander Pekelis, sein Heidelberger Studienfreund Karl Mannheim ebenso wie Erasmus aus Rotterdam.[113] Will man bei Salomon selbst zwischen exoterischer und esoterischer Lehre unterscheiden, so findet sich die exoterische Lehre eher in den Texten für den *Jewish Frontier*, die Zeitung der *Labor Zionist Alliance*; die esoterische Lehre findet sich eher in recht verstreut, überwiegend aber doch in *Social Research* publizierten Fachtexten.

---

110 Max Weber (1924), „Diskussionsreden auf den Tagungen des Vereins für Sozialpolitik". In: ders., *Gesammelte Aufsätze zur Soziologie und Sozialpolitik*.Tübingen: Mohr (Siebeck), S. 394-430, hier S. 414. Vgl. Salomon, „Max Webers politische Ideen", S. 74.

111 Ebd., S. 79.

112 Ebd., S. 77.

113 Albert Salomon (1947b), „Hugo Grotius und die Sozialwissenschaften". In: ders. (2010), *Werke 3*, S. 233-251; Albert Salomon (1947c), „Alexander H. Pekelis". In: ders. (2010), *Werke 3*, S. 211-216; Albert Salomon, „Karl Mannheim (1893-1947)"; Albert Salomon (1950), „Democracy and Religion in the Work of Erasmus". In: *Review of Religion* 15, S. 227-249. (Der Erasmus-Text wird in deutscher Übersetzung im vierten Band der *Albert Salomon Werke* abgedruckt: „Demokratie und Religion im Werk des Erasmus". In: Albert Salomon [2011], *Werke. 4: Schriften 1949-1954*. Wiesbaden: VS Verlag für Sozialwissenschaften.)

Für mein Thema besonders interessant ist die 1945 publizierte Analyse Jacob Burckhardts,[114] der für Salomon nun „mehr" sein konnte „als ein Professor der Geschichte", nämlich „fürwahr ein Prophet, ein Weiser".[115] Denn Salomon gibt seinem Text für die Fachzeitschrift *Philosophy and Phenomenological Research* eine Eingangsfußnote bei, in der er „Dr. Leo Strauss seinen Dank für einige erhellende Gespräche über das Thema dieses Aufsatzes" ausspricht.[116] Die esoterische Dimension des Textes hat demnach eine spezielle Komponente; Burckhardt ist das Exemplum, anhand dessen Salomon, im Riverdale-Milieu eher der *Fragende* im Gespräch mit Strauss, nun ihm, gewissermaßen quer durch den epikuräischen κῆπος, seine *Antwort* auf dessen Mutmaßung mitteilt, er mache der Soziologie zu große Konzessionen.

Strauss hatte knappe zehn Jahre zuvor in einem Brief an Karl Löwith seine Haltung zum Programm Burckhardts festgehalten: „Ich glaube Ihnen gern, dass B.[Burckhardt] der ideale Repräsentant antiker Mässigkeit im 19. Jhdt. war – aber die Themen seines Philosophierens sind nur auf Grund der modernen ‚Unmässigkeit' möglich: kein antiker Philosoph war Historiker. Und das beruht nicht auf dem Sinn für das, was dem Menschen zu wissen gemäss, was seine ‚Mitte und Mass' ist. Nein, lieber Löwith, Burckhardt – das geht wirklich nicht".[117] Burckhard geht nicht, weil er anscheinend die Bewegung zur Geschichte (vielleicht nicht einmal) der Philosophie statt zur Intention des Philosophen macht.

Tatsächlich aber, teilt Salomon Strauss mit, führt Burckhardt im Gegenteil einen „Kampf gegen die Tyrannei der Geschichte"; und Burckhardts Erfolg ist es, dass er – wie Tacitus – ein Beispiel dafür gibt, wie der „Intellektuelle" in „Zeiten der Tyrannei oder Revolution" die „Verantwortung" dafür trägt, dass die

---

114 Vgl. zu diesem Text auch Peter-Ulrich Merz-Benz, „Die humanistische Bestimmung der Soziologie oder Warum soziologische Bildung noch immer unabdingbar ist". In diesem Band, S. 57-96; Claudius Härpfer, „‚Wir humane Spätlinge'. Albert Salomon und die Faszination Jacob Burckhardts". In diesem Band, S. 121-135.

115 Albert Salomon (1945), „Jenseits der Geschichte: Jacob Burckhardt". In: ders. (2010), *Werke 3*, S. 137-190, hier S. 144.

116 Ebd., S. 137.

117 Leo Strauss (1935), „An Karl Löwith. Cambridge, am 17. Juli 1935". In: ders. [2008], *Gesammelte Schriften. Band 3: Hobbes' politische Wissenschaft und zugehörige Schriften – Briefe*. Stuttgart, Weimar: Metzler, S. 655-657, hier S. 657. Löwith seinerseits wird auf Salomons Begriff der Geschichte in *Meaning and History* verweisen. Vgl. Karl Löwith (2004), *Weltgeschichte und Heilsgeschehen. Die theologischen Voraussetzungen der Geschichtsphilosophie*. Stuttgart, Weimar: Metzler, S. 70. Vgl. auch Peter Gostmann, Karin Ikas und Gerhard Wagner (2005), „Emigration, Dauerreflexion und Identität. Albert Salomons Beitrag zur Geschichte der Soziologie", In: *Soziologie. Forum der Deutschen Gesellschaft für Soziologie 34*, S. 267-284, hier S. 273-278.

„Fackel des Lebens" weitergereicht wird.[118] All dies widerspricht Strauss' Überlegungen zur Intention des Philosophen *nicht*. Burckhardt, berichtet Salomon,
wusste von der Gratwanderung des Philosophen, „[zu] denken und [zu] lehren
[...] was er will, ohne mit den politischen Launen der Regierungen und der öffentlichen Meinung konform gehen zu müssen".[119] Er wusste davon, „wie leicht
das Volk in barbarischen Pöbel umschlägt".[120] Er war sogar klug genug zu bemerken, „dass das, was er zu sagen hatte, unzeitgemäß war" und sorgte deswegen dafür, dass um ihn zu verstehen, man „ihn *cum grano salis* lesen" muss –
trennte also zwischen esoterischer und exoterischer Lehre. Man dürfe, so Salomon, Burckhardts „Worte niemals zu wörtlich nehmen"[121] – muss ihm, mit
Strauss,[122] das Vermögen des „Zwischen-den-Zeilen-Schreibens" zutrauen, wenn
man ihn verstehen will.

In all diesen wichtigen Punkten berichtet Salomon nichts von Burckhardt,
das ihn in Widerspruch zu Strauss setzen würde; und das setzt sich bis zum Ende
des Aufsatzes fort, wo Salomon „Sinn und Zweck" der Lehre Burckhardts darin
findet, „[d]ie griechische Tradition" als „das wertvollste Gut des geistigen Vermächtnisses [...] für die Zukunft zu bewahren".[123] Strauss seinerseits drückte
seine Wertschätzung der griechischen Tradition nicht zuletzt darin aus, dass er an
dem Ort, an dem in Salomons Denken das Bild Jakobs im Kampf mit dem Engel
steht, das Platonsche Höhlengleichnis denkt – mit der Pointe, dass „wir [...] uns
heute in einer zweiten, viel tieferen Höhle als die glücklichen Unwissenden, mit
denen es Platon zu tun hatte", befänden.[124] 1939 hatte er in *Social Research* seinen ersten Text über einen griechischen Philosophen, Xenophon, veröffentlicht[125] und darin zugleich erstmals „die Kunst des sorgfältigen Schreibens an
einem konkreten Beispiel vor Augen [ge]stell[t]".[126]

---

118 Salomon, „Jenseits der Geschichte", S. 142 und S. 183. Vgl. Lukrez (1924), *Von der Natur.*
     Berlin: Weidmannsche Buchhandlung, S. 47 (II 79).
119 Ebd., S. 142.
120 Ebd., S. 143. Vgl. Jacob Burckhardt (1935), „An Hermann Schauenburg. 28. Februar und 5.
     März 1846". In: ders., *Briefe zur Erkenntnis seiner geistigen Gestalt. Mit einem Lebensabriß.*
     Leipzig: Kröner, S. 146-149, hier S. 147.
121 Salomon, „Jenseits der Geschichte", S. 164.
122 Strauss, „Verfolgung und die Kunst des Schreibens", S. 26.
123 Salomon, „Jenseits der Geschichte", S. 190.
124 Leo Strauss (1931), „Besprechung von Julius Ebbinghaus, Über die Fortschritte der Metaphy-
     sik". In: ders. (1997), *Gesammelte Schriften. Band 2: Philosophie und Gesetz – Frühe Schrif-
     ten.* Stuttgart, Weimar: Metzler, S. 437-439, hier S. 439. Vgl. Meier, *Die Denkbewegung von
     Leo Strauss*, S. 22.
125 Leo Strauss (1939), „The Spirit of Sparta or the Taste of Xenophon". In: *Social Research* 6,
     S. 502-536.
126 Meier, *Die Denkbewegung von Leo Strauss*, S. 15.

Was Burckhardt und Strauss trotz allem trennen mag, hängt mit der Konkretion der Rolle zusammen, in der der beiden gemeinsame βίος θεωρητικός bewältigt werden soll. Dies Konkretion erklärt Salomon, indem er das Rollengefüge unbestimmter Heroen, dem er 1935 einen kurzen Auftritt gegeben hatte – jene letztlich amorphe Gruppe aus Propheten, Protestanten, Sektierern, Mystikern, Revolutionären und Anarchisten – durch eine umfassende Typologie der Lebensform des Philosophen-Staatsmanns-Sehers ersetzt. Diese Typologie erklärt zugleich Strauss die Art und Weise, wie Salomon selbst diese Lebensform auszufüllen gedenkt.

Einmal ist da der Typus des *unbedarften Humanisten*; er folgt einem „*Gefühl*", nämlich dem, „die lebendige Vernuft entwickle sich erst im Fortgang der Zeit", und verzichtet im Glauben an den unbegrenzten Fortschritt der Aufklärung auf die Idee des „göttlichen Naturrechts".[127] Damit übersieht der unbedarfte Humanist die Möglichkeit, dass der Idee der fortschreitenden Vernunft eine religiöse Note, letztlich die Voraussetzung eines „anonyme[n], blinde[n] Schicksal[s]" innewohnt, die ein zweiter Typus, die *falschen Propheten*, von Neuem in eine politisch-theologische Ordnung übersetzen mögen – wie Turgot und Condorcet in eine der „rationalistische[n] Eschatologie", wie Marx in eine des „dialektische[n] Ökonomismus", wie Spencer in eine des „Evolutionismus".[128] Dieser politisch-theologischen Ordnung begegnen drei Intellektuellen-Typen *nicht* adäquat im Sinne Salomons, *obwohl* sie ihre Problematik durchschauen. Nicht „im *Geist elegischer Resignation*" wie Goethe oder Tocqueville,[129] nicht im Geist des „*historistischen Immanentismus*", wie Soziologen von der Art Max Webers ihn pflegen,[130] ist der politisch-theologischen Ordnung der Gegenwart adäquat zu begegnen. Auch nicht in Form der *negativen Prophetie* Kierkegaards und Nietzsches, deren „Emanzipation" letztlich zuhöchst „eine nur private Freiheit" zu Tage zu fördern vermag.[131] Burckhardt dagegen repräsentiert den Typus des *wahrhaften Propheten*. Er begegnet der politisch-theologischen Ordnung adäquat, indem er aus ihrer Problematik die Konsequenz zieht, es sei „seine Pflicht, für die Bewahrung geistiger Normen zu arbeiten und die Tradition eines intellektuellen Vermächtnisses zu errichten, die helfen möge, eine neue Welt zu bauen, sobald die revolutionäre Welle abgeflaut wäre".[132] Dies beschreibt die Art und Weise, in der Salomon seine Lebensform auszufüllen gedenkt. 1966, in seiner Gedenkrede auf Salomon, wird Carl Mayer von ihm sagen, es sei „bezeichnend,

---

127   Salomon, „Jenseits der Geschichte", S. 138.
128   Ebd., S. 139.
129   Ebd., S. 140.
130   Ebd., S. 141-142 [Hervorhebung von mir/PG].
131   Ebd., S. 142.
132   Ebd., S. 144.

dass sein Bekenntnis zum Judentum auf der Überzeugung gründete, damit Teil eines Volkes zu sein, aus dem Propheten hervorgegangen sind und das darum auch in der modernen Welt einen Auftrag hat, den es zu erfüllen gilt. Er wünschte, zu denen zu gehören, die daran teilhaben".[133]

Der Dank, den Salomon Strauss in der Eingangsfußnote des Burckhardt-Aufsatzes ausspricht, ist der einzige Verweis im Werk Salomons auf Leo Strauss; für den Nachdruck verzichtete er auf die Fußnote.[134] Strauss hat, soweit mir bekannt ist, an keiner Stelle seines Werkes Salomon erwähnt. Wenn man das Gedankenspiel des esoterischen Gesprächs zwischen beiden fortdenkt, wird man allerdings auf so etwas wie einen Epilog stoßen.

Mitte der 1950er Jahre kehrt Strauss, seit 1949 Professor in Chicago, an die *Graduate Faculty* zurück, um eine Vorlesung *in memoriam* Kurt Riezler zu halten. Diese wird später in *Social Research* veröffentlicht, so dass zu vermuten ist, dass Salomon sie wenn nicht gehört, dann gelesen hat. Im letzten Absatz des Vortrags berichtet Strauss: „In pondering over Riezler's highest inspiration, I had to think more than once of Thucydides – of Thucydides' quiet and manly gentleness which seeks no solace and which looks in freedom, but not in indifference, at the opposites whose unity is hidden".[135] Das Beispiel Ritzlers mag auch ein wenig für die verborgene Einheit aller frei wie Thukydides Denkenden der *Graduate Faculty* stehen. Salomon seinerseits hatte 1945 den Strauss zugeeigneten Burckhardt-Aufsatz ebenfalls mit Blick auf Thukydides enden lassen. Dessen Freiheit hatte er darin erkannt, „keinem Interesse außer dem der Suche nach der historischen Wahrheit" zu dienen, nicht „um den Beifall seiner Zeitgenossen zu erhalten", sondern um „Zeitgenossen ebenso wie spätere Generationen auf[zuklären]".[136] Lässt sich mit Strauss die verborgene Einheit aller frei wie Thukydides Denkenden der *Graduate Faculty* als „simple and firm friendship" verstehen, gewachsen aus „a somewhat complicated relationship of colleagues",[137] lässt sich so oder so ähnlich womöglich auch das Verhältnis der Denkbewegungen von Salomon und Strauss zusammenfassen.

---

133   Carl Mayer (2008), „*In memoriam* Albert Salomon (1891-1966)". In: Albert Salomon, *Werke 1*, S. 59-73, hier S. 60.
134   Albert Salomon (1963), „Transcending History: Jacob Burckhardt". In: ders., *In Praise of Enlightenment*. Cleveland, New York: Meridian Books, S. 328-372.
135   Leo Strauss (1956), „Kurt Riezler". In: ders. (1988), *What is Political Philosophy?* Chicago, London: University of Chicago Press, S. 233-260, hier S. 260.
136   Salomon, „Jenseits der Geschichte", S. 189-190.
137   Strauss, „Kurt Riezler", S. 233.

Die Soziologie des Heimkehrenden
Religion und Säkularisierung bei Albert Salomon

Tom Kaden

1. Einleitung

In seinem Vortrag über Franz Rosenzweig von 1951 bezeichnet Albert Salomon diesen als *Baal Teshuvah* (wörtlich etwa: ‚Meister der Rückkehr') und meint damit „a repenting sinner, in sociological terms: a homecomer who had migrated from home into the world of Gentile thinking and finally had found peace and serenity when he returned to the God of his fathers, to the God of Abraham, Isaac and Jacob".[1] Peter Gostmann und Claudius Härpfer zeigen in ihrem Aufsatz über *Albert Salmonon und das Tikkun*, dass Salomon selbst ebenfalls als *Baal Teshuvah* gelten kann und der Rosenzweig-Aufsatz somit „ein Stück Selbstinterpretation [beinhaltet]". Denn auch er ist ein *homecomer*,[2] der seine Vergangenheit in der Welt außerhalb der jüdischen Religion aber nicht einfach ausblendet, sondern sie integriert und sie zum „Teil des eigenen Selbstverständnisses als Jude" macht.[3]

Albert Salomon war Soziologe. In diesem Aufsatz sollen einige seiner Arbeiten vor dem Hintergrund seines Habitus als *Baal Teshuvah* referiert und interpretiert werden. Die begrifflichen Bezugspunkte dafür liefert Salomon selbst: „It was the destiny of the Baal Teshuvah to grasp the calling to rebuild the pattern of Jewishness in a world of assimilation, secularization and scientifism".[4] Die These lautet, dass sich die Perspektive, die Salomon als Soziologe auf die Welt der Assimilation, Säkularisation und des Szientismus einnahm, begreifen lässt als

---

1   Albert Salomon (1951), *Franz Rosenzweig: A Philosophy of Jewish Existence*. Manuskript, Nachlass Salomon: Sozialwissenschaftliches Archiv der Universität Konstanz, S. 2f. Der Text wird in deutscher Übersetzung im vierten Band der *Albert Salomon Werke* abgedruckt: „Franz Rosenzweig: Eine Philosophie jüdischen Daseins". In: Albert Salomon (2011), *Werke 4: Schriften 1949-1954*. Wiesbaden: VS Verlag für Sozialwissenschaften.
2   Peter Gostmann und Claudius Härpfer (2006), „Die Welt von Gestern im Eingedenken der Soziologie. Albert Salomon und das *Tikkun*." In: Amalia Barboza und Christoph Henning (Hg.), *Deutsch-jüdische Wissenschaftsschicksale. Studien über Identitätskonstruktionen in der Sozialwissenschaft*. Bielefeld: transcript, S. 23-47, hier S. 26.
3   Ebd., S. 28.
4   Salomon, *Franz Rosenzweig: A Philosophy of Jewish Existence*, S. 5.

Bestandteil seines eigenen Versuchs „to rebuild the pattern of Jewishness". Albert Salomon ist dem Ruf, den er als Jude empfing, auch als Soziologe gefolgt.

Szientismus und Säkularisierung sollen im Weiteren als Kategorien dienen, die eine Synopse einzelner *Arbeiten* Salomons anleiten. Die Assimilation aber ist der Begriff, mithilfe dessen sich eine Struktur in Salomons *Biographie* erkennen lässt. In seinem Leben lässt sich eine sukzessive Deassimilation feststellen, die auf einer vollständigen Veränderung seiner Lebensumstände basiert. Darin trifft auf Salomon ein weiteres Charakteristikum des *Baal Teshuvah* zu, das er selbst benennt: „The basic attitude of a Baal Teshuvah is to be radical. To be radical means to go to the roots. Roots are visible to those whose lives have been completely shaken by a total transformation."[5] Vergleicht man in pointierender Antithese den Salomon im Deutschland der Zwanzigerjahre – den assimilierten, modernistischen Sozialisten – mit dem seit den späten Vierzigerjahren – ein in der amerikanischen Fremde zu seiner Religionsgemeinschaft heimgekehrter Jude, der den Tod vieler Familienmitglieder in den deutschen Konzentrationslagern betrauern musste –, so scheint es gerechtfertigt zu sein, auch von seinem Leben als „shaken by a total transformation" zu sprechen.[6] Doch besteht bei Annahme einer solchen biographischen Struktur – zumal in Form eines Schlagworts – stets die Gefahr der ungerechtfertigten retrospektiven Vereindeutigung und damit Simplifizierung des Lebenswegs. Salomons Umgang mit den anderen beiden konstitutiven Interpretamenten des *Baal Teshuvah*, Säkularisierung und Szientismus, soll im Folgenden die Komplexität aufzeigen, die Salomons diesbezüglichen Denkwegen inhärent ist.

2. Szientismus

Salomon entfaltet seine Kritik dessen, was er im Rosenzweig-Vortrag als *Szientismus* bezeichnet, aus einer religionsphänomenologischen Perspektive. D.h. er versucht nachzuweisen, dass vieles von dem, was namentlich in der Soziologie und Philosophie im 19. und 20. Jahrhundert als Wissenschaft galt, letztlich religiös zu nennen ist. Voraussetzung dieses Nachweises ist sein Einwand gegen einen zu weit gefassten Säkularisierungsbegriff innerhalb der Soziologie, der „impliziert, dass der Niedergang dieser [naturtranszendenten Religionen und

---

5   Ebd., S. 3.
6   Biographisch nähert sich Peter Gostmann Salomon in seinem Text: „Von Berlin nach New York. Albert Salomons Weg im intellektuellen Feld des 20. Jahrhunderts" an; vgl. in diesem Band, S. 21-55. Eine Kontextualisierung von Salomons Biographie und Werk nimmt Claudius Härpfer (2009), *Humanismus als Lebensform. Albert Salomons Verklärung der Realität*. Wiesbaden: VS Verlag für Sozialwissenschaften, vor.

Kirchen] mit dem Ende aller Religion gleichzusetzen sei". – „Ein Soziologe sollte indes nicht mit Begriffen arbeiten, die bereits eine bestimmte theologische Bedeutung haben."[7] Diese Kritik erlaubt es ihm, den Szientismus unter Anwendung zweier Thesen zu identifizieren und zu analysieren: „Das 19. und 20. Jahrhundert sind zutiefst religiöse Epochen. Die sozialen und ökonomischen Aspekte der modernen Bewegungen können nicht getrennt von der religiösen Bedeutung, die Menschen ihrem revolutionären Tun zuschreiben, betrachtet werden."[8] Deswegen charakterisiert er jede so geartete soziale Bewegung als *Religion des Fortschritts*.

Die Entstehung der Religionen des Fortschritts ist direkt gebunden an den Auflösungsprozess der alten Religionen, wie sie im Zuge der Französischen Revolution symbolisch zutage trat. Als ihre Gründer können die Soziologen Saint-Simon und Comte ebenso wie die Romantiker Schlegel und Novalis gelten. Sie eint die Konzeption von Religionen des Fortschritts, die „darauf gerichtet [waren], einen praktischen Effekt auf das Gesellschaftsganze zu entfalten, [...] von Neuem sinnerfüllte Bindungen in Form von Überlegenheit und Unterordnung, Hierarchie und Disziplin [zu] errichten", „ein allumfassendes Universum des Sinns wiederherzustellen, um dem Einzelnen geistig-moralische Geborgenheit zu geben."[9] Die Gesellschaft sollte damit als funktionales Äquivalent an die Stelle des toten Gottes treten.

Salomon bestimmt vier Typen der Religion des Fortschritts, die von je eigenen sozialen Bewegungen repräsentiert werden: 1. das „Evangelium eines pantechnologischen Humanismus" der Saint-Simonisten; 2. der „wissenschaftlich-sentimentale Katholizismus" der Religion der Humanität Auguste Comtes; 3. die „atheistischen Revolutionsdoktrinen" vor allem des russischen Marxismus, die Marx' Werk als heilige Schrift auslegen und gegen Ketzer verteidigen; 4. die „atheistischen Religionen" Bakunins und Proudhons, die jedwede politische Frage als verwoben mit theologischen Problemen ansahen.[10]

Die innere Verbundenheit der Religionen des Fortschritts mit der Politik überhaupt zeigt Salomon, indem er argumentiert, das religiöse Schema von Gut und Böse lebe in den eschatologischen Kategorien der Nationalsozialisten und Bolschewisten als den neuesten Vertretern von Fortschrittsreligionen fort.[11] Damit ist Salomons Rekonstruktion in seiner eigenen Zeit angekommen. Wie erklärt er die Verbindung von Fortschrittsreligion und politischem Handeln bis hin

---

7   Albert Salomon (1946), „Die Religion des Fortschritts". In: ders. (2010), *Werke 3: Schriften 1942-1949*. Wiesbaden: VS Verlag für Sozialwissenschaften, S. 191-210, hier S. 192.
8   Ebd., S. 192f.
9   Ebd., S. 194.
10   Ebd., S. 195.
11   Ebd., S. 196f.

zur Identität beider? Vor allem Comte bereitete „späteren totalitären Philosophien den Weg",[12] und zwar, indem „die christliche Idee der Heilsgeschichte auf die Gesellschaftsgeschichte" übertragen wurde.[13] Damit wurde die Verbindung von Gesellschaftswissenschaft und religiösem Anspruch, den verlorenen Sinnhorizont im Ganzen wiederherzustellen, geschaffen. Dieser Zusammenfall von Sinn und Welt aber ist die Grundoperation des Totalitarismus.

Von Bedeutung für die hier vorgeschlagene Interpretation der Arbeiten Salomons ist nun, dass er auf Basis seiner Analyse und mit Blick auf seine Zeit ein Fazit formuliert, das den gesamten Prozess, den er beschreibt, in Beziehung zu jenem ‚echten', d.h. eigentlichen „historischen" religiösen Denken setzt,[14] aus dem heraus sich die Religionen des Fortschritts allererst entwickelt hatten: „Sie [die modernen Gesellschaften] setzten den historisch-sozialen Prozess an die Stelle göttlicher Vorsehung und vermochten noch nicht zu erkennen, was dem heutigen Studenten der Soziologie seine Epoche bestätigt – dass die Gebieter und Götter der industriell-technologischen Schöpfung zu Sklaven ihres eigenen Werks geworden sind, die Schöpfer von der Schöpfung erschlagen werden. So erkennt der Student der Soziologie, dass die Religionen des Fortschritts *Dämonien* sind".[15]

Die Beziehung zwischen beiden Religionsarten, die in diesem Zitat durchscheint, ist nicht eine der wertfreien bzw. symmetrischen Gegenüberstellung. Sondern der Begriff der Dämonie, dem Bereich der historischen Religion entnommen,[16] wird als übergeordnetes, den historischen Prozess allein noch fassen könnendes religiöses Interpretament des sozialen Geschehens verwendet.

Soziologie und Religion scheinen hier nicht trennbar angesichts der allen innerweltlichen Sinn monopolisierenden Totalitarismen, die als religiös erkannt wurden. Denn – so lässt sich Salomons Begrifflichkeit erklären – die *wissenschaftlich* nötige Distanzierung vom betrachteten Gegenstand ist *da* auf die Begriffe der Transzendenz verwiesen, wo das *Ganze* der Welt – für den Soziologen: der Gesellschaft – zum Problem geworden ist.

Der Nachweis der letztlich religiösen Fundierung bestimmter wissenschaftlicher Traditionen der westlichen Moderne stellt nur die eine Seite von Salomons

---

12 Ebd., S. 201.
13 Vgl. hierzu auch Karl Löwith (1990), *Weltgeschichte und Heilsgeschehen. Die theologischen Voraussetzungen der Geschichtsphilosophie.* Stuttgart: Kohlhammer.
14 Salomon, *Die Religion des Fortschritts*, S. 210.
15 Salomon, Ebd., S. 209 [Hervorhebung von mir/TK].
16 Vgl. die religionswissenschaftliche Definition bei Otto Böcher (1981), „Dämonen, religionsgeschichtlich". In: *Theologische Realenzyklopädie, Bd. 8*, S. 270-274; hier S. 270: „Daher bezeichnet die religionswissenschaftliche Forschung als Dämonen alle übermenschlichen, aber untergöttlichen Mächte, die den Menschen schädigen oder zumindest bedrohen und deren sich der Mensch durch bestimmte Riten und Enthaltungen erwehrt."

Kritik des Szientismus dar. In seinem Text *Soziologie und Soziologismus*[17] betrachtet er gewissermaßen dasselbe Phänomen, nur aus der Warte des Soziologen, der über den Geltungsanspruch seiner eigenen Profession reflektiert. Soziologismus basiert stets auf dem „Dogma [...], dass man mit dem Sozialen den
allgemeinen Nenner gefunden hat, der es möglich macht, alle Probleme des Lebens und des Geistes zu verstehen".[18] Darunter fallen etwa Durkheims rein soziale Ableitungen von geistig-charakterlichen Phänomenen wie dem Selbstmord
oder der Solidarität[19] und allgemeiner gesprochen jedweder Historismus, Positivismus und Ökonomismus.[20] Es ist nun kein Zufall, dass gerade diese drei Denk-
traditionen im 19. Jahrhundert entstanden sind und es dominierten. Denn die
Ursache des Soziologismus liegt in der Emanzipation des wissenschaftlichen
Fortschritts von seiner Einbettung „in religiöse oder metaphysische Zusammenhänge", die seit der Antike und bis ins 17. Jahrhundert gegeben war.[21] Der Soziologismus in seinen verschiedenen Erscheinungsformen ist deswegen ein unab-
dingbarer Zwischenschritt auf dem Weg zu einer, der eigentlichen, Soziologie
gewesen, die ohne den Reflex bestehen kann, den Verlust sinnhafter Integration
der Welt zu kompensieren. Demzufolge betont Salomon die Notwendigkeit der
Selbstbescheidung echter Soziologie zur Bewahrung vor dem Rückfall in den
„Mythos des 19. Jahrhunderts, dass es nichts gibt, das nicht Gegenstand wissenschaftlicher Analyse sein könnte".[22] Im Gegensatz dazu lobt Salomon die „wissenschaftliche Integrität *und tiefe seelische Bescheidenheit* eines wahren Gelehrten", etwa Goethes oder Kurt Goldsteins, eines Vordenkers der Gestaltpsycholo-
gie.[23]
     In den USA mussten sich die Wissenschaften nicht erst von überkommen
religiösen Geltungsansprüchen emanzipieren; die Wissenschaft wurde im Gegenteil von Anfang an zur pragmatischen Verbesserung der sozialen Verhältnisse
genutzt; demzufolge war gar kein Widerspruch von Religion und Wissenschaft
gegeben. Aus diesen Gründen musste die Soziologie dort nicht den Zwischenschritt des Soziologismus tun, um zu sich selbst zu kommen. Deswegen findet
sich das Wort in der amerikanischen Soziologie auch gar nicht; die einzige Ge-

---

17   Albert Salomon (1938), „Soziologie und Soziologismus". In: ders. (2008), *Werke 2: Schriften
     1934-1942*. Wiesbaden: VS Verlag für Sozialwissenschaften, S. 127-141.
18   Ebd., S. 127.
19   Ebd., S. 128.
20   Ebd., S. 130.
21   Ebd.
22   Ebd., S. 133.
23   Ebd. [Hervorhebung von mir/ TK].

fahr dieser Art von Wissenschaft sieht Salomon im „unerschütterlichen Glauben an die Fruchtbarkeit und Eindeutigkeit der Methoden des Positivismus".[24]

Der amerikanische Empirismus bildet somit in seinen ganz anderen sozialen Voraussetzungen und seiner Funktion eine Antithese zum Soziologismus. Im letzten Teil von *Soziologie und Soziologismus* stellt Salomon nun in Abgrenzung zu beiden einen dritten Weg vor, der ihn als *Baal Teshuvah* ausweist. In einigen Denkansätzen des 19. und 20. Jahrhunderts, die sich an der Schnittstelle von Philosophie und Soziologie befinden, sieht er „neue und produktive Weg[e] [...] gegen den abstrakten Rationalismus und das eklektische und umwegige [zeitgenössische] Denken".[25] So etwa bei William James, dessen Hauptwerk *Die Vielfalt religiöser Erfahrungen* von ihm selbst als „Einheit von Empirismus und Mystizismus" konzipiert wurde. Denselben Geist findet Salomon in den Philosophien Henri Bergsons und Wilhelm Diltheys, Martin Heideggers und Gabriel Marcels. Eine Frage, die deren Denken umtreibt, lautet dahingehend, „wie es möglich sein wird, in einer Welt, die sich mit unerbittlicher Logik als eine Welt der Massen organisiert und institutionalisiert, die Existenz und den Wert der Persönlichkeit zu retten".[26] Die Soziologie wird in dieser Fragestellung integriert, indem sie auf das Gesamte der menschlichen Existenz bezogen wird, angesichts deren Fülle sie ihre eigene Beschränktheit anerkennt.[27]

Auch diese Synthese beschließt Salomon bezeichnenderweise mit Rekurs auf die Religion. In Abwandlung eines Zitats des Erasmus von Rotterdam aus dessen Vorwort zu Augustinus' Werken stellt er die rhetorische Frage: „Was ist eine Wissenschaft, die sich von der Liebe abwendet? Nichts anderes als ein Schiff ohne Steuerrad!" – Diese Variation auf den Begriff der *caritas* (wie er im Originalzitat Erasmus' vorkommt) als eines Grundbegriffs christlicher Theologie steht im unmittelbaren Zusammenhang mit dem Anspruch, den Salomon mit seiner Konzeption der Soziologie verbindet. Denn diese operiert „zwischen den Mechanismen menschlicher Triebe und der Spontaneität und Kreativität menschlichen Person-Seins" und kann auf diese Weise „unser Wissen von den höchsten Werten, unsere Würde und unsere Bescheidenheit" maßgeblich formen.[28] Sozio-

---

24 Ebd. Reizvoll wäre es sicher, diesen Gedanken weiterzuverfolgen und Salomon hinsichtlich seiner Wahrnehmung der Gefahr des Positivismus sowie deren Zusammenhang mit seinem Religionsverständnis mit Eric Voegelin zu vergleichen. Voegelin (1991) hatte bekanntlich in: *Die neue Wissenschaft der Politik. Eine Einführung.* München: Fink, den Positivismus als gnostische Bewegung gedeutet und damit auf dessen religiöse Implemente hingewiesen (Ebd., S. 186).

25 Salomon, „Soziologie und Soziologismus", S. 137.

26 Ebd., S. 139.

27 Ebd., S. 138f.

28 Man könnte die Interpretation dieses Bildes Salomons weiter führen und in ihm einen Rekurs auf das klassische Menschenbild der abrahamitischen Religionen sehen, das den Menschen als

logie und Religion scheinen auch in diesem Text am Ende des Gedankengangs wieder vereint, aber nicht mehr direkt, indem die eine das funktionale Substitut der anderen sein soll, sondern indirekt, da sie beide auf dasselbe verweisen, nämlich die Positionierung des Menschen in einem Richtigen. Diese Verhältnisbestimmungen können als Voraussetzungen zur Wiedererrichtung einer religiösen Lebensführung angesehen werden, die Ziel des *Baal Teshuvah* ist.

Die Notwendigkeit zur Selbstbescheidung der Soziologie, die Salomon 1938 noch allgemein formuliert, führt er 1949 in dem Text *Prophets, Priests, and Social Scientists* mit dem Untertitel *The Sociology of Religion and the Religion of Sociology* speziell für das Verhältnis von Soziologie und Religion aus und ergänzt die Kritiken an falsch religiöser Soziologie und falsch wissenschaftlicher Religion. Dieses Unterfangen basiert auf einer Unterscheidung, die Salomon in dieser Deutlichkeit weder in der *Religion des Fortschritts* noch in *Soziologie und Soziologismus* getroffen hat, zwischen religiöser Soziologie (also Religion des Fortschritts bzw. Soziologismus) und Religionssoziologie. "The sociology of religion is a far cry from the religion of sociology and has an altogether different history behind it, the line running from Fontenelle and Bayle, through Montesquieu, Gibbon, and Voltaire, to Max Weber."[29] Für die so von der religiösen Soziologie abgegrenzte Religionssoziologie stellt sich neu die Frage nach dem Verhältnis zur Religion: „[I]s there, can there be, in any serious sense, a sociology of religion?"[30] Salomon geht die Frage zunächst von der anderen, der Seite der Religion her an, indem er nachweist, dass einige *spiritual thinkers* von ihrer religiösen Warte aus zu wichtigen soziologischen Einsichten in der Lage waren und sind; dies gilt insbesondere für Erasmus von Rotterdam und dessen *sociology of opinion*, aber auch für zeitgenössische Denker wie Reinhold Niebuhr, Charles Péguy, Leonard Ragaz und Gabriel Marcel, „all of whom base their analyses of the social order on their religious premises."[31] In Salomons Einschätzung „the spiritual vision demonstrates its capacity to establish general truths about man and the social order." Die Grenzüberschreitung einer Soziologie nun, die mit ganz immanenten Mitteln die Transzendenz zu erkunden versucht, kann nicht von dem Erfolg gekrönt sein, den die umgekehrte Operation

---

in zweifacher Weise geschöpft ansieht – in Salomons Worten: der Mensch ist „der Ort [...], an dem Immanenz und Transzendenz einander begegnen." Vgl. Albert Salomon (1948), „Natürliches Judentum". In: ders. (2010), *Werke 3*, S. 253-262, hier S. 257.

29 Albert Salomon (1949), „Prophets, Priests, and Social Scientists. The Sociology of Religion and the Religion of Sociology". In: *Commentary* 7, S. 594-600, hier S. 597. Der Text wird in deutscher Übersetzung im vierten Band der *Albert Salomon Werke* abgedruckt: „Propheten – Priester – Sozialwissenschaftler. Über die Soziologie der Religion und die Religion der Soziologie". In: Albert Salomon (2011), *Werke 4*.

30 Salomon, „Prophets, Priests, and Social Scientists", S. 600.

31 Ebd.

der Religion für sich verbuchen kann. Dies hat seine Gründe sowohl in der Religion als auch in der Soziologie. Zwischen beiden sieht Salomon eine starke epistemische Asymmetrie. Die Religion, bzw. religiöse Erfahrung, ist nämlich „the axis around which all other experience revolves. It sets the center and describes the horizon of the human scene, and so disposes into their places all the other goods of civilization without ever being itself disposed by them. Once the whole has been so experienced, a man will be better able to consider any aspect of reality, including that aspect which is society – the grandeur and misery of man's lot".[32]

So stark hier der Anspruch religiöser Weltdeutung vertreten wird, so sehr wird umgekehrt die Möglichkeit soziologischer Erkenntnis der Religion verneint: „On the other hand it should be apparent that sociology cannot, in the usual sense of the word, yield any knowledge of religion. About the evolution of religion, yes. About religious institutions, practices, externalities – even some internalities – yes. Insofar as religion expresses itself in social processes, sociology can handle it. But this means that there can be no sociology of religion but only of irreligion".[33]

Die Geltung, die der Soziologie hier eingeräumt wird, verbleibt im Sekundären, das Soziale erscheint als das gegenüber der religiösen Erfahrung Kontingente. Auf Basis der neuen Unterscheidung zwischen religiöser und Religionssoziologie kommt Salomon mithin zu einem Schluss, der letztere in den Rahmen des *Szientismus* einfügt und zwar einerseits, indem Religion besondere soziologische Kompetenz attestiert wird, und andererseits, indem der Religionssoziologie die letztliche Unerkennbarkeit ihres eigenen Gegenstandes aufgezeigt wird. Ihr Explanandum ist ein besseres Explanans als sie selbst und die Versuche, diese ihre innere Schwäche zu überwinden, führen immer nur zu defizitärer Imitation ihres Gegenstandes, der Religion.

3. Säkularisierung

Mit der Bestimmung der Religion des Fortschritts einerseits, des damit verbundenen Soziologismus andererseits und der Einschränkung des Geltungsbereichs wissenschaftlicher (soziologischer) Erkenntnis, die aus beidem resultiert, hat Albert Salomon zugleich einen Ausschnitt der Welt benannt, zu der sich der *Baal Teshuvah* in kritischer Distanz befindet. Rufen wir uns zum Einstieg in die daraus sich ergebende Problemstellung Salomons Charakterisierung ins Gedächtnis:

---

32   Ebd.
33   Ebd.

„It was the destiny of the Baal Teshuvah to grasp the calling to rebuild the pattern of Jewishness in a world of assimilation, secularization and scientifism."[34]

Zum Problem der Säkularisierung scheint sich Salomon in einer eigenartigen Doppelstellung zu befinden. In der Analyse der Religion des Fortschritts hat er gezeigt, dass bestimmte Traditionen der Soziologie, Geschichts-, Wirtschafts- und Naturwissenschaft als funktionale Äquivalente der Religion aufzutreten versuchten. Zudem muss er auch einer weltanschaulich lauteren Religionssoziologie die Grenzen ihres Geltungsbereichs im Immanenten aufzeigen. Aus diesen Gründen liegt es nahe anzunehmen, dass Salomon die Säkularisierung, verstanden als *Differenzierungsphänomen*,[35] gar nicht oder nicht mehr verwirklicht sieht. Seine Kritik der religiösen Soziologie wäre dann zur Verwirklichung und Verteidigung der Säkularisierung geschrieben.

Andererseits setzt Salomon in *Natürliches Judentum*, einer deutlich positive religiöse Bezüge ausdrückenden Rezension von Milton Steinbergs *Basic Judaism*, starke und aktuell wirksame Säkularisierungsprozesse voraus, die zur „prekäre[n] Lage des Judentums weltweit" beitragen.[36] Zunächst „die Gefährdung des *Wunders* der Pioniertätigkeit in Palästina durch die arabische und britische Opposition und innere Konflikte"[37] – mithin die säkulare (politische) Konterkarierung eines zumindest terminologisch religiös (als Wunder) bestimmten Vorgangs. Sodann „die Kluft zwischen Orthodoxie und Säkularismus in Palästina" und „die Tendenz zur Assimilation der jüdischen Gemeinden in den Vereinigten Staaten".[38] Salomon sieht die Gründe für diese Lage einerseits in der Technisierung und dem Kollektivismus der modernen Welt, andererseits in der „Entstehung einer konfessionslosen, säkularen Tradition der Demokratie".

Dieser setze Steinberg einen insgesamt „praktisch orientier[en] Text" entgegen, „insofern sein Autor auf die Lebensführung seiner jüdischen Mitmenschen

---

34 Salomon, *Franz Rosenzweig: A Philosophy of Jewish Existence*, S. 5.
35 Dies ist eine von insgesamt drei Dimensionen des Säkularisierungsbegriffs, die José Casanova (1994) in seiner bekannten Studie: *Public Religions in the Modern World*. Chicago: Chicago University Press, analysiert. Er meint damit die Trennung wissenschaftlicher, politischer und wirtschaftlicher Eigenlogiken von der Religion (Casanova, *Public Religions*, S. 20) und unterscheidet diesen Vorgang von den beiden anderen Bedeutungsebenen der Säkularisierung, die dahingehend lauten, dass die *Relevanz* der Religion schwindet (*decline-of-religion thesis*) und dass es einen Rückzug der Religion ins Private (*privatization*) gibt. Insofern aber einerseits vom Niedergang der Religion mit Ausnahme Europas nicht eindeutig die Rede sein kann, die Religion außerdem immer stärker aus dem Privatbereich hinausstrebt (Casanova spricht von *deprivatization*), ist die Differenzierungsdimension in dieser Perspektive tatsächlich der Aspekt, der am ehesten mit dem Begriff ‚Säkularisierung' belegt werden kann.
36 Salomon, *Natürliches Judentum*, S. 253.
37 Ebd. [Hervorhebung von mir/ TK].
38 Ebd.

einwirken möchte".[39] Deswegen zeige er, „dass die theologischen, moralischen, philosophischen und sozialen Grundvoraussetzungen des Judentums seit je ineinander greifen und sich wechselseitig beeinflussen."[40] Steinbergs Ansatz stellt unter der Perspektive Salomons also durchaus einen Versuch der Desäkularisierung[41] bzw., ausgehend von der Charakterisierung der Säkularisierung als Differenzierungsphänomen, einen Versuch der „Entdifferenzierung von Kultur und Religion" dar.[42] Dies wird insbesondere daran deutlich, dass Steinbergs Versuch der *reconstruction* des Judentums den paradoxen Charakter Gottes, der Welt und des Menschen betont: „‚Natürliches Judentum' bezeichnet den Versuch, die jüdische Religion als ‚naturhaft' zu begreifen. Die Natur ist zugleich verstehbar und unverständlich. Steinbergs Interpretation zufolge gewährt das Judentum ein wahrhaftes Wissen um die Paradoxien, die das Leben konstituieren: das Paradox von Gott als verborgen und klar, Vorsehung und undurchsichtig zugleich; das Paradox des Menschen, der Elend und Größe in sich vereint; das Paradox Israels, das gesegnet ist und zugleich leidet".[43]

Das Paradox drückt die Einheit des eigentlich Unvereinbaren aus. Das Unverständliche an allen diesen relevanten Gegenständen der Religion wird damit als Residualkategorie begriffen, in der alles versammelt wird, was aufgrund der Säkularisierung, d.i. Differenzierung aus dem religiösen Sinnschema, eigentlich nicht mehr integriert werden kann. In einer prekären (weil paradoxen) Weise kann es zuletzt aber doch integriert werden. Die Religion kann so dem Sinnbedürfnis des Menschen[44] wieder zugeführt werden, und zwar ganz abseits der

---

39   Ebd.

40   Ebd., S. 254.

41   So das durch den von Peter L. Berger (1999) herausgegebenen Band: *The Desecularization of the World. Resurgent Religion and World Politics.* Grand Rapids: Eerdmans, bekannt gewordene Schlagwort. Der Untertitel des Buchs deutet an, dass es sich hierbei um einen Begriff handelt, der auf eine offensive, praktisch-politische Dimension religiösen Handelns abzielt. Insofern Steinbergs Konzeption allenfalls eine theoretische Vorarbeit solches Handelns darstellt, lässt sich hier nur indirekt von Desäkularisierung reden.

42   Diese Formulierung ist der Konzeption Hubert Knoblauchs entnommen, der sich mit ihr auf Europa bezieht und mit ihrer Hilfe ganzheitliche Bewegungen, Esoterik u.ä. analysiert. Vgl. Hubert Knoblauch (2002), „Ganzheitliche Bewegungen, Transzendenzerfahrungen und die Entdifferenzierung von Kultur und Religion in Europa." In: *Berliner Journal für Soziologie* 12, S. 295-307. Der Begriff wird hier wegen der Zugrundelegung von Casanovas Säkularisierungsverständnis verwendet. Denn gerade die Dimension der Differenzierung sozialer Teilbereiche von der religiösen Logik wird durch den Ansatz Steinbergs auf indirekte (weil paradoxe, s.u.) Weise aufzuheben versucht.

43   Salomon, *Natürliches Judentum*, S. 260.

44   Die Funktion des so bestimmten Natürlichen Judentums fällt ineins mit der Funktion der Religion im Allgemeinen, die Salomon in ihrer Rolle als „Referenzrahmen" sieht, „der, obgleich nicht begreiflich, menschlicher Erfahrung und sinnhafter Deutung zugänglich ist" (Salomon, *Natürliches Judentum*, S. 260).

falschen, weil von der Immanenz ausgehenden Sinnstiftungsversuche etwa der religiösen Soziologie. Salomons Perspektive auf die Säkularisierung und seine Antwort darauf, die er bei Steinberg gefunden hat, lassen sich als das Gegenargument zu dem ansehen, was er in seinen Analysen des Szientismus aufgeworfen hat. Denn ebenso, wie er in *Prophets, Priests, and Social Scientists* der Soziologie die definierende epistemische Qualität der Religion entgegenhält, begreift er das Natürliche Judentum als Referenzrahmen, innerhalb dessen „das Erkennbare zu erforschen" ist, jedoch stets begleitet vom nichterkennbaren Umrahmenden.[45] Jedes Postulat eines objektiven geschichtlichen Prozesses etwa – ob seitens der unlauteren religiösen oder seitens der lauteren Religionssoziologie – endet an diesem Rahmen.

4. Fazit

Albert Salomons hier betrachtete Schriften bilden eine komplexe Schnittstelle von Religion und Soziologie. Obwohl er mit ihnen die soziologistische Grundoperation zu vollziehen scheint, obwohl er nämlich eine Art von religiöser Soziologie vertritt, wird man schwerlich die Kritik, die er an beidem, Soziologismus und religiöser Soziologie, übte, gegen ihn selbst wenden können. Warum nicht? Die Antwort lässt sich unter der Perspektive auf Salomon als *Baal Teshuvah* formulieren, indem man sich die diesem inhärente Doppelstellung vergegenwärtigt: einerseits ist er „a homecomer who [...] *returned* to the God of his fathers", der aber andererseits versucht, „to rebuild the pattern of Jewishness *in a* world of assimilation, secularization and scientifism".[46] D.h. er vollzieht mit der Rückkehr zum jüdischen Glauben eine Bewegung aus der Welt, verbleibt aber doch in ihr, da er seinen Glauben in Auseinandersetzung mit ihr bildet. Für Salomon als Soziologen bedeutet das, dass seine wissenschaftlichen Arbeiten zwar eine religiöse Funktion haben; die oben betrachtete Verwendung religiöser Termini in den Fazits von *Die Religion des Fortschritts* und *Soziologie und Soziologismus* unterstreicht das. Jedoch ist er als *Baal Teshuvah* zugleich im Innen der wissenschaftlichen wie im Außen der religiösen Welt beheimatet. Er ist damit nicht nur entfernt von Versuchen der verabsolutierenden Verortung seines Denkens in der Welt allein; dies verhindert, dass er dem Soziologismus anheim fällt. Er kann, da seine Erfahrungen in der Welt „Teil seines Selbstverständnisses als

---

45 Ebd. Die zitierte Stelle ist Teil eines Goethe-Zitats, in dem Salomon Steinbergs Haltung ausgedrückt findet: „Steinbergs Hypothese entspricht Goethes Haltung, das Erkennbare zu erforschen und das Nichterkennbare ruhig zu verehren."

46 Salomon, *Franz Rosenzweig. A Philosophy of Jewish Existence*, S. 2f. und S. 5 [Hervorhebungen von mir/ TK].

Jude" bilden,[47] auch niemals gänzlich außerhalb ihrer stehen; dies verhindert, dass er die Soziologie etwa mit Verweis auf die in Gottes Wollen aufgehobene Paradoxie des Menschen (wie sein Freund Steinberg betont) ganz entwertet.

---

47   Vgl. Fn. 3.

Albert Salomon, Hugo Grotius und die Idee des Naturrechts

Carsten Kirchberger

1. Salomon und die Grotius-Rezeption: Ein Überblick

1625 veröffentlichte Hugo Grotius (1583-1645) sein Buch *De iure belli ac pacis* erstmals. Der niederländische Jurist und Politiker war in eine Zeit des Umsturzes hineingeboren worden; zwei Jahre vor seiner Geburt hatte sich Holland mit anderen Provinzen zur Union von Utrecht zusammengeschlossen und damit auf die von den katholischen Südprovinzen beschworene Union von Arras reagiert.[1] Nachdem sich der Bund aus protestantischen Gebieten wiederholt gegen den spanischen Vormachtsanspruch behauptet hatte, führten der Ausbruch des Dreißigjährigen Krieges und der Spanische Feldzug gegen die Niederlande (1621-1628) zu neuen Verwerfungen. In diese bewegte Zeit hinein veröffentlichte Grotius sein Werk über Recht in Zeiten des Krieges und des Friedens.[2] In den Prolegomena beklagt er, dass die Welt immer mehr in Kolonial- und Glaubenskriegen versinke: „Videbam per Christianum orbem vel barbaris gentibus pudendam bellandi licentiam: levibus aut nullis de causis ad arma procurri, quibus semel sumtis nullam iam divini, nullam humani iuris reverentiam, plane quasi uno edicto ad omnia scelera emisso furore."[3]

---

1   Hermann Klenner (2002), *Die Emanzipation des Bürgers. Studien zur Rechtsphilosophie der Aufklärung.* Köln: Dinter, S. 7.

2   Christian Gizewski (1992), „Hugo Grotius und das antike Völkerrecht." In: *Der Staat 32*, S. 325-355, hier S. 325-327. Benjamin Straumann (2007), *Hugo Grotius und die Antike. Römisches Recht und römische Ethik im frühneuzeitlichen Naturrecht.* Baden-Baden: Nomos, S. 87f.

3   IBP prol.28 = Hugo Grotius (1993), *De iure belli ac pacis. Libri tres. In quibus ius naturae et gentium item iuris publici praecipua explicantur.* Aalen: Scientia, S. 17. Eine gute Annäherung an den lateinischen Text bietet die Übersetzung von Schätzel: „Ich sah in den christlichen Ländern eine entartete Kriegsführung, deren sich selbst rohe Völker geschämt hätten. Man greift aus unbedeutenden oder gar keinen Gründen zu den Waffen, und hat man sie einmal ergriffen, so wird weder das göttliche noch das menschliche Recht geachtet, gleichsam als ob auf Befehl die Wut zu allen Verbrechen losgelassen worden wäre." Hugo Grotius (1950), *De iure belli ac pacis. Libri tres. Drei Bücher vom Recht des Krieges und des Friedens.* Tübingen: Mohr (Siebeck), S. 37.

Das Gefühl, dass die Welt aus den Fugen geraten sei, dass die Raserei (*scelus*) der Völker zu immer grausameren Kriegen führe, verbindet Grotius mit den nachfolgenden Generationen. Sein Versuch, durch die Schaffung eines universellen Kriegs- und Friedensrechts die Völker von der Widersinnigkeit des Waffengangs aus nichtigen Gründen zu überzeugen, brachte ihm weitreichenden Respekt ein und führte dazu, dass seiner bald nach seinem Tod als ‚Vaters des Völkerrechts' gedacht wurde. An seinem Sterbehaus in Rostock wurde an ihn – etwas weniger pathetisch – als ‚Begründer der Völkerrechtswissenschaft' erinnert.[4]

In den vergangenen 100 Jahren sind Grotius beide Titel wiederholt abgesprochen worden,[5] und die neuere rechtshistorische Forschung hat verstärkt den Einfluss der spanischen Spätscholastik für die Grundlegung des Natur- und Völkerrechts betont.[6] Der erste wichtige Schritt zu dieser Neubewertung wurde in der Zeit des Ersten Weltkrieges von deutschnationalen, antifranzösischen und antienglischen Emotionen mitgetragen. 1916/17 veröffentlichte Josef Kohler[7] eine beißende Kritik an der bisherigen Praxis, das Völkerrecht auf Grotius zurückzuführen. Er erklärte Francisco de Vitoria und Francisco Suárez zu dessen wirklichen Begründern. Eine moderne Naturrechtslehre könne sich nur „an diese Spanier […] anschließen aus Spaniens grosser Zeit, nicht an Hugo Grotius, noch weniger an jene philisterhafte Verflachung Wolffs, welche das Grotianische Naturrecht zu Grabe getragen"[8] habe. In der Zwischenkriegszeit machte sich dann zunächst James Brown Scott die Position des deutschen Rechtsgelehrten zu eigen und führte sie in die angloamerikanische Diskussion ein, dort wurde die These dann verstärkt aufgegriffen.

Mit der neu einsetzenden Diskussion zu Beginn des 20. Jahrhunderts über Grotius' Rolle bei der Schaffung des Natur- und Völkerrechts wurde dem Niederländer wieder verstärkt Beachtung geschenkt. Denn nachdem sich in der Völkerrechtswissenschaft schon seit dem Ende des 18. Jahrhunderts der rechtswissenschaftliche Positivismus durchgesetzt hatte, hatte sie sich nicht nur immer

---

4   Das Gebäude wurde im Zweiten Weltkrieg zerstört, dazu: Karl-Heinz Ziegler (1996), „Die Bedeutung von Hugo Grotius für das Völkerrecht – Versuch einer Bilanz am Ende des 20. Jahrhunderts." In: *Zeitschrift für Historische Forschung* 23, S. 355-371, hier S. 355.

5   So zum Beispiel: Norbert Konegen (2005), „Hugo Grotius und die moderne Politikwissenschaft." In: ders. und Peter Nitschke (Hg.), *Staat bei Hugo Grotius*. Baden-Baden: Nomos, S. 159-180, hier: 178f..

6   Christoph Link (1983), *Hugo Grotius als Staatsdenker*. Tübingen: Mohr, S.10f.

7   Klaus Luig (1995), „Joseph Kohler." In: Michael Stolleis (Hg.), *Juristen*. München: Beck, S. 351-352. Kirsten Nies (2009), „*Die Geschichte ist weiter als wir*" Zur Entwicklung des politischen und völkerrechtlichen Denkens Josef Kohlers in der Wilhelminischen Ära. Berlin: Duncker & Humblot.

8   Josef Kohler (1916/17), „Die spanischen Naturrechtslehrer des 16. und 17. Jahrhunderts." In: *Archiv für Rechts- und Wirtschaftsphilosophie* 10, S. 235-263, hier S. 235f.

mehr von dem von Grotius gelegten Fundament entfernt, sondern viele Gelehrte hatten auch das Interesse an dem Denker verloren. Statt sich mit Grotius oder dem von ihm gelegten Fundament des Völkerrechts zu befassen, stand bis zum Ende des 19. Jahrhunderts im Mittelpunkt der Beschäftigung mit dem Recht „die Bestimmung, Darstellung und Sammlung des aus der völkerrechtlichen Praxis ableitbaren ‚positiven' Rechts".[9] Die Positivisten versuchten ihr Fach von anderen Wissenschaften wie der Rechtsphilosophie und der Ethik abzugrenzen und es durch die Entwicklung einer eigenen Methode von ihnen zu emanzipieren. Erst zu Beginn des 20. Jahrhunderts begann – nachdem sich die Völkerrechtswissenschaft als eigenständige Rechtsdisziplin etabliert und emanzipiert hatte – eine Rückbesinnung auf das Naturrecht als Grundlage des Völkerrechts, in deren Rahmen auch die Diskussion zu sehen ist, ob es auf den Niederländer Grotius oder die spanische Spätscholastik zurückzuführen sei. Eine tiefgreifende Neuausrichtung erhielt das Nachdenken über die Grundlagen des Völkerrechts aber erst nach dem Zweiten Weltkrieg.[10]

Im Jahr 1946 ließ die Gründung der Vereinten Nationen Sir Hersch Lauterpracht über „The Grotian Tradition in International Law" reflektieren; er kam zu dem Ergebnis, dass Grotius mit seinem Völkerrecht nicht nur ein historisches Dokument hinterlassen habe, sondern dass die Zeitgenossen „may […] obtain an insight into the persistent problems of international law in past, in present, and, probably for some long time to come, in the future".[11] Ein Jahr nach Lauterpracht veröffentlichte Albert Salomon 1947 einen Artikel über *Hugo Grotius and the Social Science*.[12] Darin betont er zunächst die große Bedeutung Samuel Pufendorfs für den Erfolg von *De iure belli ac pacis libri tres*. Der Jurist, Philosoph und Historiker wurde 1661 auf den neu eingerichteten Lehrstuhl für Natur- und

---

9   Claudia Denfeld (2008), *Hans Wehberg (1885-1962). Die Organisation der Staatengemeinschaft.* Baden-Baden: Nomos, S. 64.

10   Ziegler, *„Die Bedeutung von Hugo Grotius für das Völkerrecht"*, gibt einen Überblick über die Bedeutung von Hugo Grotius für die Völkerrechtswissenschaft. Zum Streit zwischen Positivismus und Naturrecht in der Völkerrechtswissenschaft, vgl. Denfeld, *Hans Wehberg*, S. 64-66.

11   Hersch Lauterpacht (1946), „The Grotian tradition in international law." In: *British Yearbook of International Law* 23, S. 1-53, hier: 52f.

12   Albert Salomon (1947a), „Hugo Grotius und die Sozialwissenschaften". In: ders. (2010), *Werke 3: Schriften 1942-1949*. Wiesbaden: VS Verlag für Sozialwissenschaften, S. 233-252. Ebenfalls widmet Salomon Grotius bereits im September 1945 einen Artikel über Grotius im *Jewish Fronier*. In diesem hebt er ebenfalls die bis in die Gegenwart reichende Bedeutung des Niederländers – besonders für die Juden – hervor. Er schließt mit der Bitte: „Wir können nur hoffen, dass die Völker und Staatsmänner, die sich heute um eine neue Rechtsordnung und Frieden bemühen, sich vom Geist Hugo Grotius inspirieren lassen mögen." (Albert Salomon [1945a], „Hugo Grotius". In: ders. (2010), *Werke 3*, S. 97-102, hier S. 102).

Völkerrecht in Heidelberg – den ersten für dieses Rechtsgebiet – berufen.[13] Das Ziel des Lehrstuhles sollte zunächst ausschließlich die Auslegung von *De iure belli ac pacis libri tres* sein. Dem Beispiel Heidelbergs folgten schon bald andere Universitäten, an denen ebenfalls Professuren für Natur- und Völkerrecht eingerichtet wurden. Pufendorfs Lehre des Grotianischen Naturrechts wurde zum Vorbild für den Umgang mit Natur- und Völkerrecht überhaupt. Salomon betont nun, dass Pufendorf zwar das Verdienst zufalle, die Grotianische Lehre des Naturrechts an der Universität etabliert zu haben, zugleich habe er aber auch der Ansicht Auftrieb gegeben, dass der Niederländer versucht habe, ein säkulares Naturrecht zu schaffen. Es sei aber erst Pufendorf selbst gewesen, der die Ansätze von Grotius und Thomas Hobbes zusammengeführt und das Völkerrecht somit,[14] wie es Klaus Luig ausdrückt, „zu einem großen, alle Rechtsgebiete auffassenden System ausgebaut"[15] habe. Während das 19. Jahrhundert *De iure belli ac pacis libri tres* nur wenig Beachtung geschenkt habe, biete das neue Nachdenken über Recht nach dem Zweiten Weltkrieg die Möglichkeit, das von Hugo Grotius verfasste Werk neu zu entdecken, es nicht nur als historische Quelle zu lesen: „Insbesondere nach dem ersten Weltkrieg glaubten Völkerrechtler, in Grotius' Buch die Beschreibung transnationaler Institutionen entdeckt zu haben. 1946, nach dem Schock des Zweiten Weltkriegs und ausgerüstet mit ausgereifteren Hilfsmitteln [...] öffneten die Sozialwissenschaftler das Buch von Neuem und lasen den Titel [...]. Offenbar hatte Grotius ein Buch über Naturrecht mit dem Schwerpunkt einer Legalisierung des Krieges geschrieben."[16]

Mit dem Zweiten Weltkrieg war die internationale Ordnung der Zwischenkriegszeit kollabiert und hatte ihre Schwächen offenbart; zugleich war dieser Zusammenbruch ein Zeugnis der fehlgeschlagenen Bemühungen, auf positivem Recht eine Ordnung der internationalen Beziehungen gründen zu wollen. Die Freilegung des von Grotius mit *De iure belli ac pacis libri tres* gelegten Fundaments könnte – hier schließt sich Salomon der Ansicht Lauterprachts an – nicht nur über die Vergangenheit aufklären, sondern auch Basis für ein gegenwärtiges und zukünftiges Völkerrecht sein. Während sich Lauterpracht aber auf die Freilegung der Basis beschränkte, versuchte Albert Salomon das Grotianische Völkerrecht mit seinem eigenen Fach, der Soziologie, in Verbindung zu bringen. Einen ersten Einblick in seine Überlegungen, warum die Soziologie sich mit dem

---

13   Klaus Luig (2003), „Samuel Pufendorf über Krieg und Frieden." In: Norbert Brieskorn und Markus Riedenauer (Hg.), *Suche nach Frieden: Politische Ethik in der Frühen Neuzeit III.* Stuttgart, Berlin, Köln: Kohlhammer, S. 255-266, hier S. 255f..

14   Salomon, „Hugo Grotius und die Sozialwissenschaften", S. 233f., und Salomon, „Hugo Grotius", S.100.

15   Luig, „*Samuel Pufendorf über Krieg und Frieden*", S. 256.

16   Salomon, „Hugo Grotius und die Sozialwissenschaften", S. 235.

Niederländer und dessen Buch *De iure belli ac pacis libri tres* beschäftigen sollte und welche Perspektive diese Auseinandersetzung eröffnet, fasst Salomon folgendermaßen zusammen: „Für den Sozialwissenschaftler ist vor allem jener Aspekt des Buches wichtig, den der Historismus übergangen hatte, umso mehr, wenn er die eigene Aufgabe darin sieht, mit Hilfe der modernen Philosophie und der Einzelwissenschaften das Naturrecht neu zu fundieren.[17]

Durch die Beschäftigung mit historischen Gestalten hofft Albert Salomon auf zeitgenössische Diskussionen einwirken zu können. Diese Impulse erwartet er sich vor allem von Aspekten der historischen Debatten, die er für verlorengegangen hält oder von denen er glaubt, dass ihnen bisher zu wenig Beachtung geschenkt worden sei. Indem er Aktuelles mit Historischem verflicht, konstruiert er gleichzeitig eine Geschichte seines Faches, der Soziologie. Das Anliegen, die Soziologie über ihre Geschichte aufzuklären, Argumente einerseits historisch einzuordnen, sie andererseits aber auch auf die aktuelle Situation zu beziehen, ist ein wesentliches Merkmal seiner Arbeiten: „Allein, indem er diese Denker als Soziologen begreift und zu den Vorläufern einer Tradition erklärt, die für ihn die einzig wahre ist, leistet er einen Beitrag zur Identitätsbildung der Soziologie. Wie man weiß, ist Identität – personale wie kollektive – keine Wesenheit, die es lediglich zu entdecken gilt, sondern eine Konstruktion."[18]

Mit der Konstruktion eines auf breiter disziplinärer Basis Theorien und Konzepte verbindenden soziologischen Denkens versucht Salomon seinem Fach nicht nur eine Vergangenheit zu geben, sondern es auch über seine Methoden und seine Ziele aufzuklären. Um diese Konstruktionsleistung besser verstehen zu können, werde ich nun zunächst darauf eingehen, welche Bedeutung Salomon dem Aufgreifen der Ideen von Erasmus von Rotterdam durch Grotius zumisst, um dann deutlicher hervorheben zu können, inwiefern Salomons Grotius-Lektüre mit seinem Soziologie-Verständnis korrespondiert.

2. Salomons Grotius-Lektüre: Vorhandene Fundamente und neue Ordnungen

Als gegen Ende des Mittelalters das tradierte Weltbild, welches der lateinische Westen von der Antike geerbt hatte, immer stärker in Frage gestellt wurde und in der Zeit der Renaissance die Wiederentdeckung der klassischen Antike sowie die aus ihrer mittelalterlichen Schale gelöste biblische Botschaft zu einer Erweiterung des geistigen Horizonts führte, erwarteten die Gelehrten dieser Epoche

---

17   Ebd., S. 235.
18   Gostmann, Ikas, Wagner, „Emigration, Dauerreflexion und Identität", S. 278.

freudig den baldigen Anbruch eines goldenen Zeitalters. Einer der exponiertesten Denker dieser Epoche, der diese Hoffnung zum Ausdruck brachte, war Erasmus. Er wollte das Auseinanderbrechen der sich wandelnden Kultur und der tradierten Glaubenswelt verhindern und beide in einer *res publica christiana* zusammenführen. Im 16. Jahrhundert – schon zu Lebzeiten des niederländischen Gelehrten – waren diese Bemühungen um einen Ausgleich jedoch gescheitert. Die Reformation und Niccolo Machiavellis 1513 veröffentlichter *Il Principe* stellen zentrale Wegsteine dieses Scheiterns dar, in denen sich der Prozess des Auseinanderbrechens ausdrückt und die ihn zugleich beschleunigten. Schließlich stellte die von Nikolaus Kopernikus 1543 veröffentlichte Schrift *De revlutionibus orbiusm coelestium* das bisherige ptolemäische Weltbild endgültig in Frage. Nachdem die das Mittelalter prägenden sozialen, religiösen und politischen Vorstellungen angefochten worden waren, sodann der bisherige Kosmos eingestürzt war, musste die Aufklärung versuchen, neue Antworten zu finden.[19] Georges Gusdorf fasst diese Aufgaben zusammen: „Angesichts dieser Herausforderungen sieht sich die abendländische Kultur zu einer tiefgreifenden Revision der Gewissheiten gezwungen, die ihre Existenz seit den Anfängen garantierten. Sie muß in Auseinandersetzung mit den neuen Erkenntnissen, die von allen Seiten hereinströmen, eine neue Weltsicht erringen, welche die alten, hoffnungslos überholten Gewissheiten ersetzt."[20]

Diese neue Weltsicht baut auf dem vorhandenen Fundament auf, markiert zugleich die überholten Gewissheiten und überwindet sie. Als Grotius Ende 1631, nach seinem Exil in Frankreich und bevor er sich in die Dienste Schwedens stellte, nach Holland reiste, um die Möglichkeit einer dauerhaften Rückkehr zu prüfen, führte ihn sein erster Weg in Rotterdam zum neuen an Erasmus erinnernden Denkmal.[21] Albert Salomon betont, dass Grotius die Idee des Erasmus, den Verwerfungen der Zeit entgegenzutreten, indem er dem Staat (*res publica*) einen Komplex aus christlichen Werten und Normen an die Seite stellte, aufgegriffen habe. Erasmus habe versucht, das soziale Miteinander auf eine neue Basis zu stellen. Salomon fasst die Überlegungen des Humanisten folgendermaßen zusammen: „The individual, of course, is not an end in itself, but the representative of a Divine meaning whose kingdom the person enlarges by establishing spiritual liberty. Erasmus' thought is centered around *Res Christiana* which sets the pattern for all societal relationships and social institutions. Mixed constitu-

---

19 Georges Gusdorf (1992), „Das theologische Ferment in der Kultur der Aufklärung." In: Siegfried Jüttner und Jochen Schlobach (Hg.), *Europäische Aufklärung(en). Einheit und nationale Vielfalt.* Hamburg: Meiner, S. 26-39, hier: S. 26.
20 Gusdorf, „Das theologische Ferment in der Kultur der Aufklärung", S. 27.
21 Wilhelm J. M. van Eysinga (1952), *Hugo Grotius. Eine biographische Skizze.* Basel: Schwabe, S. 95.

tion means to Erasmus exactly the political establishment that makes possible the freedom of the spiritual person in its devotion to the religious goods."[22]

Für Erasmus entstehe gerade aus der Interaktion zwischen der kirchlichen Gewalt und der christlichen Freiheit eine besondere Sphäre der Freiheit. Nur gemeinsam böten sie die Möglichkeit für ein andauerndes geistliches Wachstum. Die Institution solle dem Menschen eine Begrenzung sein und eine Anleitung bieten, damit er zu sich selbst finden könne, zugleich solle das Individuum sein Augenmerk auf die Kirche richten, um nicht nur in sich selbst sein Genügen zu finden. Die Verwirklichung könne diese Freiheit nur in einem christlichen Gemeinwesen finden, nur dort könne der spirituelle Mensch sich den spirituellen Dingen in Freiheit hingeben.

In seiner Hochachtung vor Erasmus sei Grotius – wie Salomon weiter betont – einer der letzten europäischen Gelehrten gewesen, der die Idee einer *res publica christiana* ernst genommen habe: „Hugo Grotius, one of the last European scholars to take Erasmus seriously, discovered in legislation on war and peace an instrument for improving the moral standards of politics. This seemed to him a tiny step in the direction of introducing into the secular world the spirit of Christian charity."[23] Ein kleiner Schritt sei es für Grotius gewesen, so Salomon weiter, in die säkulare Welt moralische Standards einzuführen, sein Naturrecht mit der christlichen Lehre von der Barmherzigkeit in Verbindung zu bringen. Hermann Klenner kritisiert im Gegensatz zu Salomon die Unentschlossenheit des Niederländers; er habe davor zurückgeschreckt, eindeutig zu formulieren. Mit Grotius schlage zwar erstmals „feudal-klerikales Naturrecht in bürgerlich-rationales Naturrecht" um, mit ihm beginne somit „die systematische Ausarbeitung einer Rechtsphilosophie bürgerlichen Inhalts",[24] doch sei bedauerlich, dass er nicht alle alten Zöpfe abgeschnitten habe. Salomon versucht hingegen zu zeigen, dass es gerade nicht Grotius' Anliegen gewesen sei, mit der Tradition zu brechen.

Das Anknüpfen an die vorangegangene Zeit und nicht der Versuch, eine neue Ordnung zu schaffen, ist für Salomon ein wesentlicher Aspekt des Grotianischen Werkes. Um dies zu verstehen, lohnt es sich auch die von beiden geteilte Erfahrung des Exils näher zu betrachten. Salomon, der dem Deutschen Reich als Freiwilliger im Ersten Weltkrieg gedient hatte, sind als einem Juden im Zuge der Regierungsübernahme durch Hitler am 30. Januar 1933 alle Möglichkeiten in

---

22 Albert Salomon (1947b), *History of social thought. Origins of Sociology and Social Psychology.* 45 MS. Nachlass Salomon. Sozialwissenschaftliches Archiv der Universität Konstanz, MS. 12.

23 Albert Salomon (1963), „Res Christiana". In: ders., *In Praise of Enlightenment. Essays in the History of Ideas.* Cleveland, New York: Meridian Press, S. 21-23, hier S. 22f.

24 Klenner, *Die Emanzipation des Bürgers*, S. 7.

Deutschland verschlossen. Als sich ihm die Möglichkeit zur Emigration bietet, ergreift er diese und reist mit seiner Familie nach Amerika. Obwohl seine Studenten dort ihn sehr verehren, bleibt ihm der Wissenschaftsbetrieb in den USA immer fremd. In seinem 1945 erstmals veröffentlichten Essay über Jacob Burckhardt setzt er sich auch mit der Situation des Exils auseinander; er beschreibt die Möglichkeiten der römischen Elite, sich der veränderten sozialen und politisch Ordnung anzupassen oder sich ihr zu entziehen: „Es gibt die politischen Eskapisten, etwa die Angehörigen der republikanischen Nobilität, die nicht dazu bebracht werden konnten, dem kaiserlichen Senat beizutreten. Sie hatten sich in die Privatsphäre zurückgezogen. Dabei wussten sie durchaus, dass jeder Tyrann diesen Akt des Nonkonformismus als eine feindliche, eine revolutionäre Geste verstehen würde. In einer Dikatur gibt es keine Alternativen. Man muss sich fügen oder dem Exil, dem Tod und der Enteignung ins Auge sehen. […] Sie zogen den Tod einem Leben ohne Ehre, das Exil der Unterwürfigkeit vor."[25]

Auf Salomons Gegenwart übertragen lässt sich feststellen: Ein großer Teil der jüdischen Bevölkerung in Deutschland versuchte sich in den ersten Jahren der nationalsozialistischen Herrschaft zu fügen und mit den neuen Umständen zu arrangieren. Bei Salomon führte die Flucht – die ihm vor allem im Rückblick auf Weltkrieg und Holocaust als die einzige sichere Möglichkeit erscheinen musste, dem Massenmord an den europäischen Juden zu entgehen – zu einem Gefühl der auch geistigen Heimatlosigkeit und dazu, der eigenen Zeit pessimistisch ins Auge zu sehen.[26]

Salomons Blick auf die eigene Zeit trifft sich mit den Erfahrungen Grotius'. Erst mit seiner Festungshaft, seiner Flucht und dem Leben im Exil wurde es ihm möglich, sich tiefergreifend mit den Ursachen der Glaubenskriege seiner Zeit auseinander zu setzen. Erst indem sich der Niederländer mit dem Konflikt zwischen Remonstranten und Gegenremonstranten, mit den Ursachen der Reformation und deren Folge, mit der Zersplitterung der universalen Kirche befasste, habe er – so Salomon – die wahre Tiefe der Verwerfung seiner Zeit erkannt: „Als Vertriebener sah er das ganze Ausmaß der Revolution. Die politische Revolution und die Bürgerkriege waren für ihn logische Folge der religiösen Umwälzungen der Reformation."[27]

Nur durch den Blick von außen gelingt es Grotius, die Brüche seiner Zeit zu erkennen, diagnostiziert Salomon. Für den Niederländer ist eine Rückkehr zu

---

25   Albert Salomon (1945b), „Jenseits der Geschichte: Jacob Burckhardt". In: ders., *Werke 3*, S.137-190, hier S. 186.
26   Carl Mayer (2008), „In memoriam Albert Salomon (1891-1966)". In: Albert Salomon, *Werke 1: Biographische Materialien und Schriften 1921-1933*. Wiesbaden: VS Verlag für Sozialwissenschaften, S. 59-73, hier S. 72f.
27   Salomon, „Hugo Grotius und die Sozialwissenschaften", S. 237.

einem Zustand, wie er vor der Reformation herrschte, ist eine Wiederherstellung der universellen Kirche unmöglich. Er stellt die Klage über die durch die Reformation ausgelösten Glaubens- und Bürgerkriege an den Anfang seiner Darstellung in *De iure belli ac pacis libri tres* und entwirft daran anschließend sein Völkerrecht. Aus der Einsicht, dass eine Wiederherstellung des Alten unmöglich ist, resultiert das Vorhaben, die Grundlage für ein am Alten orientiertes, die neuen Gegebenheiten einbindendes Regelwerk zu schaffen. Auch Salomon bezieht sich auf eine vergangene Epoche, eine zerbrochene Welt. Sein Bezugspunkt ist dabei nicht die Weimarer Republik, nicht die Zeit unmittelbar vor Hitler, sondern die Zeit des deutschen Kaiserreiches: „Am 8. Dezember 1891 geboren, bin ich stolz darauf, aus dem 19. Jahrhundert zu sein und noch 22 Jahre der vorgroßen Zeit erlebt zu haben. Ich schreibe mit Vorbedacht ‚22 Jahre', weil für mich das Unglück mit dem ‚Panthersprung' des Kaisers begann […]. Rückblickend gedenke ich mit Verehrung Talleyrands […], der auf dem Wiener Kongress 1815 verächtlich herabsah auf die jungen Diplomanten Europas, die alles so schön fanden. Er hatte nur einen Satz als Kommentar. ‚Wer nicht vor 1789 gelebt hat, weiß nicht, wie schön das Leben sein kann.' Ich habe meinen amerikanischen Studenten den Satz zitiert und ‚1914' für ‚1789' eingesetzt. Die Schönheit des Lebens war keine Zeit epikureischer Lust; sie bestand vielmehr in einer unbegrenzten Lust zu lernen und den Horizont zu erweitern, da man doch ohne Theologie und Philosophie auch Sprachen und Literaturen im Geist der Menschen, Klassen und Völker nicht verstehen konnte."[28]

Für den emigrierten Soziologen ist aus der Lage des Exils heraus und nach dem Erleben von zwei Weltkriegen das 19. Jahrhundert eine erstrebenswerte Zeit, war die Welt der ‚vorgroßen Zeit' eine bessere, die Zeit danach eine des Verfalls. Wie Talleyrand nur auf die jungen Diplomaten habe herabsehen können, so blickt er zurück und weiß, dass eine Rückkehr unmöglich ist. Besonders sein Studium in Heidelberg und seine Begegnung mit dem Geist-Milieu jener Jahre vor dem Ausbruch des Ersten Weltkrieges dürften Grundlage seines Empfindens gewesen sein. Vor dem Hintergrund der eigenen Emigration, dem Bruch in seiner Biographie, verweist Salomon auf „die Rolle des Individuums in der modernen Kultur, die des Künstlers, des großen Menschen, auf das Verhältnis von Wissen und Glauben".[29] Aus dieser Perspektive wird deutlich, warum es für

---

28   Albert Salomon (1966), „Im Schatten einer endlos großen Zeit. Erinnerungen aus einem langen Leben für meine Kinder, jungen Freunde und Studenten". In: ders. (2008), *Werke 1*, S. 13-29, hier S. 14.

29   Ulf Matthiesen (1988) „„Im Schatten einer endlos großen Zeit'. Etappen der intellektuellen Biographie Albert Salomons." In: Ilja Srubar (Hg.), *Exil, Wissenschaft, Identität. Die Emigration deutscher Sozialwissenschaftler 1933-1945*. Frankfurt am Main: Suhrkamp, S. 299-350, hier: S. 338f.

ihn wesentlich ist zu betonen, dass Grotius an die Überlegungen des Erasmus und die Idee einer *res publica christiana* angeknüpft habe. Und warum er zwar mit der Emigration nie mehr in seine alte Heimat zurückkehrt, jedoch weiterhin seine geistige Verbundenheit mit dem Europa, das er in seiner Jugend erlebt hat, aufrecht erhält. Gerade das Erleben des Abbrechens aller familiären Verbindungen,[30] das Gefühl, geistig heimatlos zu sein, lassen ihn die fortwirkende Bedeutung des Alten betonen. Daher ist es für Salomons Versuch, seinem Fach eine Geschichte zu geben, wesentlich, dass er herausstellt, Grotius habe den Versuch unternommen, an die mittelalterliche Tradition anzuknüpfen und christliche Werte und Normen zurück in die Gesellschaft und die Politik zu bringen. Um dieses Ziel erreichen zu können, habe dieser auf die Rechtslehre ausweichen müssen. Denn dass von der Kirche, sei es von den sich zu seiner Zeit bildenden Kirchen oder von der zu seiner Zeit nur noch als Vision vorhandenen universellen Kirche, keine Lösung zu erwarten gewesen sei, sei Grotius – so Salomon weiter – klar gewesen: „Die politische Revolution und die Bürgerkriege waren für ihn eine logische Folge der religiösen Umwälzungen der Reformation. Er gehörte zwar der liberalsten Gruppierung der Protestanten an, war aber doch tief betroffen über das Resultat – die totale Zerschlagung der Einheitskirche. Er beobachtete überall ein Anwachsen von Irrationalismus und Defätismus."[31]

Um den Folgen der Kirchenspaltung, den politischen Umstürzen und den Bürgerkriegen ein Rechtssystem entgegensetzen zu können, welches durch christliche Werte angereichert entspannend wirken sollte, griff Grotius auf die Lehre vom Naturrecht zurück, wie sie von der spanischen Spätscholastik entwickelt worden war. Deren Begründer de Vitoria beschäftigte sich mit der Frage, wie mit den Indianerstämmen in den kolonialisierten Gebieten im südlichen Amerika umzugehen sei und ob diese als Völkerrechtssubjekte aufgefasst werden könnten. Mit dem Naturrecht versuchte er eine Antwort zu finden und schuf dabei das Völkerrecht – ein die Beziehungen zwischen Staaten regelndes Recht – das begrifflich auf die antike Tradition referierte, jedoch erst zu diesem Zeit-

---

30   Ein großer Teil von Salomons Familie wurde in den deutschen Konzentrationslagern ermordet. Er beschloss daraufhin nie wieder in seine alte Heimat zurück zu kehren. Vgl. Peter Gostmann und Claudius Härpfer (2006), „Die Welt von Gestern im Eingedenken der Soziologie. Albert Salomon und das *Tikkun*." In: Amalia Barboza und Christoph Henning (Hg.), *Deutsch-jüdische Wissenschaftsschicksale. Studien über Identitätskonstruktion in der Sozialwissenschaft.* Bielefeld: Transcript, S. 23-47, hier: S. 23. Als Albert Salomon nach dem II. Weltkrieg nach Deutschland eingeladen worden ist, soll er geantwortet haben: „Damit ich auf einem Kissen schlafen kann, das mit den Haaren meiner Mutter gefüllt ist?" Vgl. Benita Luckmann (1988), „New School – Varianten der Rückkehr aus Exil und Emigration." In: Ilja Srubar (Hg.), *Exil, Wissenschaft, Identität. Die Emigration deutscher Sozialwissenschaftler 1933-1945.* Frankfurt am Main: Suhrkamp, S. 353-378, hier: S. 367.

31   Salomon, „Hugo Grotius und die Sozialwissenschaften", S. 237.

punkt seine neuzeitliche Prägung erfuhr. Das Naturrecht kann auf die Natur einer Sache oder auf die Natur des Menschen bzw. dessen Vernunft zurückgeführt werden. Damit kann es – sei es, dass es auf die Annahme gegründet wird, Gott sei der Schöpfer von Natur und Vernunft, sei es, diese Annahme wird nicht gemacht – in verschiedene Rechtsbereiche eindringen. Das Naturrecht kann einerseits als vorstaatliches Recht betrachtet werden, welches die positiv-rechtliche Gesetzgebung des Staates einschränkt und dem Bürger dadurch Schutz vor Übergriffen des Staates einräumt. Es kann sich andererseits aber auch auf die Weltbevölkerung beziehen und ist dann ein jedem Menschen innewohnendes Recht, das er unabhängig davon, in welchem Staat, unter welcher Regierung er lebt, besitzt. Wird das Naturrecht als ein solches universelles Recht gedacht, dann sind seine Maßstäbe auch auf die Verhältnisse zwischen Staaten anwendbar. Als Völkerrecht regelt es die Beziehungen zwischen Staaten und zwischen einzelnen Staaten und den Bürgern anderer Staaten.[32]

Als Jurist griff Grotius auf das Römische Recht (kodifiziert unter Justinian I.) zurück, welches Recht als Rechtsbeziehungen zwischen Individuen konstruiert, sowohl solche zwischen Gleichgestellten als auch solche zwischen Ungleichen; bereits seit dem 15. Jahrhundert wurde das justinianische Recht zu einer „kontinental-europäischen Bewegung, der sogenannten Rezeption des römischen Rechts."[33] Salomon bezeichnet den Aspekt der individualrechtlichen Bedingung von dessen Anwendung als einen der wesentlichen Einflüsse auf Grotius: „Noch wichtiger für das Verständnis von Grotius ist die Tatsache, dass die Renaissance-Juristen in die Rechtsexegese den Geist ‚humaner Interpretation' eingeführt hatten, d.h. die Berücksichtigung sämtlicher Umstände jedes Falles. Er hielt sich an das *Corpus Juris*, wenn er die Regeln von Gruppen explizierte und ein natürliches System sozialer Institutionen konstruierte."[34]

Salomon betont weiter, dass der Begriff *socius* einer des Römischen Rechts sei, die Soziologie also begrifflich, aber nicht nur begrifflich auf die Antike zurückführbar sei, sondern auch in ihren Anschauungen. Besonders wichtig sei dabei, dass das Römische Recht kein Konzept einer kollektiven Person besäße, sondern diese nur als Summe von individuellen Beziehungen konstruiere. Diese Konstruktionsweise habe großen Einfluss auf die Entwicklung der formalen Soziologie ausgeübt. Sie habe es schließlich ermöglicht, Gesellschaften und Institutionen als Vielzahl von Beziehungen, von Formen des Gebens und Nehmens, Formen der Dominanz und Unterordnung, Formen von Güte und Härte zu beschreiben. Bereits Grotius habe sie für seine Ziele zu nutzen gewusst: „In der

---

32 Martin Schneider (2004), *Das Weltbild des 17. Jahrhunderts. Philosophisches Denken zwischen Reformation und Aufklärung*. Darmstadt: Wissenschaftliche Buchgesellschaft, S. 282f.
33 Ulrich Manthe (2000), *Geschichte des römischen Rechts*. München: Beck, S. 120.
34 Salomon, „Hugo Grotius und die Sozialwissenschaften", S. 242.

Nachfolge des römischen Vorbildes verstand Grotius die Realität des Naturrechts als die Vernünftigkeit menschlicher Absichten und die Einsehbarkeit sozialer Werte, die im sozialen Handeln in Erscheinung treten. Er war davon überzeugt, dass demjenigen, der das Wirken der menschlichen Natur im Naturrecht erkannt hat, auch die Teleologie des sozialen Seins und die Elemente klar werden, die für Bestand und Kontinuität der gesellschaftlichen Grundverfassung sorgten.“[35]

Das menschliche Handeln, das Grotius mit den Begriffen des Römischen Rechts beschreibt, ist für ihn vernünftig und verständlich. Salomon betont weiter, es sei Grotius' Überzeugung gewesen, dass es durch den aufgeklärten Verstand möglich sei, die Grundlagen des sozialen Zusammenlebens ebenso wie dessen Ziel aufzudecken. Dass in dieser aufgeklärten Haltung keine Glaubensfeindlichkeit zum Ausdruck komme, sei offensichtlich. Grotius stelle sich vielmehr gegen Macciavelli und Luther und gegen einen romantischen Katholizismus aufgrund deren antirationalen Haltungen. Dabei gelinge es ihm, Vernunft, Recht und Gott zusammenzudenken: „Vielmehr kommt darin die Überzeugung zum Ausdruck, dass nur Vernunft das eigentliche Wesen des Schöpfergottes sein kann. Demnach gibt es Gerechtigkeit, weil sie ein Attribut des göttlichen Wesens ist, nicht weil Gott sie in seiner Allmacht eingesetzt hat.“[36]

Daraus, dass Vernunft nichts von Gott Geschaffenes, sondern Gott selbst Vernunft, die Vernunft also ein Wesensmerkmal Gottes ist, ergibt sich dann für Grotius auch, dass das Naturrecht unveränderlich ist, auch für Gott. Dieses Recht, welches der Schöpfung innewohnt, steht dem offenbarten Recht der Religion gegenüber, welches nur einem Teil der Menschen durch Offenbarung gegeben ist und somit auch nur für die Menschen gelten kann, denen es enthüllt wurde. Neben dem willkürlichen göttlichen Recht gibt es willkürliches menschliches Recht, das entweder bürgerliches Recht ist und dann von der staatlichen Obrigkeit bestimmt werde, oder das eben nicht von einem Staat ausgehe. Dieses Recht, wenn es nicht dem bürgerlichen Recht untergeordnet sei und durch den Willen vieler oder aller Staaten Geltung erlange, ist dann Völkerrecht. Das Völkerrecht ist also ein überstaatliches, menschliches Recht, welches als solches der Allgemeinheit nutzt und Naturrecht ist.[37] Das Naturrecht und das Völkerrecht fußen auf der Vernunft und auf der Gerechtigkeit; die Gerechtigkeit hat – wie die Vernunft – einen Bezug zum Göttlichen. Sie ist für Grotius der moralische Kern des Menschen und als solche eine Kardinalstugend: „Justice was for him the most important of the cardinal virtues – it might even bet he sum of all the virtues. It is

---

35   Ebd., S. 242f.
36   Ebd., S. 240f.
37   Schneider, *Das Weltbild des 17. Jahrhunderts,* S. 288f.

a moral faculty or habit which perfects the will and inclines it to render to each and to all that which is their due."[38]

Grotius habe, so Salomon weiter, indem er versucht habe, überlieferte moralische und spirituelle Ansichten – mit denen er teilweise an Erasmus anknüpft und die er teilweise aus seiner eigenen Beschäftigung mit der Bibel bezogen hat – zu neuen Wissensformen zu verbinden, eine Basis für Frieden und Gerechtigkeit geschaffen. Die sozialen und religiösen Konflikte habe Grotius zu beenden gehofft, indem die Völker, Staaten und Herrscher über die Beweggründe ihres Handelns aufgeklärt würden: „Er war der festen Überzeugung, dass die Einheit der Zivilisation wieder hergestellt werden könne, da es möglich sei, die Vernunft nachzuweisen, welche den sozialen und religiösen Bindungen innewohnt und die menschliche Zivilisation zusammenhält."[39] Ziele des sozialen Miteinanders sind der Friede und die Erhaltung des menschlichen Lebens, was Grotius, ebenso wie Salomon, höher ansetzt als die individuelle Freiheit. Der Krieg ist dann lediglich ein Mittel zur Wiederhehrstellung von Gerechtigkeit. Nur aus dem Recht und der Gerechtigkeit kann Freiheit entstehen.[40]

Das von Grotius in *De iure belli ac pacis libri tres* entwickelte Naturrecht hat nachhaltig auf den Umgang der Völker eingewirkt. Nach dem Zweiten Weltkrieg erlebte es seinen großen Aufschwung, denn durch den Krieg hatten sich die Zweifel gemehrt, „ob positives Recht völlig unabhängig von seinem Inhalt als Recht angesehen werden könne oder nicht vielmehr den Geboten von Moral und Ethik entsprechen müsse, um wirklich Recht zu sein".[41] Die Hoffnung, dass mit einer Rückbesinnung auf die Grotianische Völkerrechtstradition Frieden und sozialer Ausgleich erlangt werden könne, bringt Salomon am Ende seines Textes zum Ausdruck: „Wenn das Naturrecht allerseits als Widerschein der menschlichen Natur erkannt wird, die eine Welt des Friedens und der Solidarität möglich macht, kann aus ihren Möglichkeiten auch Wirklichkeit werden. Grotius wollte mit seinem Werk der weiteren Aufklärung der Gesellschaft eine Bresche schlagen und die verlorene Solidarität als neu überdachte und neu verstandene Einheit aller Menschen wieder errichten helfen."[42]

Wenn das Naturrecht als ein Modus des Nachdenkens über die menschliche Natur verstanden wird, kann es dazu dienen, Frieden, Gerechtigkeit und Solidarität wiederherzustellen. In diesem Reflektieren über einen bereits dagewesenen Zustand trifft sich die Methode, mit der Grotius sein Völkerrecht erarbeitet hat,

---

38   W. S. M. Knight (1925), *The life and works of Hugo Grotius.* London: Sweet and Maxwell, S. 211.
39   Salomon, „Hugo Grotius und die Sozialwissenschaften", S. 238.
40   Ebd., S. 248f.
41   Denfeld, *Hans Wehberg,* S. 65.
42   Salomon, „Hugo Grotius und die Sozialwissenschaften", S. 251.

mit der Methode, mit der nach Salomons Auffassung die Soziologie das menschliche Zusammenhandeln beschreiben sollte. Die Soziologie sollte als historische Soziologie ebenfalls ein „Widerschein der menschlichen Natur" sein. Dieses Nachdenken muss *per definitionem* stets den historischen Rahmen menschlicher Beziehungen beachten. Tatsächlich wandte auch Grotius sein Naturrecht immer wieder auf historische Beispiele an und sichert dessen Legitimation aus dem Nachdenken über diese Beispiele.[43]

Grotius legte allerdings Wert darauf, dass seine historischen Beispiele selbst „keine normative Kraft" entfalten und „nicht leichtfertig gebilligt werden" sollten.[44] Während der Rechtspositivismus des 19. Jahrhunderts betonte, dass sich nur aus der Praxis, dem Umgang der Staaten miteinander, Völkerrecht ableiten lasse, betonte er, dass die Reflexion nicht ohne moralischen Bezugspunkt geschehen dürfe. Salomon seinerseits lehnte einen strengen Historismus ab. Diese die Geschichtswissenschaft seiner Epoche prägende Methode betonte, dass die Phänomene nur aus ihrer speziellen historischen Konstellation zu verstehen seien; für eine dem Historismus verpflichtete Geschichtsbetrachtung kann es also keine überzeitlichen Konstrukte geben. Dagegen hebt Salomon hervor, dass es im Zusammenleben der Menschen sowohl veränderliche als auch unveränderliche Elemente gebe.[45] Neben der Wichtigkeit der Kontextualisierung ging er davon aus, „dass es Konstanten der menschlichen Natur gibt, dass der Mensch handelt, und dass an ihm gehandelt wird, dass er strebt und leidet, dass er die höchsten Höhen erklimmen und in die tiefsten Abgründe stürzen kann, dass er sowohl erhaben als auch erbärmlich ist."[46] In der Erforschung dieser konstanten Zustände trifft sich Salomons Methode einer historischen Soziologie mit der Methode, die Grotius bei der Erarbeitung seines Völkerrechts anwandte. Sein Verweis auf Grotius als Gründungsvater des soziologischen Denkens schließt also eine Verbindung seiner eigenen Methode mit der des Niederländers ein.

3. Grotius' Idee des Naturrechts und Salomons Idee der Soziologie

Um die Leistung Salomons abschließend herauszustellen, ist es notwendig, die Eigenart seines Versuchs, eine historisch aufgeklärte Soziologie zu etablieren,

---

43 Benjamin Straumann (2007), *Hugo Grotius und die Antike. Römisches Recht und römische Ethik im frühneuzeitlichen Naturrecht.* Baden-Baden: Nomos, S. 14.
44 Ebd.
45 Mayer, „In memoriam Albert Salomon (1891-1966)", S. 68f.
46 Ebd., S. 71. Sven Papcke (1993), *Deutsche Soziologie im Exil. Gegenwartsdiagnose und Epochenkritik 1933-1945.* Frankfurt und New York: Campus, S. 213.

auf den Punkt zu bringen, wobei seine Beschäftigung mit Grotius exemplarisch verdeutlichen kann, wie die Forschungsgestalt dieser Soziologie aussieht.

Kann man mit Horst Günther grundsätzlich zwei Weisen unterscheiden, sich forschend der Welt zuzuwenden – „Das eine Mal deutend und verstehend, indem man aufgrund von Motivation für ähnlich gehaltene Tatsachen aufeinander bezieht, das andere Mal, indem man ein Phänomen aufgrund räumlicher, zeitlicher und kausaler Determination aus seinen Faktoren erklärt"[47] – so kann für Salomon gelten, dass seine Soziologie darauf abzielt, diese beiden Weisen des Forschens in einem Ansatz zu vereinen. Dafür arbeitet er drei grundlegende Annahmen heraus, die der Soziologie zugrunde liegen sollten: „First, there is the scientific principle that human conduct can be completely explained and understood from the analysis of its basic needs, desires and goals. It is not necessary to take refuge to any transcendent or metaphysical principle. Second, there is the practical principle that human institutions could and should be improved. Third, there is the philosophical principle that these empirical studies offer to the student of human nature: what is man, what can he do, what can he accomplish? This stand makes it possible to see the unique situation in which sociology could come into existence."[48] Oberflächlich betrachtet negiert Salomon in seiner ersten Grundannahme jede auf ein Ziel ausgerichtete Weltbetrachtung, indem er betont, dass eine Analyse der Bedürfnisse, Ziele und Wünsche strikt von der Annahme eines metaphysischen Prinzips zu trennen sei. Jedoch wird bereits in seiner zweiten Annahme deutlich, dass die Untersuchungen der bedingenden Faktoren kein Selbstzweck sein sollen, sondern auf die Verbesserung des Gemeinwesens hinwirken sollen. In der dritten Grundannahme wird dieses Ziel der Soziologie deutlicher gefasst; die empirische Untersuchung der Welt soll helfen, die Urfragen der Menschheit zu klären. Das Ziel einer auf diesen Leitsätzen konzipierten Soziologie sollte es also sein, auf der Grundlage von wissenschaftlich, d.h. empirisch fundierten Untersuchungsergebnissen und auf der Grundlage von philosophischen Überlegungen dem Menschen zu seiner bestmöglichen Entwicklung zu verhelfen. Die Soziologie soll sich als Disziplin „intermediate between philosophy and politics"[49] bewegen.

Exemplarisch zeigt Salomon dies in seiner Beschäftigung mit Grotius. Er demonstriert, wie es diesem gelang, verschiedene Weisen der Welterfassung in einem neuen Konzept zusammenzuführen. Der Niederländer griff dabei auf die Grundlagen des Römischen Rechts und des in Spanien entwickelten Naturrechts

---

47   Horst Günther (1979), *Freiheit, Herrschaft und Geschichte. Semantik der historisch-politischen Welt.* Frankfurt am Main: Suhrkamp, S. 21; vgl. Gerhard Wagner (2007), *Eine Geschichte der Soziologie.* Konstanz: UVK (UTB), S. 7-22.

48   Salomon, *History of social thought,* S. 1.

49   Ebd., S. 2.

sowie die erasmische Vorstellung einer *res publica christiana* zurück und verband diese in *De iure belli ac pacis* zu einem neuen Völkerrecht, das zugleich mehr ist als die Summe dieser Bestandteile. Die besondere Leistung von Grotius stellt für Salomon also gerade die Synthese der verschiedenen Ansätze dar.

Grotius' Ziel sei es gewesen – so Salomon – die Menschen zum Nachdenken über ihr Handeln zu bewegen; damit gibt er zugleich einen Hinweis, welchem *telos*, welchem Ziel die Soziologie verpflichtet sein sollte. Für den Humanisten habe festgestanden, dass der Friede zwischen den Völkern und die Wiederherstellung der Solidarität zwischen den Menschen nur durch deren Einsicht in ihr Handeln erreicht werden könnte. Nur durch das Recht, durch dessen Verständnis und die Einsicht in seine Rechtmäßigkeit könnten Herrscher dazu bewegt werden, keine Kriege mehr zu beginnen. In dieser Ansicht drückt sich für Salomon nicht nur eine aufklärerische Geisteshaltung des Niederländers aus, sondern auch dessen pazifistische Gesinnung: „Grotius warf Erasmus wirklichkeitsfremden Pazifismus vor, war aber selbst nicht frei vom Pazifismus. An seinen Bruder schrieb er: „Wenn aber christliche Fürsten meinen Warnungen Gehör schenken würden, gäbe es keine Kriege mehr zwischen ihnen. Sie würden viel mehr lieber auf einige ihrer Rechte verzichten oder sich gerechten Schiedssprüchen unterwerfen."[50] Für Salomon ist Grotius ein mindestens ebenso großer utopischer Pazifist, wie es für diesen Erasmus war. Er habe mit seinem Völkerrecht nicht nur versucht, dem wachsenden Irrationalismus und den Glaubens- und Kolonialkriege zu wehren, sondern auch die Basis für einen aufgeklärten Umgang von Staaten im 20. Jahrhundert gelegt. Anders gesagt: Er hat durch sein Völkerrecht die Ablösung des Prinzips der Staatsräson im Umgang der Staaten untereinander initiiert.[51] Und obwohl Grotius sich selbst keine überstaatlichen Institutionen habe vorstellen können, wie Salomon betont,[52] fußen internationale Schiedsgerichte oder die nach dem Zweiten Weltkrieg gegründeten *Vereinten Nationen* auf der von Grotius gelegten Basis.

Auch eine zeitgenössische Denkerin wie Nicolette Mout betont, dass Institutionen wie diese nicht von Grotius geplant worden seien; sie kommt zu dem Schluss: „Er war kein Utopist oder Schwärmer, der nicht ausführbare Pläne für eine ideale, aber unpraktische Weltregierung schmiedete."[53] Liegt Salomon also falsch, wenn er utopischen Pazifismus bei Grotius entdeckt?

---

50   Salomon, „Hugo Grotius und die Sozialwissenschaften", S. 249.
51   Konegen, „Hugo Grotius und die moderne Politikwissenschaft", S. 178f.
52   Salomon, „Hugo Grotius und die Sozialwissenschaften", S. 248f.
53   Nicolette Mout (2001), „Hugo Grotius als Leitfigur bei der Betrachtung von Staat und Recht im Wandel der Zeiten." In: Josef Marko (Hg.), *Politik, Staat und Recht im Zeitenbruch. Symposium aus Anlaß des 60. Geburtstags von Wolfgang Mantl.* Wien, Köln, Graz: Böhlau, S. 83-86, hier: S. 84f.

Bereits zu Beginn seines Grotius-Textes hatte Salomon darauf hingewiesen, dass dieser ein für seine Zeit passendes und praktisches Rechtsgebäude errichtet habe. Das Utopische in Grotius Völkerrecht liegt für Salomon nicht in der konkreten Ausgestaltung des Rechts, sondern in seiner Idee, durch Recht Werte transportieren, durch ein vertieftes Verständnis des Rechts Leben retten zu können: „Grotius' pazifistische Neigungen basierten auf seinem Verständnis der humanitären und kosmopolitischen Bestandteile des Naturrechts. Demnach sollte man, auch wenn es um Recht oder Unrecht geht, nicht zu den Waffen greifen, sich nicht gegen Usurpatoren erheben und ungerechte Herrscher nicht durch Revolution bekämpfen. [...] Das menschliche Leben ist so kostbar, dass man sich besser in die Gegebenheiten fügt, um Blutvergießen zu verhüten, und danach strebt, das begehrte Ziel durch kluge Kompromisse zu erreichen."[54] Der Pazifismus Hugo Grotius' sei im Naturrecht angelegt, konstatiert Salomon. Aber nicht das Naturrecht selbst, sondern die in ihm enthaltene Möglichkeit konkreter Staaten und Menschen, sich für eine Friedensordnung zu entscheiden, ist der Kern dieses Pazifismus. Die Utopie, die Salomon im Denken Grotius' findet, gründet letztlich auf der Hoffnung, dass sich durch Aufklärung eine bessere Zukunft verwirklichen lasse, und im Vorsatz, daran teilzuhaben. Diese Aufgabe weist er seiner historischen Soziologie zu. Mit seiner Beschreibung von historischen Kontinuitätslinien und der historischen Bedingtheit einzelner Ansätze ging es Salomon in diesem Sinne darum – so lässt es sich mit Sven Papcke ausdrücken – „die Möglichkeiten und Einsichten (eben das intellektuelle Potential) dieser Theorien zu verstehen, nicht nur in Hinsicht auf die historische Lage, sondern auch aus der Perspektive der Gegenwart."[55]

---

54 Salomon, „Hugo Grotius und die Sozialwissenschaften", S. 249.
55 Papcke, *Deutsche Soziologie im Exil*, S. 215.

Soziologie als „Brücke und Weg"
Eine Rezension von 1926[1]

Albert Salomon

Editorische Notiz

Albert Salomon kam in der ersten Hälfte der 1920er Jahre, wohl vermittelt über seinen Heidelberger Lehrer Emil Lederer,[2] mit Rudolf Hilferding in Kontakt. Hilferding hatte 1924, kurz nach seinem Ausscheiden aus dem Amt als Finanzminister des Kabinetts Stresemann, die Zeitschrift *Die Gesellschaft. Internationale Revue für Sozialismus und Politik* gegründet. Salomon, der sich mit Hilferding befreundete, publizierte in der *Gesellschaft* zwischen 1926 und 1933 insgesamt 42 Texte, ein Großteil davon Rezensionen. Nachdem Hilferding 1928 unter Reichskanzler Hermann Müller erneut Finanzminister wurde, wurde Salomon die redaktionelle Verantwortung für die Zeitschrift übertragen. Neben heute kaum noch bekannten Autoren zählen zu den von Salomon Rezensierten z.b. Ernst Fraenkel, Hermann Heller, Herbert Marcuse, Carl Schmitt, Ferdinand Tönnies und Alfred Weber. Die im Folgenden abgedruckte Rezension des zweiten Bandes (von insgesamt drei nebst Ergänzungsband) des *Jahrbuch für Soziologie*, das der Frankfurter außerordentliche Professor Gottfried Salomon[3] 1926 herausgab, fällt nicht nur durch ihren verhältnismäßig breiten Umfang auf. Sie ist überdies aufgrund ihres Gegenstands für das Verständnis der Denkentwicklung Salomons von besonderem Interesse. Denn der Herausgeber des Jahrbuchs verstand es als einen „Überblick über unsere Wissenschaft", die Soziologie, und die Soziologie selbst als „Ausdruck einer neuen Geisteslage und kollektivistische[n] Gesamteinstellung".[4] Insofern ermöglicht Salomons Rezension einen Eindruck *seines* Überblicks über die Soziologie und *seiner* Einschätzung des Verhältnisses der Soziologie zur Geisteslage der Gegenwart Mitte der 1920er Jahre, zu der Zeit, als ihm die Soziologie zum Beruf zu werden begann.

P. G. und C. H.

---

1   Albert Salomon (1926), Rezension von: Gottfried Salomon (Hg.), *Jahrbuch für Soziologie*, Bd. 2. In: *Die Gesellschaft. Internationale Revue für Sozialismus und Politik* 3, II, S. 274-278.

2   Peter Gostmann, Karin Ikas und Gerhard Wagner (2005). „Emigration, Dauerreflexion und Identität. Albert Salomons Beitrag zur Geschichte der Soziologie". In: *Soziologie. Forum der Deutschen Gesellschaft für Soziologie* 34, S. 267-284.

3   Gottfried Salomon, der mit Albert Salomon weder verwandt noch verschwägert war, fügte seinem Namen später den Geburtsnamen seiner Mutter bei und nannte sich Salomon-Delatour.

4   Gottfried Salomon (2011), „Jahrbuch für Soziologie: Vorreden (1925-1927)". In: ders., *Schriften*. Wiesbaden: VS Verlag für Sozialwissenschaften, S. 85-95 hier S. 89 und S. 88.

Das zweite Jahrbuch für Soziologie,[5] dessen erster Band im Maiheft dieser Zeitschrift begrüßt wurde,[6] hängt aufs engste mit den Grundsätzen der Sammlung, Wahl und Begrenzung des ersten Bandes[7] zusammen. Beide Bände bilden eine innere Einheit und dokumentieren in der Mannigfaltigkeit ihrer Beiträge, in der Verschiedenartigkeit der Standpunkte den Willen zu einer allgemeinen Orientierung, weiterster Ausbreitung und umsichtiger Pionierarbeit. Wenn es die Aufgabe von Pionieren ist, Brücken und Wege zu bauen, so verdient das Unternehmen durchaus den ehrenden Namen einer Pionierarbeit. Und zwar in zweifacher Hinsicht: Einmal will der Herausgeber durch internationale Zusammenarbeit an gleichen Gegenständen eine Aussprache und Diskussion über die verschiedenen nationalen Forschungsmethoden herbeiführen und dadurch in die soziologischen und ideologischen Zusammenhänge des wissenschaftlichen Bewusstseins der Nationen Licht bringen, er will ferner durch Neutralität sein Jahrbuch allen soziologischen Theorien und Doktrinen öffnen und keine ausschließen, um durch methodische Erörterungen der möglichen Standpunkte die weltanschaulichen Richtungen zu formulieren. Es soll darum auch heute mit dem Herausgeber nicht darüber gerechtet werden, ob eine soziologische Forschung notwendig zu einer von ihm als Soziologismus bezeichneten Weltanschauung führen müsse, oder ob nicht soziologische Betrachtung mit verschiedenen letzten Weltanschauungen zu verbinden ist.

Wie dem auch sei, diese Organisation eines internationalen Sammelwerkes verdient schon als organisatorische Leistung höchstes Lob. Sie ist aufs dankbarste anzuerkennen als Dokument kosmopolitischer Gesinnung eines guten Europäers, der gegenseitiges Verstehen der Völker fördern will, und als Soziologe wird der Herausgeber des Dankes all derer gewiss sein dürfen, die schon lange eine gemeinsame Forschungs- und Arbeitsstätte ersehnten, um welche sich die zerstreuten und so verschiedenartigen deutschen soziologischen Bemühungen sammeln könnten.

Während in der angelsächsischen und französischen Welt die Soziologie schon lange Heimatrechte genießt und legitimer Gegenstand des akademischen Unterrichts und wissenschaftlicher Betätigung ist, war und ist in Deutschland diese Wissenschaft zum mindesten verdächtig oder immer noch umstritten. Es ist kein Zufall, dass der Soziologie gerade in dem Lande der hartnäckigste und ver-

---

5   Gottfried Salomon [Hg.] (1926), *Jahrbuch für Soziologie. Eine internationale Sammlung*, Bd. 2. Karlsruhe: Braun 1926.
6   Max Quarck (1926), „Rezension von: Gottfried Salomon (Hg.), Jahrbuch für Soziologie, Bd. 1". In: *Die Gesellschaft. Internationale Revue für Sozialismus und Politik* 3, I. S. 479-481.
7   Gottfried Salomon (Hg.), *Jahrbuch für Soziologie. Eine internationale Sammlung*, Bd. 1. Karlsruhe: Braun 1925.

bohrteste Widerstand entgegengesetzt wurde, das dem Staatsbegriff einen Heiligkeitscharakter zugesprochen hat, in dem der Begriff der Gesellschaft verschwand. Die Soziologie ist die Lehre von der Gesellschaft; als solche entstand sie im 18. Jahrhundert als Oppositionswissenschaft der bürgerlichen Gesellschaft gegen die politischen und staatlichen Lebensformen des Feudalismus und Absolutismus, in denen sie nicht mehr den angemessenen Ausdruck für ihr gesellschaftliches Dasein fand. Von den Philosophen, von Adam Smith, Ferguson, den Enzyklopädisten, Voltaire, Rousseau, bei Garve, Meiners, Schlözer, den Verfassern der moralischen Wochenschriften in England, Frankreich und Deutschland werden soziologische Fragestellungen aus dem bürgerlichen Selbstbewusstsein geboren, das die Frage des Abbé Sieyês[8] für alle Gebiete des Lebens beantwortet und das Wesen der anderen Stände an diesem bürgerlichen Wert- und Kulturbewusstsein misst. Daher war diese neue Wissenschaft dort zu Hause, wo die Gesellschaft eine schicksalhafte historische Rolle gespielt hatte, in England und Frankreich. Es war die *bürgerliche* Gesellschaft, welche in ihrem Kampf um die Freiheit die Soziologie als Wissenschaft schuf. Es bedarf keiner besonderen Hervorhebung, dass, nachdem das Bürgertum politisch in den großen westeuropäischen Kulturstaaten die Herrschaft erobert und sozial das System des Kapitalismus geschaffen hatte, auch der Charakter dieser neuen Wissenschaft sich veränderte und die neue Gesellschaft die Gesetze ihres Daseins als notwendige und ewige Weltgesetze darzustellen unternahm. Es war auch kein Zufall, dass die soziologischen Entwicklungstheorien die geschichtliche Entwicklung von einem kriegerisch feudalen Zeitalter in ein friedlich industrielles hinüberführten und das Dreistadiengesetz von Comte[9] die Herrschaft der positiven Wissenschaften als den angemessenen Ausdruck des bürgerlichen Zeitalters hinstellte. Aber diese bürgerliche Gesellschaft hatte mit sich selbst ihren künftigen Überwinder, das Proletariat, gezeugt, und das 19. Jahrhundert hat der bürgerlichen Soziologie die marxistische Soziologie entgegengestellt. Und so falsch und kurzsichtig es ist, von bürgerlicher und sozialistischer Wissenschaft schlechthin zu reden, so gewiss gibt es eine bürgerliche und sozialistische Soziologie. Und es ist heute die paradoxe Situation eingetreten, dass, während die verschiedenen Kulturwissenschaften, wie Rechtsgeschichte, Philologie, politische Historie und Religionsgeschichte, mit größter Unbefangenheit, vor allem in Amerika, die ökonomische Geschichtsauffassung handhaben, die soziologische bürgerliche Theorie den Marxismus von Neuem überwinden zu müssen glaubt. Die geistige Restauration hat auch die Soziologie zu ihrer Verteidigungswaffe gemacht und diese Wissen-

---

8   Emmanuel J. Sieyes (1924), *Was ist der dritte Stand?* Berlin: Hobbing.
9   Auguste Comte (1956), „Das Gesetz der Geistesentwicklung der Menschheit oder das Dreistadiengesetz". In: ders., *Rede über den Geist des Positivismus.* Hamburg: Meiner, S. 5-41.

schaft, welche einst der Revolution, dann der Herrschaftsideologie diente, zum Kampf gegen die neue revolutionäre Soziologie umgeschmiedet. Die soziologischen Arbeiten von Herrn Spann und seiner Schule, welche diesen Kampf hauptsächlich führten, haben zu dem letzten Verteidigungsmittel herrschender Klassen gegriffen, im Irrationalismus und in irgendeiner Mystik ein Beschwörungsmittel gegen das helle und kalte Licht rationaler und analysierender Wissenschaft zu finden. Vergleicht man aber diese Art geistiger Restauration mit jener vor 100 Jahren, die immerhin Leute wie Bonald und de Maistre zu ihren Führern zählte, so kann man nur über das bodenlos gesunkene Niveau staunen, auf dessen Ursachen einzugehen hier nicht der Platz ist. Wenn auf den Gegensatz zwischen bürgerlicher und marxistischer Soziologie hier näher eingegangen ist, so geschieht das aus dem Grunde, weil in beiden Bänden des Jahrbuches dieser Gegensatz sehr deutlich zutage tritt. Während die sozialistischen Beiträge sich im Wesentlichen an die Lösung bestimmter konkreter Probleme begeben, wie in diesem Bande Bourgin an eine Analyse der Kommune in ihrer Bedeutung für den Klassenkampf und die soziale Mythenbildung,[10] während Cunow einen wichtigen Beitrag zur Geschichte der Klassenkampftheorie von Marx liefert[11] und Hobson eine soziologische Analyse der Kolonialpolitik und Mandatstheorie der Nachkriegszeit beibringt,[12] liegen von nichtsozialistischen Beiträgen wiederum wie im ersten Bande eine Reihe methodologischer Arbeiten vor, von denen gilt, was Marx einmal von Bruno Bauers ‚Philosophie des Selbstbewusstseins‘[13] sagte, es sei eine „Kreiselbewegung auf dem spekulativen Absatz".[14]

Wesentlich weiter führen einige kritische Beiträge, unter denen drei Arbeiten hervorragen: Die Kritik der Genossenschaftstheorie von Haff,[15] eine glänzende und schwerwiegende Ablehnung der organischen Genossenschafts- und

---

10   Georges Bourgin, „Die Kommune, Episode aus dem Klassenkampf, und die soziale Mythenbildung". In: Gottfried Salomon (Hg.), *Jahrbuch für Soziologie. Eine internationale Sammlung*, Bd. 2. Karlsruhe: Braun 1926, S. 352-365.

11   Heinrich Cunow, „Zur Geschichte der Klassenkampftheorie". In: Gottfried Salomon (Hg.), *Jahrbuch für Soziologie. Eine internationale Sammlung*, Bd. 2. Karlsruhe: Braun 1926, S. 332-351.

12   J. A. Hobson, „Die neue Phase des Imperialismus". In: Gottfried Salomon (Hg.), *Jahrbuch für Soziologie. Eine internationale Sammlung*, Bd. 2. Karlsruhe: Braun 1926, S. 314-331.

13   Bruno Bauer (1843), *Das entdeckte Christentum. Eine Erinnerung an das 18. Jahrhundert und ein Beitrag zur Krisis des 19.* Zürich, Winterthur: Literarisches Comptoir.

14   Karl Marx und Friedrich Engels (1969), „Die Deutsche Ideologie, Bd. 1: Kritik der neuesten deutschen Philosophie in ihren Repräsentanten Feuerbach, B. Bauer und Stirner". In: dies. *Werke*, Bd. 3. Berlin: Dietz S. 11-438, hier. S. 244.

15   Karl Haff (1926), „Kritik der Genossenschaftstheorie, zugleich ein Beitrag zur Rechtssoziologie der deutschen Verbände". In: Gottfried Salomon (Hg.), *Jahrbuch für Soziologie. Eine internationale Sammlung*, Bd. 2. Karlsruhe: Braun, S. 277-299.

Körperschaftslehre, Menzels Auseinandersetzung mit Kelsens Allgemeiner Staatslehre,[16] welche die Ergänzungsbedürftigkeit einer rein juristischen normativen Staatslehre durch eine soziologische Staatslehre aufweist, und die sehr vorsichtige und abwägende Arbeit von Walther über Max Webers Soziologie,[17] ein fruchtbarer erster Versuch, die Lücken in Webers Systematik zu zeigen und die Unterschiede zwischen seinen theoretischen Äußerungen und seinen eigenen soziologischen Arbeiten zu erklären und zu deuten. Walther kommt dabei zu einem ähnlichen Resultat wie Brinkmann,[18] dass die Typen sozialen Handelns nicht in den Formen zweckrationalen und wertrationalen Handelns erschöpft seien, sondern dass auch die reinen Ausdrucksformen ihrem Sinne nach soziologisch verständlich seien. Ferner bedarf ein Aufsatz von Halbwachs der Erwähnung, welcher einen wichtigen Beitrag zur Theorie der Arbeiterklasse und zu den klassenbildenden Elementen der modernen Gesellschaft überhaupt darstellt.[19] Es ist ein gedrängter Auszug aus seinem Werk „Die Arbeiterklasse und die verschiedenen Lebenshaltungen. Untersuchungen über die Hierarchie der Bedürfnisse in der modernen industriellen Gesellschaft".[20] Halbwachs versucht in dieser Arbeit auf Grund der Statistiken eine Reihenfolge der Konsumbedürfnisse der Arbeiterschaft aufzustellen mit dem Ergebnis, dass die soziale Bedeutung der Wohnung von der Arbeiterklasse noch nicht genügend gewürdigt wird.

Zwei sehr bedeutsame Untersuchungen zur Theorie und Geschichte des Sozialismus sind die Arbeiten des Herausgebers: Historischer Materialismus und Ideologienlehre,[21] und Dr. Karl Mannheims Aufsatz über ideologische und soziologische Betrachtung der geistigen Gebilde.[22] Beide behandeln denselben Gegenstand, Entstehung, Funktion und erkenntnistheoretische Struktur der Ideo-

---

16   Adolf Menzel (1926), „Kelsens ‚Allgemeine Staatslehre' und die Soziologie". In: Gottfried Salomon (Hg.), *Jahrbuch für Soziologie. Eine internationale Sammlung*, Bd. 2. Karlsruhe: Braun, S. 261-276.

17   Andreas Walther (1926), „Max Weber als Soziologe". In: Gottfried Salomon (Hg.), *Jahrbuch für Soziologie. Eine internationale Sammlung*, Bd. 2. Karlsruhe: Braun, S. 1-65.

18   Carl Brinkmann (1926), The Present Situation of German Sociology. In: *American Sociologial Society. Papers and Proceedings*, 21, S. 47-55.

19   Maurice Halbwachs (1926), „Beitrag zu einer soziologischen Theorie der Arbeiterklasse". In: Gottfried Salomon (Hg.), *Jahrbuch für Soziologie. Eine internationale Sammlung*, Bd. 2. Karlsruhe: Braun, S. 366-385.

20   Maurice Halbwachs (1913), *La classe ouvrière et les niveaux de vie. Recherches sur la hiérarchie des besoins dans les sociétés industrielles contemporaines.* Paris: Alcan.

21   Gottfried Salomon (1926), „Historischer Materialismus und Ideologienlehre I". In: Gottfried Salomon (Hg.), *Jahrbuch für Soziologie. Eine internationale Sammlung*, Bd. 2. Karlsruhe: Braun, S. 386-423.

22   Karl Mannheim (1926), „Ideologische und soziologische Betrachtung der geistigen Gebilde". In: Gottfried Salomon (Hg.), *Jahrbuch für Soziologie. Eine internationale Sammlung*, Bd. 2. Karlsruhe: Braun, S. 424-439.

logien. Während der Herausgeber seiner Untersuchung einen weiten historischen Rahmen gibt und sie mit dem Problem der marxistischen Erkenntnistheorie verknüpft, beschränkt Mannheim seine Arbeit, welche aus einem größeren Zusammenhang herausgenommen ist,[23] auf eine phänomenologische Analyse der möglichen Interpretation geistiger Gebilde. Dieser Aufsatz stellt den wichtigsten Beitrag zur Methodologie der Kultursoziologie dar, welchen die letzten Jahre gebracht haben. Er sieht nämlich in den möglichen Stellungnahmen zu einem objektiven geistigen Gebilde nicht eine jeweils umwechselbare theoretische Haltung des reinen Erkenntnissubjekts, sondern zwei letzthin mögliche Grundeinstellungen, die der soziologischen Außenbetrachtung und die der immanenten Innenbetrachtung. Beide Betrachtungen sind durchaus möglich, beide bestehen zu eigenem Recht, und doch erhebt sich die Frage, wieweit die soziologische Außenbetrachtung durch Betonen des funktionalen Zusammenhangs der geistigen Gebilde mit den realen gesellschaftlichen Sphären mit der immanenten Innenbetrachtung konfrontiert werden kann. Es wird also entscheidend sein, von dem Verfasser zu erfahren, welche von den Einstellungen jeweils eine angemessene Wesensbestimmung der geistigen Gebilde ermöglicht. Es wäre zu denken, dass der Verfasser hier zu einer Relativierung des historischen Materialismus kommt. Doch wird man abwarten müssen, bis Mannheim die Arbeit in dem ursprünglichen Zusammenhange vorlegt. Auch die Arbeit des Herausgebers bildet nur den ersten Teil einer größeren Abhandlung und soll daher vorläufig noch nicht behandelt werden. Zu wünschen wäre freilich, dass in künftigen Jahrbüchern Einzelaufsätze nicht zerrissen werden und die Einheit eines jeden Bandes gewahrt würde. Von den bibliographischen Aufsätzen verdient besonderes Interesse die Abhandlung von Bláha über den Stand der tschechischen Soziologie,[24] in welcher er eine Analyse der Werke von Masaryk und Beneš gibt. Es wäre von Interesse, die Arbeiten des tschechischen Außenministers über Demokratie und

---

23   Salomon bezieht sich vermutlich auf Mannheims Studien zum Konservativismus, die er 1925 unter dem Titel *Altkonservativismus: Ein Beitrag zur Soziologie des Wissens* als Habilitationsschrift an der Universität Heidelberg einreichte. Eine Kurzfassung erschien 1927 im *Archiv für Sozialwissenschaft und Sozialpolitik* unter dem Titel: „Das konservative Denken". Eine Rekonstruktion des Gesamtmanuskripts unternehmen David Kettler, Volker Meja und Nico Stehr (Karl Mannheim [1984], *Konservativismus. Ein Beitrag zur Soziologie des Wissens*. Frankfurt am Main: Suhrkamp.)

24   Arnošt Bláha (1926), „Die zeitgenössische tschechische Soziologie". In: Gottfried Salomon (Hg.), *Jahrbuch für Soziologie. Eine internationale Sammlung*, Bd. 2. Karlsruhe: Braun, S. 440-461.

Außenpolitik und über die Schwierigkeiten der Demokratie[25] in deutscher Sprache einmal kennenzulernen.

Wenn zum Schluss noch einige Wünsche geäußert werden dürfen, so möge das nicht als eine negative Kritik gedeutet werden, sondern als Wunsch, positiv an dem Unternehmen mitzuarbeiten. Um den internationalen Charakter des Jahrbuches ganz durchzuführen, wäre es erwünscht, für die kommenden Bände auch die Mitarbeit spanischer und südamerikanischer Gelehrter zu gewinnen, ohne welche ein wahrhaft internationaler Zusammenhang nicht bestände. Und es wäre vielleicht auch zu erwägen, gelegentlich aus den einzelnen Kulturwissenschaften Beiträge zu veröffentlichen, welche demonstrieren könnten, wie natürlich der Geist der Soziologie auch dort eingedrungen ist. Denkt man an die Arbeiten von Vossler und Jordan zur Sprachsoziologie,[26] an literaturhistorische Arbeiten wie die von Schöffler über Protestantismus und Literatur,[27] an die Arbeiten von Naumann zur deutschen Volkskunde[28] und an Werner Jägers geistesgeschichtliche Studien zur antiken Philosophiegeschichte und zur Geschichte des Humanismus,[29] so ist der Kreis weit genug gezogen, innerhalb dessen sich das Jahrbuch bewegen kann.

---

25   Edvard Beneš, Zahraniční politica a demokracie. [nicht nachgewiesen]; Edvard Beneš (1924), *Nesnáze demokracie*. Prag: Nákladem Svazu národního osvobození.

26   Karl Vossler (1925), *Geist und Kultur in der Sprache*. Heidelberg: Winter; Leo Jordan (1923), *Altfranzösisches Elementarbuch. Einführung in das historische Studium der französischen Sprache und ihrer Mundarten*. Bielefeld, Leipzig: Velhagen & Klasing.

27   Herbert Schöffler (1922), *Protestantismus und Literatur. Neue Wege zur englischen Literatur des achtzehnten Jahrhunderts*. Leipzig: Tauchnitz.

28   Hans Naumann (1922), *Grundzüge der deutschen Volkskunde*. Leipzig: Quelle & Meyer.

29   Werner Jäger (1925), *Antike und Humanismus*. Leipzig: Quelle & Meyer.

Soziologie am Berufspädagogischen Institut
Ein Bericht aus dem Januar 1933[1]

Albert Salomon

Editorische Notiz

1931 erhielt Albert Salomon einen Ruf als Honorarprofessor für Soziologie an das 1928 gegründete Berufspädagogische Institut in Köln. Berufspädagogische Institute wurden seinerzeit neben Köln auch in Frankfurt am Main und Berlin eingerichtet. Die damit verbundene Einführung universitärer Lehrerbildungsgänge folgte dem Anspruch des Preußischen Ministeriums für Wissenschaft und Volksbildung, „nichtakademisch gebildete[n] Gruppen eine bessere höhere Schulbildung zu ermöglichen".[2] Salomon selbst notiert 1966 in seinen Memoiren: „Solche Berufspädagogischen Institute sollten den technisch spezialisierten Lehrern einen weiteren Blick vermitteln für die universalen und historischen Probleme der Welt und ihnen damit implizit kritische Werkzeuge gegen den Nationalsozialismus geben".[3] Den folgenden Text, in dem Salomon unter Berücksichtigung der verschiedenen Berufsgruppen ein Curriculum für die soziologische Lehre am Kölner Institut skizziert und der so seinen bildungsreformerischen Impetus in den letzten Jahren der Weimarer Republik dokumentiert, hat er mit dem Notat: „Abgeschlossen Anfang Januar 1933" versehen. Kaum mehr als drei Monate später, im Zuge des am 07. April erlassenen *Gesetz zur Wiederherstellung des Berufsbeamtentums*, wurde Salomon aus seinem Amt am Kölner Berufspädagogischen Institut entlassen.

P. G. und C. H.

Der Auftrag, im Rahmen einer Bestallung für Sozialwissenschaften Soziologie vorzutragen, muss ganz konkret aus den besonderen Bedingungen der Berufspädagogischen Institute gestaltet werden. Es kann sich nicht darum handeln, bei der Überlastung der Studierenden mit den notwendigen technischen und allgemeinen

---

1   Albert Salomon (1933), *Bericht*. Nachlass Salomon: Sozialwissenschaftliches Archiv der Universität Konstanz, MS. 1-8.

2   Fritz K. Ringer (1987), *Die Gelehrten. Der Niedergang der deutschen Mandarine 1890-1933*. München: DTV, S. 72-73.

3   Albert Salomon (1966), „Im Schatten einer endlosen großen Zeit. Erinnerungen aus einem langen Leben für meine Kinder, jungen Freunde und Studenten". S. 13-29 in: ders. (2008), *Werke 1: Biographische Materialien und Schriften 1921-1933*. Wiesbaden: VS Verlag für Sozialwissenschaften, hier S. 26-27.

Fächern im Sinne von Universitätsvorlesungen Soziologie in allen ihren Disziplinen vorzutragen. Das wäre eine weitere und zwar unzweckmäßige Belastung mit Wissen, die eher verwirrend als klärend wirken muss.

Es ist die Aufgabe der Berufspädagogischen Institute, Berufschullehrer zu bilden. Die Jugend, welche sie zu betreuen haben werden, umfasst heute ungefähr 80% der deutschen Jugend. Stadt und Land, die verschiedensten sozialen Schichten, vor allem die sozialen Schichten des alten Handwerkermittelstandes und der verschiedenen Arbeiterkategorien sind von ihnen in dem sehr schwierigen, aber auch sehr aufnahmefähigen Alter von 14 bis 18 Jahren zu betreuen. Die Verantwortung ist eine ungeheure. Denn was nicht in diesen Jahren an geistiger Anregung, an Erweiterung des Horizontes, an sozialem und nationalem Verantwortungsbewusstsein in die jugendlichen Gemüter gelegt wird, wird vielleicht, wenn diese pädagogische Aufgabe vom Lehrer nicht gelöst wird, nie mehr begründet werden.

Darum sind zweierlei Dinge im Rahmen der Institute zu leisten, welche von einer Anleitung zum soziologischen Denken am ehesten bewältigt werden können. Erstens ein Bewusstsein des eigenen Lebenskreises und seiner Umwelt und zweitens eine kritische, d.h. geistige und freie Haltung dem andrängenden Lebensstoff gegenüber. Bewusstwerden des eigenen Lebenskreises heißt eine Nachprüfung der Sprachkonventionen und der üblichen Schlagworte unseres Lebens auf ihren konkreten sozialen Gehalt hin. Aus der konkreten Beschreibung unserer eigenen Lebenskreise: Familie, Beruf, Staatsbürgertum, Zugehörigkeit zur religiösen Gemeinschaft, politischen und anderen Verbänden erhalten wir ein plastisches Bild von den Ringen, die gleich Lebensringen an einem Baum unsere eigene Existenz formen. Indem durch Diskussionen die Studierenden zum Sprechen verführt werden, werden sie gleichzeitig gezwungen, scharf und selbst zu denken. Sie sollen nicht so sehr aus Büchern wenig oder kaum verstandene Gedanken wiedergeben, sondern aus ihrer eigenen Lebenserfahrung im Betrieb, auf dem Bau, in der Werkstatt ihre menschliche Aufgeschlossenheit, ihre geistige Beweglichkeit und ihren Horizont zeigen.

In dem Maße nun, in dem es gelingt, die Studierenden zum denkenden Reden zu bringen und sie aufzuschließen für den Reichtum und die Problematik, aber auch für die Schwächen und Abgründe des gegenwärtigen Lebens, wird eine Auflockerung im Geistigen und eine Erweiterung des menschlichen Horizonts bewirkt, wenigstens in der Intention. Selbstverständlich wird man das nicht von allen Studierenden gleichmäßig behaupten können. Damit wird dann aber auch gleich im Sinne der Arbeit an jener freien und kritischen Haltung gewirkt, welche die unerlässliche Vorbedingung für einen guten Lehrer ist. Denn in dem Maße, in dem die Studierenden diszipliniert denken und sich ausdrücken lernen, werden sie sich immer mehr von jener Politisierung unserer Sprache entfernen,

welche durch Phrase und Schlagwort eine sachliche Betrachtung und einen unmittelbaren Zugang zur Erkenntnis der Dinge und der sozialen Zusammenhänge
fast unmöglich gemacht hat. In diesem Sinne müssen die soziologischen Arbeitsgemeinschaften auch als Ersatz der leider fehlenden deutschkundlichen und
sprachlichen Übungen benutzt werden.

Es scheint mir nicht zu viel verlangt, von jedem Lehrer ein Höchstmaß an
Verantwortung vor der vaterländischen Sprache zu erwarten. Immer wieder muss
im Unterricht darauf hingewiesen werden, dass die Sprache nicht nur ein techni-
sches Mittel der Verständigung, sondern der unmittelbare geistig-seelische Ausdruck einer Volksgemeinschaft ist. Darum muss auf den Ausdruck der größte
Wert gelegt werden und durch Lektüre guten deutschen Schrifttums das geistige
und seelische Niveau der Studierenden beeinflusst werden. Wenn eine solche
Wirkung auf die menschliche Haltung und auf die intellektuelle Disziplin gerade
von einer soziologischen Methode erwartet wird, so geschieht das darum, weil
die besondere Problematik dieser Wissenschaft, nämlich die Fragen nach den
Faktoren der Wirklichkeit und ihrer Rangordnung, in ganz besonderem Maße
eine Erkenntnischance in einer Zeit wie der Gegenwart hat, die aufgebrochen
und so aufgewühlt ist.

Die in der Anlage beigefügten Richtlinien für die Gestaltung des soziologischen Unterrichts in der Abteilung A und B sind durchaus vorläufig, wenn sie
auch zum Teil bereits mit Erfolg durchgeführt sind. Über diese Pläne hinaus ist
vor allen Dingen künftighin engere Zusammenarbeit mit der Staatsbürgerkunde
und Pädagogik durchzuführen. Probleme der politischen Soziologie, solche der
Beziehung von Staatsformen und Gesellschaftsschichtung, von der gesellschaftlichen Bedeutung der Parteien und Berufsstände usw. können neben dem staats-
bürgerlichen Unterricht hergehen. Ebenso wäre es notwendig und wichtig, die
pädagogischen Vorlesungen zu ergänzen durch ausgewählte Kapitel aus Schillers
Briefen über ästhetische Erziehung,[4] Pestalozzis *Kleinen Schriften*,[5] Jean Pauls
Levana,[6] Diltheys *Kleinen pädagogischen Abhandlungen*[7] in Hinsicht auf seine
soziologische Geschichte der Bildung. Dabei wird immer zu fragen sein, welche
Bildungsideen und Erziehungsziele wir heute als allgemeinverbindlich für die
Volksgemeinschaft bezeichnen können und welche besonderen Ideale den ein-
zelnen Schichten eignen. In diesem Sinne wird zwar Soziologie als Methode

---

4   Friedrich Schiller (1960), *Briefe über die ästhetische Erziehung des Menschen*. Bad Heil-
     brunn/Obb.: Klinkhardt.
5   Johann Heinrich Pestalozzi (1961), *Kleine Schriften zur Volkserziehung und Menschenbildung*.
     Bad Heilbrunn/Obb.: Klinkhardt.
6   Jean Paul (1892), *Friedrich Richters Levana. Nebst pädagogischen Stücken aus seinen übrigen
     Werken*. Herausgegeben von Karl Lange. Langensalza: Beyer.
7   Wilhelm Dilthey (1930), *Über die Möglichkeit einer allgemeingültigen pädagogischen Wis-
     senschaft*. Berlin: Beltz.

betrieben, während der Inhalt der Übungen und der Arbeitsgemeinschaften die konkrete Gegenwartswelt der Studierenden selbst ist.

Abteilung A

Erstes und zweites Semester. In den ersten beiden Semestern können für alle vier Gruppen gleiche Richtlinien aufgestellt werden, die nach den besonderen Lebens- und Berufsgebieten der einzelnen Gruppen konkretisiert werden müssen. Auch hier wird zweckmäßig mit einer Einführung in solche soziologischen Grundbegriffe begonnen, die allgemeines Sprechgut geworden sind und die lebendig durchgedacht und ins Bewusstsein gehoben werden müssen. Unter diesem Gesichtspunkt sind Begriffe wie Gemeinschaft und Gesellschaft, Klasse und Stand, Beruf und Erwerb, Disziplin und Freiheit, Ordnung und Bewegung, Ehre und Boykott, Distanz und Repräsentation darzustellen, und zwar aus den konkreten Lebenslagen der einzelnen Gruppen. So wird z. B. das Problem der Ehre Anlass geben zu Betrachtungen über Berufsehre in den verschiedenen Gewerben, über den Unterschied zwischen Handwerker, Arbeiter usw.

Im Anschluss an solche Begriffsklärung ist zu lesen Riehl, *Die Naturgeschichte des Volkes als Grundlage einer deutschen Sozialpolitik.*[8] Im Zusammenhang mit diesem Werk sind eine Reihe von Romanen, die das gesellschaftliche Leben zum Gegenstand haben, zu referieren, wie Immermanns *Epigonen*,[9] Freytags *Soll und Haben*,[10] ein Roman von Fontane und einer von Spielhagen. Durch den Unterschied zu der heutigen Welt wird die Frage aufgeworfen, worin der Unterschied der Gegenwart zu der Zeit um 1850 besteht. Dieser Entwicklung von der Betrachtung der Gegenwart her ist das dritte und vierte Semester zu widmen.

Und zwar ist im *dritten Semester* das als Gegenstück zu Riehl gedachte Werk von Gablentz und Mennike, *Berufskunde des deutschen Volkes*,[11] zu behandeln. Im Anschluss daran das von Briefs herausgegebene Sammelwerk

---

8   Wilhelm H. Riehl (1851-1869), *Die Naturgeschichte des Volkes als Grundlage einer deutschen Social-Politik.* 4 Bde. Stuttgart: Cotta.
9   Karl Leberecht Immermann (1836), *Die Epigonen. Familienmemoiren in neun Büchern.* 3 Bde. Düsseldorf: Schaub.
10   Gustav Freytag (1923), *Soll und Haben.* 2 Bde. Berlin, Leipzig: Knaur.
11   Ottoheinz von der Gablentz und Carl Mennicke [Hg.] (1930), *Deutsche Berufskunde. Ein Querschnitt durch die Berufe und Arbeitskreise der Gegenwart.* Leipzig: Bibliographisches Institut.

Wandlungen der Wirtschaft im kapitalistischen Zeitalter.[12] Band IX,1 des *Grundrisses der Sozialökonomik*, „Das soziale System des Kapitalismus";[13] Geiger, *Die soziale Schichtung nach dem Kriege*,[14] und Nothaas, *Sozialer Auf- und Abstieg im deutschen Volke*.[15] In den einzelnen Gruppen wird dann je nach den besonderen Interessen die Allgemeinheit solcher Erörterungen lebendig und konkret zu gestalten sein.

Im *Baugewerbe* wird einmal zu erörtern sein die Lage von Bauhandwerkern, Bauunternehmern und Bauindustriellen. Als Material wird auf die große Enquête des Reichswirtschaftsrats[16] zurückgegriffen werden müssen. Ferner kann hier die ausgezeichnete Arbeit über die Lebenshaltung der Bauarbeiter 1929[17] durchgearbeitet werden. Gerade im Baugewerbe wird das Problem des Mittelstandes und der Angestellten ein besonderes Interesse finden. Hier muss vor allem der Existenz des Handwerkes besondere Beachtung geschenkt werden.

In der Gruppe *Metallgewerbe* wird in diesem Semester vor allem die Aufgabe darin bestehen, betriebssoziologische Probleme zu erörtern. Die Stellung des Ingenieurs im Betrieb hat gerade für die Techniker ein besonderes Interesse. Hier gibt die von Briefs herausgegebene Schriftenreihe zur Betriebssoziologie[18] wertvolles Material für Diskussionen und Referate.

Im *Kunstgewerbe* ergibt sich leicht ein Weg zu den alten Gemeinschaftsformen der Volkskunst, die Probleme der Wandlung in Kunst und Kunsthandwerk darzustellen. Gerade in dieser Gruppe lässt sich in schöner Weise Volkskunde und Gesellschaftskunde miteinander verbinden. Darüber hinaus sind auch die Fragen moderner und neuer Kunstformen wie Photographie, Film, Radio usw. zu erörtern, Die Gruppe *Textilgewerbe* wird am zweckmäßigsten mit der Gruppe *Kunstgewerbe* verbunden.

---

12   Götz Briefs [Hg.] (1932), *Die Wandlungen der Wirtschaft im kapitalistischen Zeitalter. Ein Sammelwerk der Internationalen Vereinigung für Rechts- und Wirtschaftsphilosophie.* Berlin-Grunewald: Rothschild.

13   Gerhard Albrecht (1926), *Die gesellschaftliche Schichtung im Kapitalismus. Grundriss der Sozialökonomik*, Bd. 9,1. Tübingen: Mohr.

14   Theodor Geiger (1932), *Die soziale Schichtung des deutschen Volkes. Soziographischer Versuch auf statistischer Grundlage.* Stuttgart: Enke.

15   Josef Nothaas (1930), *Sozialer Auf- und Abstieg im deutschen Volk. Statistische Methoden und Ergebnisse.* München: Lindauer.

16   nicht nachgewiesen

17   Deutscher Baugewerksbund (1931), *Die Lebenshaltung der Bauarbeiter nach Wirtschaftsrechnungen aus dem Jahre 1929.* Berlin: Bernhard.

18   Ludwig H. A. Geck (1931), *Die sozialen Arbeitsverhältnisse im Wandel der Zeit. Eine geschichtliche Einführung in die Betriebssoziologie. Schriftenreihe des Instituts für Betriebssoziologie und Soziale Betriebslehre an der Technischen Hochschule zu Berlin*, Bd. 1. Berlin: Springer; Walter Jost (1932), *Das Sozialleben des industriellen Betriebs. Eine Analyse des sozialen Prozesses im Betrieb. Schriftenreihe des Instituts für Betriebssoziologie und Soziale Betriebslehre an der Technischen Hochschule zu Berlin*, Bd. 2. Berlin: Springer.

Im *vierten Semester* ist in der Gruppe *Baugewerbe* möglichst die gegenwärtige Situation des Baugewerbes unter dem Gesichtspunkt der Erhaltung und Stabilisierung sozialer Schichten zu erörtern. Fernerhin muss das ästhetische Problem der Wirkung der Technisierung des Baugewerbes auf die Gestaltung des Bauens und des Funktionshandels der Berufsaufgaben erörtert werden. Dabei ergeben sich sehr interessante Diskussionen über die Differenzierung im Beruf des Bauarbeiters und die Entstehung neuer Arbeitertypen.

In der Gruppe *Metallgewerbe* ist im *vierten Semester* das Problem ‚Technik und Mensch' zu behandeln. Es sind zu diskutieren Guardini, *Briefe vom Comer See;*[19] Dessauer, *Philosophie der Technik,*[20] Jaspers, ausgewählte Kapitel aus: *Die geistige Situation der Gegenwart.*[21] Auch die eine oder andere Arbeit von Diesel ist heranzuziehen.

In der Gruppe *Kunstgewerbe* sollen im letzten Semester von allem kunstpädagogische Fragen behandelt werden, vor allem die Möglichkeiten künstlerischer Beeinflussung und Geschmacksbildung in der Berufsschule. Dabei ergeben sich sehr weit führende Probleme über künstlerische Phantasie bei den Jugendlichen, über Ausdrucksmöglichkeiten und Vermögen im weitesten Sinne, wobei auch vor allem nachdrücklich die Sprache und die Verantwortung ihr gegenüber künftigen Lehrern ans Herz gelegt werden muss.

Abteilung B

Erstes und zweites Semester. Einführung in soziologische Grundbegriffe: Gemeinschaft, Gesellschaft, Sitte, Konvention, Volksgebräuche, Mode, Ehre, Distanz, Repräsentation usw. Weiterhin ist bei den Damen zu erörtern die Stellung des Alters in der sozialen Gemeinschaft (Ehrerbietung und Autorität oder Verwischung der Altersgrenzen). Dazu ist zu lesen: Jakob Grimm, *Rede über das Alter.*[22] Im Anschluss daran ist das Problem der Generation zu behandeln, wobei die Sammelarbeit aus dem Reichsausschuss der deutschen Jugendverbände, *Geistige Formung der Jugend unserer Zeit,*[23] zugrunde gelegt werden mag.

Im *dritten Semester* müssen die Gruppen *Hauswirtschaft* und *Gewerbe* getrennt werden. In der Gruppe *Hauswirtschaft* sind in diesem Semester die sozio-

---

19   Romano Guardini (1927), *Briefe vom Comer See.* Mainz: Grünewald.
20   Friedrich Dessauer (1927), *Philosophie der Technik. Das Problem der Realisierung.* Bonn: Cohen.
21   Karl Jaspers (1931), *Die geistige Situation der Zeit.* Berlin, Leipzig: de Gruyter.
22   Jacob Grimm (1863), „Rede über das Alter". In: ders., *Rede auf Wilhelm Grimm und Rede über das Alter.* Herausgegeben von Herman Grimm. Berlin: Dümmler, S. 37-63.
23   Hermann Maaß (1931), *Geistige Formung der Jugend unserer Zeit.* Berlin: Reichsausschuß der deutschen Jugendverbände.

logischen Studien über *Bestand und Erschütterung der Familie*, herausgegeben von Salomon, Baum,[24] zu behandeln. Ferner eine Reihe von Erhebungen über Lebenshaltung von Landarbeiterfamilien, Bauarbeitern und Angestellten, soweit solche Erhebungen aufgrund von Wirtschaftsrechnungen vorgenommen worden sind. Darüber ist eine recht aufschlussreiche Literatur vorhanden, und zwar von Verbänden aller politischen Richtungen, z. B.: *Die Gehaltslage der Kaufmannsgehilfen*,[25] eine Fragebogenerhebung des DHV; *Die wirtschaftliche und soziale Lage der Angestellten*,[26] Erhebung des GdA; *Was verbrauchen die Angestellten?*,[27] Ergebnisse der dreijährigen Haushaltsstatistik des Afs-Bundes; *Die Lebenshaltung des Landarbeiters*,[28] Erhebung des Reichsverbandes ländlicher Arbeitnehmer; Bernier, *Lebenshaltung, Lohn- und Arbeitsverhältnisse von 145 deutschen Landarbeiterfamilien.*[29]

Im *vierten Semester* sind in der *hauswirtschaftlichen* Gruppe zu behandeln: (1) Die Enquête über das deutsche Handwerk,[30] um von da aus Lebensprobleme des Mittelstandes zu erörtern, und (2) Literatur über die Arbeiterin und Angestellte. Jüngst, *Die jugendliche Fabrikarbeiterin*;[31] Rada, *Das reifende Proletariermädchen*;[32] Suhr, *Die weibliche Angestellte*;[33] Franzen-Hellersberg, *Die ju-*

---

24 Alice Salomon (1930) [Hg.], *Das Familienleben der Gegenwart. 182 Familienmonographien. Forschungen über „Bestand und Erschütterung der Familie in der Gegenwart"*, Bd. 1. Berlin: Herbig; Marie Baum und Alix Westerkamp (1931), *Rhythmus des Familienlebens. Das von einer Familie täglich zu leistende Arbeitspensum. Forschungen über „Bestand und Erschütterung der Familie in der Gegenwart"*, Bd. 5. Berlin: Herbig.

25 Deutschnationaler Handlungsgehilfen-Verband (1931), *Die Gehaltslage der Kaufmannsgehilfen. Eine Fragebogenerhebung des Deutschnationalen Handlungsgehilfen-Verbandes.* Hamburg: Deutschnationaler Handlungsgehilfen-Verband.

26 A. Kasten (1931), *Die wirtschaftliche und soziale Lage der Angestellten. Ergebnisse und Erkenntnisse aus der großen sozialen Erhebung des Gewerkschaftsbundes der Angestellten.* Berlin: Sieben-Stäbe-Verlag.

27 Allgemeiner freier Angestelltenbund (1931), *Was verbrauchen die Angestellten? Ergebnisse der dreijährigen Haushaltungsstatistik des Allgemeinen freien Angestelltenbundes.* Berlin: Freier Volksverlag.

28 Max Hofer (1930), *Die Lebenshaltung des Landarbeiters. Wirtschaftsrechnungen von 130 Landarbeiterfamilien. Eine Erhebung des Reichsverbandes ländlicher Arbeitnehmer.* Berlin: Landvolk-Verlag.

29 Wilhelm Bernier (1931), *Die Lebenshaltung, Lohn- und Arbeitsverhältnisse von 145 deutschen Landarbeiterfamilien. Ergebnis einer Erhebung des Deutschen LandarbeiterVerbandes in der Zeit vom 1. Juli 1929 bis 30. Juni 1930.* Berlin: Enckehaus.

30 Ausschuß zur Untersuchung der Erzeugungs- und Absatzbedingungen der deutsch Wirtschaft (1930), *Das deutsche Handwerk.* 2 Bde. Berlin: Mittler.

31 Hildegard Jüngst (1929), *Die jugendliche Fabrikarbeiterin. Ein Beitrag zur Industriepädagogik.* Paderborn: Schöningh.

32 Margarete Rada (1931), *Das reifende Proletariermädchen. Ein Beitrag zur Umweltforschung.* Wien: Deutscher Verlag für Jugend und Volk.

33 Susanne Suhr (1930), *Die weiblichen Angestellten, Arbeits- und Lebensverhältnisse. Eine Umfrage des Zentralverbandes der Angestellten.* Berlin: Zentralverband der Angestellten.

gendliche Arbeiterin;[34] Kelchner, *Schuld und Sühne jugendlicher Arbeiterinnen,*[35] *Mein Arbeitstag, mein Wochenende,*[36] 150 Berichte von Textilarbeiterinnen. Endlich wäre im letzten Semester zu erörtern die Stellung der politischen und sozialen Gruppen zu der weiblichen Berufsarbeit. Vgl. Beyer, *Die Frau in der politischen Entscheidung;*[37] Kempf, *Die deutsche Frau nach der Volkszählung 1925,*[38] und als aufschlussreiche historische Parallele: Bücher, *Die Frau im Mittelalter.*[39]

In der Gruppe *Bekleidungsgewerbe* ist vom *dritten Semester* an zweckmäßig Soziologie und Kostümkunde zusammenzulegen, um den Stundenplan zu vereinfachen. Aufgabe einer soziologischen Unterstützung der Kostümkunde besteht einmal in der Beschreibung der verschiedenen Formen gesellschaftlichen Lebens, welche Kleidung, Mode usw. bedingen, z.B. Auftreten und gesellschaftliche Haltung in der höfischen Welt, im Salon usw., andererseits des Zusammenhang von Bekleidungsgewerbe und Mode mit der ökonomischen Entfaltung einer Epoche, Bedeutung gerade des Textilgewerbes für die Entfaltung der kapitalistischen Wirtschaft. Auch in dieser Gruppe wäre dann *Die jugendliche Arbeiterin* wie in der Gruppe Hauswirtschaft, *viertes Semester*, zu behandeln.

---

34   Lisbeth Franzen-Hellersberg (1932), *Die jugendliche Arbeiterin, ihre Arbeitsweise und Lebensform. Ein Versuch sozialpsychologischer Forschung zum Zweck der Umwertung proletarischer Tatbestände.* Tübingen: Mohr.

35   Mathilde Kelchner (1932), *Schuld und Sühne im Urteil jugendlicher Arbeiter und Arbeiterinnen. Eine Sozialpsychologische Untersuchung.* Leipzig: Barth.

36   Deutscher Textilarbeiterverband [Hg.] (1930), *Mein Arbeitstag, mein Wochenende. 150 Berichte von Textilarbeiterinnen.* Berlin: Textilpraxis.

37   Hans Beyer (1933), *Die Frau in der politischen Entscheidung. Eine Untersuchung über das Frauenwahlrecht in Deutschland.* Stuttgart: Enke.

38   Rosa Kempf (1931), *Die deutsche Frau nach der Volks-, Berufs- und Betriebszählung von 1925.* Mannheim, Berlin, Leipzig: Bensheimer.

39   Karl Bücher (1910), *Die Frauenfrage im Mittelalter.* Tübingen: Laupp.

Balzac als Soziologe
Aus einer Vorlesung an der *New School for Social Research*[1]

Albert Salomon

Editorische Notiz

Zu den Besonderheiten der Lehrtätigkeit Albert Salomons an der *New School for Social Research* zählt die Entwicklung einer Vorlesung zur Einführung in die Soziologie anhand der *Menschlichen Komödie* Honoré de Balzacs. Carl Mayer skizziert den Hintergrund in seiner Gedenkrede auf Salomon.[2] Salomon habe, schreibt Mayer, „literarische Dokumente für unerlässlich zum Verständnis der Gesellschaft" gehalten: „In ihnen sah er die wichtigste Informationsquelle für das gesellschaftliche Binnenleben, für verborgene Motive, für die innere Dynamik einer Gesellschaft in ihren jeweiligen Umständen". In diesem Sinne habe er auch in der *Menschlichen Komödie* „Spiegelungen der Sozialstruktur [ihrer] Epoche" aufgesucht: „Anhand der *Menschlichen Komödie* hat Salomon den, wie ich glaube, gelungenen Versuch unternommen, das innere Getriebe, die lebendigen Mechanismen der Gesellschaft im Übergang von der höfischen zur bürgerlichen Gesellschaft sichtbar zu machen".

Bereits in einem der ersten überlieferten Texte Salomons hatte er Balzac und Max Weber verglichen, insofern sich in beider Werk das Bemühen zeige, „immer neue Provinzen des geschichtlichen und gesellschaftlichen Lebens zu erobern, sich einzuverleiben und zu neuen Eroberungen weiterzueilen"; auch im Anspruch, „die staatlich-politische Sphäre alles ideologischen Zaubers [zu] entkleide[n] und die Antriebe und Motive politisch-gesellschaftlichen Handelns in ihrer nüchternen Interessenkonstellation bloß[zu]-leg[en]", seien sich Balzac und Weber „nicht unähnlich".[3] Im Vorlesungsverzeichnis der *New School* ist erstmals für das Frühjahrssemester 1947 eine Veranstaltung *Honoré de Balzac as Sociologist* angekündigt; aus unbekannten Gründen mussten aber sämtliche Veranstaltungen Salomons in diesem Semester ausfallen. Erstmals durchgeführt hat er eine Balzac-Veranstaltung im Frühjahrssemester 1948 unter dem Titel *Balzac as Sociologist*. In den folgenden Jahren unterrichtete Salomon wiederholt Kurse über Balzac, zuletzt

1   Albert Salomon, „Balzac as Sociologist". In: ders., *History of Sociology I*. Vorlesung. Nachlass Salomon: Sozialwissenschaftliches Archiv der Universität Konstanz, MS. 1-60, hier MS. 33-40 [Zur Datierung vgl. die editorische Notiz]. Übersetzt von Peter Gostmann.

2   Carl Mayer (2008), „*In memoriam* Albert Salomon (1891-1966)". In: Albert Salomon, *Werke 1: Biographische Materialien und Schriften 1921-1933*. Wiesbaden: VS Verlag für Sozialwissenschaften, S. 59-73, hier S. 68.

3   Albert Salomon (1926), „Max Weber". In: ders., *Werke 1*, S. 135-156, hier S. 137 und S. 146.

im Herbstsemester 1963/64 unter dem weiter gefassten Titel *Balzac: Seer, Sociologist, Philosopher – Introduction to a Theory of Literature*.[4]

Der Nachlass Salomons im Sozialwissenschaftlichen Archiv in Konstanz enthält eine Fülle von Materialien zu den Balzac-Veranstaltungen, die ganz überwiegend in handschriftlicher Form überliefert sind. Ihre editorische Aufbereitung würde bedeuten, einen der „Seltenheitswerte, welche die Geschichte der *Graduate Faculty* der *New School for Social Research* auszeichnen",[5] zugänglich zu machen, bedürfte aber jahrelanger Arbeit. Um wenigstens einen ersten Einblick in diesen Seltenheitswert zu geben, drucken wir hier Abschnitt neun der maschinenschriftlich überlieferten Notizen zur Vorlesung „History of Sociology I" ab, ca. acht Schreibmaschinenseiten, überschrieben „Balzac as Sociologist". Salomon hielt Vorlesungen dieses Titels an der *New School* im Herbstsemester 1944/45 und im Herbstsemester 1945/46. In den archivalischen Angaben zum Manuskript wird allerdings das Jahr 1950 genannt, in dem Salomon keine Vorlesung dieses Titels an der *New School* hielt. Wenn es sich nicht um einen Datierungsfehler handelt, hat Salomon die Vorlesung möglicherweise nicht an der *New School*, sondern an der *Columbia University*, an der *Brandeis University* in Waltham, Massachusetts, oder an der *Syracuse University* gehalten, wo er eine Zeit lang Lehraufträge hatte; deren Inhalte konnten wir bis jetzt noch nicht rekonstruieren.

In inhaltlicher Hinsicht ist anzumerken, dass Salomon zum Zeitpunkt, als er die Vorlesung hielt, noch nicht die Korrespondenz Balzacs berücksichtigen konnte, die erstmals in den Jahren 1960 bis 1969 in fünf Bänden erschien.[6] Z.B. seine recht einseitige Einschätzung der Madame de Hanska oder die fehlenden Erläuterungen zur Genese des Projekts der *Menschlichen Komödie* erklären sich hierdurch. Eine Darstellung Balzacs, die seine Korrespondenz systematisch auswertet, allerdings aufgrund ihrer Anlage die für Salomons Balzac-Rezeption zentrale soziologische Dimension der *Menschlichen Komödie* weitestgehend unberücksichtigt lässt und somit eine Ergänzung der Analysen Salomons darstellt, hat vor wenigen Jahren Johannes Willms vorgelegt.[7]

P. G. und C. H.

1. Leben und Werk

Geboren wurde Balzac 1799 als Sohn einer bürgerlichen Familie; der Vater war ein Verwaltungsbeamter. Die Mutter bevorzugte den jüngeren Bruder, eine blei-

---

4   Albert Salomon (o.J.), *Liste der Veranstaltungen an der New School for Social Research ab 1934*. Unveröffentlichtes Manuskript. Nachlass Salomon: Sozialwissenschaftliches Archiv der Universität Konstanz, S. 1-31, hier S. 11, S. 13, S. 15, S. 16, S. 22, S. 23 und S. 29. Die Liste wird abgedruckt in: Albert Salomon (2012), *Werke 5: Schriften 1955 bis 1963 und Gesamtbibliographie*. Wiesbaden: VS Verlag für Sozialwissenschaften.

5   Carl Mayer, „*In memoriam* Albert Salomon", S. 68.

6   Honoré de Balzac (1960-1969), *Correspondance*. 5 Bände. Paris: Garnier

7   Johannes Willms (2007), *Balzac. Eine Biographie*. Zürich: Diogenes.

bende Prägung für Balzacs erotisches Leben. In seiner langwährenden Beziehung zu Madame de Berny deutet sich seine Sehnsucht nach Mutterliebe an, während seine wechselnden erotischen Abenteuer charakteristisch für die infantile, unreife Dimension der Liebe Balzacs sind. Dies gilt noch für die Liebe zu Madame de Hanska, einer so eitlen wie ehrgeizigen polnischen Adelsdame, die sich Balzac gefügig machte, um in Paris Fuß zu fassen. Sie heiratete Balzac nur aus dem Grund, ihre eigenen sozialen Ziele zu erreichen. Balzac starb 1850, bald nach der Eheschließung.

Balzac widmete sein Leben seinem Werk. Dieses Werk kann mit Einschränkungen ein soziologisches Werk heißen. Die *Menschliche Komödie* ist eine Studie über die Gesellschaft, insofern es eine Studie über die Struktur des Daseins ist. Die Gruppe der philosophischen und mystischen Romane ist von den soziologischen Arbeiten zu trennen.

Balzac selbst hat die wissenschaftliche Bedeutung seines Werks geltend gemacht. Dieser Anspruch gründet auf zwei Hypothesen. *Erstens* teilte er mit den Saint-Simonisten die Vorstellung von der sozialen Funktion des Schriftstellers und des Dichters. In ihnen tut sich ihre Epoche kund, sie allein vermögen die geheimsten Sehnsüchte und Begehrlichkeiten ihrer Gesellschaft auszudrücken, sind die wahrhaften Seher des modernen Zeitalters. Balzac begründete die soziale Rolle des Schriftstellers, entdeckte in seinen Reflexionen die soziale Rolle der Intellektuellen als der Elite einer revolutionären Epoche. *Zweitens* war Balzac sich wohl bewusst, dass die soziologische Methode unverzichtbar für die Deutung der totalen Revolution ist. Die Vorstellung, unter den Umständen einer totalen Revolution zu leben, teilte er mit Comte und de Bonald. Wie diese untersucht, schildert und kritisiert Balzac die sozialen Welten, die er erlebt, auf der Suche nach Möglichkeiten, Einheit, Ordnung und Autorität wiederherzustellen.

In historischer Perspektive können wir eine Nähe zu Marx erkennen. Wir entdecken Balzacs Einfluss auf Max Weber, die Vorwegnahme ebenso der mikrosoziologischen Methode Simmels wie der Analyse von *Middletown* durch die Lynds[8] und der Klassentheorie Veblens.[9] Als eine Studie über Sitten, Konventionen und Lebensweisen ist die *Menschliche Komödie* ein genuines Stück soziologischer Literatur. Sie ist soziologisch in Inhalt und Form. Balzac kombiniert gezielt verschiedene literarische Formen, um die Vielfalt der sozialen Beziehun-

---

8   Robert S. Lynd und Helen M. Lynd (1929), *Middletown. A Study in Contemporary American Culture.* New York: Harcourt, Brace & Co.; Robert S. Lynd und Hellen M. Lynd (1937), *Middletown in Transition. A Study in Cultural Conflict.* New York: Harcourt, Brace & Co.

9   Thorstein Veblen (1899), *The Theory of the Leisure Class. An Economic Study in the Evolution of Institutions.* New York: Macmillan; Thorstein Veblen (1904), *The Theory of Business Enterprise.* New York: Charles Scribner's Sons; Thorstein Veblen (1918), *The Instinct of Workmanship and the State of the Industrial Arts.* New York: Huebsch.

gen zu erhellen, die sich in einer revolutionären Epoche konfliktiver Gesellschaften, die das Individuum erdrückt oder erhebt, zeigen.

2. Die wissenschaftliche Methode

Die wissenschaftliche Methode Balzacs basiert auf zwei antagonistischen Denkungsarten. Er ist *zuerst* allerdings Rebell, Träumer, Mystiker, ist ein Schüler Swedenborgs und Lavaters, der im menschlichen Tier eine Stufe der kosmischen Entwicklung sieht, eine Sublimation der Substanz. Die menschliche Animalität befindet sich im Zustand der Evolution, die fortschreitet gemäß den Erfordernissen ihrer Lebensumstände und ebenso schöpferische wie zerstörerische Kräfte im menschlichen Tier freisetzt. Balzacs vollkommen entlarvende Einbildungskraft sieht im sozialen Prozess den währenden Kampf zwischen Arm und Reich. In diesem Kampf bleiben die Techniken des Angriffs und der Verteidigung die immer gleichen.

Balzacs erste genuin soziologische Texte sind der *Code des gens honnêtes*[10] von 1826 und die *Physiologie du mariage*[11] von 1829. Beide analysieren die Methoden, mit denen Herrschende und Beherrschte in ihrem Kampf um Geld und Sex operieren. Diese Abhandlungen sind soziologisch im modernsten Sinne des Wortes, insofern sie sich mit Verhaltenstechniken mit Bezug auf die Situationsspezifik des sozialen Konflikts beschäftigen. Diese frühen Arbeiten belegen Balzacs präzises Verständnis der Verhältnisse, denen der Einzelne zu unterschiedlichen Zeitpunkten seines Lebens begegnet. In seinem gesamten Werk ist er bedacht, *Milieu*, *Umwelt* und *Welten* voneinander zu unterscheiden.

Die mikrosoziologische Analyse

Das *Milieu* ist ein soziales Verhältnis, in dessen Aufbau subjektive und objektive Zustände so vollständig ineinander verschlungen sind, als sei dies das natürliche Klima menschlichen Lebens (vgl. die Pension Vauquer,[12] *La Vieille Fille*,[13] *Le Curé de Tours*[14]). Die *Umwelt* ist ein soziales Verhältnis, in dem der Einzelne

---

10   Anonymus (1825), *Le Code des gens honnêtes ou L'art de ne pas être dupe des fripons*. Paris: Barba.
11   Honoré de Balzac (1829), *Physiologie du mariage ou Méditations de philosophie éclectique sur le bonheur et le malheur conjugal*. Paris: Charpentier.
12   Vgl. Honoré de Balzac (1835a), *Vater Goriot*. Zürich: Diogenes 1977.
13   Honoré de Balzac (1837a), „Die alter Jungfer". In: ders. (1977), *Nebenbuhler*. Zürich: Diogenes, 7-194.
14   Honoré de Balzac (1832), „Der Landpfarrer von Tours". In: ders. (1977), *Pierrette*. Zürich: Diogenes, S. 215-314.

sozialen Widerständen oder sozialem Druck entgegensteht (vgl. *Le contrat de mariage*,[15] *La Muse du département*[16]). Die *Welten* sind soziale Verhältnisse, in denen die Subjekte die objektiven Zustände ihrer Lage zu subjektiven Bedingungen einer sozialen Gruppierung umkehren (vgl. *Les Paysans*,[17] *Les Employés*,[18] *Birotteau*,[19] *Gobseck*[20]).

Die Darstellung sozialer Strukturen

Mit der Darstellung sozialer Strukturen führt Balzac die Elemente ein, aus denen sich die spezifischen Abweichungen ergeben, durch die sich eine Gruppierung ebenso von anderen Gruppierungen unterscheiden lässt wie von den Individuen, die sie als eine Einheit konstituieren. In seinen Darstellungen der Intelligenz, der Bürokratie, der Wirtschaftsberufe, der Bauernschaft oder des Klatschs findet sich diese Methode ausgearbeitet.

Der Idealtypus

Balzac konstruiert seine Charaktere auf eine ganz und gar wissenschaftliche Weise. Nie führt er ein Individuum um seiner Schönheit oder seiner geistigen Werte willen vor. Seine Charaktere sind soziale Typen, individualisierte Typen bzw. typisierte Individuen zwar, aber Menschen, die durch gebotene, in der historischen Lage ihrer Gesellschaft als selbstverständlich vorausgesetzte Verhaltensmuster manipuliert werden. Gaudissart[21] als Modell eines Kaufmanns ist der individualisierte Typus des kapitalistischen Geistes. Seine Individualität ist eine Komposition aus den vielfältigen Elementen, aus denen sich der optimistische Frühkapitalismus zusammensetzt. Die Birotteaus[22] bilden eine komplexe Konstruktion des Modells der Mittelklasse, gebaut aus sozialen, psychologischen und moralischen Komponenten. Von Max Weber unterscheidet sich Balzacs Idealtypenkonstruktion, insofern Weber seine Konstruktion lediglich aus der inneren

---

15 Honoré de Balzac (1835b), *Der Ehekontrakt*. Zürich: Diogenes 1977.

16 Honoré de Balzac (1843a), „Die Muse der Provinz". In: ders. (1977), *Die Geheimnisse der Fürstin von Cadignon*. Zürich: Diogenes, S. 157-397.

17 Honoré de Balzac (1855a), *Die Bauern*. Zürich: Diogenes 1977.

18 Honoré de Balzac (1838a), „Die Beamten". In: ders. (1977), *Volksvertreter*. Zürich: Diogenes, S. 163-500.

19 Honoré de Balzac (1837b), *Cäsar Birotteaus Größe und Niedergang*. Zürich: Diogenes 1977.

20 Honoré de Balzac (1830), „Gobseck". In : ders. (1977), *Das Bankhaus Nucingen*. Zürich: Diogenes, S. 99-176.

21 Vgl. Honoré de Balzac (1834a), „Der berühmte Gaudissart". In: ders. (1977), *Das Bankhaus Nucingen*. Zürich: Diogenes, S. 243-298.

22 Vgl. Balzac, *Cäsar Birotteaus Größe und Niedergang*.

Logik eines sozialhistorischen Phänomens heraus entwickelt. Balzac dagegen nähert sich der Vielschichtigkeit sozialer Phänomene weiter an, indem er in einem sozialen Typus verschiedene Elemente handhabt, verschiedene Logiken zusammenfügt.

Andererseits ist Balzac radikaler als Weber. Da er sich mit den Menschen einer revolutionären Epoche beschäftigt, vermag er auch Personen vollkommen frei von individuellen Charakteristiken, nämlich ganz und gar aufgesogen von bzw. hingegeben an die eine vorherrschende Passion zu sehen – an Liebe, Gier, Ehrgeiz, Barmherzigkeit oder Schönheit. In Fällen wie diesen ist es nicht notwendig, einen *Idealtypus* bestehend aus verschiedenartigen Elementen zu konstruieren. Bei diesen Personen handelt es sich um Gebilde gefügt aus entfesselten, sich zur Raserei steigernden *sozialen Kräften*; als solche sind sie originäre Erscheinungen radikaler sozialer Umstände.

3. Die Tiefenschichten der Gesellschaft: Menschen innerhalb und außerhalb ihrer

Balzac gelingt es, einen soziologischen Ort vergleichbar dem Simmels darzustellen, denn sein hauptsächliches Anliegen ist das Weiterleben des Individuums, das durch wachsenden gesellschaftlichen Druck gefährdet ist. Die Gesellschaft ist schlecht. Das Schlechte hat seine eigene Faszination, und der Mensch hat eine Vielfalt von Kontakten mit der Gesellschaft auf einer Vielfalt unterschiedlicher sozialer Ebenen. Er befindet sich mithin fortgesetzt innerhalb und außerhalb der Gesellschaft.

Die Bedeutung von Balzacs Gliederung

Balzac trennt in der *Menschlichen Komödie* Sozialstudien von philosophischen Studien. *La Peau de Chagrin*[23] bildet das Bindeglied zwischen ihnen. Hier zeigt sich, dass der Philosoph, der kontemplative Mensch in einer Sozialwelt, die von unbegrenztem menschlichen Begehren beherrscht ist, keinen Platz hat. Balzacs philosophische Haltung – das theosophische Prinzip einer dualistischen Struktur ebenso des Universums wie der menschlichen Natur: *Homo duplex*[24] – eröffnet ihm die einzigartige Möglichkeit, den prekären Charakter des Menschseins im soziohistorischen Kontext darzustellen und zu analysieren.

---

23 Honoré de Balzac (1831), *Die tödlichen Wünsche.* Zürich: Diogenes 1977.
24 Emile Durkheim (1912), *Die elementaren Formen des religiösen Lebens.* Frankfurt am Main: Suhrkamp 1981, S. 37.

Balzacs Sozialstudien gliedern sich in ihrer Grundstruktur in Studien des privaten Lebens, des Landlebens und der großstädtischen Lebensweisen. Abseits dieser strukturellen Unterteilung kommen als weitere Stoffe Studien über Militär und Politik hinzu. Sehr aufschlussreich ist der Beweggrund Balzacs für seine Gliederung. Die Studien des privaten Lebens [...][25]

4. Soziale Pathologie und Marginalität

Balzac hatte vor, in Form einer theoretischen Abhandlung eine Pathologie der modernen Gesellschaft zu schreiben. Dazu kam es nie. Doch stellt ein Großteil seines Werks eine Studie sozialer Pathologien dar – anders konnte es gar nicht sein. In erster Linie folgte er der Vorstellung, die Verschmelzung politischer und sozialer Umwälzungen in der gegenwärtigen Situation zu verstehen. Und solche Umstände erzeugen pathologische Verhaltensmuster.

Zu pathologischem Gebaren kommt es, wenn die Mitglieder der Gesellschaft nicht durch allgemein gültige Anforderungen, durch einen gemeinsamen Referenzrahmen geleitet bzw. beschränkt werden. Wenn dies nicht der Fall ist, sind sie auf sich, auf ihre selbstgeschaffenen Passionen und Ideen gestellt. Dann kann es leicht dazu kommen, dass sie zu Opfern ihrer Leidenschaften, ihrer entfesselten Begierden werden. Sie scheinen die Herrscher der Welt zu sein, doch sind sie tatsächlich Beherrschte. Ihre Leidenschaften und Begierden sind die wahren Herrscher, sie selbst deren Diener. Diese dämonischen Kräfte zeigen sich in Form von Leistung, Wollust, Habgier, Streben, Gehässigkeit, Erkenntnis. Verhaltensformen die, ob bejahend oder destruktiv, allesamt Kennzeichen der totalen Hingabe an Prinzipien sind, die den Bezug zu den gebräuchlichen, von einem Gesellschaftsganzen anerkannten sozial-moralischen Wertreihen verloren haben.

Anomie und Entfremdung sind die soziologischen Begriffe, die wir auf den Sachverhalt der sozialen Pathologie anwenden. Gobseck[26] und Nucingen,[27] Goriot[28] und Grandet,[29] Madame Hulot[30] und Esther,[31] Coralie[32] und Rubempré,[33]

---

25 An dieser Stelle fehlt eine Seite im Manuskript.
26 Vgl. insbesondere Balzac, „Gobseck".
27 Vgl. insbesondere Honoré de Balzac (1838b), *Das Bankhaus Nucingen.* Zürich: Diogenes 1977.
28 Vgl. Balzac, *Vater Goriot.*
29 Vgl. Honoré de Balzac (1834b), *Eugénie Grandet.* Zürich: Diogenes 1977.
30 Vgl. Honoré de Balzac (1847a), *Tante Lisbeth.* Zürich: Diogenes 1977.
31 Vgl. insbesondere Honoré de Balzac (1847b), *Glanz und Elend der Kurtisanen.* 2 Bde. Zürich: Diogenes 1977.
32 Vgl. Honoré de Balzac (1843b), *Verlorene Illusionen.* Zürich: Diogenes 1977.

Cousine Bette[34] und Monsieur Hulot[35] – dies sind lediglich die bemerkenswertesten unter den vielen Typen des Pathologischen. Alle sind sie vollkommen absorbiert von der Hingabe an eine einzige Passion. Insofern diese Passion die des Geldes ist, werden sie zu Symbolen des entfesselten Kapitalismus, formen jene Eulogie, die Marx anlässlich seiner Lektüre des *Gaudissart*[36] so fasziniert zu haben scheint. Die Passion ökonomischer Macht ist mehr für Balzac als der zeitgeschichtliche Stimulus einer historischen Form wirtschaftlicher Organisation. Sie verkörpert die universelle Krankheit eines Menschen, der zum Opfer seiner Gier wird. Zugleich ist er das Opfer der dämonischen Kräfte des Sexus. Beide Kräfte sind ineinander verschlungen. Keine Mädchen ohne Geld. Geld schafft Gelegenheit, Prestige, Macht. Beides sind dies Manifestationen der gleichen Lebenskräfte, die ebenso schöpferisch wie zerstörerisch sein können. Zerstörerisch sind sie, wenn sie nicht in einen Bedeutungsrahmen eingepasst sind. Viele der Selbstmorde in der von Balzac gezeichneten Welt zeugen von der verheerenden Wirkung entfesselter Leidenschaften. Ebenso können Selbstmorde jedoch heroische Akte der Befreiung von einer Welt der organisch-sozialen Knechtschaft, wahrhafte Akte der Selbsterlösung sein, wie in den Fällen von Coralie und Esther.[37] Selbstmorde, die Zerstörung sozialer Zusammenhänge und die Einrichtung autonomer Wirtschaftsinstitutionen sind die drei Aspekte des Pathologischen, die Balzac herausgearbeitet hat.

Es ist folgerichtig, dass Formen der Marginalität das Zentrum von Balzacs Werk bilden: Fremde, Heimkehrer, entwurzelte Militärs, Außenseiter, Intellektuelle, Abenteurer, Gesetzlose, Kurtisanen, Hasardeure, Polizisten – sie machen den Großteil derer aus, die Balzacs Gesellschaft bevölkern.

5. Die feinen Leute und die soziale Schichtung: Balzac und Veblen

An zwei Stellen, in der Einleitung zu *La Fille aux yeux d'or*[38] und in *Le Code des gens honnêtes,*[39] äußert sich Balzac über seine Theorie der sozialen Schichtung. Er vermag von den feinen Leuten, der müßigen Klasse, noch im ursprünglichen Sinn des Wortes ‚müßig' zu sprechen, im Sinn wirtschaftlicher Unabhängigkeit, wie sie in vorindustriellen Zeiten verstanden wurde. So setzt seine Theo-

---

33   Vgl. Balzac, *Glanz und Elend der Kurtisanen*; vgl. Balzac, *Verlorene Illusionen*.
34   Vgl. Balzac, *Tante Lisbeth*.
35   Vgl. ebd.
36   Balzac, „Der berühmte Gaudissart".
37   Balzac, *Glanz und Elend der Kurtisanen*.
38   Honoré de Balzac (1835c), „Das Mädchen mit den Goldaugen". In: ders. (1977), *Die Geschichte der Dreizehn*. Zürich: Diogenes, S. 377-485.
39   Anonymus, *Le Code des gens honnêtes ou L'art de ne pas être dupe des fripons*.

rie mit einer dualistischen Klassifikation ein: der Unterscheidung von unabhängigen und abhängigen Mitgliedern der Gesellschaft.

Die unabhängige bzw. müßige Klasse ist eine verschwindend kleine Minderheit; für Balzac bilden die Fürsten, die höchsten Würdenträger und der Landadel die Hauptgruppierungen innerhalb dieser Klasse. Sie haben ein Monopol auf Privilegien und verfügen über eine nicht bestrittene Unabhängigkeit. Darum haben sie weder den Antrieb noch den Anspruch, irgendwelche Anstrengungen zu unternehmen, sie unterliegen keinerlei Druck, Ziele anzustreben oder sich Zwecke zu setzen. So kommt es, dass sie ganz damit beschäftigt sind, die gute Gesellschaft zu verkörpern, ja zur Schau zu stellen. Ihre wichtigsten Qualifikationen dafür sind Stolz und Selbstgefälligkeit.

Mangels jeglichen Widerstands, mangels sozialer Verantwortlichkeit wird ihr Lebensklima der *Ennui*. Vergnügungen werden, sind sie doch mühelos und billig, in melancholischer Gestimmtheit erprobt. Ihre Leben haben sich in sinnlichen Freuden erschöpft, wie die Proletarier ihre Körper durch Spirituosen zerstören. Die einzige Sorge ist es, die Dosis der Vergnügungen – wie die der Spirituosen oder der Drogen – derart zu steigern, dass das Leben zu bewältigen sein möge. Sie kennen keine Leidenschaften, nur sinnliche Spannungen, kennen nicht Liebe, nur verfeinerte, hochentwickelte Wonnen des Sexus. Sie verkörpern den Exzess der Leere, ein Nichts bar jeden Gehalts. Sie werden weggefegt werden von den lebenskräftigen, rohen, schonungslosen Klassen, voll von Willen, Ideen, Begehrlichkeiten.

Diese Beschreibung ist trostloser als die Veblens. Tatsächlich weiß Veblen nicht, was eine müßige Klasse im ursprünglichen Sinn ist, denn noch der Rentier der industriellen Welt muss seinen wirtschaftlichen Interessen Beachtung schenken, lebt niemals so geborgen wie ein Landadliger.

Unter der abhängigigen Bevölkerung unterscheidet Balzac zwischen denen, die arbeiten, und denen, die denken. Dies ist so zu verstehen, dass die Intellektuellen Arbeiter eines spezifischen Typus darstellen, die ihre Existenz mit ihren Gehirnen sichern, während die übrigen dies mit ihren Händen tun. Die Analysen der Typen des Proletarischen sind radikal. Der niedrigste Typus des Arbeiters, die Landarbeiter, die Maurer, die einfachen Soldaten – sind tierhafte Werkzeuge. Ihr Leben ist ein ewiger Kreislauf von Arbeit, Nahrung, Arbeit, Schlaf. Das letztendliche Ergebnis ihres Tuns ist eine winzige Hütte mit einer hölzernen Bank davor. Eine Bleibe, das täglich Brot und den Luxus einer Truhe mit zwei Anzügen darin, das sind die Lebenserwartungen dieser Gruppierung der ärmsten unter den Arbeitern. Tatsächlich sind diese Elenden ohne allen Einfluss.

Die zweite Kategorie von Arbeitern, die weniger Erniedrigten und die Angestellten – der Kleinhändler, der Leutnant, der Redaktionsassistent, der Vorarbeiter oder Facharbeiter – verdienen genug, um den Grundstock zu schaffen, der den sozialen Aufstieg ihrer Kinder vorstellbar macht. Tatsächlich müssen sie neben ihren physischen Kräften auch intellektuelle Mühen investieren, die in eigenen Nutzen umgewandelt werden können. Sie erwägen verschiedene Wege, ihr Auskommen zu bessern, durch Askese, durch Sparsamkeit, durch Nebentätigkeiten im Lebensmittelladen, im Süßwarengeschäft oder im Zeitungskiosk. Besonders dann, wenn die Ehefrau kooperiert und einige *Franc* als Teilzeitverkäuferin im Warenhaus hinzu verdient, mag es möglich sein, die Kinder auf die höhere Schule zu schicken.

Das Kleinbürgertum ist in einer nicht minder unsicheren Lage, steht ebenso unter dem steten Druck, zwölf bis sechzehn Stunden zu arbeiten, sind doch seine Lebenserwartungen höher. Man hat Kontakt zum Mittelstand und imitiert dessen Verhaltensformen. Der Kleinbürger unterscheidet sich vom Proletarier, insofern dieser im Hospital, er selbst hingegen zu Hause stirbt, beide jedoch gleichermaßen verbraucht vom unablässigen Arbeiten.

Das Kleinbürgertum arbeitet körperlich ebenso schwer und geistig schwerer als die Arbeiterschaft. Seine Ziele sind höher gesteckt, denn man strebt danach, zum Mittelstand aufzusteigen. Daraus folgen die Ideale der Kleinbürger: Mitglied der Nationalgarde zu werden; jeden Tag Steak zu essen; eine ehrbare Parzelle auf dem Friedhof zu erlangen; Rücklagen für Krankheit und Alter zu bilden. Als höchsten Ideal sozialen Aufstiegs begehren sie eine sonntägliche Droschkenfahrt auf den *Champs Elysees* oder in die *Bois*, eine sommerliche Reise mit der Familie aufs Land und im Winter einen Tanz zu geben.

Um Ziele wie diese zu erreichen, verleiht der Rathausbedienstete zwischen sechs und acht Uhr vormittags Geld an Leute aus dem Volk, arbeitet dann von neun bis nachmittags um sechs Uhr in seinem Büro und schliesslich von acht bis zehn Uhr abends als Kassierer im Theater. Seine Frau trägt dazu als Aufseherin bei Markte bei – dafür eine Wohnung in der zweiten Etage, eine Köchin, ein Tanzabend. Und dem Sohn ermöglicht es, in den Advokatenstand einzutreten oder einen einfachen Rang im öffentlichen Dienst zu bekleiden.

Die Analyse des Mittelstands folgt dem gleichen Muster. Das Bürgertum orientiert sich an der nächsthöheren Einkommensklasse, den akademischen Berufen und den höheren Rängen des Verwaltungsdienstes. Interessant ist, dass Balzac hier die höheren Ränge der Bürokratie einbezieht, die doch einen Rechtsanspruch auf soziale Sicherung in Form ihrer Pensionen besitzen. Für Balzac sind sie wie die übrigen Abhängige, stetig der Notwendigkeit unterworfen, ihr Einkommen zu sichern, sich ihr Leben zu verdienen. Für ihn steht fest, dass in der Gesellschaft der Moderne die Mehrheit schwer und bis zuletzt arbeiten muss, um ihren Ansprüchen auf Status und Prestige gerecht zu werden. Diese Gruppierungen leben aufgrund des radikalen Wettbewerbs, in dem sie stehen, in hochgradig nervöser Gespanntheit. Denn nie sind so viele Stellungen da wie Bewerber.

Erfolg hat man in diesen Gruppierungen als rücksichtsloser Geschäftsmann oder wenn man seinen Beruf entsprechend der Logik des Geschäfts führt, anders gesagt: wenn man sein berufliches oder politsches Ethos den Maßgaben einer Kultur des Marktes unterwirft. Balzac ist sich der trostlosen Alternativen des Berufsmenschen bewusst: sich den Erfordernissen der Marktwirtschaft anzupassen oder neurotisch bzw. depressiv zu werden.

Der rapide Wandel einer politischen Gesellschaft zu einer Wirtschaftsgesellschaft kündet von der Entmenschlichung des sozialen Lebens. Die Menschen sind hier vollkommen von der Aufgabe, ihre Mitbewerber zu bezwingen, aufgesogen. Sie hören auf, Vater, Ehemann, Liebender zu sein. Goriot[40] ist das Symbol der Entmenschlichung menschlicher Neigungen, wenn Geld allein die Wahrhaftigkeit eines Gefühls zu bestätigen vermag. Seinen Töchtern ist nichts zur Last zu legen. Sie sind Produkte einer Erziehung, die ihnen vermittelte, dass Geld der Schlüssel alles menschlichen Tuns und Schaffens ist, noch die größten Erwartungen an das Leben zu erfüllen vermag. Geld wird auch die vorindustrielle Nobilität dazu zwingen, sich der neuen Macht, dem Wohlstand, zu fügen. Geld schafft Status und Prestige.

So kommt es, dass der Mittelstand die Elite der Moderne stellen wird. Bemerkenswert ist, dass Balzac insbesondere die Intellektuellen als ein Element der sozialen Schichtung behandelt, obwohl sie in seiner Analyse als Angestellte oder Kleinbürger klassifiziert sind. Balzac und Veblen haben Marx und Weber voraus, präzise herauszuarbeiten, dass Schichtung als Effekt subjektiver Reaktionen auf objektive Bedingungen verstanden werden muss; Klassen unterscheiden sich gemäß der Erwartungen, die sie an das Leben herantragen, gemäß der Vorstellungen von sozialen Gütern und Werten, die diesen Erwartungen innewohnen.

6. Eine erste Analyse der Bürokratie: Balzac und Weber

In ihrer allgemeinen Tendenz verweisen Balzacs Analysen eigentlich eher auf das New York von 1950 als auf das Paris von 1840. Weber wusste seine Pionierarbeit sehr zu würdigen. Als er begann, sich mit Fragen der Bürokratie zu beschäftigen, kam er zu der Erkenntnis, dass die einzig wertvolle Annäherung an diese Fragen sich bei Balzac findet, in den beiden Romanen *Les Employés*[41] und *Les Petits Bourgeois*[42] sowie in der systematischen Abhandlung *Physiologie de*

---

40   Balzac, *Vater Goriot*.
41   Balzac, „Die Beamten".
42   Honoré de Balzac (1855b), *Die Kleinbürger*. Zürich: Diogenes 1977.

l'Employé.[43] Balzac war der erste, dem die Parallele des Aufstiegs der Bürokratie und des Aufstiegs von Parlamentarismus und Demokratie aufgefallen war. Weber bestätigte diesen Zusammenhang.

Balzac konstatiert, dass das französische Bürgertum seine Söhne nur in Notfällen in den Staatsdienst geben wird, der eine Art sozialer Rückversicherung, doch ohne Status und Prestige ist. Darauf gründet er seine Beobachtung, dass der bürokratische Apparat des Staates, schlecht bezahlt und ohne soziales Ansehen, die verschwenderischteste und leistungsschwächste Gliederung der Gesellschaft ist. Balzac sieht nur ein Gegenmittel: diese Tätigkeiten angemessen zu bezahlen und sie mit Prestige auszustatten. Dadurch möchte die Bürokratie zu einem effizienten und leistungsfähigen Amt werden. Weber dagegen generalisiert das bürokratische System Preußens und kommt so zu der Einschätzung, Effizienz und Prestige sei Kennzeichen dieser Gruppierung im Allgemeinen. Ein schwerer Fehler – Balzac liegt richtig.

Wie dem auch sei, Balzac und Weber stimmen darin überein, dass sich die Verhältnisse der Bürokratie aus der Entwicklungen der modernen Wirtschaft und Technologie ergeben. So ist denn noch die ineffizienteste Bürokratie der Politik überlegen, weil sie über die Techniken verfügt, die die gesellschaftlichen Abläufe bestimmen.

Balzacs Analysen sozialen Fortkommens überragen Webers romantische Vorstellung unparteiischer Karrieremuster von Bürokraten. Er beschreibt mit Sorgfalt Elemente wie die Intrige, Protektion, das Ausüben von Druck, die sich mit dem Gebot der Auslese überlagern. Mit der Herrschaft der Bürokratie beginnt für ihn die anonyme Herrschaft der Manager-Gesellschaft. Beide, Balzac und Weber, beschäftigt die Frage der menschlichen Person, beider Bedauern gilt der unvermeidlichen Entfaltung einer technisierten Gesellschaft, deren Symbol die bürokratischen Institutionen sind.

---

43   Honoré de Balzac (1912), „Physiologie des Beamten". In: ders., *Physiologie des Alltagslebens*. München: Georg Müller.

Informationen zu den Beitragenden

Peter Gostmann ist Akademischer Rat am Institut für Grundlagen der Gesellschaftswissenschaften der Goethe-Universität Frankfurt am Main.
Kontakt: peter.gostmann@web.de

Hanna Haag ist Wissenschaftliche Mitarbeiterin am Institut für Soziologie der Universität Hamburg.
Kontakt: hanna.haag@uni-hamburg.de

Claudius Härpfer ist Wissenschaftlicher Mitarbeiter am Institut für Grundlagen der Gesellschaftswissenschaften der Goethe-Universität Frankfurt am Main.
Kontakt: haerpfer@soz.uni-frankfurt.de

Tom Kaden ist Stipendiat des DFG-Graduiertenkollegs „Religiöser Nonkonformismus und kulturelle Dynamik" der Universität Leipzig.
Kontakt: tom.kaden@uni-leipzig.de

Carsten Kirchberger ist Lehrkraft im Vorbereitungsdienst an der Oswald-von Nell-Breuning-Schule in Rödermark.
Kontakt: carsten-kirchberger@gmx.de

Jens Koolwaay ist Wissenschaftlicher Mitarbeiter am Institut für Gesellschafts- und Politikanalyse der Goethe-Universität Frankfurt am Main.
Kontakt: koolwaay@soz.uni-frankfurt.de

Peter-Ulrich Merz-Benz ist Titularprofessor am Soziologischen Institut und Leiter des Forums Philosophie der Geistes- und Sozialwissenschaften am Philosophischen Seminar der Universität Zürich.
Kontakt: merz-benz@soziologie.uzh.ch

Thomas Meyer ist derzeit Kurt-David-Brühl-Gastprofessor am Centrum für jüdische Studien an der Karl-Franzens-Universität Graz.
Kontakt: thomas.meyer@lrz.uni-muenchen.de

Albert Salomon lehrte seit 1935 als Professor für Soziologie an der New School for Social Research in New York.

Leo Strauss lehrte seit 1949 bis zu seiner Emeritierung 1968 als Professor für Politische Philosophie an der University of Chicago.

Gerhard Wagner ist Professor für Soziologie am Institut für Grundlagen der Gesellschaftswissenschaften der Goethe-Universität Frankfurt am Main. Kontakt: g.wagner@soz.uni-frankfurt.de

Personenregister

VS Forschung | VS Research
Neu im Programm Soziologie

Tilo Beckers / Klaus Birkelbach /
Jörg Hagenah / Ulrich Rosar (Hrsg.)
Komparative empirische
Sozialforschung
2010. 527 S. Br. EUR 59,95
ISBN 978-3-531-16850-0

Christian Büscher /
Klaus Peter Japp (Hrsg.)
Ökologische Aufklärung
25 Jahre ‚Ökologische Kommunikation'
2010. 311 S. Br. EUR 39,95
ISBN 978-3-531-16931-6

Wolfgang Berg /
Aoileann Ní Éigeartaigh (Eds.)
Exploring Transculturalism
A Biographical Approach
2010. 180 pp. (Crossculture) Softc.
EUR 34,95
ISBN 978-3-531-17286-6

Wilson Cardozo
Der ewige Kalte Krieg
Kubanische Interessengruppen
und die US-Außenpolitik
2010. 256 S. (Globale Gesellschaft und
internationale Beziehungen) Br. EUR 39,95
ISBN 978-3-531-17544-7

Erhältlich im Buchhandel oder beim Verlag.
Änderungen vorbehalten. Stand: Juli 2010.

Gabriele Doblhammer /
Rembrandt Scholz (Eds.)
Ageing, Care Need and
Quality of Life
The Perspective of Care Givers
and People in Need of Care
2010. 243 pp. (Demografischer Wandel –
Hintergründe und Herausforderungen)
Softc. EUR 34,95
ISBN 978-3-531-16626-1

Dorothea Krüger (Hrsg.)
Genderkompetenz
und Schulwelten
Alte Ungleichheiten – neue Hemmnisse
2010. ca. 230 S. (Kultur und gesellschaftliche Praxis) Br. ca. EUR 29,95
ISBN 978-3-531-17508-9

Matthias Richter
Risk Behaviour in Adolescence
Patterns, Determinants
and Consequences
2010. 123 pp. Softc. EUR 34,95
ISBN 978-3-531-17336-8

Barbara Rinken
Spielräume in der Konstruktion
von Geschlecht und Familie?
Alleinerziehende Mütter und Väter
mit ost- und westdeutscher Herkunft
2010. 349 S. Br. EUR 39,95
ISBN 978-3-531-16417-5

www.vs-verlag.de

VS VERLAG

Abraham-Lincoln-Straße 46
65189 Wiesbaden
Tel. 0611.7878 - 722
Fax 0611.7878 - 400

VS Forschung | VS Research

Neu im Programm Politik

Cornelia Altenburg
Kernenergie und Politikberatung
Die Vermessung einer Kontroverse
2010. 315 S. Br. EUR 39,95
ISBN 978-3-531-17020-6

Markus Gloe / Volker Reinhardt (Hrsg.)
**Politikwissenschaft
und Politische Bildung**
Nationale und internationale Perspektiven
2010. 269 S. Br. EUR 39,95
ISBN 978-3-531-17361-0

Farid Hafez
Islamophober Populismus
Moschee- und Minarettbauverbote
österreichischer Parlamentsparteien
2010. Mit einem Geleitwort von Prof.
Dr. Anton Pelinka. 212 S. Br. EUR 34,95
ISBN 978-3-531-17152-4

Annabelle Houdret
**Wasserkonflikte
sind Machtkonflikte**
Ursachen und Lösungsansätze
in Marokko
2010. 301 S. Br. EUR 34,95
ISBN 978-3-531-16982-8

Jens Maßlo
Jugendliche in der Politik
Chancen und Probleme einer
institutionalisierten Jugendbeteiligung
2010. 477 S. Br. EUR 49,95
ISBN 978-3-531-17398-6

Torsten Noe
Dezentrale Arbeitsmarktpolitik
Die Implementierung der Zusammen-
legung von Arbeitslosen- und Sozialhilfe
2010. 274 S. Br. EUR 39,95
ISBN 978-3-531-17588-1

Stefan Parhofer
**Die funktional-orientierte
Demokratie**
Ein politisches Gedankenmodell
zur Zukunft der Demokratie
2010. 271 S. Br. EUR 29,95
ISBN 978-3-531-17521-8

Alexander Wolf
**Die U.S.-amerikanische
Somaliaintervention 1992-1994**
2010. 133 S. Br. EUR 29,95
ISBN 978-3-531-17298-9

Erhältlich im Buchhandel oder beim Verlag.
Änderungen vorbehalten. Stand: Juli 2010.

www.vs-verlag.de

VS VERLAG

Abraham-Lincoln-Straße 46
65189 Wiesbaden
Tel. 0611.7878 - 722
Fax 0611.7878 - 400

MIX
Papier aus verantwortungsvollen Quellen
Paper from responsible sources
FSC® C105338

If you have any concerns about our products,
you can contact us on
ProductSafety@springernature.com

In case Publisher is established outside the EU,
the EU authorized representative is:
Springer Nature Customer Service Center GmbH
Europaplatz 3, 69115 Heidelberg, Germany

Printed by Libri Plureos GmbH
in Hamburg, Germany